魏宏运文集

中国近代历史的进程

魏宏运 著

南开大学历史学院 编

天津出版传媒集团

天津人民出版社

图书在版编目(CIP)数据

　　中国近代历史的进程 / 魏宏运著 ; 南开大学历史学院编. -- 天津 : 天津人民出版社, 2017.3
　　(魏宏运文集)
　　ISBN 978-7-201-11584-9

　　Ⅰ. ①中… Ⅱ. ①魏… ②南… Ⅲ. ①中国历史-近代史-文集 Ⅳ. ①K250.7-53

　　中国版本图书馆 CIP 数据核字(2017)第 070109 号

中国近代历史的进程
ZHONGGUO JINDAI LISHI DE JINCHENG

出　　　版	天津人民出版社
出 版 人	黄　沛
地　　　址	天津市和平区西康路 35 号康岳大厦
邮政编码	300051
邮购电话	(022)23332469
网　　　址	http://www.tjrmcbs.com
电子信箱	tjrmcbs@126.com

策　　　划	任　洁
责任编辑	张　璐
特约编辑	金晓芸
装帧设计	Mark　汤　磊

印　　　刷	河北鹏润印刷有限公司
经　　　销	新华书店
开　　　本	787×1092 毫米　1/16
印　　　张	24.5
插　　　页	4
字　　　数	375 千字
版次印次	2017 年 3 月第 1 版　2017 年 3 月第 1 次印刷
定　　　价	155.00 元

《魏宏运文集》编选组

总负责人:

江　沛　邓丽兰　李金铮

分卷负责人:

《中国近代历史的进程》:杜恩义

《抗日战争与中国社会(上)》:刘依尘　王　希

《抗日战争与中国社会(下)》:冯成杰　王　希　刘依尘

《序跋与书评》:何悦驰

《忆往与治学》:张耀元

《魏宏运年谱》:王　希　张耀元

前　言

　　由天津人民出版社编辑出版的《魏宏运文集》终于与公众见面了。在主持编辑此文集的过程中，一些事项需要在此说明：

　　一、魏宏运先生是享誉海内外的著名史学家、南开大学荣誉教授。1925年1月出生，今已93岁高龄。自1951年从南开大学毕业留校任教后，他在历史系执教半个世纪之久，直至2000年退休。魏先生曾任校内外多种重要学术职务，受聘为国内外多家名校的客座教授。他著作等身，撰写论著、编辑教材、工具书及史料集多种，总字数达两千余万，多次获得国家级哲学社会科学成果奖及天津市哲学社会科学成果奖。他是中国近现代史学科的开拓者和奠基者之一，具有重要的学术影响力。整理及出版魏先生的论著，有利于南开史学的文脉传承，丰富人们对南开大学校史和当代教育史的理解，对于理解中国近现代史学科和当代史学发展史的演进、认识当代中国知识分子群体性格及生活演变的特点，都具有重要意义。

　　二、鉴于魏先生的学术地位和其论著的重要价值，《魏宏运文集》入选天津出版传媒集团重点出版项目。为保证文集的学术水平和编纂质量，天津人民出版社与南开大学历史学院密切合作，联手打造学术精品。由南开大学历史学院院长江沛教授组织编委会负责《魏宏运文集》的选编工作，天津人民出版社总编助理任洁编审带领编辑团队全力投入，负责本项目的编辑出版工作。

　　三、时值南开大学即将迎来百年华诞之际，魏先生文集的编选工作，得到南开大学历史学院大力支持。经魏先生亲自授权、夫人王黎提出建设性思想并居中协调，提供诸多稿件及手迹，亲自确定文集封面；先生弟子江沛教授主

1

持编选并确定了各卷收录文稿的范围;邓丽兰、邹佩丛老师此前整理先生稿件花费了大量心血,此次提供了大量电子文稿,大大便利了编辑工作。先生在海内外的诸多弟子纷纷表达关注之情,翘首期盼。

四、南开大学历史学院中国近代史专业的研究生杜恩义、冯成杰、何悦驰、刘依尘、张耀元、王希分别负责各卷最初的选编工作,此后几经调整,最终确定五卷六册的框架,具体包括《中国近代历史的进程》《抗日战争与中国社会(上、下)》《序跋与书评》《忆往与治学》《魏宏运年谱》。

五、由于魏先生论著的时间跨度长达半个多世纪,各个时期出版单位对学术规范的要求不一。此次出版除对个别字句的误植进行订正外,基本保持稿件发表时的原样态,以充分体现论著的时代性,便于后人理解当代中国史学演变的路径及意义。魏先生的年谱在 2013 年前已有两版,社会反响极好。此次出版时单列一卷,增补了 2013 年 10 月至 2017 年 2 月的内容,并对 2013 年前的内容进行适当增补,由此得窥魏先生九十高寿后执着学术、壮心不已的老年生活。

六、由于时间久远和资料缺失,魏先生早年发表的一些论文未能收录,收集整理后将进行补遗,感谢并欢迎大家提供有关资料和线索。

七、在任洁女士带领下,天津人民出版社第五编辑室的全体编辑,对文集的编辑投入大量的心血,付出了艰巨的劳动。他们是金晓芸、温欣欣、王小凤、赵子源、张璐。天津出版传媒集团及天津人民出版社对此文集出版给予大力支持,在此衷心感谢!

编　者

2017 年 3 月

目 录

1

经　济

文　化

人　物

综 述

政　治

沙俄是八国联军侵华的元凶

魏宏运　王黎[①]

　　1900 年,是新旧世纪交替的一年,也是中国近代历史划时代的一年。帝国主义列强组织起来的八国联军对中国人民的联合进攻,使中国再次面临被瓜分的危险,同时也对中国革命起了意想不到的催化作用。在帝国主义的压力和联军的暴行面前,少数当权的满人贵族和汉人封疆大吏卖国自存,屈辱自保,暴露了封建主义是民族救亡斗争的最大障碍。反帝必须反封,必须首先推翻清政府。义和团运动悲剧性地表明,旧式农民的反抗斗争已经难以完成新时代的历史使命。于是资产阶级革命运动在全国范围内开展起来,孙中山从此不再感到孤立,赢得了愈来愈多的同情和支持。八国联军的组织者在理论上和事实上都是中国革命的反面教员。这也是我们应该具体研究帝国主义者们这场盗贼活动和暴行的一个重要原因。不过我们这里所要说的只是过去一般研究中所忽略的沙俄这个首席反面教员的作用。

一

　　1900 年的八国联军侵华战争,谁是元凶? 一般教科书大体是这样排列,即英国、法国、日本、沙皇俄国、德国、美国、意大利、奥地利。英国打头,因为它首先组织了西摩尔联军,但它没有取得什么实际效果。人们也把瓦德西作为主犯,因为他是八国联军总司令,但他在联军进入北京后才到达中国。也有把日本列为祸首的,因为进犯北京时,它出兵最多,但在此以前它并不占优势,而且沙俄也不承认它的主导地位。事实上,始终积极活动,处于霸主地位的是沙皇俄国。

　　以反对帝国主义为目标的义和团运动兴起之际,帝国主义各国对中国的瓜分方兴未艾,都在窥测时机以攫取在华更大的权益,因此,对义和团运动表

[①] 编者注:文章为魏宏运先生与他人合写者,在文章下标注作者,独撰则不加标注。

现了极大的仇视，其中沙俄尤为突出。沙俄驻北京公使格尔思向沙皇献策："情况千钧一发，只有列强有力坚决的合作才能制止运动。"他向清廷总理衙门要求"速剿乱民"，"在义和拳还没有强固和还没有在集于北京周围的大队士兵中获得信徒时，有力地将他们镇压下去"。[①]当时清朝政府正为义和团运动所苦恼，在沙俄的怂恿下，曾专门讨论了沙俄这一所谓的建议。

到了5月，沙俄又要求"代剿团匪"。清朝政府虽然非常惧怕崛起的人民力量，但对洋人也并不放心，所以对"代剿"没有做出反应。然而沙俄无视清政府的主权，竟然把"代剿"计划付诸行动。沙俄远东部队司令阿列克谢也夫指挥远征舰队的奥列号（Orel）和塔木索夫号（Tamsoff），把作战部队、装备和粮食从海参崴源源不断运往旅顺；西伯利亚和太平洋舰队的十几艘军舰也调到渤海湾，然后又从旅顺南下，陈兵我大沽口外。

英、美、法、日等帝国主义这时也都忙于调兵来华，但无论在速度方面还是数量方面，都难与沙俄相比。到6月初，各国集结在大沽口拦港沙外的军舰共30余艘，其中沙俄的占7艘，另外还有它的两艘鱼雷艇。此外，沙俄还调来了用于进攻的炮兵、骑兵、工程兵、铁道兵、步兵、浮桥队等多种兵种以及嗜杀成性、臭名昭著的哥萨克马队。这样，沙俄以它兵力和装备的优势冠于其他帝国主义国家，造成了"英暨各国咸以调兵需时，托俄保护"其在华权益的局面，而"俄集兵既便，又受各国之托已成东方领袖"。[②]至6月中旬，沙俄从旅顺调运至天津兵力之多，已为中外瞩目。收在《李文忠公全书》中的一封电稿谈及："闻俄调兵六千，号称代剿，已有二千到津。"下旬，又遽增。1900年6月22日《泰晤士报》披露，俄使馆通知美国务卿说，"四千名俄军已从旅顺调到大沽"，实际上，尚不止此。据《泰晤士报》的报道，实已达六千之数。及至八国联军自大沽登陆，也是沙俄军数目最多，据1900年7月6日《泰晤士报》载：

八国联军登陆人数（7月初）

国　别	军官人数	士兵人数
德　国	44	1300
英　国	184	1706
澳大利亚	12	127

[①]《红档杂志有关中国交涉史料选译》，张蓉初译，生活·读书·新知三联书店，1957年，第215页。
[②]《李文忠公全书》，第9函电稿22。

国 别	军官人数	士兵人数
美 国	20	329
法 国	17	387
意 大 利	7	131
日 本	119	3709
俄 国	117	5817
总 计	520	13506

对于这次军事入侵的策划,沙皇尼古拉二世表现了异常的关心,亲自担任沙俄侵华军总司令,而任命陆军大臣库罗帕特金为参谋长。沙俄虽然一再表示其"调兵赴华,只为保护公使,兼助剿匪,别无他意",但鉴于半个世纪以来处心积虑侵华的昭彰野心,沙俄已引起了其他侵略同伙的疑虑。为了安抚其他同伙,它向美国表示:俄国没有占领中国领土的野心,俄国和其他列强一样,在中国的军事行动,目的在于保卫俄国使馆的安全,并帮助中国政府镇压骚乱。并且说,这是它保卫边境的必要防卫手段(见《美国外交档案中国庚子拳乱之部》)。这种侵略逻辑,今天也还有人在沿用。

1900 年 6 月 15 日,八国联军的各国海军司令在俄国海军上将海尔德布兰特所在的巡洋舰露西亚号举行首次会议,策划如何发动这一肮脏的战争。会议之所以在俄国战舰上召开,据说是"海君年岁居长,所以各提督均诣就之,盖欲共商进取之策也"。从此,在八国联军侵华的全部过程中,都打上了沙俄发号施令的印记。6 月 16 日上午 11 时,各国海军头目再次在俄舰露西亚号召开会议,"与海君再议攻守之计"后,海尔德布兰特就以联军的最高指挥官身份发出一份最后通牒,对中国施以恫吓,限令大沽炮台守将罗荣光投降,声称:"本提督以两造情愿之主张,或以兵力从事之目的,暂据大沽各炮台。该各炮台,至迟限于十七号早晨两点钟,一律退让。"并蛮横地说:"此系已决之事,望即达知直隶总督及各炮台官,急速勿延。"(同上)"两造"都"情愿"的神话,当然不能成为现实,它遭到了罗荣光等中国爱国官兵的拒绝。海尔德布兰特遂在俄舰扑尔克号上开会,决定 16 日下午 3 点,各国侵略军自战舰上强行登陆。

按预定时间,沙俄舰长多布尔乌尔斯基指挥俄舰 3 艘,即高腊支、机略克和扑尔克号和法、美、德等国军舰各 1 艘,一起向大沽炮台发动攻击。中国守军当即还击。俄舰高腊支号中弹,机略克号也被打中,引起部分火药间和一个锅炉爆炸,沙俄军16人丧命,67人受伤,1个海军上尉被击毙。沙俄自认"损失很大","伤兵折将"。联军亦公认:"俄国人的伤亡比任何国家都要惨重。"这是此次交锋中它所受到的惩罚。

占领大沽后,八国联军的下一个目标是攻占天津。在进犯天津时,联军海军将领会议决定,"公推俄国中将为上级军官,工作甚为协调。由于海军上将会议对一切行动有最高决定权,为了避免摩擦的发生,陆路军队的指挥官也应当与海军上将会议主席,即上级军官为同一国籍的。如目前情况,当为俄国人"。(见吉·吉普斯:《华北作战记》)这样,沙俄又一次得到指挥权。在紫竹林、西沽、火车站、东局子等战斗中,沙俄都充当着主力军。天津英法租界因沙俄军的"保护"而得以苟延残喘。侵略者们同声"感谢俄国人保护了他们的生命,如果没有俄国人的援助,列强小小的远征部队,肯定是要覆没的"。(《泰晤士报》1900年6月30日星期版)

但不可一世的沙俄军队与武装起来的中国人民一经交战,就遭到严重的挫折。马克里希在《天津租界被围记》中描述了6月23日沙俄进犯天津时被义和团包围的情景:"因为义和团使用盾牌,他们(指沙俄军——作者注)冲出包围,死四十人,伤二百人。沿着铁路线前进的俄国兵,遇到了主要的抵抗。"沙俄在失败后急速增兵。仅26日上午,就开来一个步兵团,约2000人,露营于东站附近,"下午另一部俄国联队抵津,在郊外露营"。由于屡遭失败,沙俄远东部队司令阿列克谢也夫不得不于6月30日赶赴天津亲自督战。《中国和联军》中记载:"三十日早晨旅顺和辽东半岛总督,俄国远东部队司令阿列克谢也夫赶到天津。""在他未到以前,大家不愿采取决定性的措施,因为他可能带来一些关于援军的消息。"(引自《天津租界被围记》)当时沙俄军在联军中的地位,及其在侵战进程中的元凶作用由此可以得见。

虽然有阿列克谢也夫亲自督战,天津城在清军和义和团协力防卫下仍然久攻不下。7月13日和14日,沙俄出动了5000兵力,和德国一起企图用强力打开通道,从城东闯入天津城,其他日、英、美、德等侵略军则从南面进攻,均遭到了惨重的失败。阿列克谢也夫供认,俄兵死伤200多人,其他各国侵略军则死伤共约700多人。清军握有先进的武器,如能和义和团合力御敌,是可以打败八国联军的,况且八国联军也曾有过撤军的念头。不幸的是到了14日,清军忽然背盟,退出了阵地,只剩下义和团孤军作战。这样,八国联军在付出了重大代价后,占领了天津城。地处天津城北门外的众多商店、总督和道台衙门、水师营等相继落入沙俄军手中。

攻下天津后,在各帝国主义侵略者间不断发生纠纷中,沙俄更巩固了它在联军中的地位。阿列克谢也夫以霸主身份多次召开会议,调解帝国主义侵略者之间的矛盾,在其策划下组成了殖民机构天津都统衙门,由沙俄军官华格克担任这一机构的主要头目,对天津实行统治。此时在津俄军已激增到2万多人,他们把掠夺得来的大批战略物资集中在天津、军粮城和大沽这三个点上,准备下一步进犯北京。这时,联军总司令名义上确定为德国瓦德西伯爵,而实际上瓦德西尚未到达,联军的实际指挥权仍在沙俄中将李尼维支手中。8月1日决定进犯北京的会议就是在李尼维支的营房里举行的。参加者除李尼维支外,有美军少将沙飞、日军中将山口素臣、英军中将盖斯里、法军中将福里和一个德国海军军官。8月3日确定了进犯北京的时间表;各国应参加的侵略军人数,总数为2万,俄军占4000人,日军数目陡增,达到9000人。但打头阵的仍是俄国人,他们并且使用诡计保持进犯北京的主导地位。8月12日八国联军占领通州后,俄军司令李尼维支诈称他不能行动,他的士兵必须休息,通知各国司令官说,要在通州休息一天。开始各国均不同意,经磋商后,才一致同意:13日这一天用来进行侦察,14日举行军事会议,商讨次日进攻北京的计划。然而,沙俄陆军少将瓦西列夫率领一营步兵和部分炮兵背着他的盟友,先期单独向北京开始了行动。《庚子中外战纪》中说:"十四日联军准备尚未完全,不意于十三日至十四日之夜间,早已与华兵开仗。俄兵前队至东便门,并未遇阻拒,以为可以暴攻,与通州无异。讵料在此血战,华兵守护极严,急切未能得手。"各国侵略军发现他们被愚弄后纷纷表示不满,但是沙俄却因此写下了抢先进犯北京的记录。它的财政部长维特在后来的回忆录中仍然强调这一点:"对义和团采取镇压措施时,我们是同欧洲列强共同行动的。……我们率先进军北京。""我们在日军的协助下占领了北京。"[①]

二

沙俄这个野蛮的帝国主义侵略者在八国联军侵华战争过程中所制造的

---

① [俄]维特、[美]亚尔莫林斯基:《维特伯爵回忆录》,傅正译,商务印书馆,1976年,第83页。

暴行,同其他侵略军相比也是极其突出的,在国际上曾被纷纷指摘,在中国人民的记忆里也留下了难以消灭的仇恨。

从1900年6月17日八国联军自大沽登陆,到8月14日抢占北京,近两个月的时间里,沙俄军队所过之处庐舍为墟,和平居民惨遭杀戮者达数十万人,老人、妇女和儿童也无所幸免。

北塘本有万户人家,劫后只剩下3000户。

塘沽当时是一个有着5万多人口的城镇,后来成了一片废墟。

新河是1200多户的大村庄,被烧去了一半。

军粮城那时有三四百户,包括杨台、苗街、塘洼、刘台、李台五个村子,沙俄军队烧杀抢掠把它毁灭了一大半。杨台因靠近铁路,房屋全部被毁。

从大直沽到盐坨相距7华里多,中间的田庄、唐家口、小王庄、大平庄、李公楼、纪家楼等村庄,被烧得一干二净。

对于加在中国人民身上的这场灾难,八国联军总司令瓦德西来华后有过一番描述:"从大直沽到天津之间,以及天津重要部分,已成一种不可描写之荒凉破碎。据余在津沽路上所见,所有沿途村舍,皆成颓垣废址,——塘沽系五万居民的地方,已无华人足迹。""至于饥荒疫病之先后继至,实已无疑可言。"(引自《义和团》资料丛刊卷3)根据时人的记录,以及近年来在天津所做的一些实地调查,沙俄军队是主要的纵火者和杀人犯。《天津租界被围记》说:"俄国人见人就开枪,走过村庄就放火。"《庚子天津一月记》中说:"俄人所据地被害特甚,抢掠焚杀,继以奸淫,居民逃避一空。"《中国和联军》一书的作者指出了沙俄帝国主义者的野蛮本性:"沙俄军有一种癖性,就是毁灭中国。"20世纪70年代还健在着一些劫后幸存的老人,他们对"穷老俄"所过之处留下的恐怖和仇恨记忆犹新:

"我家世世代代住在新河,沙俄在这一代的暴行,我是亲眼看见的。我们这里流传着一句话:'塘沽一扫光, 新河半拉子庄, 北塘三排枪。'"(许得祥1970年回忆,时年87岁)

"我家世世代代住在大王庄,八国联军攻天津,俄国兵最凶了。我逃了三次,都睡在开洼,没有逃掉的都被俄国兵割去脑袋。"(孙启望1970年回忆,时年92岁)

"那时我家住在田庄。庚子那年,我才十岁,家里有爹、娘、哥哥、姐姐和我,共六口人。我们住在胡同里,见穷老俄来就关上大门,谁知他们往门上洒煤油,放火烧。大火封了门,穷老俄端着枪站在门口,见人冲出来就用刀挑死。我姐姐挨了一刀,没有死,就我俩逃出来了。我走到海河边一看,死人可多了,河槽里尸体都漂满了。"(吴桂荣 1970 年回忆,时年 79 岁)

无所不取地抢劫和盲目地破坏,也是沙俄这个落后的帝国主义国家所特有的一种本性。他们需要以掠夺和抢劫支持和补充他们的军需。从军械火药到金银财宝,从大米白面到蔬菜家禽,从牲畜车辆到衣物,无一不在他们抢劫范围之中。阿列克谢也夫承认,八国联军侵占天津时,沙俄从东局子兵工厂、清军兵营中掠去了大量军事物资和财产,从李鸿章的衙门里抢走了 300 多门大炮和许多贵重衣物。天津造币厂几百吨银子也被打劫一空。他们对于一切他们既不能创造也不能占有的人类劳动成果抱有一种敌视心理。俄国兵对那些不知为何物和不能携带的东西,统统破坏掉,他们的野蛮与无知,给他们的各国同谋者们留下了深刻的印象,瓦德西在《拳乱笔记》中说:"俄国军队抢劫之方法,似乎颇称粗野,而且同时尽将各物毫无计划地打成粉碎。"

杨柳青一带的居民,遭到沙俄军一次又一次的洗劫,一位目击者在 8 月中下旬记载下这些史实:

8 月 15 日,沙俄军窜到杨柳青抢劫了许多车马。

8 月 15 日,沙俄军和英美法日意军共 2000 人抢掠焚烧了独流镇,并在杨柳青掠夺瓜果、点心、烟卷、牛羊鸡鸭等。

8 月 20 日,沙俄军再次窜到杨柳青。

8 月 28 日,沙俄兵 6 人,由子牙河窜入杨柳青,将高姓、李姓的衣物抢掠一空。

8 月 30 日,沙俄兵 12 人窜入杨柳青,将石姓衣物抢去。

八国联军侵占北京后,曾特许其官兵公开抢劫三日。各国的官兵在抢劫上比他们的同伙虽都毫不逊色,而沙俄军往往独能以他们的强盗习性捷足先登。皇宫、颐和园、景山和京师大学堂,都被沙俄抢占。瓦德西在《拳乱笔记》中写道:"联军占领北京以后,其驻扎地点之分配,一如当时各军攻入该城最初各自占据之处。其中冬宫一所,系落在俄人之手。"无怪乎《八国联军志》记载:"独俄于占据时刻努力异常,可知俄以占据为宗旨。"

景山禁地"则成了俄国的军营。哥萨克骑兵的小马和一峰孤独的无精打采的骆驼被拴在山脚下的小树上"。学术中心京师大学堂"则成为李尼维支将军的司令部和参谋部"。故宫和颐和园的许多珍宝被盗运到俄国,足足可以开设一个堂皇的博物馆。据《拳乱纪闻》："宫内贵重的物件为俄人携去者不少。"国际强盗们曾因在北京的抢劫和分赃不均而相互攻击,一时成为世界丑闻。1900 年 10 月 4 日,沙俄陆军大臣库罗帕特金曾为此给李尼维支发电说："英国消息的电报说,我们在北京的军队,把宫中所有东西一律搬出来了。"李尼维支抵赖："俄国军队始终占领着皇帝的宫殿,斯澈色尔将军还把所有宫殿加封,每一个宫殿都有守卫和哨兵,绝对不允许任何人进入宫殿,只允许公使和外国将军进内视察。"[①]但事实是,第一,在沙俄的"保护"下,宫殿内的珍贵文物确是不见了;第二,李尼维支回国时除行李外,还带回大量的贵重物品,其他沙俄将军也带有各宫宅的物品回国。维特在他的回忆录里说出了沙俄在这幕丑闻中的丑态："许多私人住宅,尤其是皇宫,遭到劫掠。当时传说俄国的军官也参与了劫掠,我们驻北京的办事员也私下向我证实了这些传闻。我必须说,这真使我们丢脸。有一个中将因为攻克北京而获得圣乔治十字勋章,在返回阿穆尔地区驻地时,带来了从北京皇宫抢来的十箱珍宝。不幸的是这位将军的例子曾为其他一些军人所仿效。"沙俄军在中国的所作所为,实难掩人耳目,就是俄国的报纸也无法隐讳："俄人所犯暴行根据俄国报纸上俄国通讯员的记载,超出其他军队到现在为止所犯的暴行。"[②]

列宁对于俄国统治阶级在中国犯下的强盗暴行表示过极大的愤慨："他们盗窃中国就像盗窃死人的财物一样,一旦这个假死人试图反抗,他们就像野兽一样猛扑到他身上。他们杀人放火,把村庄烧光,把老百姓驱入黑龙江中活活淹死,枪杀和刺死手无寸铁的居民及其妻子儿女。"[③]

三

如果说在华北,沙俄还是混迹于国际强盗之中,暴行是在战争中发生的,那么随后在东北所发生的一切,则完全表现出沙俄对于我国领土的野心和国际恶霸行径。也正因为这一点,沙俄不仅在理论上是促使中国革命激化的反

---

① 《红档杂志有关中国交涉史料选译》,第 249 页。
② 《德国外交文件有关中国交涉史料选译》(第三卷),孙瑞芹译,商务印书馆,1960 年,第 169 页。
③ 《列宁全集》(第 4 卷),人民出版社,1955 年,第 336 页。

面教员,事实上也是由于沙俄霸占我国东北的企图和行为而引起了全国规模的拒俄运动。这个运动在思想上和组织上都为资产阶级革命向全国范围的扩展做了准备。

多年来,沙俄一直想在太平洋获得一个不冻港。1898年获取旅顺,这一夙愿得以实现,但这只是它加紧侵华的一个步骤。它要的是"把满洲变成第二个布哈拉"。接着,它以修筑中东铁路的特权,使哈尔滨成为它的总兵站,并在铁路沿线驻扎军队。在吉林也驻兵十多处,为把魔爪伸入中国东北时刻窥测时机。

当义和团运动开始向东北蔓延时,沙俄立即以此为借口,宣称:"现在拳民四起,扰及路工,地方官不能弹压,除非速进兵保护兼助平乱,别无他法。"(《李文忠公全书》)7月,当华北战事激烈,沙俄便乘机悄悄运兵东北。八国联军占领天津后,沙俄更迅速增兵东北。据《八国联军志》8月4日记载:"七月内有俄兵一万四千名由黑海奥得萨地方来津,尚有一万四千人前往旅顺。"同时,把在华北的大部兵力一万多人置于由北塘向东北方向的芦台、唐山、山海关等地进犯的战斗序列里,意图明显在于同东北的俄军连成一气,完成对于东北的全面控制,进而威胁中国的心脏地带。

当八国联军进攻北京的同时,沙俄在东北大举进犯,"北满"占领了齐齐哈尔,"南满"占领了营口、海城等地,随后发布布告说:"刻下俄兵因保护铁路起见,将次第遣兵占领满洲各地。"八国联军占领北京后不久,沙俄狡猾地提出三点意见:一、无意向中国索地;二、在东三省用兵,出于自卫,俟地方平静,即将该处俄兵退回;三、从北京撤军。前两点本是它一再宣传的老调,唯独第三点是企图把它的同伙们赶出中国,而后可以既成事实独占东北,进而独占中国的如意算盘。《清史稿·杨儒传》说得清楚:"俄佯议撤兵,而遣使人诣关东,掠吉林黑龙江地,达营口北。"果然,到了9月,沙俄阿穆尔总督格罗杰科夫便宣称,凡是俄军足迹所到之处,都是沙俄的领土,公开宣布阿穆尔河(即黑龙江)右岸为俄国所有。10月,东三省已完全陷入沙俄铁蹄之下。随之沙俄以主权者自居,开始向东北委派地方官吏,向东北人民摊派繁重的税捐、差役,改中国地名为俄国名称,其目的正像《苏联共产党(布)历史简明教程》所深刻揭露的:"俄国资产阶级已拟定在满洲成立'黄俄罗斯'的计划。"

像华北一样,东北在沙俄军队的铁蹄下陷入一片恐怖与死亡之中。历史悠久的瑷珲城只剩下残垣断壁,嵩崑的《洋事记册》中记载沙俄在哈尔滨的暴行:"据六起四扎兰委参领承铨报称:哈尔滨俄逆所到村屯,悉行焚烧。凡遇华人,不论男妇大小,尽行屠戮,遭害者不下数千村,被杀者不下万户。"[1]对吉林、盛京的毁坏也很厉害,沈阳故宫的图书档案舆图和贵重文物被抢劫一空。当时侨居在俄属尼布楚、司特例律、伯力和海参崴等地的中国人也不能幸免,他们屠戮的东北人民,据统计,先后在 20 万人以上。在海兰泡,一次被驱入黑龙江而淹死的就达 6000 多人,制造了震惊中外的海兰泡惨案。

沙俄侵略者吞并我国东北的野心和暴行,激起了中国人民的英勇抗俄斗争,著名的抗俄英雄刘永和所率领的忠义军活跃于吉林省东南部和辽宁省东部,他们以"御俄寇、复国土"为号召,坚持抗战达 3 年之久,"其东南一路,吉洞峪为险固之区,团练尤齐,聚族往依者以千万计,可见人心尚固。兼之马贼纷扰,动与俄人为难。此时俄亦穷于收拾"。[2]人民的斗争对沙俄来说,是无法克服的异常可怕的力量。八国联军统帅瓦德西曾谈及沙俄在东北的狼狈处境:"在东北常有武器完备的骑兵,数百成群,袭击俄军,使其坐卧不安。"(引自《义和团》卷 3)沙俄陆军大臣对此也颇有感受:"住在南满的俄国军队是分散而被包围在敌视我们的中国群众之中。"[3]

中国人民的反抗斗争迫使沙俄政府不得不做策略上的改变。1902 年 4月和清政府签订了《交收东三省条约》,规定俄军于 18 个月内分三期撤军完毕。但到 1903 年,沙俄竟违约拒不撤兵,从而激起了全国人民的义愤。上海爱国人士在张园多次集会,发起"拒俄运动"。他们慷慨演说,主张"力拒俄约"[4]。每次到会者达千余人。至 4 月上旬,已到撤兵第二期,沙俄政府不但仍不撤兵,反而变本加厉,向清朝政府提出七项新要求,力图确保东北成为其独占的势力范围。4 月 27 日,在上海的 18 省爱国人士再次集会于张园,呼吁抗击沙俄帝国主义的侵略,得到各界热烈响应。这样,"拒俄运动"成为全国规模的一次反帝爱国斗争。与此同时,留学日本的中国学生用行动展开了更为激烈的"拒俄运动",他们组织"拒俄义勇队",决心为保卫祖国领土完整"溃热血、冒白刃,岸然挟万死不返之心"[5],不但有力地声援了国内的爱国运

---

① 《义和团运动史料丛编》(第二辑),中华书局,1964 年,第 207 页。
② 《义和团档案史料》,中华书局,1959 年,第 642 页。
③ 《红档杂志有关中国交涉史料选译》,第 197 页。
④ 《拒俄运动(1901—1905)》(中华民国史资料丛稿),中国社会科学出版社,1979 年,第 61 页。
⑤ 见《江苏》第二期,1903 年,转引自《拒俄运动(1901—1905)》,第 113 页。

动,而且有很多人离日回国,直接参加斗争,后来的许多资产阶级革命家就是在这次运动中涌现出来的。广大爱国者的思想在斗争中发生了深刻变化,他们看到帝国主义的凶恶和清王朝的腐败,认识到非革命不能救中国,继而由拒俄而反满,由爱国而革命。这次运动是近代史上中国资产阶级同帝国主义的第一次交锋,它把中国人民的爱国运动推向空前的高潮,为把孙中山领导的资产阶级革命向全国规模的推进做出了贡献。

原载《南开学报》(哲学社会科学版),1980 年第 4 期

关于资产阶级民主革命的历史范畴

一

关于资产阶级民主革命的含义、资产阶级革命和资产阶级民主革命的区别以及资产阶级民主革命的历史范畴等问题，在历史教学中，人们的认识还没有一致起来，甚至还有很大的分歧。有的人企图从领导权上（无产阶级领导的）和时代上（帝国主义时期发生的）来给资产阶级民主革命下一定义，认为"资产阶级民主革命是无产阶级领导下的包括农民、小资产阶级甚至资产阶级的反封建（以及支持它的国际帝国主义势力）革命"。由于这样的理解，就得出这样的结论："资产阶级民主革命，这是……发生在帝国主义时代，在大工业发展的条件下，在无产阶级对资产阶级展开斗争的条件下发生的。""世界资产阶级民主革命开始于一九○五年的俄国资产阶级民主革命。"由于对资产阶级民主革命这一概念认识不一，也就自然而然地对辛亥革命（是资产阶级革命还是资产阶级民主革命）和新民主革命（和资产阶级民主革命有什么区别）的革命性质发生争论（以上均见 1954 年 10 月号及 1955 年 4 月号《历史教学》。）这里，我想就这些问题，提出我的看法。不妥之处，希望同志们指正。

二

在马列主义的经典著作中，对资产阶级革命和资产阶级民主革命都曾加以研究和阐明。列宁的"社会民主党在民主革命中的两个策略"以及其他著作对于理解这个问题更具有莫大的意义。

任何真正的革命，都有其产生的社会经济基础，并且包括一定的社会经济内容。资产阶级革命和资产阶级民主革命，就其社会经济内容来说，都是扫除封建主义,建立民主政治以及推翻外国民族的压迫,为资本主义的发展扫清道路,因之都是资产阶级革命。

资产阶级革命是民主主义革命。列宁曾对这一概念做了概括的说明:"资产阶级革命乃是不超出资产阶级即资本主义社会经济制度范围的革命。资产阶级革命表现着资本主义发展底需求,它不仅不会消减资本主义底基础,反而会扩大并加深这种基础。"[①]由此可知,资产阶级革命是一定历史发展过程中的产物,它和资本主义推翻封建主义相联系着。当资本主义成分在封建社会内部迅速发展,以至于封建的所有制关系,不复适合业已发展的生产力,它就必然被打破,被以自由竞争以及与其相适应的社会政治制度所代替,这种变革就是资产阶级或无产阶级所领导进行的资产阶级性革命。当整个社会经济带着资本主义性质时,一切反对中世纪制度的农民革命,也是资产阶级革命,因为"农民运动绝不反对资本主义制度底基础,绝不反对商品经济,绝不反对资本。正是相反,农民运动是反对农村中旧的、农奴制的、资本主义前期的关系和反对地主的土地占有制——农奴制度一切残余之主要柱石,因此农民运动完全的胜利,不铲除资本主义,恰恰相反,它造成资本主义发展更广泛的基础,使纯粹资本主义发展起来和剧烈起来"[②]。

反封建的资产阶级革命是民主革命,但并不是所有资产阶级革命都可称为资产阶级民主革命,1934年斯大林、日丹诺夫、基洛夫在《对于苏联历史教科书提纲的一些意见》中就曾指出,纲要的缺点之一是"把一般的革命、资产阶级革命和资产阶级民主革命都混为一谈"。

的确,从马克思主义观点看来,资产阶级革命和资产阶级民主革命是有区别的。列宁具体地分析了发生在20世纪的葡萄牙革命(1908年)、土耳其革命(1908年)和俄国革命以后,就特别强调资产阶级革命具有两种不同的形式。列宁说:

> 如果列举20世纪几个革命做例子,那么无论葡萄牙革命或土耳其革命,当然都得承认是资产阶级的革命,可是,无论前者或后者都不是"人民"革命,因为民众,最大多数人民,无论在前者或后者当中都没有显

---

① 《列宁文选》(第一卷),外国文书籍出版局,1950年,第597页。
② 《列宁文集》(第二册),人民出版社,1954年,第31页。

然积极地、独立地起来为着自己的政治要求和经济要求而奋斗。反之，1905 年至 1907 年的俄国资产阶级革命，虽然在其中未曾有过像葡萄牙革命和土耳其革命有时得到过的那般"灿烂的"成功，但它毫无疑义，是一个"真正人民的"革命。因为民众，大多数人民，呻吟于压迫和剥削之下的社会最下层的人，都曾独立奋起，用自己的要求，用自己的尝试，即按自己的方式来建设新社会以代替那正被破坏着的旧社会的尝试，影响了革命的整个行程。①

从列宁所分析的，我们就知道，俄国革命和土、葡革命虽然都是资产阶级革命，但一种是资产阶级上层分子所进行的，这种革命只是为少数人的利益，它没有发动广大人民参加，或者人民群众参加了却没有带着自己的政治和经济要求；另一种革命是全体人民、全体工人阶级、全体农民行动起来的人民革命，革命是为了多数人的利益。这种差别就成为区分资产阶级革命和资产阶级民主革命的一种标识。如果要用一句话加以概括表述的话，那就是：凡是广大人民群众带着自己的政治和经济要求参加革命，并且用自己的要求和行动影响了整个革命过程，就是资产阶级民主革命，反之则是资产阶级革命。这正如苏联大百科全书所说的："资产阶级民主革命就是最大多数的人民——被压迫的工人和农民，带着本身的经济和政治要求而加入那种资产阶级性的革命。"②关于资产阶级民主革命的一般概念就是如此。

由此可见，以革命发生的时代和革命领导权来区分资产阶级革命和资产阶级民主革命是不妥当的。革命的领导权问题只是不同历史时期资产阶级民主革命的特征之一，而不同的历史时代（垄断前和垄断时期）也只能给资产阶级民主革命带来新的特点，这两者并不能揭示出资产阶级革命和资产阶级民主革命的区别。

三

像一切事物的发展一样，资产阶级民主革命也是随着历史发展的，时代

---

① 《列宁文选》（第二卷），外国文书籍出版局，1950 年，第 193 页。
② ［苏］切莱姆内赫、威捷尔尼科夫、康德拉雪夫等：《资产阶级、资产阶级革命、资产阶级民主革命》，赵丕坤、何思源译，人民出版社，1953 年，第 36 页。

不同,它的内容和特征也就有所不同,它在民主主义的程度上也有些区别。即是在同一时代,因各国的具体历史条件不同,各国的资产阶级民主革命也各有自己的特点。

马列主义教导我们,资本主义的发展是经过两个阶段的,从 1789 年法国资产阶级大革命起到 1871 年巴黎公社止,是资本主义在欧洲各先进国家胜利和奠定的时期。这时,总的说来,资产阶级还是历史上前进的阶级,无产阶级虽已登上历史舞台,但力量还很薄弱,还不能成为独立的政治力量,就在这时,资产阶级民主革命已经出现了。列宁在《论民族自决权》一文中指出:在西欧大陆上,资产阶级民主革命(资产阶级革命)所包括的,是一段颇为确定的时期,大约从 1789 年起至 1871 年止,这个时代恰是民族运动及建立民族国家的时代。具体研究一下这一时期的历史,我们就会知道,资产阶级革命、资产阶级民主革命和民族解放运动,在这一时期已笼罩了欧洲大陆的一切国家。一般地说,这时的资产阶级民主革命,是由资产阶级领导的,农民是资产阶级的后备军。但就在这时,如果在反封建的阵营里,没有无产阶级和资产阶级之间的斗争,民主斗争就不能够继续进行,因为资产阶级只关心自己获得政权,却不满意工人阶级提出的政治和经济要求。

譬如 1789—1794 年的法国革命,虽然那时无产阶级的力量还很薄弱,但人民群众曾经起过很大的作用,在革命的初期,人民群众没有提出自己的政治和经济要求,但到了 1792—1793 年,特别是雅各宾专政时期,情况就完全改变了。他们提出自己的独立政纲,创立了自己的革命组织,给革命以巨大的影响。用列宁的话来说,革命的人民群众,曾用真正革命的手段摧毁那过时的封建制度,使全国过渡到更高的生产方式,过渡到自由的农民土地占有制,"这是真正人民的革命,因为极大多数的人民大众、独立地、带着自己本身的要求,来积极地参加革命。群众同封建制度开始斗争以后,并没有中途停止,而是把它消灭净尽。就其任务来说是资产阶级性的法国革命,后来就展开为资产阶级民主革命……"[①]

到了 19 世纪的 40 年代和 50 年代,由于资本主义的发展,带来了各国工人阶级的扩张,也引起民族压迫和被压迫民族的觉醒。1848—1849 年,欧洲所有的国家都发生了革命,工人与资产阶级协力进行革命。可以这样说,这时

[①] 苏联科学院历史院编:《近代史教程》(第一分册),人民出版社,1950 年,第57—58 页。

的革命,没有一次革命是没有无产阶级的,无产阶级用它的鲜血赢得了胜利,提出了自己的要求。拿法国革命来说,法国工人群众和下层群众曾以自己的斗争,推翻了七月王朝,以自己的鲜血争得了共和国的成立。恩格斯在谈到法国二月革命时,就曾经指出这次革命是和以前的革命不同的,这次革命虽然是由少数人所领导,但不是为了少数人的利益,而是为了多数人的真正利益进行的革命。这样的革命当然可以说是资产阶级民主革命。

德国 1848 年的革命,同样的是资产阶级民主革命,自由资产阶级和工人、农民曾联合起来发动了群众性的革命。在柏林和莱茵省革命热情特别高涨。城市的工人受了社会主义和共产主义思想的"毒",他们已低声说出要把一切掌握在他们自己手中的奇怪的话(见恩格斯:《德国的革命与反革命》)。而 1847 年马克思和恩格斯等所组织的共产主义同盟给这次革命以巨大的影响。马克思和他的同志曾把革命资产阶级向前推进,同时用一切办法批判自己右派同盟者的不彻底性。马克思主编的《新莱茵报》,把真正革命的力量团结起来,并指导群众革命行动。正因为这是一次人民的革命,所以这次革命才消灭了德国的农奴制(虽然在这次革命之后,农奴制的残余依然保留着),但是由于德国的资产阶级是一个从头就打算出卖人民的阶级,从头就打算与旧社会妥协的阶级,因之当工人阶级的革命向上高涨的时候,资产阶级立即叛变革命。列宁在分析 1789 年法国革命和 1848 年德国革命的区别时这样说道:"……根本差异就在于一七八九年法国与一八四八年德国所实现的资产阶级民主革命,在前一场合是进行到底了的。而在后一场合,则是没有进行到底;前者达到了共和政治完全自由,而后者却驻步不前,没有把君主制度与反动势力消灭;在后一场合,革命主要是在自由资产者领导之下进行,这些资产者领导着尚未充分强固的无产阶级在拖船下跟着自己走,而在前一场合,革命则是由积极革命的人民群众、工人和农民来进行的……"

由此可见,资产阶级民主革命,在资本主义确立和上升的时期就发生了。在 18 世纪末法国资产阶级革命过程中,资产阶级民主革命也随即出现。但是由于世界各国政治经济发展的不平衡性,当英国及欧洲其他国家的资本主义发展到迅速消灭封建关系的时候,俄国和亚洲许多国家,这种封建的关系仍存在了一个较长的时期。这就决定,当 1871 年"西方已完结了资产阶级民主革命(资产阶级革命)时期,东方尚未成熟这种革命的地步"[①]。

---

① 《列宁文选》(第一卷),第 76 页。

据此，我们知道，认为资产阶级民主革命是发生在帝国主义时代是不妥当的，武断地说世界资产阶级民主革命开始于俄国 1905 年革命是与历史事实不符合的，就是说资产阶级民主革命发生在 19 世纪 40 年代也不完全确切。

到了 19 世纪最后 30 年，资本主义进入了它发展的第二个阶段，即帝国主义阶段。帝国主义是过渡到社会主义去的垂死的资本主义。这时，垄断代替了自由竞争。这时，资产阶级由政治上的民主走向反动。这时，唯一彻底的革命阶级是无产阶级。在这时发生的资产阶级民主革命，一般地说，是和垄断以前时期根本不同了。无产阶级已成为革命的领导力量，资产阶级已被排除于革命领导之外，农民站在资产阶级方面，而成为无产阶级的后备军，民主革命转变为社会主义革命成为可能。

1905 年的俄国革命就是在这种新的历史条件下发生的。正如列宁所说："在东欧与亚洲方面，资产阶级民主革命是从一九〇五年开始的。"①因为俄国革命是在比西方资产阶级革命时期更为进步的社会发展条件下实现的，俄国工人阶级在组织上和政治上是团结一致的，它已经有了它自己比资产阶级党更团结的坚固的党，因之它能够"联合全体农民，中立资产阶级，反对沙皇和地主，为资产阶级民主革命胜利奋斗"。它是无产阶级领导的广泛的人民革命。

关于俄国工人阶级已有一切可能摆脱充当助手的命运而成为整个民主革命的领导者，列宁和斯大林都曾经指出过。为什么革命导师要强调这一点？因为任何一个革命的最主要的问题都是国家政权问题。无产阶级在取得了革命的领导权后，就保证了这个革命从资产阶级民主革命转变为社会主义革命。列宁说道：

"马克思主义教导无产者，并不是要他避开资产阶级革命，不是要他不关心资产阶级革命，不是要他把革命中的领导权让给资产阶级，而是要他最努力地参加，最坚决地为彻底无产阶级民主制，为彻底完成革命而奋斗。我们虽不能跳出俄国革命底资产阶级民主范围，但我们能够大大扩展这个范围，我们能够而且应当在这个范围内为无产阶级利益奋斗，为无产阶级直接需求，为准备其实力去达到将来完全胜利所必需的条件而奋斗。"②

---

① 《列宁文选》(第一卷)，第 831 页。
② 《列宁文选》(第一卷)，第 599 页。

列宁在规定无产阶级 1905 年在俄国革命中的任务时，就建立了资产阶级民主革命和社会主义革命之间的有机联系和连续性的学说，列宁曾明确指出：我们将用全力帮助全体农民去实现民主革命，以使我们无产阶级党更易于尽快过渡到新的更高的任务，即过渡到社会主义革命。① 除了经过民主主义，经过政治自由，便没有旁的走向社会主义的道路。

如上所述，帝国主义时期发生的资产阶级民主革命，是有不少新的内容和特征的，不能和垄断前的等同视之。我们不妨在这里再重复指出：如果说垄断前的资产阶级民主革命，由于工人阶级薄弱，不能引导农民跟着自己走，资产阶级夺取了胜利果实，结果一种剥削统治阶级代替了另一种，那么帝国主义时期的资产阶级民主革命，就可能使无产阶级成为国家的领导者，使无产阶级提高自己的政治地位，获得在政治上领导群众的经验和技能，并从民主革命过渡到社会主义革命。

既然垄断前和垄断时期的资产阶级民主革命根本不同，那我们就可以这样来认识，资产阶级民主革命可分为旧式的和新式的两种。用毛泽东同志的话来说，那种为资产阶级所领导，以建立资本主义社会和资产阶级专政为目的的革命称为旧式的资产阶级民主革命。以无产阶级为领导，以在第一阶段上建立新民主主义社会和建立各个革命阶级专政的国家为目的的革命叫新式的资产阶级民主革命，这个革命为社会主义的发展扫清更广大的道路。② 毛泽东同志还进一步告诉我们，前者属于旧的世界资产阶级民主革命的范畴，后者属于新的资产阶级民主革命范畴。前者是世界资产阶级革命的一部分，后者是社会主义革命的一部分，俄国革命就是一种新式的资产阶级民主革命。

由此可见，不顾活的历史条件，对资产阶级民主革命这一马克思主义一般的概念是无法理解的。

必须用发展的观点和历史的观点来对待这一问题。

四

我们说帝国主义时期资产阶级民主革命是有许多特点的，但必须注意，

---

① 《列宁文选》(第一卷)，第 689 页。
② 《毛泽东选集》(第二卷)，人民出版社，1952 年，第 639 页。

并不是发生在帝国主义时期的任何资产阶级革命都是资产阶级民主革命,这需要看各国历史的具体条件而定。1911 年的辛亥革命就是一种资产阶级革命。革命的任务是反帝反封建,革命的领导者是小资产阶级和资产阶级。工人和农民虽然积极地参加了革命,给革命以影响,但当时中国的工人阶级还没有当作一个觉悟了的独立的阶级力量登上政治舞台,只是革命的追随者,因而也就不能提出自己的阶级要求。虽然如此,但在 1905 年俄国革命的影响下,"几万万被压抑的,沉睡在中世纪停滞状态中的人民醒悟起来,要求新的生活,为争取人底初步权利,为争取民主而斗争"。[①]这就使得这次革命是在较广泛的基础上开始的。

辛亥革命主要是依靠以会党为组织形式的农民群众而取得了一定的胜利,但是资产阶级不能也不愿意彻底发动农民群众,使得革命半途而废,中国革命的两个基本问题——反帝国主义与反封建主义却一点儿也没有解决。

到了第一次世界大战和俄国十月革命以后,中国资产阶级民主革命发生了根本的变化。如果说在五四运动以前,中国无产阶级的阶级力量还没有充足发展,那么在"五四"以后,中国工人阶级就进一步壮大起来,并且由于世界革命运动的影响,以及五四运动的锻炼,他们的觉悟日益提高了,逐渐形成一支强大独立的力量,出现在中国政治舞台上,并领导中国人民大众,推翻帝国主义、封建主义和官僚资本主义在中国的统治,从此以后,中国革命成为工人阶级领导的人民民主革命,即新民主主义革命。

新民主主义革命,按其社会性质来说,是资产阶级民主革命或者说是新式的资产阶级民主革命。因为"这个革命的对象不是一般的资产阶级,而是民族压迫和封建压迫;这个革命的措施,不是一般地废除私有财产,而是一般地保护私有财产;这个革命的结果,将使工人阶级有可能聚集力量因而引导中国向社会主义方向发展,但在一个相当长的时期内仍将使资本主义获得适当的发展"[②]。

关于中国革命的性质问题,斯大林和毛泽东同志不止一次地指出,中国革命是资产阶级民主革命。斯大林说:"中国的资产阶级民主革命是反封建残

---

① 《列宁斯大林论中国》,人民出版社,1953 年,第 40 页。
② 《毛泽东选集》(第三卷),人民出版社,1952 年,第 1098 页。

余的斗争和反帝国主义的斗争的结合。"①因为不同时反对帝国主义在中国的统治,就不能肃清中国的封建残余。毛主席更指出:"没有一个由共产党领导的新式的资产阶级性质的彻底的民主革命,要想在半殖民地半封建的废墟上建立起社会主义社会来,那只是完全的空想。"②

中国革命是新式的资产阶级民主革命,是社会主义的一部分,但是中国革命和1905年俄国资产阶级民主革命以及第二次世界大战后东南欧各人民民主国家所进行的资产阶级民主革命不完全相同。中国是个半殖民地半封建的国家,中国的民族资产阶级具有两重性,它"在某一阶段上和某一时期内,可以支持本国反帝国主义的革命运动"。因之它加入了革命统一战线,而在俄国和东南欧各国,资产阶级则是反动的。中国革命是反封建斗争和反帝国主义的民族解放斗争混合在一起的,而在后者,主要的是反对封建主义或封建残余。

中国共产党已经领导中国人民英勇地解决了资产阶级民主革命的任务,但是"民主主义革命是社会主义革命的必要准备,社会主义是民主主义革命的必然趋势,而一切共产主义者的最后目的,则是在于力争社会主义社会和共产主义社会的最后完成"③。所以当1949年人民民主革命胜利后,也就是说,当以工人阶级领导的、以工农联盟为基础的中华人民共和国成立后,也就开始了社会主义革命。这个以工人阶级为领导的人民共和国,保证我国能通过和平的道路消灭剥削和贫困,建成繁荣幸福的社会主义社会。

这样,我们看到,资产阶级民主革命,是在人类社会历史发展的一定阶段上才产生的。它跟人类社会生产力发展中的一定水平相适应。由此我们也就可以知道,资产阶级民主革命不是革命的终结,而是社会主义革命的准备。了解了这一点,而且只有了解了这一点,我们才能够了解资产阶级民主革命的真实意义。

原载《南开大学学报》(人文科学),1955年第1期

---

①《斯大林全集》(第九卷),人民出版社,1953年,第261页。

②《毛泽东选集》(第三卷),第1083页。

③《毛泽东选集》(第二卷),第622页。

十月革命的消息是怎样传到中国的

1917年苏俄的工人和士兵推翻了资本家和地主的统治,建立了苏维埃政权。这是人类历史的新纪元,是世界历史根本的转折点,它从根本上动摇了资本主义世界的统治,开辟了新的无产阶级革命的时代。正因为如此,这个消息从彼得格勒很快地传到了全世界。不管是敌视它的还是同情它的阶级和人,都对这个伟大的历史事件给予了无限的注意。帝国主义和一切反动派,由于担心自己的命运,很希望这已发生的事件立即被镇压下去。各国的无产阶级也是出于关心自己的命运而欢欣鼓舞,把苏联看作人类进步的灯塔,渴望着十月革命的光辉普照大地。十月革命就在人们对它的两种完全不同的态度中传播出去。

中国和俄国虽是两个毗邻的国家,但长期以来,因沙皇的统治和中国反动派的愚民政策,中国人对俄国人民革命的事情知道得很少。所以当十月革命的消息传到中国的第一天时,没有引起后来那样的震动。当时的报纸完全掌握在官僚地主和军阀的手中,所报道的消息又是根据外国通讯社而来的,因而消息不完整、不全面,甚至是歪曲和诬蔑的。但随着时间的推移,中国人对十月革命知道得越来越多了,认识慢慢地深刻了。

十月革命的消息是怎样传来并普及到中国人的意识中?众所周知,在开始,它是通过外国通讯社的报道。后来曾经参加过十月革命的我国工人陆续回国,不断地把俄国革命的消息带了回来。接着我国先进的知识分子对十月革命,加以全面的介绍、宣传和赞扬,它便传到各阶级、各阶层中去,成为巨大的物质力量在全国沸腾起来。

十月革命是11月7日(俄历10月25日)发生的,11月8日帝国主义国家的通讯社就发出了消息,11月9日我国的报纸上就出现了关于十月革命的新闻。这在当时应该说是最快的消息,因为除非用广播或号外否则是无法在当天知道的,而这在当时的条件下是不可能的。即使有现代化的宣传工具,掌握这一工具的反动派统治阶级也绝不会去积极宣传这一伟大事件。从9日以后,情况就不同了,报章杂志上就经常可以看到关于俄国革命的消息。这种消息的出现总是跟马列主义以及布尔什维克(过激党)的名字联系在一起的。翻阅一下 1917 年 11 月 9 日到 12 日的天津《益世报》,我们就会知道在这几天每天都有关于十月革命的惊人的新闻。但必须指出,消息的来源都是转自外国通讯社的报道。苏维埃政府直接发出和在革命后陆续不断通告中国人民的消息,则被欧、美、日等帝国主义国家隐蔽起来。直到 1919 年 7 月苏联发表直接给中国人民和北京政府西南政府的宣言以前,我国广大人民关于苏联对我国所表示的友好态度是不知道的。

《益世报》是怎样报道关于十月社会主义革命的消息的呢?

11 月 9 日的《益世报》以《俄政府与军工界的决裂》为题首先对十月革命做了报道,并且在另一标题下谈到"某军工代表曾拟攘夺俄京政柄,并分配军械于各部工人,谋同起事,故自此以往,政府(指克伦斯基政府)已认帕塔格勒(即彼得格勒)叛变,将设法对付之"[1]。10 日,报道的内容进了一步,标题是《俄京军队内讧的近状》,内容则谈到了"反对党(布尔什维克)现已占据俄京电局及京城全部,将各阁员拿捕,反对党首领莲林氏(列宁)为主动人,并要求俄国即时停战讲和",还谈到"俄京内之防军及兵队现一致反对克兰斯基(克伦斯基)总理"。[2]这些消息告诉了我们什么?告诉我们俄国无产阶级革命已经取得胜利,推翻了反动的政权,人民和军队是站在革命方面的,作为这一伟大革命的领导人就是列宁。正因为事变已发展成这样,所以在 11 日的《益世报》上就不得不出现一个鲜明醒目的大标题《俄国军工代表推倒新共和政府》,比较客观地报道了革命的真相。其中谈到"军工代表议会告示全国各省军工委员,授彼等以全权推倒现政府,释放被捕各农工,擒捕前掳农工之党人,取消政治犯死刑,继续在前敌传道,释放因政治革命被捕各军官,严拿某某阁员……"[3]到 12 日,报道就详细了,列宁的名字第二次出现,列宁所提出的和平政纲被介绍过来。在《俄国军工会推倒临时政府之变局》的标题下,报道了"……军工委员军务董事会布告云,帕塔格勒现归其掌握,乃防御队相助之力,俾得更变政体,并未流血。董事会又布告,新政府将提出即行订立公平之和议,移交土地

---

① 《益世报》,1917 年 11 月 9 日,第 3 版。

② 《益世报》,1917 年 11 月 10 日,第 3 版。

③ 《益世报》,1917 年 11 月 11 日,第 3 版。

于农民,并召集选举之国会……黎宁氏(列宁)大受欢呼,宣言略述对俄国民主党所陈之三种办法(一)即行解决停止战事,新政府应向各交战国提议息战。(二)移交土地于农民。(三)解决经济上危急之问题……"[1]

就在这短短 4 天的报道中,不管他们报道的目的是什么,都已经把俄国革命的性质和消息告诉了人们。但是,十月革命的传播不只是借助外国通讯社,还通过中国在俄的工人进行传播。曾经参加十月革命的我国工人的回国,在扩大十月革命的影响上起了不小的作用。

据统计,在俄国的中国工人约有五六万人参加了革命的斗争,他们仇恨沙皇政府的压迫和虐待,在受到了布尔什维克的宣传和鼓动后,便以极大的热忱,积极和俄国工人阶级一块儿来反对他们共同的敌人。他们组织了国际纵队,从远东战到前高加索,从列宁格勒战到土耳其斯坦[2],并曾有五百余人组成列宁的卫队,这在当时是风闻欧洲大陆的。不少的中国人在苏维埃的土地上流尽了最后的一滴血。北洋政府驻帝俄的使馆人员曾企图拦阻中国工人这种大公无私的行动,但是却无可奈何。北洋政府驻俄使馆的华工管理员朱子云对此曾做了自白,而其自白正说明了中国工人参加红军,建立并保卫苏维埃政权的情景:

> 自刘镜人公使见俄国乱平民秘书随员相率归国, 照料侨民只予一人。是时华工之数达十六万人,大半皆在铁路上作工。乱起,铁路工停,遂入困境,经与(予)再四与俄新政府交涉,先后资遣回国者约十万人。自西伯利亚不通,华工遂无归路……所余六万人皆往服志愿兵役。红旗军志愿队各国人均有,布政府极力优待,故我国工人相约应募。予与布政府交涉阻止既无效,又无法养活数万工人,亦只得听之而已。志愿兵素称勇敢,多在前敌,因之我国工人亦数与协约军战死者已万余人……[3]

由此可知,在苏俄的中国工人发挥了无产阶级国际主义的精神,有力地支援了俄国革命。伊凡诺夫所写的《铁甲列车》把侨居俄国的中国人参加红军

---

[1] 《益世报》,1917 年 11 月 12 日,第 3 版。
[2] 新衡:《苏俄的华侨》,载《苏俄评论》创刊号第 110 页。
[3] 《在俄华工实况》,《益世报》,1919 年 11 月 14 日,第 6 版。

和游击队的英勇事迹做了形象的描述。就是这些曾经献身于十月革命的中国工人，他们不少人在回国后，成为十月革命当然的宣传者。鲁迅在 1918 年所写的《来了》一文，就是这一事实的写真：

近来时常听得人说，过激主义来了，报纸上也时常写着"过激主义"来了。于是有几文钱的人，很不高兴，官员也忙着要防华工，要留心俄国人，连警察厅也向所属发出了严查有无过激党设立机关的公事。[1]

类似这样的记载是很多的，譬如马士和马克奈尔所写的《远东国际关系》一书就曾谈到 1919 年 1 月莫斯科中国工人举行了一次会议，派遣了很多的宣传员回到中国宣传共产主义。[2]1919 年 6 月 8 日《益世报》载《俄国之现在及将来》一文也谈到在彼得格勒有一千多华工为"宣传过激思想"而回国。北洋政府对由俄国回来的中国工人非常害怕，布置了天罗地网加以防范，甚至想把他们拒于国门之外。但是思想是防范不住的，十月革命已冲破了一切障碍，冲破一切有形无形的堤而传到中国来。1919 年出版的《新中国》杂志中《华工与过激主义》一文反映了当时的真实情况："要防华工，火车戒严，车站检查，但是华工所带回来的为精神上之主义和思想，非物质的枪炮与弹药，又岂是车站上所能检查挑剔者耶。"

在十月革命这样的传播下，中国先进的知识分子首先接受了真理，迎接它的到来，并自觉地进行宣传。作为我国人民歌颂十月革命的第一篇论文就是李大钊同志在 1918 年 7 月 1 日发表的《法俄革命之比较观》。10 月间李大钊同志又连续发表了《庶民的胜利》和《布尔什维主义的胜利》，热烈地欢呼十月革命，称赞十月革命，认为这"是社会主义的胜利，是布尔什维主义的胜利；是赤旗的胜利；是世界劳工阶级的胜利；是二十世纪新思潮的胜利"。这样的文章的发表就更引起了中国人民对十月革命的向往，舆论界面目为之一新，每天都在吸引着更多的人。它已成为人们生活中谈论的中心课题。的确，十月革命的巨影正在中国蹒跚着，它已被人们承认为一种影响中国前进的巨大力量。知道俄国共产党活动情况和组织情况的国民党人，也希望仿效俄国，来改

---

① 鲁迅：《热风》（单行本），鲁迅先生纪念委员会编印，第 65 页。

② Morse & Macnair, *Far Eastern International Relation*, Houghton Mifflin Co., 1931, p.670.

造中国。张西曼在1919年1月到上海"谒见中山先生,建议以社会主义内容改造中国革命的政党,效法俄国共产党建立广大民众基础、民主集中制和严明的纪律……"①就是很好的说明。就是不赞成或反对十月革命的人也不得不承认它的影响的巨大。王光祈在1919年4月所写的《工作与人生》一文中充分地提供了这样的事实:

自从俄国的布尔什维克(Bolsheviki)直接行动(Direction)以来,这布尔什维克主义(Bolshevism)也就成了中国新闻记者、政治家、教育家所注意的一个问题。不爱读书如我这样的人,也觉得都市中、乡村里,所见所闻的,都含有许多危机,仿佛有布尔什维克紧跟着似的……②

由此可知,在五四运动以前,十月革命已深入中国现代政治生活和思想意识中,这正如毛主席所说:"十月革命一声炮响,给我们送来了马克思列宁主义。十月革命帮助了全世界的也帮助了中国的先进分子,用无产阶级的宇宙观作为观察国家命运的工具,重新考虑自己的问题。走俄国人的路——这就是结论。"③

就在这种史无前例的伟大的革命影响下,爆发了五四运动。五四运动成为我国第一次历史性的马克思主义思想运动,大大地扩大了十月革命的影响,从此中国的历史就进入新的进程。这就是说,从1917年11月9日开始传入的十月革命,经过一年零六七个月的时间,通过外国通讯社、我国工人由俄国回国和我国先进知识分子的介绍、宣传等各种方式的传播,已在我国生根、开花、结果。五四运动就成为当时无产阶级世界革命的一部分,成为中国新民主主义革命的开端,中国的革命成为由工人阶级所领导的革命。此后不久中国共产党就应运而生。

原载《南开大学学报》(人文科学),1957年第1期

---

① 张西曼:《历史回忆》,东方出版社,1949年,第86—87页。
② 王光祈:《工作与人生》,载《新青年》第6卷第4号。
③ 毛泽东:《论人民民主专政》,解放社,1949年,第5页。

觉悟社的光辉

　　觉悟社是1919年我国工人阶级刚刚登上历史舞台时在天津诞生的。它由周恩来、邓颖超、马骏、郭隆真等具有初步共产主义思想的知识分子和一些爱国志士所组成。从1919年9月成立，到1920年11月周恩来、郭隆真去法国，共存在一年多时间。一年多时间在历史上是极其短暂的，但它在"五四"时期反帝反封建革命运动中所建立的功绩是永远磨灭不了的。觉悟社所提倡的精神，60年后的今天，仍是我们应该很好学习的。

　　"五四"时期，我国社团林立，其数目之多，在我国历史上是空前的。但就其性质来说，多数都是民主主义的。当时最激动人心的口号是"科学"和"民主"。在"五四"以前宣传这一思想的，只有《新青年》《新潮》《每周评论》和两三个日报。"五四"以后，新出版的刊物激增到四百多种。每个社团都有自己的宣传阵地。社团以惊人的速度产生，是革命前夕和革命风暴中的常见现象。五四运动和新文化运动唤醒了人们的觉悟，全国到处都是新思潮的声浪。在爱国和卖国之间，进步和倒退之间，每个人都必须做出自己的抉择。在许多最强烈的革命呼号里，人们听到了《觉悟》的声音，它发自渤海之滨。

　　觉悟社是一支活跃的革命力量。在那半封建半殖民地的黑暗社会里，它高举反帝反封建的旗帜，号召人们用群众运动的力量去破坏旧世界，进行社会的根本改造。它猛烈地抨击着封建伦理和风俗习惯，痛斥三纲五常和三从四德。它引导人民破除迷信，打破偶像，以真理作为判断是非的标准。它力争人民的集会、结社、言论和出版自由，积极宣传世界新思潮，它在五四运动中放出了灿烂的光辉。

　　当时马克思主义已经传入中国，成为新文化运动中一个所向披靡的思想武器。马克思主义传入前，无政府主义曾一度占有优势。马克思主义的拥护者就必须同无政府主义的拥护者展开辩论和斗争。觉悟社社员经常在一起谈论社会主义、无政府主义和基尔特社会主义，经过研究和比较，列宁的事业吸引住了他们。他们向往的是十月革命的道路。

伟大的革命斗争必然造就出伟大的人物。周恩来同志从五四运动起，就把自己的全部力量、杰出的组织才能献给了中华民族的解放事业。觉悟社的成立及其活动就是最好的例证。觉悟社是"五四"革命社团中的一个典范，它为中国革命在政治思想和组织原则上提供了不少有益的经验。

觉悟社要做"引导社会的先锋"，要成为对敌作战的"大本营"。这种思想表明觉悟社一出现就是一个战斗性很强的组织。当时觉悟社社员是站在时代最前列的革命战士。他们根据社会是发展的和人类是进化的的思想，提出了自己的战斗任务。一是应不断地研究客观世界，掌握历史发展的总趋势，随着时代的前进而前进："按社会的进步说，社会上一切事理是变化无穷，没有止境；研究他、讨论他的当然也要永远不息。一方人类的进化，是具有一种递嬗的作用，生生不息，才能够向比较前进的方向走。看这两种作用，知道事理的变化无穷，人类的新陈代谢也永远不尽。凡是社会上一个人，就应该先研究社会上一切事理的变化同他的趋向，然后再去求实验。从实验得来的阅历，又可以判明很多的事理，定一个新的趋向。"（《学生根本的觉悟》，《觉悟》第一期）一是追求真理要有创造性的见解和牺牲精神，去"另辟新径"。（同上）"五四"时期的社团，多数致力于提出"改造中国""拯国家于危亡"的使命，使中国能适应世界的潮流，但像觉悟社这样鲜明地提出问题的并不多见。这里既包含有认识问题，又有实践问题，含义是很丰富的。革命不是说空话、发表空洞的宣言；而是要实干，付出代价的。因为摆在革命面前的并不是一条平坦的道路，而是需要不断克服艰难险阻的征途。

革新思想是革新事业的准备。觉悟社社员在五四运动的斗争中是颇有牺牲精神的，他们表现了满腔的爱国热情，为争取民族的独立，为争取民主和自由，可以牺牲一切而在所不计。而觉悟社所反映的这种精神面貌，是和周恩来同志的倡导分不开的。正是在周恩来同志的倡导下，觉悟社才得以不断地前进，成为天津五四运动的领导力量。

还在五四运动刚刚兴起时，周恩来同志就提出要进行自觉的、坚持到底和不调和的斗争。他说，要"有恒心，有胆量，方能成功"①。这是总结历史经验而得出的。他痛感辛亥革命后历次革命的失败，都是"由于取敷衍姑息手段"所造成的，因此他提出了"恒心"和"胆量"问题。

---

① 周恩来：《慰劳茶话》，《南开日刊》，1919 年 7 月 8 日。

随着五四运动的深入发展，周恩来同志仔细地考察了当时的斗争情况，提出了打倒安福派，打倒安福派所凭借的军阀和请来的外力的口号。五四运动中最响亮的口号是："外争国权，内除国贼""取消二十一条""收回青岛""抵制日货""提倡国货""不做亡国奴"等，而周恩来同志提出的口号，则明确地概括出反帝反封建的实质，反映出中国革命最本质的东西。他鼓舞着人们向日本帝国主义和安福系军阀做坚决的斗争。他说："国民啊！黑暗势力愈来愈多了，我们应当怎样防御啊？要有预备！要有办法！要有牺牲！"[1]在他和觉悟社的率领下，天津人民在"五四"反帝反封建的爱国运动中，进行了持续不断的斗争，一浪高过一浪，动摇了北洋军阀的统治基础，如到北京向总统府、国务院的四次请愿，"双十节"举行的大规模游行示威，1920年1月29日的运动，都有声有色地表现出他们英勇战斗和不怕牺牲的精神。镇压、逮捕和监禁都阻挡不住他们前进的步伐。

革命斗争的实践使他们越来越深刻地认识到民众大联合的重要性。1919年，毛泽东同志在《湘江评论》上发表的《民众大联合》一文在全国已引起了普遍的反响。周恩来、邓颖超等人于1920年8月主动去联合北京的进步社团，如少年中国学会、曙光社等团体，希望采取共同行动挽救中国于危亡。他们在《改造联合宣言》中劈头就说："我们集合在'改造'赤帜下的青年同志，认今日的人类必须基于相爱互助的精神，组织一个打破一切界限的联合……"（《少年中国》，第二卷第五期）

他们的政治思想倾向也越来越明显。周恩来同志很推崇中国最早的马克思主义者李大钊，他请李大钊到天津为觉悟社演讲，请李大钊指导宗旨相同的团体实行大联合。李大钊曾莅会宣传马克思主义，强调要旗帜鲜明，周恩来同志也就是在这个时候成为一位马克思主义的宣传者，并且引导着觉悟社的社员们开辟新的途径，探索着革命的新道路。当然，像一切事物一分为二一样，觉悟社社员后来有的成为共产主义战士，有的做了革命的逃兵，有的被革命风暴抛入浪底，成为沉渣，跑到反动的国民党营垒中去了。

觉悟社在组织上贯彻民主集中制的原则，章程中明确写着："社内组织采委员制，本着分工合作的精神，将内部分作数类，由全体社员分担。"采取民主集中制，实行集体领导，这是无产阶级革命的产物。封建社会的国家和社会组

---

① 周恩来：《黑暗势力》，《天津学生联合会报》，1919年8月6日。

织实行的是家长制,什么事情都由一个人说了算。资本主义社会有了议会和内阁,突出的是个人的作用。只有无产阶级革命的时代才强调发挥群众的智慧,实行集体领导的原则。巴黎公社、共产国际和列宁的党都是遵循着这一组织原则的。觉悟社仿效的显然是世界无产阶级的这一原则。它采取委员制,要求分工合作,这就把集体领导和个人负责结合起来,既可防止个人专断,又防止无人负责现象发生。委员制只是实行民主的一种方式,十月革命以后,不少资产阶级政党也采取这种方式,有的甚至在委员制的名义下实行个人独裁,金玉其外,败絮其中。但从本质上来讲,委员制是最彻底的民主方式。在"五四"时期,提出这一思想,是很了不起的。干民主革命,就必须自己首先具备民主精神,这不只是一个理论问题,也是一个实践问题。觉悟社在他们的实际活动中也确实贯彻了这一民主原则,树立了民主作风的好榜样。凡属重大问题都要经过全体社员认真讨论,形成集体的意见和主张,他们把这称为"结晶"。发表在《觉悟》第一期上的《学生根本的觉悟》,是纲领性的文章,就是集体创作的,每个社员先用文字将自己的意见发表出来,再由编辑部将各人写的精华聚成一个"结晶",既有民主,又有集中。

觉悟社没有设主席、主任或什么"长"之类的领导职位。由谁来集中呢?他们采取推举办法,每次开会总是公推周恩来同志为主席。周恩来同志以其出众的才华,对革命事业的无限忠诚和杰出的组织才干,赢得了无可争辩的权威地位。但他从不以领导自居,而总是同志们一定要他担任领导。他是觉悟社的实际领导人,但从不把个人放在集体之上,青年时代的周恩来同志即已体现出一个伟大革命家应具有的民主作风。对周恩来同志的谦虚态度,以及他如何运用民主集中制实现领导,觉悟社社员谌小岑有一段回忆可以作为说明:"周恩来从一开始就是觉悟社的领导者,每次开会都是公推他为主席,虽然常是经过一番推让,但推让的结果,大家都说,还是翔宇来吧,以后也就成为习惯了。在第一次会议上,他提出了一个预先征询过大家意见的方案,经过一番讨论就通过了。"(谌小岑:《五四运动中产生的天津"觉悟社"》)这里所讲的是 1919 年 9 月 16 日觉悟社成立时的民主情景。就是在这次会议上,在周恩来同志的主持下,20 个委员议决了 10 件大事,其中最主要的是:一、定名他们的团体为"觉悟社",本"革心""革新"的精神,以"自觉""自决"为主旨;二、用白话文出一种不定期的小册子,内容为:甲、取共同研究的态度,发表一切主张;乙、对于社会一切应用的生活,取评论的态度;丙、介绍名人言论;丁、灌输世界新思潮。

明确地提出了批评和自我批评的原则,这也是觉悟社非常突出的一个特征。"五四"以前,我国历史上,不能说批评和自我批评一点儿没有。"良药苦口利于病,忠言逆耳利于行","言者无罪,闻者足戒"就是讲批评和对批评的态度的。中国革命先行者孙中山就是很虚心的,他经常检讨自己的错误,如对窃国大盗袁世凯的问题,他说:"误信匪人元凶袁世凯,实已铸成大错。"(《致美国戴德律函》)在封建社会,皇帝的罪己诏也可以说是一种"自我批评",唐太宗曾对其儿子说:"吾居位已来,不善多矣,锦缔珠玉不绝于前,宫室台榭屡有兴作,犬马鹰隼无远不致,行游四方,供顿烦劳,此皆吾之深过。"(《资治通鉴·唐纪十四》)但是一般说来,封建社会里,等级森严,是没有批评自由的。资本主义社会出现了资产阶级的民主,有了形式上的平等,但是人们只可以在资产阶级允许的范围内进行批评,超出范围也是不允许的。只有无产阶级大公无私,不怕揭露自己的缺点和错误,能自觉地运用批评和自我批评的武器,在改造客观世界的同时改造自己的主观世界。觉悟社把批评和自我批评统一起来,强调自我批评,并且作为组织原则列入社章,自觉地运用,这在我国历史上,在中国共产党成立以前是未曾有过的。"五四"新文化是对旧社会的大批判,许多社团都在运用批评武器,发扬批评的精神,如毛泽东、蔡和森、何叔衡等同志组织的新民学会,定期检查会员的工作和学习情况,展开批评。觉悟社在这个问题上则提出了,批评自己——批评别人——接受批评的公式,把自我批评放在第一位,突出了自我批评的极端重要性。他们认为一个人如果不能进行自我批评,严于律己,是没有资格批评别人的。而批评别人又必须建立在两个基础上:一是调查研究,实事求是,"没有研究的批评,那种批评是空洞的,是不实在的,并且容易入于武断苛刻的道路,……批评同研究是人生不可缺少的态度"。二是要有认真的自我批评,严于解剖自己,"能够研究批评自己透彻的人,没有不能研究批评身以外的事理的,研究同批评自己实是研究同批评的第一步功夫"。"要是我们只许研究同批评身以外的事理,不能被人研究同批评,这种研究同批评,也只能算属于片面的。"(《学生根本的觉悟》,《觉悟》第一期)这就把批评和自我批评建立在科学的基础上。觉悟社社员是非常认真对待这一问题的,他们在开始批评时还讨论了批评的方法。据觉悟社社员回忆,他们经常开展互相批评,同志们不因批评而不安,反而相互增加了了解,提高了觉悟,加强了团结,如担任学联会会长的谌志笃,有个人英雄主义,他向社员暴露自己的思想，取得了大家的帮助，他对此一直很感激，铭记在心。《觉悟》第一期出版，在不足10万字的册子里，有70多处校对上的错误，周恩来同志对担任校对的人进行了严肃的批评。他们还把批评和自我批评的武器运用到接纳新社员的工作上，"对于加入新社员限定的范围，是由社员的介绍者报告被介绍者的优劣点，然后经大家的批评。这种资格必当具有'牺牲''奋斗'、批评同受批评的精神"，对是否能够入社，取严格的主义以预防名实不符的弊病，"请介绍人问他个人的观念，再定可否"。(《三个半月的觉悟社》,《觉悟》第一期)由于充分发扬了民主，觉悟社"精神团聚"，生动活泼。

觉悟社确切地反映了"五四"时期站在革命最前列初步具有共产主义思想的革命知识分子的精神面貌，它的思想这样的新鲜，它不能不对即将成立的无产阶级革命组织有所影响。虽然觉悟社还不是无产阶级的组织，但它是具有马列主义的观点的。它所提出的思想同中国共产党的优良作风是有联系的。中国共产党成立后，即以共产主义思想体系教育中国人民，引导中华民族到解放之路;在党的组织原则上实行民主集中制;把批评和自我批评作为党的三大作风之一，毛泽东同志说:"有无认真的自我批评，也是我们和其他政党互相区别的显著的标志之一。"(见毛泽东:《论联合政府》)从周恩来同志身上则更体现了这种连续性。

觉悟社的光辉永放光芒。纪念"五四"，我们应继承革命前辈所开创的事业，吸取他们贡献的思想财富，发扬"五四"光荣革命传统，以周恩来同志为榜样，在革命道路上永远前进。

原载《南开学报》(哲学社会科学版),1979 年第 2 期

临城劫车案

1923年5月5日下午5时，一列特别快车由浦口驶往北京。这是当时远东仅有的一列全钢火车，漆以蓝色，故称蓝钢皮火车，是数月前刚从美国购到的。车上乘客共350余人，分乘三类车厢。头等和二等车内尽是西人和为齐燮元、靳云鹏祝寿的各省督军、省长的代表。5月6日2时，列车行至苏鲁交界的微山湖一带，速度减慢，至临城、沙沟之间，因铁轨上的螺丝钉被起去若干，邮车及二等车三节车厢出轨，司机紧急刹车。此时，埋伏于铁道两旁的绿林军在孙美瑶率领下，蜂拥而上，掳去中外旅客100余人。其中，外国游客39人，以美国人居多，有17名，其余为英国人、法国人、意大利人、墨西哥人，还有1名罗马尼亚人。他们有的正在做环球旅行，有的在中国做生意，被掳之后，东行而入山，最初15分钟行甚急促，继乃稍缓，第一夜住在山上，因官兵尾追，后被带至抱犊崮深山之中。这就是震惊中外的临城劫车案。

抱犊崮山脉，东达胶州，西入河南，该崮位于峄县东北、临沂以西、费县之南、藤县东南的四县插花地上，大部分属于峄县，是山中诸峰之冠。该崮山形如台，高约1200英尺，崮上约二亩多平地，有一庙宇，四周峻壁，仅有一径可通，数人守之，万夫莫开，地形极为险要。民国以来，苏鲁皖等地的土匪，多据此地为营，孙美瑶之胞兄孙美珠盘踞时，在崮顶沿着山崖修建了一条永久性的战壕，既可避风雨，又可代为宿舍。由于饮水匮缺，崮顶中央开凿出一个大蓄水池，平时仅留小部分人于崮上，大部分人在山下百余里内活动。此次被掳之人员，即被带至这一地区。

被掳之中外旅客上山后，均受到很好的礼遇，毫无虐待情形。据被掳西人讲："匪首颇为精明，而以宾礼相待，诚出人意料之外。"[1]对于妇女极为尊重，曾屡次告诫部下，不准侮辱妇女，违者枪毙。[2]至于饮食，"匪对各客均格外优

---

[1]《晨报》，1923年5月16日。

[2]《晨报》，1923年5月22日。

待,饮食则择物质较佳者供给,而自食其较恶者"①。外人食品有肉食、面包、麦饼、赤豆、馒头、鸡蛋、茶水,华人食品有小米、绿豆汤、高粱、煎饼等。自 7 日始,一些被掳人士陆续获得释放。中外妇女几乎全部获释,只有一名外籍妇女不愿与其丈夫分离,仍留山中。最后,仅留下十余外人和 40 名华人作为人质,经常于夜间转移居处。这一带山路坎坷不平,多是羊肠小道。起初,人质被带至距临城车站约 50 公里之黄牛山,后又移至抱犊岗,距枣庄仅 20 公里。

孙美瑶等自称"山东建国自治军",确实与一般绿林不同。孙任自治军第一路总司令,年仅 23 岁。其他首领如刘青元、阎守聚、郭祺才、周囚龙等均是青年,形貌良善,系退伍军官。他们"能文能武,平居则挂金丝眼镜,一如绅士。行动时则持枪临阵,逞其勇敢"。所属部下约三千人,分为若干连,其行动俨如兵士。其行列队伍,颇为整齐,远非漫无纪律之乌合草寇可比,"匪首步过阵线,匪皆向其行军礼"。其部原先多是军阀手下的兵士,有的是张敬尧的部下,有的是来自凤台、正阳、合肥、滁县等处新解散的安武军。有的还操纯熟之法语,是第一次世界大战时赴法的华工,回国后失业,遂加入了绿林军。他们以山区为根据地,与官府对抗,也有鲜明的政治主张:"以平民为主义,均产为目的。志在除尽贪官污吏,杀绝劣董恶绅,将中国之腐烂病民政策,涤刷一新,熙熙皞皞,打成一个清平世界。"②外人转述了他们的心态,"彼等并非专心作匪,亦非勒索钱财,彼等曾在营武之间,饱受此中痛苦,实欲求免除此等痛苦之方法耳"。

他们一再申明自己是爱国的,出于愤恨当道者的苛政和腐化,才上了山,与官府对抗:"溯自近年以来,国事混淆,是非颠倒,一则曰加税,再则曰筹款、派捐、公债、印花、厘金,种种苛派,纷至沓来,使农不得耕,工不得造,商不得贩,兼以贪官污吏,干没剥削,劣董恶绅,表里为奸,直令我英雄豪杰郁郁而难平也。今夫中国,或为仕而贪缘者,终南有径,或为军而缙绅者,捷足先登,或为商而多财者,奇货可居。独是我同仁等,一腔热血,胸藏大略,而当轴上峰,反待之如草芥,若奴隶,人非阘茸,谁肯沁沁睍睍、俯首帖耳,故吾之所以啸聚绿林者,盖有以驱之者耳。"③他们坦率地说:"吾同仁等素具爱国热忱,原不以

---

① 《晨报》,1923 年 5 月 13 日。

② 《晨报》,1923 年 5 月 21 日。

③ 《晨报》,1923 年 5 月 24 日。

抢劫为本能,然值此等无信用之政府,不正当之时代,焉得不铤而走险,藉以扬眉而吐气也。"①这说明选择绿林之路是无路可走的结果。孙美瑶一家成为绿林之首带有一种戏剧性。孙家原有良田六七顷,因官军敲诈勒索,不堪其苦,田产荡然无存。孙美瑶兄弟五人,其长兄孙美珠召开家庭会议,老二、老三、老四决定外出谋生。老五孙美瑶随长兄离开峄县孙家庄,迁入山区入伙。后其兄孙美珠遭兖州镇守使兼山东第六混成旅旅长何锋钰杀害。家仇和国仇坚定了孙美瑶对抗官府的决心。孙美珠死后,孙美瑶成为绿林领导人。乘直奉军阀调防之机,四处活动,实力大增。

北洋军阀政府不肯坐视孙美瑶部发展。1923 年 4 月,山东督军田中玉率第六旅、第二十旅及第五旅围攻抱犊崮。孙美瑶为解除围困,使北洋政府承认其存在的合法性,设定了一个错误的计谋:假外人之力,压迫北洋政府,以达到其目的,于是便发生了临城劫持火车案。

临城劫车案轰动了海内外。7 日,英、美、法、意、比、日各国公使在葡使署召开会议,向北洋政府提出:1.限期将被掳外人完全救出;2.死亡之外人,应从优抚恤;3.惩戒肇事地方文武官吏;4.保障来华外人生命财产安全。各国领事纷纷驰往枣庄,磋商救援方法。山东军务帮办郑士琦、交涉员冯国勋奉命移驻枣庄,以便就近联络。山东督军田中玉和江苏督军齐燮元商定派徐州镇守使陈调元、交涉员温士珍前往襄助。吴佩孚也派出代表。上海总商会全国各省旅沪联合会组织救护队,携带大批衣服饰品和物资赶赴山东。滕、峄两县知县及当地绅士暨团体也派代表接洽。各方面的注意力集中在枣庄和山区的联络与商谈方面。

山区不断释放被掳旅客,带来了孙部的条件。枣庄也派代表入山,商谈尽快释放人质。

德国天主教传教士伦佛神父(the Rev. Father Lonfors)最早进入山区,传送信息。10 日鲁省绅士李麟阁等入山与孙部磋商,次日返回。12 日李与齐燮元的代表、西人安迪生再次入山。孙部提出须先撤退包围抱犊崮之官军,始能再议,否则无交涉余地,并由峄、费、滕三县绅商担保,才肯将被掳中西人士一律释放。驻鲁帮办郑士琦为救出西人,答应可以撤军。三县绅商担保,亦可办到。这时,作为人质的《密勒氏评论》主编鲍威尔和两名绿林代表也下山与官

---

① 《晨报》,1923 年 5 月 24 日。

方谈判。

5 月 14 日下午,交通部部长吴毓麟召开临城紧急会议,田中玉、郑士琦、安迪生、李麟阁及各国领事均出席,协商对策。结果以外人在孙部掌握之中,决定于相当范围内接受孙部的要求。孙部亦于此时在抱犊崮召开会议,出席者计二十余名绿林首领,安迪生、李麟阁也列席旁听。会议所提条件甚多,而以"完全撤退军队"与"三县绅商担保不再剿办"为首要,并推举三县代表于 15 日下山与官军方面之代表接洽。

人质迟迟未能全部获释,列强声言要采取军事行动,不断向北洋政府施加压力。美使许满宣称:"临匪如不即将被掳之外人释放,行将引起国际之大交涉。故协商释放外人一层,实为目前唯一之急务。至条件如何,尚属第二问题。如中国当局不能办到,则将出最后之行动。"①日本虽无侨民被劫,也鼓吹组织国际联军,共管中国铁路。北洋张绍曾内阁对撤退军队,似可同意,但对收抚、改编为正式军队颇感困难。吴佩孚认为:"对匪方所提条件,绝不能尽行承认,盖如尽行承认,则以后办理剿匪,必感困难。"②

几经调解,双方决定由郑士琦和孙美瑶直接谈判,地点选在彼此缓冲区的一个村庄内。安迪生和鲍威尔也参加了谈判,作为双方恪守信誉的见证人。

根据双方协议,孙美瑶部由山东督署指定集中于枣庄车站东郭尔集听候点编。孙部编成一个旅,定名为"山东新编第一旅",孙美瑶任旅长,谢鸿图为参谋长,孙桂枝为军需长,郭琪才、孙美松分任第一、二两团团长,其他头目为营长。所有人员,均由孙部自定,田中玉照所拟头衔委任。

临城劫车案虽然以外侨全部释放和孙美瑶部改编而告结束,但是帝国主义列强并未就此罢休。它们借机要挟北京政府,要求北京政府惩办临城劫车案发生的地方官员,并以此作为祝贺曹锟贿选总统就职的先决条件。曹锟为了取得帝国主义的支持和承认,屈从帝国主义。10 月 13 日,北京政府就惩办山东督军田中玉一事照会外国使团。同日,总统府发出请帖,定于 15 日招待公使,表示道歉。为了照顾田中玉的面子,北京政府以批准田中玉辞职的形式,免去田山东督军的职务,并裁撤山东督军一职,改督军为督理,派郑士琦

---

① 《晨报》,1923 年 5 月 19 日。

② [美]鲍威尔:《对华回忆录》,邢建榕、薛明扬、徐跃译,上海知识出版社,1994 年,第 123—124 页。

充任。同时，又下令提升田中玉为上将军。10 月 15 日，各国公使应邀参加祝贺曹锟当选为中华民国大总统的宴会，唯对惩办田中玉一事深表不满。10 月 14 日，葡萄牙公使代表各国向外交部发出照会，质问说：既是惩办山东督军，为何总统令上又说是批准辞职，升授田中玉为上将军，这不是惩办而是奖励。这说明中国政府对外毫无信义，限 24 小时内撤销授田中玉上将军的命令，否则，各国将另行考虑对中国政府的态度。曹锟只得亲自去劝说田中玉辞去上将军。在临城劫车案发生和处理期间，帝国主义列强借机鼓噪采取军事行动来共管中国。驻华英国和美国人协商建议本国政府加派军队来华，首先接管中国铁路。上海外侨还鼓动中国商人组织"商人政府"，并伪造全国商联表示赞同的文件，在报刊上发表。英国政府甚至训令驻华公使草拟所谓"护路案"，建议成立一个由外国人操纵的护路机关。最后经与各国协商，催促北京政府成立护路局，会办、会计、调查员均有外国人参与，充分暴露了帝国主义列强的侵略野心。由于遭到全国人民的强烈反对，此案未敢付诸实施。北京政府在交通部增设路警督办作为护路机关。

孙美瑶部改编后驻在郭尔集训练。枣庄中兴煤矿公司是该地区军政绅商的俱乐部，虽然地处偏僻山村，但豪华不亚都市，终日客满，宴无虚席。孙部官兵平时三五成群，常来闲游。1923 年秋，孙部官兵与驻枣庄第五师吴可璋团官兵发生冲突，被殴打后逃回郭尔集，孙美瑶率部将吴团团部包围。吴可璋闻讯，严禁部下出门，后经绅商出面劝解，孙才作罢。兖州镇守使张培荣获悉后，立即赴枣庄，电邀孙美瑶商谈。孙被招安后，曾拜在张门下，遂欣然应允。张提出以后备办酒席调和孙、吴之间的矛盾，可惜孙未意识到这是对他的诱骗和捕杀。是年冬，张再次到枣庄，假借中兴煤矿公司置办酒宴，并邀绅商名流作陪，为孙、吴释解前嫌，暗中却与吴可璋密谋杀孙。两人商定，由张在内院解决孙，吴在别院解决孙的部下。为避人耳目，埋伏者身着便衣，暗藏利刃。同时，张培荣还密召吴锡九团昼夜兼程赶赴郭尔集附近待命，马登瀛团在铁路沿线各站戒严。12 月 9 日上午 9 时，陪客陆续到达，张在二门过堂中布好埋伏。正当他与绅商寒暄之际，孙美瑶赶到。张降阶以迎，二门内埋伏的便衣随孙而进，孙的随从被邀至别院吃酒。这时，一名便衣急步上前摸孙的胸腰，孙惊问："干什么？"话音未了，另一名便衣持白石灰往孙脸上撒，前一名便衣顺手抽刀，将孙的头颅砍下。同时，孙的随从也被解除武装。张培荣得手后，立即令吴锡九团将郭尔集严密包围。孙部情知有变，正狐疑间，张派人说明情况，并提来孙美瑶的首级。孙部众人无计可施,尽被缴械,六百多人被机关枪打死,一部分被关押起来,大部被遣散。临城劫车案也烟消云散。

20 年以后,爆发了珍珠港事件,日本侵占了上海公共租界,曾在临城劫车案中被俘的《密勒氏评论》主编鲍威尔和一位英国人又遭到日本人的逮捕,被关进上海提篮桥监狱,并且在同一间牢房,两人相见,紧紧拥抱在一起,异口同声大叫:"我喜欢中国土匪,不喜欢日本流氓!"①这是对抱犊崮绿林的公正评价。

原载魏宏运主编:《民国史纪事本末》(第二册),辽宁人民出版社,1999 年

---

① [美]鲍威尔:《对华回忆录》,第 123—124 页。

华南出现的革命力量

20世纪一二十年代,列强和中国大小军阀相互勾结,都在扩充自己的势力范围,主宰着中国事务。国家支离破碎,蒙受着巨大的压迫。幸亏孙中山艰难地在广州立足,又很敏锐地和刚刚诞生的共产党合作,开展反帝反封建运动,中国的历史进程因之发生了变化,成为震动世界的大事。

一、广东革命政府

孙中山愤恨自己手创的民国,虽至1923年已有12年的历史,但徒有民国之名,毫无民国之实,人民没有任何民主权利。他总想从北洋军阀手中把共和国拯救出来。恰巧西南六省军阀,为满足各自的野心,联合起来对抗北洋军阀,而他们又都没有政治资本,缺乏号召力,于是最有影响的民主革命派领袖孙中山就被请了出来。孙中山也就利用这一机会,在广东获得革命据点。

1921年5月,孙中山在广州就任大总统,设总统府于香山,任命政府各部长组成新政府,率领接受他领导的西南军阀军队粤军、滇军、桂军、黔军、赣军五万多人,出师北伐,以铲除统治北方的直系军阀。起先计划由桂林经湖南北上,因湖南督军赵恒惕反对,便改变计划由广东韶关出兵江西。孙中山还和据有东北的奉系军阀张作霖及据有福建、浙江两省的皖系军阀段祺瑞订立三角同盟,商定从北面、东面和南面合力围攻。他指挥的部队已占领了江西省南部,取得了巨大的胜利。此时陈炯明在后方调兵遣将,广州形势不稳,孙中山6月1日命胡汉民留守大本营,自率卫士回广州总统府。6月15日夜陈炯明部发难,包围总统府,阴谋杀害孙中山。孙中山在僚属护卫下,化装为医生而脱险,登上永丰军舰。他的夫人宋庆龄随后也化险为夷,来到军舰上。8月9日,孙中山经香港去上海。从他在上海发表的《致国民党员书》来看,他的心情是很沉痛的,他说:"文率同志为民国而奋斗,垂三十年,中间出死入生,失败之数,不可偻指,顾失败之惨酷,未有甚于此役者。盖历次失败,虽原因不一,而其究竟则为失败于敌人,此役则敌人已为我屈,所代敌人而兴者,乃为十余年卵翼之陈炯明,且其阴毒凶狠,凡敌人不忍为者,皆为之无恤……"[1]

1923年春,北伐军在闽桂的余部,依靠皖系的帮助和由广东内部反对陈炯明的部队做内应,夺回广州,将孙中山迎回广东。这时孙中山抛弃了护法的旗帜,不再称总统,改为大元帅,以大本营为执行军政机关。最初设四部、二局、一库、二处,后有所增加,仍是政府的形式,吸收了各方面人士参加。军政部长是程潜,外交部部长是伍朝枢,建设部长是邓泽如,财政部长是廖仲恺。不久邀请负有"财神"之名的北洋系人物叶恭绰,掌握财政部,调廖仲恺为广东省省长。

孙中山认为在全国处于军阀淫威统治之际,广州可说是一片净土,可赖以为革命的策源地。这是个小小的成功,使他充满革命热情,决心以极大的勇气来巩固这块根据地,吸收各省力量,扩张革命势力,以统一全国。

无论从军事上或政治上看,1923年孙中山领导的革命事业都是值得称赞的。孙中山2月21日回广州时,广州是很混乱的,政令不出大元帅府,军、政、财等权力都握在军阀手中。不久,广东形势发生了变化。

军事上,扑灭了广西军阀沈鸿英叛变。沈于1922年12月至1923年1月,曾和滇军杨希闵、桂军刘震寰共同驱逐陈炯明,把西江、北江据为自己的势力范围。4月沈公开投降曹锟、吴佩孚,进犯广州。孙中山指挥滇、桂、粤军分路进击,消灭沈部。

8月,孙中山又指挥滇、桂军,讨伐盘踞东江的陈炯明余部。11月,陈炯明组织力量反扑,滇、桂军抵御失利,广州可谓一日数惊。处此危难时机,孙中山从容指挥,镇定自若,使广州转危为安,经受住严峻的考验。

在广州政府政治威望与日俱增之际,1923年10月,北京上演了一出政治丑剧:曹锟、吴佩孚赶走北京政府总统黎元洪,以每张5000—10000元的票价,收买议员500名,选曹锟为总统。著名新闻记者邵飘萍、林白水将此事底细全盘揭露,甚至买票的收条也被刊出,使不问国事的中间民众也为之惊醒,全国掀起了反贿选运动。广东工、商、学各界要求孙中山早定北伐大计,组织革命政府,以革命统一中国,实现真正民主的国家。孙中山于10月8日发布了讨伐曹锟、通缉贿选议员的命令。

---

[1]《孙中山选集》,人民出版社,1956年,第448页。

广州政府在财政上也进行了整顿。大本营成立初期,财政拮据,经费没有来源,所有征收机构均为军队所有。广东各机关,实际上都是各军附属的筹饷局,而各军既截留税收,又相率到大本营财政部索取饷款。廖仲恺身为财政部长,每日被各方面需索弄得穷于应付,焦头烂额。大本营所持的只有印花税一项收入,即此一项,也是在纷争中力争取得的。印花税票原版为海军处占有,广东财政厅也自制新版,各派人员办理税收,相持不下。大本营几经派人交涉,才得收回。虽然极力扩充,除烟酒税外又开办了火油、奢侈品等四项印花税,每月共计不过11.5万元,杯水车薪。大本营还开办了沙田验领部照处,清理不动产,还有抵押外款处、中国银行清理处、广东省立银行清理处、广东储蓄银行清理处,还命令广东官产处变卖了部分本市及各地寺庙等公产。但收入都有限,只有发行的短期军票及短期军需库券,以政权力量强制通行,才解救了燃眉之急。这些开拓财源措施,对革命政府的权威是个考验。接着,大本营更勇敢地迈进了一步,做出了收回海关税收的决定。海关税收除偿还以关税做抵押的各外债及赔款外,所余之款叫关余,由革命政府掌管。

更重要的是孙中山被苏联革命的成功和中国共产党的活力所吸引,对解放中国的事业有了新的认识,确定了联苏、联共、扶助农工的三大政策,决定以此来改组国民党。孙中山是顺应世界潮流的巨人,他不断接受新思想。1921年冬,苏联特使马林经李大钊介绍,到桂林与他会面,向他提出两点建议:一是建立一个革命的政党,这个党必须联合各个阶级,尤其是工农群众;一是要建立革命的武装,要创办军官学校,培养军事人才。这给他以很大的启发。1922年8月23日,越飞以苏俄外交部副部长全权代表身份来华。在马林与张继安排下,赴上海与孙中山在汇中饭店会谈。8月,孙中山在上海和李大钊、林伯渠相会,随后又多次接触,"讨论振兴国民党以振兴中国的种种问题"。9月,孙中山开始国民党的改组工作,并邀请共产党人陈独秀、李大钊、张太雷、蔡和森等,共同研究改组计划,着手起草国民党宣言、党纲、党章。1923年1月发表《中国国民党宣言》,改组国民党,邀请共产党人参加,表明孙中山坚定的联共思想。孙中山指派廖仲恺和苏联代表越飞会谈,于1923年1月26日发表孙文越飞联合宣言,保证两国相互支持并对苏俄提供给南方新政府贷款、派遣苏俄顾问等事宜,做出初步安排,正式确定了联苏政策。同年8月,派蒋介石、张太雷等人为代表赴苏考察,请求财政上、军事上给以援助。10月,苏联派鲍罗廷和加伦到广州,担任孙中山之顾问,联苏政策已见于行动。

孙中山思想的另一重大变化，是对工农群众在革命中的作用的认识。他认为工人和农民占全国人口的近 90%，必须把他们吸收进来，不然革命就没有基础，没有生命。因此他提出扶助农工运动的政策。

孙中山决心改组国民党的内在原因是，他认为国民党成分复杂、组织涣散，许多党员不为真理而牺牲，一味追求做官发财，令人看不起。优秀分子都不愿加入国民党，除了改组，没有其他办法。这也是为什么他请共产党人帮助的缘由。

二、国共合作的形成

孙中山和共产党人都在创造条件，促进国民党和共产党合作。孙中山运用自己的威望，依靠廖仲恺、何香凝、宋庆龄等少数坚定分子，扫除了前进道路上的障碍，造成了非合作不可的局面。

中国共产党也用了一年半的时间，统一党内思想。从 1922 年 6 月第二次代表大会，中间经过西湖会议，到 1923 年 6 月在广州召开的第三次大会，贯穿着一个中心议题，就是如何实现国共合作及用什么方式实现合作。第三次代表大会确认国民党是当时中国唯一强大的民族革命组织，应该与其建立民族统一战线，以实现民主革命纲领；决定共产党以个人名义加入国民党，扩大国民党的组织于全中国，但无论如何要保持共产党组织的独立性。张国焘不愿意同国民党合作，陈独秀主张"一切工作归国民党"，这两种倾向都被否定，既要合作又要独立自主的方针得到通过。此后，各地共产党组织都努力推动国民党的改组工作。

1923 年 10 月 25 日，改组国民党的特别会议在广州召开，谭平山、廖仲恺、林森、孙科、邓泽如、许崇智等 9 人被确定为国民党临时中央执行委员会委员。谭平山是老同盟会会员、老国民党党员，又是中共中央委员、中共广东区委书记，是推动国民党改组最合适的人选。廖仲恺是国民党改组最有力的人物，和共产国际代表及共产党人过往甚密，最得孙中山的信任，具体担负了改组的繁重任务。国民党临时中央执行委员会从 1923 年 10 月 28 日到 1924 年 1 月 19 日共开了 28 次会议，商讨改组事宜，做出了四百多项决议案，曾出版《国民党周刊》专门报道改组消息。廖仲恺和谭平山受孙中山委托，专程到上海筹建国民党上海临时执行委员会。

各地国民党支部都实行改组,淘汰了不良分子。中共党员和社会主义青年团团员纷纷加入,新血液的增加,改变了国民党的形象。到1923年11月下旬,国民党的分子有十之七八是劳动阶级,十之二三是中小资产阶级,资产阶级少而又少。国民党已成为工人、农民、小资产阶级和民族资产阶级的革命联盟。

1924年1月20—30日,孙中山主持的国民党第一次全国代表大会于广州召开。出席代表165名,一部分是孙中山指派的,一部分是由各地党员推举的。国民党代表中有廖仲恺、何香凝、汪精卫、戴传贤、邓泽如、冯自由等,加入国民党的中共党员有李大钊、林伯渠、瞿秋白、谭平山、毛泽东等。根据廖仲恺提名,孙中山指定胡汉民、汪精卫、林森、谢持、李大钊等人组成主席团。大会的目的,是重新研究国家的现状,重新解释三民主义,重新改组国民党。谭平山代表国民党临时中央执行委员会向大会做了临时中央委员会报告。

孙中山所作的《国民党改组问题》《中国国民党宣言的旨趣》及大会闭幕词,放射着灿烂的思想之光。《国民党第一次代表大会宣言》是中国共产党人帮助写的。它描述中国的现状是"军阀之专横,列强之侵蚀,日益加厉,令中国深入半殖民地之泥犁地狱",并对中国现在的立宪、联省自治派和平会议派、商人政府派进行了深刻的抨击,确定中国解放的道路是实行三民主义,即民族主义、民权主义、民生主义。民族主义的意义就是"中国民族自求解放,中国境内各民族一律平等";民权主义的意义就是"民权制度……为一般平民所共有,非少数人所得而私也";民生主义的意义是"平均地权,节制资本"。这一革命的纲领,基本上是同中国共产党的最低纲领相一致的,获得了人民的称赞和信仰。

国民党右派出于对工人阶级的恐惧,企图阻止共产党人加入国民党,在讨论《中国国民党章程草案》时,提出反对党员跨党的意见。这就是说反对共产党员加入国民党。李大钊当场发言,并印发了《北京代表李大钊意见书》,严正指出,我们共产党人加入国民党是光明正大的,是为了贡献于国民党,为贡献于国民党革命事业而来的。廖仲恺全力支持国共合作,支持共产党人加入国民党,他的发言举足轻重。他说,"想要打倒帝国主义,非与共产党亲善不可","此次彼等之加入,是本党一个新生命"。孙中山对于坚决反对容纳共产党的人,即使是国民党的元老、是自己的好朋友,也毫不留情,予以开除。著有《革命逸史》的作者冯自由就是因此被清洗的。他后来说:"我自从1924年反对容共失败,便脱离了党和政府的关系。"

1月30日举行选举,国民党员廖仲恺、汪精卫、胡汉民、于右任等,共产党员李大钊、谭平山、于树德等被选为中央执行委员,林伯渠、瞿秋白、毛泽东等被选为候补中央执行委员。1月31日孙中山支持召开国民党第一届中央执行委员会和监察委员会,推举谭平山、廖仲恺、戴季陶三人为中央执委会常务委员会委员。国民党中央机关总部随即成立,谭平山被任命为组织部长,林伯渠为农民部长,廖仲恺为工人部长,邹鲁为青年部长。宣传部长起先是戴季陶,不久由毛泽东代理。从中央组织机构的人选看,左右两派都有,但左派是占绝对优势的,这就使大会制定的纲领得以顺利实现。

两党在一定纲领上的合作对中国革命的发展影响很大,中国革命从这时起进入一个新的阶段,出现了前所未有的1924—1927年的革命高潮。

三、革命高潮的出现

中国共产党和国民党合作实现后,民族统一战线推动中国革命进入了一个新时期,即第一次国内革命战争时期。

此时期的特点,一是革命是在国民党旗帜下进行,一是孙中山已认识到革命的胜利在于武力与民众运动相结合。黄埔军校、农民运动讲习所也因而创办起来。

黄埔军校的诞生,标志着孙中山建军思想的飞跃。孙中山革命数十年,始终没有创立一支革命军队,民国建立已13年,还没有一支军队是革命军。依靠军阀的惨痛教训使他觉悟到,没有好的革命军,中国革命永远不会成功。在苏联顾问和中国共产党人的帮助下,1924年5月,中国国民党陆军军官学校成立,校址设于距广州不远的黄埔岛上,通称黄埔军校。

孙中山自任黄埔军校总理,任命蒋介石为校长,廖仲恺为党代表,周恩来为政治部主任,邓演达为训练部主任,叶剑英为教授部副主任。蒋介石起初并未认识到军校的重要地位和作用,迟迟不到任,还擅自给招来的教职员发离职津贴,欲以遣散,声称学校不办了。廖仲恺及时制止这了一错误,说,"创办黄埔是党的决定,不论谁来主持,都要办的,决不会因某人不来便停办"[①]。廖

---

① 叶剑英:《叶剑英抗战言论集》,新华日报馆,1940年,第156页。

仲恺多谋善断，为军校筹措经费，延揽人才，悉心筹划，不遗余力，使军校得以如期开学并坚持下来。许多国民党人、共产党人担任了军校的军政领导和教官，如李济深、王柏龄、何应钦、陈诚、熊雄、恽代英、萧楚女、季方、严重、许德珩、聂荣臻等。学员是从全国各地招来的，多是中学生。各地中共组织和共青团选派不少青年去报考。学习期限为六个月。课程有三民主义浅说、中国国民革命运动、帝国主义侵略中国史、社会主义原理、中国农民运动、中国职工运动、政治工作等，黄埔成为培养和熏陶革命青年军人的熔炉。

孙中山依靠共产党人创办的中国国民党农民运动讲习所，于 1924 年 7 月成立，以造就农民运动人才为目标。孙中山期望农民像工人组织工会一样，组成团体，实现农民大联合，成为革命的基础。

1924 年 7 月，广东省第一次全省农民代表大会在广州召开，衣衫褴褛的农民背着箩筐或肩担行李出席了会议，有的还赤着脚。孙中山深受感动，认为这是革命成功的起点。[①]

广东工团军和农团军这时相继组成。工农群众所表现的力量，已胜过从前任何时候，更加引人注目。

广州沙面工人为反对沙面英法租界当局颁布新警律，限制中国人自由出入沙面，于 7 月 15 日举行罢工，坚持了 32 天，迫使英、法取消了苛例。

同年 10 月，孙中山依靠黄埔学生军、工团军、农团军镇压了商团的叛乱。商团开创于 1912 年，原是商人自己的组织，此时已成为广州汇丰银行买办陈廉伯的工具，由几位英国人帮助策划，从欧洲购买大批军火，武装了一批土匪，冒称商团，阴谋推翻孙中山的革命政府。10 月 10 日，当广州工人、农民和学生集会庆祝"双十节"时，商团竟向群众开枪，打死 20 余人，伤者不计其数。商团要求孙中山下野，请陈炯明回广州。孙中山原先对商团的蠢动犹豫不决，这时在鲍罗廷和陈延年的帮助下，增加了勇气，采取断然措施，一举歼灭商团。

南方的革命在北方引起强烈反响。1924 年 10 月，冯玉祥一因受革命思想的影响，二因和吴佩孚有矛盾，从直系军阀中分化出来，称其军队为国民军。当时直、奉激战于山海关，冯玉祥突然由热河前线撤兵占领北平，包围总统府，囚禁曹锟，撤了吴佩孚的职，把辛亥革命后依然占据故宫的溥仪驱逐出

---

① 宋庆龄：《为新中国奋斗》，人民出版社，1952 年，第 6 页。

去,电请孙中山北上。

1924 年 11 月 10 日,孙中山发表《北上宣言》,主张召开国民会议,废除不平等条约。年底孙中山抵达北京,不幸于 1925 年 3 月 12 日病逝。痛悼革命先驱辞世的活动,震撼了祖国大地,人们从他走过的道路中获得了追求真理的力量。他的陵墓建于南京城外紫金山。

孙中山逝世不久,中国爆发了全国规模的反帝爱国运动,即五卅运动。

五卅运动源起于上海。上海是中国最大的工商业城市。日、英、法等国根据不平等条约在这里设立租界,开设工厂,榨取中国人民的膏血。中国工人境遇悲惨,远不如欧美资本主义国家工人的状况,每日劳动时间 13 个小时,劳动条件极为恶劣。日纱厂工人上厕所都得领牌,每 500 个人只备 2 个牌。1925 年 2 月 9 日,上海内外棉公司的 11 个纱厂的 7 万工人,为反对打骂工人、污辱女工、大小便不自由,举行罢工。青岛日纱厂工人于 4 月 9 日也举行了罢工。两地的罢工都迫使日本资本家答应工人的要求,但到了 5 月又自食其言。5 月 15 日上海日商纱厂枪击工人代表,中共党员顾正红被打死,伤者数十名,事件激起强烈的民族义愤。此时公共租界当局又提出增加码头捐、印刷附律、交易所注册,中国资产阶级也受到威胁。中共中央和上海党组织于 5 月 28 日召开联席会议,陈独秀、李立三、蔡和森、恽代英出席会议,讨论学生上街宣传和发动各阶层共同反对帝国主义问题。5 月 30 日,3000 多工人学生举行游行示威,高举着"打倒帝国主义""废除治外法权""取消一切不平等条约"的旗帜,进入租界。英国捕头爱活生竟命令他的手下开枪残杀 9 人,重伤 20 余人,逮捕100 多人。这一惨案立即激起中国人强烈的反抗。6 月 1 日上海全埠罢市,上海 117 个工会于当日组成总工会,李立三为工会委员长。6 月 2 日起,开始总同盟罢工,6 月 7 日上海工商学联合会成立。组织力量的加强,使罢工罢市罢课形成了巨大的力量。美人霍塞描述说:"在总罢工的支配下,所有的纱厂、卷烟厂和外国报馆都停止工作。手推车夫和码头苦力都罢工了。上海贸易实际上已陷于停顿。"①罢工人数约 20 多万人,总罢工人数达 50 多万人。霍塞认为这种罢工的力量强烈地显示了中国人喊出了自己应走的道路,要求结束列强在中国的特权:"在投下石子的上海,仇恨增长着。十万名苦力进行罢工。激动的群众集会呼吁报复,迅速通过决议要求抵制外国银行的钞票,要求

---

① [美]霍塞:《出卖的上海滩》,纪明译,商务印书馆,1962 年,第 120 页。

全部外国兵舰立即离开上海,要求中国人管理警政。他们要求把可怕的锡克人撤出纱厂,要求结束对妇女和儿童的横暴行为。令人惊讶的是,这不再是学生和工人的运动了。老板、银行家、甚至将军也加入了他们的阵线,迫切要求结束外国人的傲慢和不法行为。国民党和中国政府同情上海愤慨的人民,尽可能地支持他们。"①愤恨的波澜迅速扩展到全国的城市、市镇和乡村,6月25日出现了全国的罢课、罢市浪潮。

此时,上海出现于全世界的报纸标题中。伦敦、巴黎、东京和华盛顿等注意力都转移到长江出口处这个城市,并把它们的军舰开到黄浦江,进行恐吓威胁。胆战心惊的工部局极力施行诡计来改变这种局势,他们把目标指向工业资本家,7月6日宣布停止供应工业用电,以使其就范。霍塞说:"这是一种下流的打击,显然是卑鄙的,但它却产生了预期的效果。"②

工业资本家退出罢工,上海外商洋行中国买办委员会也为列强效劳。总商会会长虞洽卿扮演了极不光彩的角色,"向各商劝导早日开市"③。持续了近三个月的总罢工瓦解了,中国的公司和商店一家一家地开门了。上海租界工部局所做的象征性"让步"是考虑三个华人士绅可以参加董事会,将原来上海公园门口挂着的"华人禁止入内"的牌子改为"华人着西装可以入内"。

上海罢工遭到破坏,上海总工会又遭到奉系军阀的摧残,而全国的反帝爱国运动仍在继续展开着。

6月5日北平举行了示威运动,美国驻华使馆工人都罢了工。中国南方则爆发了省港大罢工。

五卅运动丰富了国民革命的内容。在广东,政府和工农兵联合力量站在一起,采取一致行动,为中国历史上从未有过的事情。广东政府1925年进行的几件大事,诸如肃清广东境内的军阀,建立国民政府和国民革命军,统一广东和广西,都是有工农兵的支持和拥护才得以实现的。

把大元帅府改组成国民政府,是孙中山去世后广州革命领导们所急于进行的事。因为大本营作为政权机构,是不够健全的,缺乏号召力。1925年2—4月,黄埔学生军和东江农民自卫军相配合,打垮了陈炯明,回师广州。6

---

① [美]霍塞:《出卖的上海滩》,第118页。
② [美]霍塞:《出卖的上海滩》,第120页。
③ 《申报》,1925年6月4日。

月 12 日与广州工农力量结合起来,一举歼灭了杨希闵、刘震寰。广州出现了稳定局面,国民政府于 7 月 1 日正式宣告成立,广东省政府也于这一天组建。

以工人为主体的五卅运动大大推动了中国的民族解放运动,在中国近代历史上永远占有特殊的地位。

五卅运动的波涛席卷全国。

香港工人十余万人在苏兆征、邓中夏等领导下,于 6 月 19 日开始罢工,纷纷回到广州,由广州工团招待住宿。广州沙面工人和香港工人采取一致行动,发表罢工宣言称美、日、法帝国主义"食上海、汉口、青岛市民及工友之肉,即食我等沙面工人之肉,上海、汉口、青岛市民及工人一日不胜利,我等一日不返工。为上海案而奋斗,为解除我等自身痛苦而奋斗"[1]。6 月 23 日,广州工人、农民、学生、军人举行反帝示威游行。队伍行至沙面租界对面的沙基时,英兵突然开枪射击,英、法、葡的炮舰也开炮轰击,死 50 余人,伤 170 余人,史称"沙基惨案"。愤怒到极点的革命人民迅即成立"省港罢工委员会",统一指挥广州、香港的罢工斗争,在广州政府的支持下,严密封锁香港,使香港航运停顿、公共事业瘫痪、食品匮乏、垃圾遍地,成为"臭港""死港"。罢工坚持了 16 个月,到1926 年 10 月 15 日才开始复工。这样长期的、广泛的政治罢工,在当时世界工人运动史上还是第一次。五卅运动影响深远,普通的中国民众都在问:帝国主义有什么权力任意屠杀一个伟大的民族?

原载魏宏运主编:《中国通史简明教程》,高等教育出版社,1992 年

---

[1] 中华全国总工会中国职工运动史研究室编:《中国工会历史文献》,工人出版社,1958 年,第 98 页。

北伐时两湖人民武装夺取政权的斗争

　　1926 年到 1927 年的北伐战争,由于中国共产党的领导,由于人民群众的积极参加,帝国主义和封建势力受到了沉重的打击,人民的力量因之迅速地壮大起来,在一些地区还夺取了武装,甚至夺取了政权。

　　为什么人民力量能够迅速发展,并有建立革命武装和夺取政权的创举呢? 这是因为毛泽东同志的正确领导,因为北伐革命战争给了工农群众以武装自己的机会。

　　毛泽东同志始终站在革命的最前头,代表着历史发展的方向,提出了革命总路线。这条总路线就是毛泽东同志后来所概括的:以无产阶级为领导的、以工农联盟为基础的、人民大众的革命。毛泽东同志的这种光辉思想闪耀在 1926 年 3 月他所发表的《中国社会各阶级的分析》和 1927 年 3 月发表的《湖南农民运动考察报告》中,它的中心内容就是放手发动群众,壮大人民力量。在前一著作中,毛泽东同志提出了中国革命的根本思想,在后一著作中他热情地歌颂了农民革命运动,并发出了"推翻地主武装,建立农民武装"的伟大号召。

　　虽然由于历史的原因, 毛泽东思想当时还没有成为全党的指导思想,但是由于他是正确的,他是中国革命胜利的象征,因而就产生了巨大的物质力量。1927 年 12 月,湖南工农代表大会有一则通告充分地说明了这一事实。通告说:"毛先生泽东奔走革命,卓著勋绩,对于农民运动尤为注重。去岁回湘,曾于湘潭韶山一带,从事农民运动。湘省之有农运,除岳北农会外,实以此为最早。后为赵恒惕所知,谋置先生于死地,先生闻讯,间道入粤。此次革命军势力北展,先生为发展全国农运,奠定革命基础起见,遂于前月赴长江一带视察农运情形。大会开幕时,曾电请先生回湘指导一切……"

　　就是在毛泽东思想指导和影响下,在毛泽东同志领导的湖南农民运动蓬勃发展的影响下,这时中国革命走上了迅速发展的道路,以不可阻挡的磅礴之势向前推进。

党的组织在两湖和江西等地普遍地建立了起来,那些原来只有骨干的地方这时发展成为强大的组织,那些原来没有组织的地方也在战斗中成立了党支部,像湘西、鄂西以及洪湖地区的江陵、石首、监利、沔阳、潜江、华容、南县、公安等地都有了党的组织。党成立后立即领导当地人民开展反帝反封建的斗争,成为革命前进的旗手。

在各地党组织的领导下,工会和农会等革命组织普遍地出现于城市和乡村。广大的工人和农民都有效地组织起来,团结在革命的旗帜之下,为创造新社会而奋斗。

更重要的是,农民已经夺取土地,建立了自己的法庭及机构、自己的自卫力量,并且在好些地区夺取了地方政权。

那么,当时工农群众是怎样建立自己的武装,夺取地方政权的呢?

建立自己的武装主要是从三个方面进行的。第一,他们在北伐战争中从北洋军阀手中缴获了一部分式器,并且收集了一些北洋军阀的军队败溃时遗留下来的枪支、弹药来武装自己;第二,在广大的农村中,他们消灭了地主武装,建立了人民武装;第三,大量的、主要的是农民群众用他们自己手中极其简陋的武器,如刀、矛、梭镖等武装了自己。

当时从北洋军阀手中的确缴获了不少武器,据统计,以湖南为最多,曾夺取步枪万余支,其中仅长沙工人就从敌人军械库中获得了 5700 多支,其他像在株洲、平江、浏阳、宁乡等地也都各缴获了数百支,还有一些机枪和大炮。[①]在湖北和江西等地也得到了一部分。问题是这些武器绝大多数没有保留下来,被披上了革命军外衣的军阀抢走了。工农群众当时对北伐军的不同成分还认识不清,以为凡是参加北伐军的都是革命的,而不知道有的是真革命军,有的则是假革命军,结果在地主军阀的欺诈之下,他们用鲜血和生命换来的武器被骗去了。只有长沙工人在郭亮同志的领导下藏了少量武器,平江的农民识破了军阀的诡计,跟要解除他们武装的军队展开了针锋相对的斗争。《向导》周报上在记述农民这一英勇的行动时说:"七月北伐军入平,农民参战死二十五人,夺枪数百支及机关枪等,十一月二师兵变,农民围缴变兵枪二百五

---

① 《向导》,第 131 期,第 1903 页。

十支,现政府要收此枪,农民反对,正在相持中。"①

由于在战争中工农群众夺来的武器保留下来的很少，当各地的战事过后，革命中心转向农村时，因斗争的需要，也因为更多的群众参加到革命的行列中来，广大的群众以贫农为先锋，纷纷拿起自己能够找到的简陋武器，向地主阶级发动了总攻，并且首先把矛头指向地主的武装力量——团防局、保卫团、民团和警察所。在人民猛攻猛打之下，地主武装投降的投降，瓦解的瓦解，武装相继转移到人民的手里。开始，革命人民能居于优势地位的还只是个别地方，随后就发展到湖南很多地方，由湖南而湖北、而江西地发展下去。这样，在斗争中就出现了农民梭镖队的组织，出现了农民自卫军和广大的武装农民群众。革命把人们的觉悟性、组织性和力量大大地提高了。毛泽东同志在《湖南农民运动考察报告》中非常深刻而具体地描述了农民的武装状况，以及是怎样武装起来的："……地主阶级招架不住，其武装势力大部分投降农会，站在农民利益这边，例如宁乡、平江、浏阳、长沙、醴陵、湘潭、湘乡、安化、衡山、衡阳等县。……这样由反动的地主手里拿过来的武装，将一律改为挨户团常备队，放在新的乡村自治机关——农民政权的乡村自治机关管理之下。这种旧武装拿过来，是建设农民武装的一方面。建设农民武装另有一个新的方面，即农会的梭镖队。……凡有农民运动各县，梭镖队便迅速地发展。这种有梭镖的农民，将成为'挨户团非常备队'。这个广大的梭镖势力，大于前述旧武装势力，是使一切土豪劣绅看了打颤的一种新起的武装力量。"

这里讲的是湖南的农民武装，湖北和江西是以湖南为榜样而发展起来的，所不同的是，后者没有前者的广泛、普遍和强大。

工农群众的武装程度如何呢？关于这个问题没有一个完整的、明确的统计数字。当时的报纸提供了这样一个事实，"现工会农会渐多全副武装"，因此肯定地说武装是不少的。就湖南来说，每一县的团防局多的有 3000 支枪，少的有六七百支，估计全省的地主武装有 11 万支枪，而不少的地主武装是被夺过来变成了人民武装的。长沙的工人纠察队和农民自卫军共 1000 多人，约有枪支 400 多支。湖北总工会纠察队，据 1927 年 2 月天津《益世报》报道有 1500 多人，也有枪数百支。湖北农协有枪 2000 多支，就一个县来看，像黄冈有枪 210 支，咸宁有枪 30 支，麻城有枪 50 余支。一般的总是人多枪少。这一方面因

---

① 《向导》,第 181 期,第 1905 页。

52

为他们是用缴获地主的武器来武装自己,而地主武装被迫投降时,总是隐瞒其武器,企图他日东山再起;另一方面是因为工农纠察队和自卫军人数多,群众愿意参加这一组织,所以更感到武器的缺乏。而为了有较多的武器,有的地方还集资去购买一些。江西省革命力量,因为受到蒋介石的摧残(蒋介石从1926 年 11 月到 1927 年 3 月一直控制着这个省份),所以革命武装发展较慢,即便如此,工农群众还是掌握了一定的武装,如九江、德安的工人纠察队和农民自卫军就有一些枪支,临川县革命武装有 300 多人。至于刀、矛、梭镖、土枪、土炮等武器那就多得很了,每一县都是成千成万的,威力很大。各地工农群众主要是依靠这些武器武装起来的。

这些组织起来的工农,都是按照军事组织编制的。农民自卫军的组织形式是每 10 人至 16 人为 1 分队,每 2 分队至 4 分队为 1 小队,每 2 小队至 4 小队为 1 中队,每 2 中队至 4 中队为 1 大队。有的大队设有党代表,他们每人戴一红布臂章,作为标志,以资识别。他们分别受各级农会的领导。

他们当时的任务是以暴力来摧毁反动势力,镇压反革命叛变。为了这个目的,各地群众还自动成立了革命法庭,专门审判土豪劣绅和不法地主。湖南省特别法庭是 1927 年 1 月成立的,领导人是郭亮同志。

有了组织,有了一定数量的武器,并有了专政的机关,罪大恶极的地主都受到了人民最严厉的惩罚,有的被逮捕,有的被处死。举例来说,湖南有个名叫叶德辉的,是著名的反动派领袖和土豪劣绅,湖南审判土豪劣绅的特别法庭宣布其五条罪状,叶供认不讳,即被处以死刑。湖北各地工会和农会也施行了自己的权力,逮捕了工贼和土劣,按其罪恶的轻重,给以应得的惩罚。黄冈、黄安、麻城、蒲圻、汉阳、沔阳等县的“镇反”都是轰轰烈烈的。1927 年旧历正月,共产党麻城县特别支部,动员了两三千农民,背着大刀,扛着长矛,扑灭了县长、县承审官和县代理商会会长所搞的反革命政变。江西最大的一个地主,是龙虎山下的“张天师”。据说他家是从汉朝传下来的,越传越反动,附近八县的农民多是他的佃户,谁也不敢碰他,但在党领导下的农民,用梭镖、马刀、镰刀、棍棒等武器就把这个恶霸干掉了。

推翻了地主豪绅的统治势力,农民就开始了减租减息、抗粮抗税的斗争,有的地方进而插标分地。尽管分地还没有普遍地实行,但它已吓坏了资产阶级。他们大嚷大叫,说“武汉政府势力所及的范围内,赤化运动之进行,诚有出人意料者,闻湘省方面,业将各地主之土地强制分配,实行共产制度"①。资产阶级是从恶意方面来报道的,但这也说明了它再也不能隐瞒农村在发生着什么变化。

正是因为人民行动起来,实行了暴力革命,反动统治机构不是被摧毁就是陷于瘫痪,特别是广大的农村,都在农民协会的直接控制之下。工会和农协成为当时的实际的权力机关,可以和政府唱对台戏,甚至被称为第二政府。政府的命令非经过工、农两会,就无法执行。当时的报纸从不同的立场报道了这一事实。如武汉政府的机关报——《民国日报》说:"现乡镇区团已根本失掉作用,一切农村中纠纷都集中到农民协会。农民协会为乡村政权之实际总揽者。"②资产阶级的报纸也说:"湘省发生之问题,其执行全归于直接行动者之手,而所有政治之中枢机关,悉呈为民众掌握之状态。"③这说明工农群众掌握政权已到什么样的程度。这说明工农群众由于采取了坚决斗争的方针,已使自己变成了自己土地上的主人。这说明人民要求得解放,只有一条道路,就是推翻反动统治阶级的统治。湖南的情况如此,其他地区的形势比不上湖南,但工农组织的威力也很大,如武汉的总工会,因为拥有类似于军队的纠察队,有枪械,可以拿人,也可以办人。

革命已把人们引向夺取政权的道路。在当时革命高潮时期,各地在打倒了地主阶级以后,实际上也就取得了地方政权和地方武装,或者说夺取了农村政权机关的许多职能。有一些县的县长和警察局长是在共产党员掌握之中,更多地控制了广大的乡村政权。还在 1926 年 11 月的一篇湖南通讯中就写道:湖南有些乡村已由农协取得了政权;有许多县成立了乡民会议,为乡村的最高立法组织,有少数县中的团防局长和乡董等,也可由乡民会议选举;有少数地方内农协、教联、商场、工会等联合的组织取得了乡村政权。④到 1927 年初,当革命进一步深入发展时,就有更多的乡村政权掌握在农民的手里。在革命的年代中,只要有夺取政权的思想,把这种思想付诸实现是并不难的。

---

① 《益世报》,1927 年 5 月 1 日。

② 《民国日报》,1927 年 1 月 25 日。

③ 《益世报》,1927 年 5 月 6 日。

④ 《向导》,第 181 期,第 1905 页。

形势既然这样的好,为什么当时没有组织力量从一个乡一个乡到一个县一个县地去夺取政权,直到取得整个革命领导权呢?难道几千万工农群众还消灭不掉区区的地主资本家?原因很简单,就是因为当时党内存在着两条道路的斗争,投降主义路线竭力反对毛泽东同志武装工农、夺取政权的思想,要人民放下武器,不要触动地主、资产阶级的根本利益。投降主义者无视革命发展的必然性和带来的责任,当群众要求前进时,他们却害怕起来,阻止人民的前进,这样,大好的形势在关键时刻被机会主义葬送了,致使1927年的革命走了一段曲折的道路。

　　革命遭受失败这当然是不幸的事情,但是在走了这一段曲折的道路后,投降主义终于被抛弃了,而毛泽东思想则呈现出更大的光辉,人们从历史的教训中更加认识到了毛泽东思想的伟大和正确。当1927年10月毛泽东同志工农武装割据的思想在井冈山上实现的时候,中国人民的解放事业就是任何力量也阻挡不住的了。

原载《历史教学》,1965年第9期

北伐时工农大军在解放两湖和江西战争中的作用

　　1926 年 7 月举世闻名的北伐战争开始了。北伐进攻的首要战场是湖南和湖北，其次是江西，再次是福建。就整个战局来讲，这三个战场的军事发展是相互联系、相互影响的。但对战局起决定作用的则是两湖和江西战场，特别是湖南战场，它开始最早，影响也最大。由于湖南战场的胜利，才有可能开辟其他战场。

　　北伐前，湖南和江西人民反帝反封建斗争在毛泽东同志和刘少奇同志的领导下，不少地区已发展成为武装斗争。1926 年四五月间，湖南出现了工人游击师，江西的贵溪等县有抗税抗捐、平债分田的斗争。在安源，则有大批工人到广东去参加北伐军。安源工人在党的领导下和敌人经过长期斗争，觉悟较高，加入部队后很多人担任了政治、宣传工作，也有不少人担任了中下级军官。譬如战斗力强的第四军、第六军和叶挺的独立团中，就有不少安源工人。[①]许多革命的知识分子这时也冲破了北洋军阀的统治来到广州，其中不少人接受了社会主义思想，参加了中国共产党，更有不少人参加了毛泽东同志主办的农民运动讲习所。到北伐开始，这些在革命熔炉中受到洗礼的革命者，接受了党的派遣，潜回原籍，成立党的组织，组织各种革命团体，在广大地区开展了广泛的群众运动，发动与组织了工人、农民、青年和妇女群众，建立起各革命阶级的统一战线，来迎接北伐。特别是农民运动讲习所的湖南籍学员提前回到自己的乡里，他们带回毛泽东同志的《中国社会各阶级的分析》这一强大的精神武器。党的湖南省委负责人郭亮同志看到过一文件，立即把它传到各级组织中去，使革命的人民分清敌我，以团结真正的朋友，攻击真正的敌人。刘少奇同志则派党的得力干部陈赞贤同志前去江西，发展革命势力，准备将来一方面在战争中可以帮助国民革命军，一方面在公开后工会有了基础，这

---

　　① 中共萍乡煤矿委员会宣传部编：《红色的安源》，江西人民出版社，1959 年，第 268 页。

y

56

样,北伐就有了两支大军,一支是由广州出发的国民革命军,一支是活跃在敌人后方,由毛泽东同志和刘少奇同志组织起来的工农大军。这两支大军就是北伐的主力。前者约六七万人,后者则是千百万工农群众。

革命必须放手发动群众,武装工农,壮大人民力量。在毛泽东同志的教导和影响下,工人阶级和农民始终站在战争的最前线,安源、株萍路、粤汉路、醴陵、长沙的工人都参加了战斗,各地农协也发挥了巨大的威力。湘潭、平江、岳州、浏阳及沿株萍路一带的农民扰乱了敌人的后方。革命把最广大的劳动群众都吸引到自己方面来。他们常常在国民革命军来到时,就夺取了城市和乡村,解除了敌人的武装,或者是和国民革命军并肩作战,出其不意地攻击敌人的后方,为北伐军扫清了道路,保证了北伐战争的胜利。

最先由广东出发进入湖南的革命军是叶挺同志的独立团。独立团是5月进军湘南的,在独立团稳定了湘南局势之际,湖南的革命人民刚好赶走了统治湖南的军阀赵恒惕。这两个胜利大大鼓舞了北伐的进军。7月,革命军即由韶关,经良田、郴州向衡阳集中,然后以惊人的速度勇猛北进,夺取长沙和武汉,并抽调力量,指向江西。

两湖的守敌是吴佩孚,江西的守敌是孙传芳。这两个军阀头子都力图阻止北伐军的前进。吴佩孚任命赵恒惕和叶开鑫分任护湘军正副司令,企图以长沙为中心来摆开阵势。孙传芳则派其部下唐福山旅由株萍路侧袭革命军。他们满以为凭借他们的力量可以阻挡住革命军,但是就在这时,在他们的后方潜伏着的比革命军更强大的工农武装力量行动了起来,长沙和醴陵的工人和农民从敌人背后发动了进攻,株萍路的工人掘断了铁道,炸毁了湘赣铁桥,给了唐福山部以沉重的打击。醴陵的工人和学生组成的平民救国团和农民武装队向敌人的阵地冲去。长沙的工人在郭亮同志和几十个工会领导人组成的全城司令部指挥下,到处张贴标语,丢炸弹,袭击叶开鑫的巡逻队,夺取敌人的枪支,并占领了电报局,断绝了粤汉路。叶开鑫如惊弓之鸟,仓皇撤退,农民围缴了溃兵、变兵的枪械。7月11日,长沙工人夺取了长沙。株萍路西段工人也占领醴陵,敌人对湘中的统治被摧毁了。革命军在工农军的迎接中于12日进占长沙。

但敌人是不会甘心他们的失败的,他们在伺机反攻。吴佩孚到处调兵遣将,拼凑兵力,叫嚷要重新占领长沙,拿下衡州。他们还在岳州召开了紧急军事会议,讨论如何对付革命,并决定在长沙、临湘和岳州间重新部署兵力。踞有东南五省地盘的孙传芳也在南京召集紧急会议，决定由上海赶制枪弹，尽速运到湖南前线，并将军舰驶往岳州。北京张作霖决定先拨 10 万元资助军饷，驻沪、厦海军也全部出发。岳州代替长沙成为敌人反攻的基地。吴佩孚全部力量都集中在此。14 艘军舰开来了，炮兵队运来了，飞机也开来了，野战医院也成立了，由湖北调来的雇佣军也到达了，总数在七八万人。吴佩孚集中了最大限度的兵力，企图在湘北和北伐军较量，以挽救其失败的命运，但是岳州的失败比在长沙更为狼狈。

革命军是怎样攻下湘北的？

进占长沙的革命军奉命分三路继续前进：一路由宁乡进攻益阳，一路北取湘阴、平江，一路沿长武路挺进。从 7 月 19 日起，战争在益阳、湘阴、平江、汨罗一带激烈地展开了。重点攻取方向是平江。平江临近湘、鄂、赣三省交界之处，地势极为重要，敌人在这里布置了重兵，仅平江、金井一带就有三万人，革命军如能控制平江，就可以东取江西，北进湖北，南保长沙，西占岳州。第四军和叶挺同志的独立团担负了这一重任。他们在农民协会的帮助下，向平江发动了总攻。

平江的农协会员是以各种旧式武器参加战斗的。他们组织了长矛队和革命军并肩作战，围攻敌军陆沄，并包抄敌人后路。由于农军冒弹冲锋，勇敢杀敌，经过多次肉搏，7 月 20 日，敌人全部被歼。农军在这一战役中起了决定性的作用。当时广州《民国日报》在报道这一战役时说："此次北伐胜利夺得平江，其力量全在农民。"①

占领平江后，革命军由农民任向导，乘虚急进，岳州之敌已陷于混乱。敌人曾在新墙、杨林以北应战，阻击正面革命军的前进，但在平江农民帮助之下，革命军向北进攻，7 月 20 日突越汨罗，21 日进至新墙，21 日夜半逼攻岳州，敌人大溃，投诚者 2000 余人。22 日革命军攻占岳州，残敌经临湘退到鄂境羊楼司一带。吴佩孚在湖南的最后一个据点已被拔掉，湖南全境得到解放。

由于工农军的踊跃参战，革命势力大振，所有军阀集团都慌乱一团。武昌开始戒严，孙传芳统治的东南五省动荡不安。北方的张作霖也提心吊胆，军阀们从来没有遇到过这种失败的局面。但他们决不肯放下屠刀，自动退出历史舞台，仍在拼命抵抗。吴佩孚一面在鄂南赶筑防线，以羊楼司为第一道，茶庵

---

① 转引自《向导》第 177 期，《从广州所闻北伐军之胜利与民众》。

岭为第二道,汀泗桥为第三道,来拦阻革命军的前进,下令其部将坚守羊楼司、通城、蒲圻一带;一面哀求孙传芳出更多的兵力侧袭北伐军的后方。孙传芳呢?固然对其伙伴表示同情,答应继续给予援助,甚至表示要联合作战,但更关心的是如何保住他对东南的统治,特别是江西的地盘,因为湖南的解放直接威胁到江西,革命军第二军已把矛头指向赣南,第三、六军已集结攸醴,待命向江西挺进。他自己的命运尚且难保,怎能全力去援助吴佩孚?

考虑到以上这种情况,革命军向湖北和江西同时摆开了进攻的阵势。孙传芳以为马上就要进攻江西,惶恐不安。吴佩孚认为就要消灭他,也坐卧不宁。已经掌握了战争主动权的革命军,看到孙传芳的兵力已被吸引在江西,便继续挥舞铁拳去打吴佩孚。

激烈的战斗在汀泗桥一带发生了。这是北伐以来最大的一次战役。革命军在农民的帮助下,以排山倒海之势向汀泗桥挺进,左翼由白螺矶、螺山、新堤经宝塔州进逼尤口,右翼于8月22日攻占通城后,24日又占领崇阳,接着把矛头指向汀泗桥。正面则沿武岳路经羊楼司、赵家桥、羊楼峒、越蒲圻挺进汀泗桥及沿江的嘉鱼县。从26日到29日,争夺汀泗桥达到了最高潮。吴佩孚和湖北军阀刘玉春、陈嘉谟等到前线亲自督战,并不断增加援军,给部下每人犒赏一块钱,每个官长奖赏一把指挥刀,还下了"如有退却,立即正法"的命令。但即便如此,仍无法挽救其败局。

在第四军共产党员的带动下,革命军一步一步逼近到敌人的阵地。叶挺的独立团在农民的帮助下更从右翼包围敌军。敌人腹背受击,死伤甚众,全面崩溃,残部向咸宁方面退去。8月30日,革命军占领了汀泗桥,然后乘胜直追,占领了贺胜桥和咸宁。9月5日,革命军以叶挺同志的独立团为先锋,打到了武昌城下。

武昌城垣非常坚固,不易攻破,吴佩孚这时任命靳云鹗为武阳夏警备总司令,刘佐龙为湖北省长,陈嘉谟为湖北督理,会同第八军军长刘玉春坚守武汉。

革命军采取了先取汉口、汉阳,然后包围孤立武昌的方针。还在革命军未到武汉之时,两汉的民众已表示了对于北伐军的援助,特别是汉阳兵工厂工人,为置吴佩孚之死命,举行了总罢工,拒绝生产军火,动摇了敌人的后方。在大军压境、兵临城下时,敌人更显得惊慌。9月6日,革命军占领龟山,攻下汉阳,7日,在汉口的刘佐龙也投降了。吴佩孚又仓皇北逃,武昌已处于四面包围之中。

这时革命军从武昌城外制造局搜索出 12 门火炮。有了重武器,革命军和敌人展开了远程的炮战,不断向武昌城内轰击。双方炮战非常激烈。在大炮、机关枪的掩护下,革命军曾数次攻城,但都一次一次地失利。农民为了支援攻城,日夜扎绑梯子,供爬城之用。

由于久攻不下,革命军决定把武昌严密封锁包围起来,挖掘坑道,准备炸城。为了完成这一任务,由一大批安源矿工组成的工兵大队调来了。这支工兵发挥了他们挖煤炭时那种特有的长处,在敌军防守的城墙下,挖墙脚,打地洞。本来已因外援断绝而无粮食的敌军已经动摇,现在受到攻城的威胁又增加了危机。就在这时,孙传芳的军队开来应援解围,占据了鄂城、大冶、黄州一带。孙传芳攻鄂的目的,一方面是企图调动江西的革命军,转移目标;另一方面企图解武昌之围,占领武汉,扩展其势力。革命军抽调部分兵力去抵御。武昌城内的敌人看到围城兵力单薄,派遣部分人缒城而出。叶挺的独立团首当其冲,激战两小时,敌人被全部歼灭,但独立团也受到了很大的损失。

围城已经一个多月,封锁收到了很大的效果,城内的粮食已经用尽。刘玉春和陈嘉谟曾派人暗通款曲,要求保全他们的实力回河南去,请求革命军开出一条路让他们退走。革命军拒绝了这个要求。[1]

10 月 10 日,革命军再次发动总攻,独立团在武昌通湘门附近用云梯爬上了城,占领蛇山,围攻了 40 天的武昌终被攻下了,守敌刘玉春被活捉了。湖北的政治经济文化中心——武汉至此已完全解放,这对于湖北全境的解放具有重大的影响。

湖北的战争开始移向鄂东,而整个战争的中心则移到江西。

江西战场是 9 月初开辟的。9 月初革命军第二、三、六军沿江西南部和西部整个边境发动了总攻,中国共产党江西各级组织,即时动员工农群众协同作战。陈赞贤同志策动军阀赖世璜部起义投诚,将其改编为国民革命军第十四军,赣南形势发生了变化。安源工人两千多人在党的领导下充分显示了自己的力量。他们把萍乡、芦溪、袁州等地的电话、电报全部破坏,断绝了敌人的通讯。他们还组织了一支敢死队,袭击萍乡镇署衙门,吓得敌人连夜向东逃命。9 月 7 日,北伐军占领了安源,并立即向南昌推进。9 月 18 日,革命军第六

---

[1]《沫若文集》(第八卷),人民文学出版社,1958 年,第 105 页。

军进攻南昌,城内工人、学生和警备队群起响应,革命军迅速占领了这座城市,但由于敌人的反攻,22日,又退出南昌,集中在高安、新喻一带。

敌人所以能够坚守南昌,在于掌握了南浔路这一交通命脉,运输方便。革命军考虑到这种原因,决定采取南守北攻方针,尽一切力量抢占南浔路。因为控制住这条路,一来可以把南昌的敌人孤立起来,二来可以威胁九江孙传芳的指挥部,三来可以使进入鄂东的敌军产生后顾之忧,所以10月初,革命军向南浔路连续发动了几次进攻。

向南浔路发动进攻是从修水、铜鼓、奉新等地开始的,这是敌人料想不到的。赣西北地势险要、重峦高峰、峻崖陡峭,革命军怎能越过呢?据当时报纸报道,革命军"是得人民引导出小路、迂道曲折,攀藤附葛,盘山越岭"[1]进袭南浔路的据点的。

孙传芳在南浔路驻有重兵五万余人,以马回岭为中心筑成了坚固阵地,布成常山蛇阵势,自谓击首则尾应,击尾则首应,万无一失。但10月2日革命军一举而下德安,消灭了孙传芳的嫡系部队谢鸿勋整整一个师和两个旅,截断了九江、南昌之交通。虽然孙传芳急调武穴之皖军及周凤岐军,发动了反攻,革命军被迫退出德安,但从此以后,南浔路进入战争状态,并已蔓延全线。在德安黄老门间,建昌涂家埠间,乐化慈姑间双方军队屡进屡退,经过十余天的激战,革命军终于控制了这条路线。孙传芳在九江的总司令部吓得连忙搬到招商局轮船上去。九江至南昌的军需此时只能依靠鄱阳湖来维持。10月14日,建昌、德安间的革命军越过铁路,截断了敌人的水路联络,把九江和南昌完全孤立起来。

孙传芳在无可奈何之下,挖肉补疮,将其苏、皖留守部队赶调武穴布防,并将其在鄂东的军队后撤到九江等地。鄂东大冶等地的农军乘胜直追,敌军大溃,时因武昌已经解放,鄂东的革命军压迫敌军都退到安徽省境。经过几度挫折,江西战场的主动权终于落到革命军手中,但胜负还没有最后定局,南昌和九江还没有攻下。

当南浔路战争激烈进行之时,革命军又一次向南昌发动了进攻。当时的阵势是第二军在南昌之南,第六军在南昌之西,两军合力夹击敌人,战斗非常激烈。革命军"士气旺盛,且作战巧妙,有不辞短兵相接之气概",但因敌人交

---

[1]《益世报》,1926年10月15日。

通线没有完全断绝,不断增援,攻占南昌之计划又一次遭到失败。

孙传芳虽竭力据守九江和南昌,而战局的发展,已使敌人处于极其不利的地位,特别是武昌的解放,第四军应援江西,大大提高了江西战场上革命军的士气,鼓舞他们更勇敢地夺取阵地,每一次的进攻都使敌人更加惊慌失措,更加绝望。

11 月 4 日,活跃在赣北的革命军越过沙河攻下了九江。在九江的军阀陈调元和周凤岐的军队退走了,孙传芳也逃跑了。九江是孙传芳的军事政治中心,九江的解放直接宣判了孙传芳的死刑,他对东南的统治已到了末日。因为九江的解放,武汉的阵地也就巩固了。九江所储械弹粮食甚多,南昌的敌人全凭九江的应援,现在九江被占,南昌的敌人就完全绝望了。11 月 7 日,南昌城内的军阀终于被全部缴械。江西之敌除了少数溃退到浙西外,其余几乎全部被俘。

经过了三个多月的战斗,湖南、湖北和江西三省都得到解放,革命势力已经摧毁并正在摧毁着帝国主义和封建势力。吴佩孚和孙传芳的军队被消灭的达十五六万人,剩下的也只有暂时招架之功,并无还手之力,因此,陷于更大的混乱局面。

至此,革命势力就有了广大的后方,革命震撼了中国的大地。历史事变的发展证明了革命必然胜利,胜利的保证就是在革命的斗争中中国共产党的坚强领导和工农群众被广泛地动员起来参加作战。

由湖南战场开始的北伐革命风暴在以雷霆万钧之势向前发展,把革命战争推向前进,当时中国的确存在着一个革命战争和革命高潮——北伐。正因为如此,到 1927 年春,长江流域和黄河流域的广大地区都得到解放。

原载《历史教学》,1965 年第 3 期

1927年南昌武汉之争的实质

　　1927年初,当武汉已成为中国革命的中心后,革命政府的首都就由广州迁到武汉。政府的各部门如外交部、交通部、司法部、财政部等相继北迁。外交部设在前交涉署,财政部设在前军警督察处,交通部设在京汉铁路南局,司法部设在武昌三道街旧江汉道尹公署。[①]国民政府则设在汉口南洋兄弟烟草公司大楼。主要的机构都搬来了,国民党的中央委员和政府领导人也到了,也还有一部分没有赶到,所以就组成了国民党和政府的临时联席会议处理政务,领导正在蓬勃发展的革命运动。这个最高机构从1927年1月1日正式办公,并宣布了一项命令,将汉口、武昌、汉阳三镇组成一个大城市,名曰武汉。武汉即是革命首都。

　　就在这时,蒋介石、张静江等地主资产阶级的代表们突然提出要将国民政府搬到南昌去,并把途经南昌准备到武汉的党和政府机关及部分人员扣留起来,说什么"武汉不宜建都,应暂驻节南昌",国民政府代理主席谭延闿也说"论道理应该迁武汉,论局势是应该留南昌"。这就发生了迁都之争:武汉,还是南昌?

　　关于迁都武汉,这是1926年10月国民党联席会议上早就决定了的。在做出这一决定后,曾派出宋庆龄、陈友仁、孙科及国民政府高等顾问鲍罗廷去武汉进行考察,认为适宜建都。当时蒋介石也是力主迁都武汉的,所以11月15日国民党中央委员第一批就启程赴汉。到达武汉的中央委员负有筹备党部和政府克日办公之责。11月15日党部和政府在广州停止办公,全部北迁。12月10日第一批出发人员已抵达武汉[②],为什么还会发生迁都之争呢?

　　蒋介石等国民党右派势力本想控制革命领导权,企图使革命按照他们的意愿去进行。而在北伐中中国共产党的力量迅速地壮大起来,两湖革命运动

---

　　① 《益世报》,1927年1月6日。

　　② 《民国日报》,1927年3月30日。

发展非常猛烈,觉悟了的工人和农民不仅为国民革命而斗争,而且为自己的阶级利益而斗争。资产阶级已不能指挥运动,"武汉几全为共产党所支配",他们害怕人民的胜利,害怕人民彻底推翻反动统治,害怕人民将来要推翻他们自己。他们想要停止革命,又无法制止。因为革命的力量比反动的力量大得多,他们还无力叛变革命,就以迁都问题来捣乱,妄图挟持国民政府,以便招摇撞骗,发号施令,将革命的领导权尽入其军事独裁掌握之中,来实现反革命的阴谋。于是一场革命和反革命之争,一场关系到中国革命前途的斗争——迁都之争,就激烈地展开了。

武汉和南昌形成了尖锐的对立。一切革命的人们都集合在武汉革命的旗帜下,所有的反动势力都支持南昌的蒋介石,南昌已成为蒋介石准备叛乱的巢穴。在这里,他和帝国主义及一切反动派勾结,日夜地谋叛中国的革命事业。

1927年1月初,蒋介石到武汉部署他的反革命力量,命令其亲信周佛海监视武汉军校的共产党员,企图把武汉军校掌握在自己的手中。那时他的反动面目还没有暴露,武汉三十余万群众曾为他的到来开了一个大欢迎会。群众问他:"你到底什么时候把政府搬到武汉来?"他很狼狈。鲍罗廷也批评他说:"革命要依靠群众,实行民主,独裁是不行的。"他很生气,后来回到南昌,就要求武汉撤换鲍罗廷(引自吴玉章:《第一次大革命的回忆》)。

2月,他背着武汉政府在南昌召开了一次军事会议,破坏了武汉政府既定的军事方针,目的是使军事行动完全适合于他自己的需要。

与此同时,他还大肆叫嚣要"制裁左派,制裁共产党",无耻地声称他"有干涉和制裁共产党的责任及其权利",公开向中国共产党和中国革命宣战。他派了很多爪牙破坏各省区及海外国民党党部,派兵解散了广州市党部,压迫广州的群众运动,私自圈定广东、江西省党部执行委员,罗致反动分子主持学术院,无故开除党政训练班忠实党员[1],控制国民党的各级组织,以培植他的私人势力。帝国主义及封建买办阶级的代表人物都来到了他的周围。亲日分子张群、黄郛以及和英、美有姻缘的王正廷都来到南昌。和各个帝国主义都有关系的荷兰银行买办虞洽卿也来了。北洋系、政学系、研究系和广东的军阀陈炯明都派有代表出入于蒋介石的司令部,成为蒋介石的"顾问",出谋献策。

---

[1]《民国日报》,1927年3月16日。

1927 年 2 月 11 日天津《益世报》在报道这一情况时说："黄郛最近受蒋介石之聘南下,为国民政府所重用,献策颇多。"当时的日本报纸也刊载了这样的消息:"蒋之优遇王正廷,已倾听于中国实际政治有经验者之言。"这就是说蒋介石已开始投靠帝国主义,和中国的买办阶级建立了关系。

蒋介石为了投靠帝国主义,特别是日本帝国主义,接二连三地派了吴铁城、戴季陶等到日本去出卖中国的主权。吴铁城到了日本,曾向日本担保中国人永不反日,原因是蒋介石"实拟与日本始终相提携也"①,并说"日本之资本与技术,乃吾人所最欢迎者"②,把包括建设铁路在内的长江流域经济权益献给日本。日本的势力本来只限于中国北方,现在,它可以伸张到中国南部。它乘机大肆活动,先后派出了很多间谍,如清浦佐分利,曾往来于广州、南昌之间,宣称日本"与南方稳健分子已有相当谅解"。山本条太郎等到南昌受到蒋介石特别的接待。③

日本帝国主义者对蒋介石的政策影响很大,不仅使蒋介石渐趋亲日,也促使蒋介石和老军阀张作霖勾结起来。当时的《益世报》在谈到日本牵线的这一作用时说:"留南昌之日人,既与奉方情形甚悉,又与蒋有旧,从旁游说。"④因此蒋介石先后派李石曾、蒋伯器、魏邦平等到北京去进行妥协的谈判。魏邦平是 1927 年 3 月 10 日由上海化装为商人北上的,他在天津向日本《每日新闻社》特派员说:"统一中国,绝非吴佩孚、孙传芳之流所能办到,唯张作霖与蒋介石,尽可携手进行一切。"⑤蒋介石为了表示他和张作霖的一致,亲自致电张作霖,说:"国民革命军者,非布尔什维克之党人,也非共产党之信徒,乃真正之维护中国国家主义者之结合团体,……予及予之同志,现曾尽力约束汉口以及各处左派分子之活动。"⑥蒋介石就是这样,采取一切手段,联合帝国主义来反对中国革命,联合军阀和所有反动力量来反对中国共产党。

事情已经很明显,蒋介石又在制造另一个"三二〇"事件。但是这一次和"三二〇"时不一样了,这一次遇到了中国共产党人猛烈的反击。

----

① 《益世报》,1927 年 2 月 11 日。
② 《益世报》,1927 年 2 月 12 日。
③ 《益世报》,1927 年 3 月 15 日。
④ 《益世报》,1927 年 3 月 11 日。
⑤ 《益世报》,1927 年 3 月 17 日。
⑥ 《益世报》,1927 年 2 月 19 日。

在汉口的中国共产党中央委员,不顾在上海的陈独秀、彭述之之流的反对,以伟大的工农力量为基础,团结了武汉政府中进步的和中间的分子,向蒋介石展开了斗争。在这一斗争中,他们把千万的群众都集合在反蒋的旗帜之下,也使许多动摇的国民党领导人转入反蒋的立场,就是一向以反共出名的右派分子孙科、徐谦等,也卷入了反蒋的斗争。其中有些人对蒋介石的本质都还认识不清,甚至连国民党的左派领袖也对他抱着幻想,认为迁都之争,只带一种个人的、地方的性质,仅仅是关于首都所在地的争论。邓演达曾因此跑到南昌去劝阻蒋介石,因无结果,痛哭了一昼夜。只是在共产党人的帮助下,他们才认识了争论的性质,下定决心在武汉成立中央党部,组织武汉国民政府。

这样,在两湖就出现了规模巨大的反蒋运动。反蒋斗争是以恢复党权的运动形式进行的,当时提出的口号是"一切权力属于党,反对军事独裁,打倒昏庸老朽!"为了领导这一斗争,武汉政府特别成立了一个由吴玉章同志和邓演达、徐谦、孙科、顾孟余等五人组成的行动委员会,并于2月9日在汉口召开了一次高级干部会议,针对蒋介石的反叛提出了实行民主、反对独裁、提高党权、扶助农工运动的主张。3月10日还召开了国民党第三次中央全会,以反对蒋介石为中心内容。

国民党三中全会在共产党和国民党左派的直接领导下,左派占了压倒的优势,通过了很多革命的决议。这些决议是,巩固党权推翻军事独裁;镇压一切反革命,实行乡村自治,召集省民会议以实现国家政权之民主化,为赞助工农经济状况之改善而设立农政部、劳工部,以便制定改良社会之法则而实行之;坚决地赞助工农群众运动等。[1]同时在组织上也进行了改造。此前中央执行委员会,设有政治委员会和军事委员会,行使政治与军事的最高权。政治委员会对于政治问题议决后指导国民政府来执行。这两个组织在1926年国民党二中全会后,为蒋介石所控制,所以三中全会上制定了《修正政治会及分会组织条例》《中央执行委员会军事委员会组织大纲》《国民革命军总司令条例》确立了中央常务委员会、政治委员会和军事委员会的集体领导制度。选出中央常务委员9人,有汪精卫、谭延闿、蒋介石、孙科、顾孟余、谭平山,陈公博,徐谦和吴玉章,除这9人兼任政治委员并有3人兼任秘书外,又选出宋子文、宋庆龄、陈友仁、邓演达、王法勤、赫祖涵六人为政治委员。这实际上就剥夺了

---

①《中国共产党中央委员会对时局宣言》,载《向导》第201期。

蒋介石所窃据的中央执行委员会主席和军事委员会主席的职务[1]，给蒋介石以严重打击，蒋介石在武汉政府中受到了孤立。

中国共产党人还通过党的各级组织，唤醒广大人民行动起来，使反蒋运动具有更广泛的群众基础。由于进行了充分的动员，革命人民对三中全会表示了热烈的拥护，对蒋介石表示了极大的愤恨。武汉和长沙等城市都召开了群众大会，显示了人民的伟大力量。3月10日在武汉召开的国民大会，参加的有7000余人，当场议决：拥护中央执行委员会议决案，实行民众政治；恢复党权；继续革命运动；反对个人独裁，打倒老朽腐败分子；统一外交；反对蒋军等等。湖北省和武汉市及武阳夏三县党部还在同日午后在汉口血花世界召开了以恢复党权为中心内容的全体党员大会，到会10余万人，一时摩肩接踵，踊跃异常。议决：统一党的指导机关，一切要在中央党部指挥之下，实行民主集中制；中央党部与国民政府应驻武汉；巩固联苏、联共、扶助农工的三大政策，不与任何军阀妥协，继续北伐，打倒奉、鲁军阀，反对军事专政，纠正任何个人独裁的封建思想等，会后还到南洋大楼去请愿。[2]在长沙，3月13日国民党各党部召开了反蒋大会，14日，各级党部又参加了反蒋市民大会，举行了示威游行，严厉地谴责了蒋介石的反动和卖国。各地的斗争形成不可抗拒的洪流。

当时的反蒋斗争进行得非常广泛深入，武汉的街道上到处都贴着"打倒蒋介石！打到叛徒！"等标语。由共产党人主编的《民国日报》也对蒋介石进行了猛烈的攻击。

群众运动这样迅速的发展，产生了巨大的效果，它迫使各新军阀如唐生智、谭延闿、程潜、朱培德、张发奎，甚至李宗仁，都离开了蒋介石，而团聚在武汉政府之周围，或者是采取徘徊观望的态度。

这一切就迫使蒋介石不得不宣布将首都设在武汉。尽管后来事实证明这是蒋介石的虚伪阴险，但另一方面也反映了人民力量的强大。1927年3月20日，国民政府委员乃于武汉就职。

如果当时武汉政府依靠人民的力量，继续采取进攻的方针，那就有可能把蒋介石驱逐出革命政权，甚至加以消灭。因为蒋介石在南昌的兵力有限。南

---

① 吴玉章：《第一次大革命的回忆》，《益世报》，1927年3月11日。

② 《益世报》，1927年3月22日。

昌总共有第二军、六军、三军和一军等部队。第二军和六军是忠于武汉革命政权的，已向长江下游开拔。第三军和蒋介石有矛盾。唯一听从蒋介石指挥的是刘峙、王柏龄和缪斌所领导的第一军。而第一军在北伐时经过几次挫败后已溃不成军，毫无战斗力。只是武汉政府的组成分子很复杂，中国共产党在当时又被陈独秀右倾机会主义者窃据着。

关于领导职位的问题，在进行了一定程度的斗争后，就再没有前进一步。不仅没有设法驱解除蒋介石的武装力量，拔掉这个祸根，相反地还委任蒋介石为第一集团军总司令。这就给蒋介石以机会，使其得以继续策划他的叛变。

蒋舟石凭借他的实力及合法身份来绞杀革命，并指挥第二军、六军等夺取东南诸省。蒋介石的战略目的在于以东南为基地，维护中国金融买办阶级的利益，在买办阶级的帮助下，来扩大其反革命势力。这时，上海金融买办也已经答应拿出 6000 万元，作为对蒋介石反共的犒赏费。因此，蒋介石就从南昌、九江、安庆、芜湖，向南京、上海一路杀去。所到之地，许多共产党员和革命群众被杀害了。他先杀害了赣州总工会委员长陈赞贤同志。3 月 16 日，又强迫解散执行三大政策的国民党南昌市党部，通缉市党部执行委员，查封宣传三民主义的《贯彻日报》。17 日，在九江收买流氓捣毁国民党九江市党部、总工会、第六军政治部，杀死了国民党市党部 3 人、总工会 1 人，政治部受重伤的 9人。他还密令不准汉口《民国日报》进入江西。江西的惨案正在一个一个发生之时，3 月 20 日，蒋介石到了安庆，3 月 23 日，安庆执行革命路线的省、市党部和总工会、农民协会、妇女协会等组织被捣毁了。紧接着安徽省的党政领导权就落入蒋介石手里，很多革命者在他的屠刀下牺牲了。郭沫若同志在 1927年 3 月 31 日在屠杀者的刀下勇敢地写的《请看今日的蒋介石》的讨蒋檄文，深刻地揭露了蒋介石这个叛徒的嘴脸。

蒋介石一面承认武汉政府，一面干背叛革命的罪行。这种情况武汉政府是完全知道的，蒋介石由南昌出发抢占东南之前，曾经三电武汉军校教育长和学兵团团长张治中，要张治中脱离武汉，设法把学兵团带到安庆，作为掠夺长江下游的总预备队。这几封电报武汉政府都截获了，所以学兵团没有被拖走。这个时候，如果武汉政府有决心去斩断蒋介石的魔爪，还是有可能的，那就是在安庆消灭蒋的势力，以打乱其反革命的全盘计划。当时在安庆举事是很容易的，因为"拥蒋的武力只有陈调元的两营人，反陈的有蔡文彬的一旅"①，同时还有工农的力量。但这个机会又被轻轻地放过去了。

　　武汉政府当时唯一的革命行动，就是命令郭沫若同志到上海去，因为"上海方面财政、外交及一切政治工作的进行，指导需人"②。但是一个人的力量，怎能就使得蒋介石放下屠刀呢？

　　武汉政府在面对这一尖锐的阶级斗争时，犯了不可饶恕的错误。它不去组织力量利用一切有利于革命的时机去镇压蒋介石的反动，却给蒋介石的反动以方便。这特别表现在三中全会后，这一段时间，一方面对蒋介石的背叛置若罔闻，一方面却大搞"迎汪复职"运动。按照武汉政府的宣传，好像只要汪精卫一复职，像他在"三二〇"以前一样继续担任国民政府主席，那么中国革命就可以成功，蒋介石就可以不打自倒了。但事实上汪精卫和蒋介石都是地主资产阶级的政治代表，没有本质的不同。革命在这里已埋伏下了不可挽救的危机。不久"四一二"大屠杀就发生了，中国的大革命遭到了失败。蒋介石公开建立了南京伪政权，和武汉相抗。这是一个多么严重的历史教训。

原载《历史教学》，1964 年第 6 期

---

① 郭沫若：《脱离蒋介石以后》，《沫若文集》八，人民文学出版社，1958 年，第 150 页。
② 郭沫若：《脱离蒋介石以后》，《沫若文集》八，人民文学出版社，1958 年，第 152 页。

汉浔英租界的收回与帝国主义的武装干涉

　　1927 年 1 月 3 日到 6 日不到 4 天工夫，中国工人阶级先后收回了汉口、九江英租界。这一伟大的革命行动，立即在全国和全世界引起了巨大的反响。全国和全世界的人民为之欢欣鼓舞，国内的反动派和帝国主义则恐惧不安。

　　那时的中国遭受世界帝国主义的侵略和压迫。它们在中国划分有势力范围，分割了中国的土地，在许多城市霸占了许多地方作为侵略活动的据点，美其名曰租界；在中国领海和内河驻扎了几十条军舰，自由游弋，说这是它们的权利；以传教为名搜集情报，进行文化侵略，说这是它们的自由。它们的特权简直多得很，一句话，它们的侵略魔爪愿意怎么伸就怎么伸，愿意伸到哪里就伸到哪里。中国，在它们看来是被征服了的国家，应该受到奴役和宰割。而它们则是天之骄子，是征服者，可以为所欲为，为非作歹。它们这一侵略逻辑是从其具有优势武力出发的。它们是世界帝国主义力量的联合，在中国驻有重兵，还豢养了一批走狗，一旦出现危机可以立即从世界各地的军事基地调动兵力。它们以为有这么大的力量怎能制服不了中国。它们忘记了有侵略就有反抗，有压迫就有斗争。动员起来了的中国人民是什么也不怕的。中国人民从来就没有间断过反对帝国主义的斗争。而在北伐战争中，中国人民已经打败了英、美帝国主义的走狗吴佩孚、孙传芳。这次战争是革中国封建主义的命，也是革帝国主义的命。在这次战争中解放了的地方，反帝斗争异常高涨。帝国主义在华的势力已发生根本动摇。在湖南，人民已发动了总攻，为收回各种权利而斗争，不允许帝国主义分子胡作非为。在武汉，反英运动一浪高过一浪。英美烟草公司工人罢了工，包围了工厂，三个美国老板吓得不敢出门。在其他地方也有类似情况。侵略成性的帝国主义看到这种情形，不甘心自己的失败，便千方百计寻找借口进行武装挑衅，妄图直接出兵，镇压这一伟大的革命运动。

1927 年 1 月 3 日,英帝国主义在武汉开枪杀人了。武汉人民为了欢呼北伐战争胜利和广州革命政府北迁,于 1 月 1 日到 3 日,展开了大规模的庆祝活动。全市人民高唱"打倒列强!打倒列强!除军阀!除军阀!"的革命歌曲,举行了多次集会,张贴了无数标语,工人宣传队还四处演讲,群众沉浸在狂欢之中。就是在这时,英帝国主义按其预定阴谋,制造了血案。英国在汉口的英租界周围要道,安设了铁丝网与沙包,英国水兵握着上刺刀的步枪指向在江岸边举行庆祝活动的群众。停泊在汉口江面的英舰也脱去炮衣,实弹对准武汉两岸,军舰上的陆战队也都登陆了,摆出一副要打仗的架势。3 日,英国把它的既定计划付诸实施了,英国水兵开枪屠杀工人群众,死伤十余人,轻伤数百人。

惨案发生后,工人群众十分愤慨,无不摩拳擦掌。中国人民在自己的土地上连举行庆祝活动的权利都没有了,这是万万不能忍受的。血债要用血还。英勇的工人群众,在刘少奇同志的领导下,决定和帝国主义展开针锋相对的斗争,以自己的武装力量——工人纠察队夺回租界,把英帝国主义赶出武汉。他们包围了租界,并于 4 日冲入租界。市民闻知,纷纷参加这一战斗行列。英国的军事设施被捣毁了。英勇的工人群众占领了工部局,占领了税关,封锁了英人商店。英国陆战队被迫撤退,英国巡捕逃跑一空,英国领事葛福也吓得逃到英国军舰上去。工人群众胜利地夺回了租界。被英帝国主义非法占领了数十年的租界只用了两天工夫就拿下了。这是中国人民反帝斗争史上空前的奇迹。这一胜利大大鼓舞了人民的革命斗志。群众纷纷举行集会,誓做工人阶级的坚强后盾。5 日,武汉举行了 60 万人的群众大会,声讨英帝国主义,欢呼汉口英租界的收回,革命之声响彻云霄。

对这一伟大的革命行动,不同的阶级是从不同的立场来看待它的。与工人阶级和广大人民的表现相反,国民党右派表现了恐慌状态,蒋介石就是一个代表人物。他当时正在九江开军事会议,得到了收回租界的消息非常恼火,说这"将引起严重后果"。窃据武汉政府要职的国民党右派也表示了反对的态度。他们竟然和帝国主义站在一起,要工人退出租界。要"群众应遵守集会规则,违者处以严罚","要国民自重,勿采与政府方针相反之行动"[1]。他们的方针是什么呢?国民政府交通部长孙科说:"决不再演如汉口英界之事态,关于

---

[1]《益世报》,1927 年 1 月 11 日。

收回各国租界，欲待其到期，与关系国政府以外交和平解决之。暴力行为则绝对回避。"[1]这就等于向帝国主义说：你们应该继续霸占住租界和在华的一切特权，不要退缩，我给你们撑腰。而对人民群众则威胁说不得进行反帝斗争。无怪乎当时英国使馆透露消息说："英国已了解南京政府之不赞成民众的规外行动，但更望南京政府之命令，可以发生实效。"[2]这种情况说明国民党右派对人民的革命多么仇恨，但革命是阻止不了的。

在这极端重要时刻，刘少奇同志及时坚决地反击了国民党的反攻。他指出，帝国主义和军阀还在向中国人民进攻，必须继续斗争。并警告资产阶级及其代言人不得压抑工人运动和阻碍革命力量的发展。这就不仅打击了反动逆流，还给革命指出了正确的斗争方向。共产党的各级组织这时是生机勃勃的，立即动员工会农会等群众团体，展开了大规模的反英运动。各地右派势力在群众革命风暴面前不敢明目张胆地捣乱。反帝怒潮汹涌澎湃。

首先响应武汉工人的是九江工人。他们效法武汉工人的革命榜样，夺回了九江英租界。

共产党在九江是有基础的。国民党九江市党部是以共产党员为骨干组成的，九江县县长也是由共产党员担任的。九江全市基层工会组织有数十个，工人纠察队也建立了起来，队员有两千多。党召集了基层党支部及各群众团体负责人布置了斗争计划。

1月6日，九江工人、农民和各界群众数千人举行了盛大的反英示威集会，像在汉口一样，英兵又开枪行凶。英国驻九江军舰也发炮示威，工人被杀死1人，伤者无数，旧仇新恨，怎能忍受？他们包围并封锁了租界，决心赶走英帝。九江总工会委员长彭江同志发出了战斗的号召，说："工人们举起扁担，农民们拿起锄头，把帝国主义赶出九江去，收回英租界！"在工人的围攻之下，英人狼狈逃上英舰，工人纠察队维持着秩序，九江英租界就这样收回了。

湖南因为有郭亮、柳直荀等同志的领导，工会和农协组织都很健全，政治宣传很普遍、深入，因而反帝斗争较之其他地区也更突出、激烈。长沙、湘潭、岳州等地不用说动了起来，就是整个农村也燃烧着反帝的怒火。长沙1月16日及2月14日全市罢工罢市罢课，给英日等帝国主义以严重打击。总

---

① 《益世报》，1927年1月24日。
② 《益世报》，1927年1月21日。

工会所发动的经济绝交运动,使英国在湖南的工商业完全陷于停顿。1月16日,数万群众包围英国亚细亚煤油公司,并于22日炸毁这个煤油厂。湘潭"亚细亚油池储油二千听也为众纵火焚毁"①。2月14日举行的大规模反英运动,还"焚毁大宗英货"。日商日清公司、戴生昌轮船公司的买办被革命吓得逃跑了。中国职工就接管了这两个公司,职工自己来管理。一向在中国横行霸道的帝国主义分子,不是逃走,就是藏了起来。湖南的反帝不仅反对英国派兵侵犯中国主权,要求撤退驻湘英舰,取消英舰在内港航行及停泊权,撤销英国商船在内港航行权及贸易权,还扩展到其他领域中去。在毛泽东同志长期直接教育下的英雄人民决心将反帝进行到底,他们没收了美帝国主义进行文化侵略的巢穴——基督教青年会和外人所办的学校,将青年会改为人民俱乐部。他们还组织了海关管理委员会,收回了长沙、岳州间的海关,组织起湖南人民收回邮务管理权委员会,以谢觉哉、柳直荀等同志为委员,收回邮政权。他们还撤销了英国人的治外法权。湖南人民在坚决地、彻底地消灭帝国主义的势力。

重庆、万县等地,尽管有四川军阀刘湘、杨森的反对,群众还是举行了反英示威。重庆市3月5日举行的反英集会,参加者达10万人。万县人民因1926年9月5日英舰炮轰万县,曾造成严重的惨案,血债还未偿还,群情非常激昂。1月7日和8日连续两天举行了示威游行。

在广州,1月17日工人和市民也举行了反英集会,只因遭到李济深的镇压,运动没有发展起来。

总之,觉醒了的中国人民向帝国主义发动总进攻。帝国主义在中国的势力受到了沉重的打击,人民的力量是可以把帝国主义驱逐出去的。武汉人民这样做了,九江人民这样做了,湖南人民也这样做了,而且做得很有成效。以"一三惨案"为起点的反帝声浪,此起彼伏地响彻长江上空。从革命的首都武汉到已解放了的广大乡村,成百成千以至数十万人走上街头,举行反英示威运动。运动发展得很深入很广泛。各县各乡都成立了反英运动委员会,都举行了强大的示威运动,都展开了与英经济绝交斗争。这种情况是过去少见的。这说明党的政治宣传工作,把最广大的人民都动员了起来。毛泽东同志在《湖南农民运动考察报告》一文中概括地总结了这一斗争之所以深化的原因。他说:

---

① 《新闻报》,1927年1月24日。

"政治宣传的普及乡村,全是共产党和农民协会的功绩。很简单的一些标语、图画和讲演,使得农民如同每个都进过政治学校一样,收效非常之广而速。据农村工作同志的报告,政治宣传在反英示威、十月革命纪念和北伐胜利总庆祝这三次大的群众集会时做得很普遍。在这些集会里,有农会的地方普遍地举行了政治宣传,引动了整个农村,收效很大。"(引自《毛泽东选集》)

遍及各地的反帝运动,使帝国主义陷入中国正义讨伐的重重包围之中。狡猾的帝国主义者,这时纷纷发表对华政策声明,装腔作势地说什么愿意和解。英国放出空话说,它打算交还租界,交还海关,撤除治外法权,妄图以此来缓和中国人民的反帝怒潮,瓦解革命力量。英、美政府更向武汉政府表示,只要武汉政府能适应英、美的需要,维护英、美的利益,那么英、美就可以和武汉政府"谈判",订立"新约"。英国外长张伯伦说:"吾人早经感觉有修约的必要,并希望中国统一政府早日成立,俾能开始修约。"美国国务卿也发表了类似的谈话,说:"美国准备与中国谈判新条约,如属必要,当离他国而单独行事。"但是武汉政府是否能与帝国主义建立关系,还是个未知数,因为这时武汉政府中左派力量相当强大。另一方面,北方还有个张作霖的军阀政府,究竟是谁成为"统一政府"的代表?英、美是把希望寄托于张作霖的。在帝国主义看来武汉政府只是地方政府,所谓和解只是虚伪的言词。

英、美等帝国主义真正的目的是想采取军事镇压,来消灭中国革命。它们开动了宣传机器,大造谣言,为它们的出兵寻找借口。明明是它们杀死了中国人而没有一个外国人被杀死,但它们却说:"英国及一切外国人现正处于生命危险之中。"明明是它们向中国人开枪挑衅,但它们却说:"在中国,人民准备向一切白种人作战。"美国报纸还狂妄地向武汉政府提出质问,说:"国民政府是否排外?国民政府果欲将外人在华一切利益剥除之?国民政府对于美国作如何之打算?国民政府行将设法攫取上海之外国租界乎?"[①]在一片狂吠声中,它们从世界各地调集了几万军队和几十条军舰,开到长江,向中国人民亮出了它们的屠刀。

本来英、美在中国的军事力量已经不少。当汉案发生时,驻汉外舰就有18艘,其中美国5艘,日本4艘,法国2艘,意大利1艘,英国6艘,还有英国太

---

① 转引自《益世报》,1927年1月21日。

古、怡和的所谓商轮。①汉案发生后,英国公使兰浦生为了加强英国在汉口的军事,镇压武汉人民的反帝斗争,命令汉口英国舰队司令官将在华军舰"集中汉口、九江一带"作"示威运动"。②英国当时在华的军舰据统计,散布在上海、镇江、南京、芜湖、九江、汉口、长沙、宜昌、重庆一带的有 30 余艘,这时把 15 艘集中到武汉上下游,还嫌不够。于是英国出面倡议成立英、美、法、日四国出兵协定。英国在中国水陆军原有 1 万多人,军舰 40 余艘,现在决定再增调军队 2 万,炮舰 20 艘。这忙坏了英国内阁,天天开会讨论如何"惩罚"中国;也忙坏了英国侵略者,他们在伦敦举行了对华示威运动;更忙坏了英国侵略军,从世界各地,从伦敦、从印度,从它在远东的所有基地开到中国。航空队、铁甲车、坦克炮车及其他军用品也都运了来。美国一向以中立面目出现,把自己伪装起来,这时撕下面具,下令其驻马尼剌亚洲舰队司令官维廉率领全部舰队全速开到上海进行武装干涉,美国海军部并且发表了声明,说已派驻关岛之美国海军陆战队迅速开往中国。日本则从佐世保派遣驱逐舰 4 艘、巡洋舰 1 艘载着陆战队开到上海。法国也增派了军队和战舰。帝国主义很想再演一次八国联军的丑剧。上海已成为帝国主义的大本营。帝国主义在这里部署了大量的兵力。有英国、美国、法国、日本、意大利、荷兰、西班牙等国数十条战舰和陆战队。气势汹汹,不可一世。它们为什么调集了这么多的援兵?目的就是企图恫吓中国人民,并对武汉政府施加更多的压力,在中国捞一把。它们对被压迫的民族和国家从来就是实行炮舰政策,炫耀武力,用恫吓手段来达到它们的侵略目的。这一次当它们的兵力部署完成后,又立即露出了一副鬼脸,威胁地说:"美国现有舰队驻于中国海上,遇中国当局不加保护时,当保护美人生命财产。"日本报纸说:"革命政府如不自制而再发生此项事件(指汉口英租界收回),列强将采协力对华之处置,则日所得之一切位置及权利将颠覆矣。"法国内阁说:"凡签字华盛顿各国,既遭排外潮流之涌现,或甚有屠杀之举接踵发生","将取一致行动"。它们准备宣战了,它们准备厮杀了。3 月 24 日,它们炮轰南京,4 月 3 日,日本又在汉口制造惨案。中国革命受到了严重的威胁。

在帝国主义的武力威慑下,武汉政府中的地主资产阶级已和帝国主义勾结起来镇压中国革命,但是不管它的炮舰有多少,它吓不倒中国人民。中国人

---

① 《新闻报》,1927 年 1 月 14 日。

② 《新闻报》,1927 年 1 月 13 日。

民不仅收回了汉浔英国租界,还于 3 月在帝国主义兵力聚集的上海,举行了武装起义,占领了上海,把大革命推向了最高潮。这就教育人们,只要敢于坚持斗争,革命就能取得最后胜利。

原载《历史教学》,1965 年第 4 期

1927年武汉革命政府的北伐

1927年4月,中国国民党由于它固有的阶级性和帝国主义的引诱而叛变了革命,因为中国国民党在中国近代历史的一定阶段曾领导革命,所以影响很大。中国的阶级关系立即发生了剧烈变化。那些在革命高潮中投机革命或者混入革命的人更是欢喜若狂,相继反水。

当国民党叛变之时,割据于中国各地的军阀几乎一致地都以同样的语调发表了宣言,声明自己是拥护蒋介石而反对共产党的。广东的李济深,四川的杨森,还有北方的张作霖携起手来,以蒋介石为旗手组成反革命的联合战线,向革命发动了进攻。当时武汉是革命的中心,武汉政府主要是由共产党和革命的左派力量组成的,所以他们的矛头就对准了武汉,把武汉政府统治地区包围起来。

武汉政府在四面环敌的情况下,要同时进行反对蒋介石、李济深、杨森和张作霖的战争,是力所不能及的,革命的主要军事力量只能对准对武汉威胁最大的方面。当时威胁最大的是谁呢?就是张作霖和蒋介石。那么,是不是应该同时向这两个敌人发动进攻呢?在两条重要战线上同时进攻,对于武汉政府也是不能胜任的事情,要么是东征,要么是北伐,武汉政府在同一时期的作战方向,只应有一个,不宜有两个。究竟怎么办?武汉政府举棋不定。

当时曾有两种意见。一种意见主张东征,一种意见主张北伐。以周恩来、赵世炎、罗亦农、陈延年、李立三为代表,认为应迅速出师讨伐蒋介石。理由是:一、"蒋氏之叛迹如此,苟再犹豫,图谋和缓或预备长期争斗,则蒋之东南政权将益固,与帝国主义关系将益深"(引自《周恩来选集》)。二、"为全局计,政治不宜再缓和妥协。上海于暴动后,已曾铸此大错。再不前进,则彼进我退,我方亦将为所动摇,政权领导尽将归之右派,是不仅使左派灰心,整个革命必根本失败无疑"(引自《周恩来选集》)。三、从军事力量对比上看,东征是可以取胜的,站在革命方面的有第二、三、六军,蒋介石能直接使用的仅五个师。主张北伐的,以鲍罗廷、陈独秀为代表,认为:一、东征之师,未必能胜,而奉军正在节节逃逼,在京汉路正面已由郑州长驱南下,越过漯河、郾城。在豫东不仅占领了逍遥镇,而且汝南、上蔡已被占领,如武汉大军东征,则奉军直下武胜关而得武汉,简直是绝不费力。南京必不可得,而武汉势必丢失,这不仅不合算,还很危险。好在此刻南京决无力西征,武汉大军北伐,无后顾之虑。二、武汉是一个很重要的商业中心,在武汉的周围环绕着无数的商业要道。但现在已被包围起来,南京、上海间已被蒋介石截断,北方的商业交通也被不断进攻的奉军破坏,应该向北找一条出路,否则必然要引起经济恐慌。三、北上可以与冯玉祥的国民军在河南会师。冯玉祥不仅反对奉军,而且反对蒋介石,曾痛斥蒋介石为新军阀,蒋记南京政府为"非法组织",面对武汉政府则表示"绝对拥护"。若与冯玉祥会师,就可以推进革命,扩大革命根据地。四、还有一个外交上的原因,就是日本曾假惺惺地说:如果武汉政府能表示自己的力量和占领河南,日本就开始和武汉政府谈判。争论结果,北伐主张被认为是当时武汉政府极重要的军事政治事件。而东征蒋介石是下一步的事情。

　　北上讨伐张作霖从而与西北国民军连成一气,本是武汉政府的根本作战计划①,是在这以前早就决定了的。在决定这一方针时,河南的形势对革命非常有利。当时吴佩孚在两湖被革命军击溃,逃至郑州,虽然还企图卷土重来,南下进攻武汉,但众叛亲离,已无号召力。张作霖想吃掉河南,也还没有占有河南,和吴佩孚有矛盾。许多地方军阀在武汉革命声威震慑之下,感觉到投靠吴佩孚或是张作霖都是死路一条,于是纷纷向武汉政府投诚。原是吴佩孚部下的靳云鹗与武汉政府取得联络后,便在信阳团结了反奉各军,举起保卫军旗帜,公开宣布誓与人民合作,以武汉为友,共同讨奉。②3月间靳云鹗等就曾和侵占河南的奉军激战于郑州、许昌等地。这是北伐的绝好机会。但时机错过了,这个作战计划被蒋介石从内部破坏了。就要叛变的蒋介石,为了为其叛变寻找社会基础,为了策划"四一二"大屠杀,以全力去发展东南军事,利用革命军总司令的名义,把队伍调到了东线。北伐成为空谈。及至4月,在蒋介石的策动下,四面八方都准备叛变,帝国主义和蒋介石对武汉实行了严密的封锁,并派遣特务搞颠覆活动。武汉政府内的地主资产阶级也在蠢蠢欲动。此时出现了许多不利于革命的因素,武汉政府本应集中力量对付蒋介石,并进行肃

---

① 见《沫若文集》(第八卷),人民文学出版社,1958 年,第 141 页。

② 《新闻报》,1927 年 3 月 6 日。

反,整顿内部,但因武汉政府对这一新的情况的性质没有认识,没有估计到这种反动势力足以动摇武汉的统治基础,又加上张作霖的南下,武汉政府便以全力进行北伐。

武汉政府内的各种力量对于北伐是怀有不同的目的的。左派是为了推动革命。唐生智、孙科、汪精卫等地主资产阶级代理人则是为了扩张自己的实力,陈独秀等右倾机会主义者则是荒谬的西北论在作怪。陈独秀认为在上海、天津、广州、汉口及一切其他的工业地区革命是不能得到发展的,因为这些地方帝国主义和民族资产阶级的势力最强大,革命无力和敌人对抗,以取得胜利。因之革命应该到西北去,在西北,帝国主义影响比较薄弱,革命力量容易聚集起来。陈独秀为了为其西北论找证据,还以太平天国的失败来论证他的主张的正确,说"太平天国到了上海之后,不得不退出上海,因为在上海布满了外资的枪炮,太平天国的人却又无力向他们抵抗",而"我们现在也没有力量推翻上海的蒋介石。国民政府任何军队到了上海之后,就要受帝国主义的影响而右倾,只有当革命势力扩张到全国以后,才能在上海建设真正的工农政权"①。陈独秀的主张实际上是一种不要革命的逃跑主义。

北伐主张虽然是表面上的一致,但它促使武汉政府把一切人力物力集中于北伐的准备上。准备工作是从各个方面进行的,在军队的组织上,主要是扩充和整编现有的军队,把唐生智和张发奎的军队加以扩编,两湖的不少工农群众都加入了军队。同时还组成了一个铁甲车队。在军需供应上,除了在两湖采购军粮外,汉阳兵工厂的职工以很大的热情日夜地生产着军火。更重要的是一定数量的共产党员被派到军队中担任师、团、营的政治部主任和党代表,以及团长、营长和连长等职务,以加强领导。

共产党员受到这样的重视并不是要把军队交给共产党来领导。这是因为由广州出师以来的北伐已经证明,没有中国共产党党员在军队中的模范作用,北伐的胜利是不可想象的。离开了中国共产党人,军队就不成其为革命军队,就打不了胜仗。共产党人始终站在革命斗争的最前线。武汉政府的机关报《民国日报》说道:"自国共合作以来,在北京、天津、保定、大连、青岛、济南、开封、郑州、武昌、九江、南昌、上海、南京、蚌埠及杭州等处,牢狱中无不有共产

---

① 转引自米夫:《紧急时期中的中国共产党》,1928年米夫任莫斯科中心大学校长时发表的研究成果。

党的囚徒,刑场上无不有共产党的血迹,武昌、南昌、宁阳决战中,无不有共产党的牺牲。"①

4月19日,武汉政府正式下达了出师北伐的命令,并在武昌南湖召开了誓师大会。20日起陆续出发。

出师北伐的有贺龙同志的独立师,张发奎率领的第四军、第十一军,唐生智所属的第三十五、第三十六军。贺龙同志的独立师和第四军、十一军是北伐的主力军。第四军、十一军中不少团、营、连都在共产党员直接领导和控制之下,譬如第四军第十二师的三十四、三十五团,第二十五师的七十三团,第十一军第十师的三十团和二十九团,第二十六师的七十七团等的领导都是由共产党人担任的。共产党员是北伐的骨干和先锋力量。

考虑到后方的安危,武汉政府对后方的军事也做了部署,由叶挺同志的二十四师守卫首都。朱培德的第三军及第九军驻防江西原地,担任南京安徽方面的警戒,第三十五军何键之一部,第二军鲁涤平之一部,第十四军陈嘉佑全部留守湖南,警戒广东方面。独立十四师夏斗寅部留守宜昌,警戒四川方面。这些部队除叶挺同志的独立师外,几乎都是没有改选的雇佣军,军权掌握在军阀手中。这种安排,是武汉政府内地主资产阶级苦心策划的,它预伏了革命的危机。在北伐军主力开拔后,这些不可靠的分子在后方接二连三地叛变,向革命发动进攻。

武汉政府开始北伐后,就等待着冯玉祥采取一致的行动,因为这是已经商定好了的。当时曾共同决定,武汉军由京汉路北上,冯玉祥的国民军由陇海路东进。但是在武汉军已到达河南驻马店,并和奉军发生了前哨战时,冯玉祥却按兵不动,迟至5月1日始在西安接受武汉政府的委任,就任国民革命军第三集团军总司令,于5日率师东出潼关。

对于冯玉祥的态度,武汉政府没有发生任何怀疑,相反地寄予很大的希望。武汉希望冯玉祥能迅速出击,从侧面牵制奉军兵力,以减轻奉军对京汉路南面的压力,但这一希望没有达到,仅仅是个希望而已。

当时奉军在张学良、韩麟春的统率下,正以全力南侵。奉军分三路,第一路由遂平南进,第二路由项城入新蔡趋向信阳,第三路侵占沈丘。②总兵力达

---

① 《民国日报》(汉口),1927年3月22日。
② 《益世报》,1927年5月11日。

到45个团,枪支7万余。此外还有骑兵、坦克、飞机、炮队等,机炮多为日本造,从司令到团部都有日本顾问为之筹划,气焰之盛,不可一世。

武汉革命军到达河南后立即阻止住奉军的南侵。武汉革命军把部队也分为三个纵队。第四、十一两军和贺龙同志的独立十五师编为第一纵队,担任京汉路以东的右翼战线。第三十五军、三十六军和铁甲车队为第二纵队,负责京汉路正面作战。新收编的田维勤、靳云鹗及暂编第三军梁寿恺、暂编第五军庞炳勋、新编第十四师安俊才、新编第十六师张万信等为第三纵队,混合布置在第一纵队和第二纵队之间,并以部分兵力放在左翼。不算新收编的杂牌军队,武汉的总兵力仅25个团,枪支3万多。

从力量对比上看,武汉处于绝对劣势。但武汉军队是革命的,有革命的思想和革命的决心,进行的是革命的战争,得到人民的拥护,所以在战争开始后,就战无不胜,攻无不克,在河南人民的援助下一直把战争推向北方。

战争的总攻击令是5月13日发出的,攻击方向是陇海线荥阳到开封一段,具体任务是:第二纵队的三十六军自原地沿铁路前进,向当面之敌攻击,以郑州为进攻目标。铁甲车随同作战。第三纵队暂编第三军梁寿恺部自原地向当面之敌攻击前进,以韩庄、中牟之线为攻击目标,左翼与第二纵队紧接,右翼经黄埠、黑龙潭与第一纵队取得联络。第一纵队自原地前进,左翼经黄埠、黑龙潭、南席镇,右翼经东洪桥、挟沟县、通许县,以兴隆集至韩庄之线为攻击目标,占领开封,左与第三纵队,右与第四十一军段国璋部取得联络。四十一军本来的任务是自汝南经商水、周家口、太康、杞县向兰封攻击前进,但这时已经叛变,其任务由第一纵队来执行。第三纵队的安俊才、马及第、王延文部自原地经牛蹄、舞阳、襄阳、禹县向荥阳攻击前进,右翼与第二纵队取得联络。第三十五军位于确山及铁道以东地区。第一混成旅位于确山、柳林一带扼守铁道桥梁,庞炳勋部包围遂平城张万信部。由第一纵队派兵一部监视汝南城段国璋部。①

各部队接到命令后,强大的攻势就开始了。因为第三纵队经常有叛变发生,第二纵队的指挥官唐生智又别有用心地想保存自己的实力,始终裹足不前,所以重要的战斗任务都由第一纵队来担负。第一纵队除了要直接对付奉

---

① 《第四军讨奉作战经过》,《民国日报》(汉口),1927年6月20日。

军,还要监视倒戈过来的军阀,并援助京汉线正面的第二纵队。

5月14日第一纵队移师黄埠、上蔡。上蔡驻有奉军富双英部,第二十五师当即以迅雷不及掩耳之势将敌军包围, 第一纵队其他部队也参加作战,激烈的战斗在蔡部口、十里铺、卧龙冈、东洪桥及西洪桥等地展开。敌人依靠一切能利用的工事进行顽抗,并不断增援,经过三天较量后,武汉军终于取得了胜利。奉军溃退,自称常胜不败的奉军第十一军遭到了严重的打击,投降的投降,逃跑的逃跑。17日,武汉革命军占领上蔡。同一天沿京汉路前进的武汉军又进占西平。西平、上蔡之役,奉军伤亡者达8000余人,被俘者5000余众。武汉军夺获野战炮10门,机关枪2000挺,子弹2万发。[1]

奉军败退后,企图在京汉路正面据守郾城、漯河,并在铁路以东沿沙河自然防线顽抗,当时逍遥镇、邓城及周家口等地都驻有大批奉军。武汉军为了迅速歼灭敌人,不给敌人以喘息时间,便乘胜北上。独立十五师及十二师于25日即由老窝邓城渡河向逍遥镇急进,行至葫芦湾,歼敌一营,接着独立十五师由沙河之北,十二师由沙河之南,对逍遥镇采取包围形势。

逍遥镇之役是武汉军北伐又一次具有决定意义的战斗。贺龙同志的独立十五师曾和敌人发生巷战,给敌人以重创,奉军第一军万福麟所部在这里吃到了革命军的苦头。在这一战役中奉军被俘的有四五百名, 被缴枪1000余支,野炮两门,机关枪10余挺,迫击炮10余门。[2]

东线战事的这次胜利,大大地挫败了奉军的锐气。京汉路的敌人也在等着失败命运的降临。奉军指挥官张学良垂头丧气地于5月20日在郑州召开了紧急会议,决定由韩麟春赴许昌督饬铁甲车及飞龙、飞虎飞机队,由孟庙占郾城西耳,以十一军旧部,由鄢陵扶沟向西华、周家口间反扑,占领逍遥镇、周家口间的大沙河,其撤退下来的部队都集中于临颖。

武汉革命军适应着战争的需要,也及时地制定了北上作战的第二期作战计划。按照这一计划,张发奎部第四、第十一师及贺龙同志的独立师夺取周家口后,即分三路前进:一路联靳云鹗部进攻开封,一路直趋临颖,一路经西华攻许昌。铁路正面由唐生智所部进取郾城。[3]

---

① 《新闻报》,1927年5月24日。

② 《民国日报》(汉口),1927年6月24日。

③ 文公直:《最近三十年中国军事史》(下册),上海太平洋书店,1930年,第319页。

因为临颍集中敌军在 5 万以上,奉军企图由漯河、郾城突破三十六军阵地而长驱南下,所以第一纵队的主力大部分又调到临颍方面。在临颍县属的瓦店、十里头,双方又展开了激战。

临颍之战是 5 月 20 日下午开始的,战争一开始就非常激烈,一直不停地打到 27 日,武汉的部队都调来增援,但形势仍然不利。蒋先云同志率领的七十七团始终站在阵地的最前线,抱着与阵地共存亡的决心,寸土必争,打了 30 多个小时,才使战局有了改观,到 28 日早晨终于把敌军全部击溃。武汉军损失也很惨重,七十七团团长蒋先云同志牺牲了,三个营长死了两个,一个带了花。9 个连长死了 6 个,参谋长也受了伤。仅十二师在这一战役中死伤总数就在 8000 以上。许多共产党员都付出了自己宝贵的生命。

革命军占领临颍后,接着就进占大石桥车站,从此战局由南而北,急转直下。奉军虽然还假设了几道防线,以许昌为第一道,新郑为第二道,郑州为第三道,但实际上已不起任何作用。29 日第一纵队就拿下许昌,30 日进占新郑。河南红枪会又乘机袭击奉军后路,奉军到这时伤亡已达到 4 万左右,士无斗志。韩麟春亲乘飞机,视察前线,见马队不战而退,知失败已成定局,不得不下总退却令,连忙将粮秣、弹药、坦克等撤退到黄河北岸,炮兵及旅团司令部也狼狈撤走。[1]河南从此无敌踪,武汉军于 6 月 1 日胜利地占领了郑州。同时第一纵队经过鄢陵、扶沟、西华、郁川、尉氏等县,于 6 月 2 日攻占开封。事后贺龙同志在给武汉政府的报告中陈述进占开封的情形时说:"龙本日下午三时率所部一二三四五各团,进抵开封城,民众极为欢迎我军,省城秩序已完全恢复。"[2]

郑州、开封的占领,使帝国主义、蒋介石和张作霖非常震惊。帝国主义非常担心他们在中国的权益会丧失掉。6 月 2 日,美英法日意等国使团在北京召开了紧急会议,声称要增兵"保卫"东交民巷,增强他们在北京天津的军事力量,把两万军队从上海和亚洲各地开到华北。美国开到天津的 5000 千名侵略军是从菲律宾调来的。[3]蒋介石在帝国主义支持下除了加紧扰乱武汉后方,还极力分化革命队伍。张作霖在帝国主义帮助下重新部署了力量,以卫辉为第一道防线,由韩麟春担任指挥,彰德为第二道防线,由王树常、赵恩臻指挥,保

---

① 《益世报》,1927 年 6 月 1 日。

② 《民国日报》,1927 年 6 月 6 日。

③ *Peking and Tientsin Times*,1927 年 5 月 27 日、6 月 3 日。

定为第三道防线,由张学良、万福麟指挥。

这时,革命军本应乘胜追击,扩大革命战果。武汉政府也的确拟定了继续作战的计划,议决由冯玉祥的国民军全部渡河北伐,第一步占领顺德,第二步占领保定,第三步占领北京。武汉北伐军全部沿陇海路东进,第一步占兰封,第二步占徐州。另由武汉编东征军沿江东下,会攻南京,然后再和冯玉祥军共同夺取北京和天津。这一计划是由总政治部主任邓演达做了传达的。

然而突然的变化发生了。武汉政府中的反动势力汪精卫、孙科、唐生智等和冯玉祥秘密协议,在革命力量没有任何防备的情况下,准备抢占革命战争的果实,向革命开刀。

为了向革命开刀,资产阶级右翼简直成了制造谣言的工厂。他们捏造事实,制造反动舆论,攻击革命的武汉,以动摇士兵对武汉的信任,煽动士兵起来反对革命。北伐军队成为他们反革命的工具。他们天天放出许多谣言,说武汉这也不好,那也不好,给武汉方面加了许多罪名,说:"共产党破坏国民革命""倡言共产共妻""凡是男女在 25 岁以上未入共产党者, 及 40 岁以上者,皆被尽杀"[1]。"共产党规定,每县不论有无土豪劣绅和反动分子,至少要查抄四百家……口号是,宁可误杀一千,不可逃走一人"[2]。他们还说什么"湖南的情形""糟成一团","兵士们带了三元五元至十元二十元回到家乡, 当地农民就要对之收税,甚至加以拘禁,说大家都是无产阶级,私人不当随意受用此钱,连长营长的父母兄弟,都被农民协会拘捕,当土豪劣绅惩办"[3]。一句话,帝国主义和蒋介石在几个月以前对武汉的诬蔑,现在也被武汉的右翼实力派拿来攻击武汉。

他们明明在准备反叛,表面上却装着革命的样子,大声喊着他们要"共同努力把张作霖、蒋介石打倒",并煞有介事地分了工,由冯玉祥负责打张作霖,由唐生智负责打蒋介石。根据这一部署,武汉政府的北伐军便于 6 月 13 日回师武汉。回师后,又按照他们的计划,扩充了军队,大力宣传东征,把东征说得天花乱坠。而实际上是冯玉祥到徐州和蒋介石谈反共事宜,唐生智回武汉镇压革命运动。不管是汪精卫、唐生智或者是冯玉祥都和蒋介石眉来眼去,勾结

---

① 《民国日报》(上海),1927 年 6 月 11 日。

② 《民国日报》(上海),1927 年 3 月 1 日。

③ 冯玉祥:《我的生活》(下),天津民国日报社,1946 年,第 162、163 页。

在一起,磨刀准备杀人。

当时年轻的中国共产党人的革命经验还不丰富,更由于陈独秀执行着右倾机会主义的路线,没有接受"四一二"的惨痛教训,对武汉政府中的地主资产阶级分子汪精卫、唐生智等没有任何的提防,也没有去争党的兵权,争人民的兵权,把在北伐战争中的兵权巩固和发展下去,一切仍听汪精卫、唐生智的摆布、指挥,没有独立自主的精神,对东征蒋介石的宣传,信以为真。对于反动力量的回击,也就更谈不上了。这就加重了革命的危机,到 7 月大反动到来时,人民的一切权利,都被轻易地抢去了。

北伐是一次伟大的革命行动,它用武力把军阀张作霖从河南赶走,但没有给革命带来任何好处。北伐本身错了吗?没有错。错误的是共产党当时在陈独秀等右倾机会主义者的控制下,没有能在战争中去发展壮大自己的力量,夺取兵权,结果就造成了这样一种情况:革命力量在战争中受到了锻炼,但不少精华牺牲了,革命力量被削弱了,并且还正在遭到镇压。而唐生智、冯玉祥等反动势力却因此膨胀起来。

原载《历史教学》,1964 年第 2 期

1927 年蒋介石匪帮对武汉革命政府的颠覆活动

1927 年 4 月 19 日,武汉革命政府誓师北伐。在北伐的同时,对后方的防务也做了安排;但因错误认为当前的大敌是老军阀张作霖,而不是新军阀蒋介石,所以放松了防务的巩固工作,没有配备足够的忠于革命的军队留守后方,以防范可能发生的意外,特别是没有组织力量去破坏蒋介石的后方。而蒋介石呢? 却把矛头对准了武汉,利用武汉政府对其麻痹大意,加紧了对武汉的颠覆活动。蒋介石虽然"声言于北伐期间,对武汉不取军事行动,而暗中却进展不已"①,他的"秘密计划完全在清理南部"②,阴谋摧毁武汉革命政权。

为了消灭武汉政府,蒋介石把所有反动力量都调动起来。他和孙传芳之间停止了战争,举行谈判,请孙传芳帮助他镇压共产党人。③他把攻占东南有功、忠于革命的第二军和第六军当作眼中钉,"驱二军过江,委之与敌,复留第六军于南京,包围缴械"④,解除了他们的武装。他又收买黔、桂、粤、川各省军阀,许以高官,密令他们"积极准备",侵犯武汉。他还派了许多特务间谍潜入武汉政府的统治区内,煽动叛变。就这样,在蒋介石的组织和指挥下,大大小小的军阀向武汉开始了联合进攻。

蒋介石匪帮对武汉革命政府有组织的大规模的颠覆活动,是从 4 月蒋介石在南京建立伪政权时开始的,到了 5 月,这种颠覆活动就达到了疯狂的程度。当时每个军阀都想袭击武汉,夺取首功,以争宠于蒋介石;但是并不是每个军阀的如意算盘都能实现。广东军阀李济深已命令钱大钧等率部侵入湖南边境,但东江一带声势浩大的农民军牵制了他的兵力,他不得不暂时停止北犯,全力注意广东局势的发展,以保全自己的地盘。江西朱培德部第三军的第

---

① 《益世报》,1927 年 6 月 15 日。

② 《益世报》,1927 年 4 月 30 日。

③ *Peking and Tientsin Times*,1927 年 2 月 26 日。

④ 《益世报》,1927 年 6 月 16 日。

七、九两师，"均以反对共产，自上游开抵皖境东洸、建德一带"①，只因他的部队中有共产党人，有同情共产党的革命力量，所以不敢立即行动，还在观看风向。黔军李燊也树起了反革命旗帜；但要进犯武汉，还需要做充分准备。四川军阀杨森因和武汉后方留守部队夏斗寅已"结同攻武汉之约"②，最先威胁到武汉的安全。

四川军阀刘湘受蒋介石之命，于5月8日在重庆召开反共会议，决定"讨伐武汉之用兵步骤，公推杨森任各路川军总指挥"③，开始了大规模的进犯。杨森率兵三万余人，分兵三路进攻湖北。杨森的土匪军侵入鄂西后，和从辛亥革命后一直扰乱鄂北的所谓老河口镇守使张联升，以及扰乱豫南的于学忠勾结起来，共取攻势。卫戍鄂西的武汉后方留守部队是夏斗寅的独立第十四师。夏斗寅原为宜昌镇守使，是人民的蟊贼，在广东北伐军占领两湖后，他在革命势力的强大压力之下，被迫向国民政府投诚，但毫无诚意，仍伺机造反，他的队伍又一点没有改造。他和地主阶级及蒋介石集团又始终保持着密切的联系，信使往还，策划暴乱，这就埋伏下了危机。武汉政府对此则毫无警惕，未加防范，及至杨森宣布反共，夏斗寅立即内应。那些与革命为敌的反动分子对促成夏斗寅的叛变扬扬得意，并且吹嘘他们在这一叛乱中所扮演的角色。湖北的逃亡地主分子说："此次夏斗寅举兵反共，非由其个人单纯意思，乃多方积酿而成，尤以旅京、旅沪鄂籍绅商，为最大主力，曾几度派人，几番凑款，促夏举办此事，夏初以力微，犹涉游移，继以助之者众，且得有多数之助款，乃决然行。"④蒋介石告诉东方通讯社记者说："夏斗寅之起而宣言反对共产，与杨森、刘湘同受余之命令。其他当有响应者，武汉派之将来，可知矣。"⑤蒋介石就是这样地进行他们的复辟活动。

由于夏斗寅的反水，杨森军队没有遇到任何抵抗就占领了宜昌、沙市、监利、天门、潜江和沔阳的仙桃镇，并联络沙市、嘉鱼、浦石等地的夏部，向武汉进攻。夏逆占领了咸宁的汀泗桥，将铁路破坏，并直趋武昌，攻陷了距离武昌数十里的五里界、土地塘和纸坊。杨森则率部乘葡籍轮船由簰州司

① 《新闻报》，1927 年 5 月 4 日。
② 《益世报》，1927 年 5 月 10 日。
③ 《益世报》，1927 年 5 月 14 日。
④ 《益世报》，1927 年 5 月 25 日。
⑤ 《益世报》，1927 年 5 月 25 日；《新闻报》，1927 年 5 月 24 日。

登陆,协同北进。这时,于学忠侵犯应山,在应山设立了司令部,把部队开到广水。张联升部3000人夺取了孝感以北地方,拆毁了铁路。武汉已处于敌人三面包围之中。

武汉政府正以全力注意河南战争的发展,在遭到这一突然的打击后,顿时紧张起来,呈现出慌乱现象。资产阶级纷纷关门关厂,准备逃走。武汉政府的国民党高级官员汪精卫、徐谦、顾孟余等都被吓得魂飞天外。有的求助于共产党,有的躲藏起来。唐生智的第八军李品仙部本来是警卫首都的,这时不去抵御敌人,却宣布了戒严令,封锁了长江交通,断绝武汉三镇的来往。李品仙这样做,不是为了保卫武汉,而是企图限制武昌叶挺军的行动,束缚武汉工人纠察队的活动。他并且叫嚷着工人纠察队应该归他来指挥。

这的确是一严重时刻,武汉革命政府已处于风雨飘摇之中,很可能被敌人颠覆掉。就在这时,中国共产党人表现出了大无畏的精神,表现出顽强的勇敢和冷静,排除万难,毅然奋起应战,为保卫革命而战斗。中国共产党即时发表了讨伐夏斗寅的宣言,号召工农群众起来作战,号召城市小资产阶级与乡村农民共同起来巩固革命的根据地,提出“民众武装起来!”“巩固北伐后方!”“讨伐夏斗寅!”等口号。经过一番紧张的动员工作和组织工作,革命力量迅速被调动起来。

在中国共产党的领导之下,武汉进入为反对叛变而斗争的战争状态。武汉群众运动委员会发出了紧急通告,定于19日在武昌阅马场召开武汉市民讨夏大会。工会积极行动起来,要求武装工人,请政府从汉阳兵工厂拨枪2000支,以维持秩序,镇压反革命派的活动。叶挺同志率领独立二十四师立即从武昌出发,奔赴前线。恽代英同志率领的由中央军校学生、中央农民运动讲习所学生,以及工人纠察队和农民自卫军共同组成的中央独立师,随同前往,讨伐叛逆。这两支革命军队,人人拼命,个个奋勇,18日就收复了纸坊,消灭了夏斗寅叛军的一个团。接着乘胜前进,占领了贺胜桥。夏逆溃不成军,狼狈逃窜。叶挺同志在向国民政府报告军事胜利的进展时说道:“职部五月二十二日到达咸宁。夏斗寅部仅余三百余人左右,悉数向通城、武宁、通山等处溃退。职已派兵,与湘鄂赣友军,共取联络,跟踪追击,我军各军在仙桃镇集中。”[①]杨森部由潜江向上游遁去。蒋介石企图一举而消灭武汉革命政权的阴

---

①《益世报》,1927年5月26日。

谋被挫败了。武汉转危为安。

共产党所直接掌握的军队控制了湘鄂边界。据此有利形势,理应南下长沙,北进武汉,不仅可以把杨森、夏斗寅的叛变乘势一鼓消灭,也有可能镇压任何叛变。但是武汉国民党领导人竭尽全力来阻止这两师革命军的进一步行动。他们一方面是害怕革命军队因此壮大起来,另一方面是为了鼓励更多的国民党军队向革命进攻。汪精卫主张和叛逆谈判和解,唐生智也说他可以招呼夏斗寅,于是就派了陈公博去谈和。这样,他们就出卖了革命利益,纵容反革命继续蔓延。从此接二连三的叛变不断发生,牛鬼蛇神都出来了,特别是许克祥在长沙制造叛乱,暴露了武汉国民党的反共面目,预示了大反动的到来,不到半个月的工夫,武汉革命政府所统治的湖北、湖南和江西三省,几乎都处于暴乱之中。

在湖北,凡是杨森、夏斗寅、于学忠、张联升等叛军所到之县份,如征陵、嘉鱼、武昌乡区、通山、鄂城、大冶、天门、公安、枣阳、沔阳、宜都,以及鄂西一带,土豪巨绅,都相率反攻倒算,进行阶级报复。党部、农工团体都被捣毁,民众惨遭杀害。在叛军来到的地方,如钟祥、麻城、随县、罗田、黄安,土豪巨绅贪官污吏也蜂起反动,勾结土匪,向革命发动了疯狂的进攻。据统计,当时湖北43个县都处于白色恐怖之下。[1]

在湖南,驻在长沙的武汉后方留守部队许克祥部,因得到武汉国民党的暗示,响应杨森、夏斗寅的叛变,于5月21日深夜突然围攻长沙工会的纠察队及农民自卫军,捣毁了国民党湖南省党部、省总工会、省党校、工农运动讲习所等革命团体,查抄了苏联领事馆,封闭了长沙师范、周南女校等许多学校,任意屠杀工农群众。郭亮、夏曦、夏明翰等共产党人虽组织抵抗,终因寡不敌众,退出长沙。这次叛变遂像瘟疫一样蔓延起来,湖南全省都骚乱了。5月24日,常德的工会被破坏了,凡穿中山服的或戴党部徽章的不是被逮捕就是被枪毙。革命法庭所拘押的土豪劣绅全被释放出来,这些渣滓即被用来作为拘捕革命分子的侦探。他们鸣锣叫人报告谁是共产党人,一时被捕杀者不计其数。岳州、平江、浏阳、宝庆及湘南,都在"铲除暴徒"的名义之下,解散了革命团体,屠杀革命人民。

在江西,也有6月朱培德的反革命。还在4月25日朱培德就曾致电蒋介

---

[1] 秋白:《革命的国民政府之危机》,载《向导》,第198期。

石，表示"拥护南京国民政府蒋总司令，反对武汉政府"①。杨森、夏斗寅、许克祥叛变后，朱培德看见革命已处于不利局面，就打出了他藏之已久的叛旗。江西全省的反革命跟着反叛。

总之，湘、鄂、赣三省的军阀土豪劣绅都向革命发动了猛攻。当时全国农协在呈请国民政府保护农工组织的呈文中指出："一月以来，湘、鄂、赣省农民协会，多为反动派所摧残，农民之牺牲者竟达到一万数千人。"②武汉政府的广大地区已成为杀人犯的世界。他们对人民的血腥屠杀是极其野蛮的，什么洋油烧身、活剐千刀、砂石磨死、炮烙烤毙、挖眼断舌，无所不用，甚至迫令妇女裸体游街，刀穿双乳，以绳系其孔而牵之。

武汉的后方防线全被打乱了，再没有什么前方和后方之分了。除了武汉三镇和咸宁等四五县外，都笼罩着白色恐怖。反革命叛乱使帝国主义兴高采烈，他们的报纸记者发出了讽刺和讥笑，说什么"实际上已没有任何武汉政府了，充其量也不过是一个武汉市政府罢了"。英国《泰晤士报》也发表了社论，为反革命的复辟而欢呼，说武汉反革命的嚣张"足以表明布尔什维克之大失败，该党现显已失势，扬子江复将发生更有特点之新局势"。

这不能不引起人们的忧虑，担心着革命的前途。人们一时对武汉国民政府和武汉国民党的变质还认识不清，幻想武汉政府会行使自己的权力来镇压叛变，拯救革命。武汉的群众纷纷上街游行去中央政府请愿，要求国共合作，要求继续进行革命。当时最有名的一个请愿团就是湖南各团体请愿代表团。这个代表团曾通电全国，说明长沙事变的真相，宣布了许克祥的罪恶，请求政府法办凶手。武汉政府拒绝了代表团的要求。人们又把希望寄托在北伐军的回汉，认为北伐军是革命的军队，是能为民除暴的。六月初北伐军从河南调回来了。但北伐军的领导权掌握在唐生智的手中，唐生智的回师，完全是为了对付两湖的农民运动，屠杀革命群众。这种情况使人们不得不把希望完全寄托在共产党的身上，希望共产党发动工农群众，实行武装斗争。谁知陈独秀竟然和国民党人一样的口气，要人民不要乱动，静候武汉国民政府来解决，而这时政府的领导权已完全落入汪精卫、唐生智之手，实际上就是说让汪精卫、唐生智来解决。

---

① 《新闻报》，1927 年 4 月 27 日。
② 《民国日报》(汉口)，1927 年 6 月 18 日。

汪精卫、唐生智如何解决呢？他们一面以"调查调查"来欺骗人民、麻痹人民，另一方面以血腥的毒手，积极布置对革命更大的进攻，给武汉的革命力量以决定性的最后打击。狡猾的汪精卫、唐生智在实现他们最后的复辟计划时，不是以杀人犯的面目出现，而是把自己装扮成"公正人"的样子。他们当时组织了一个五人查办团，其任务是在查办许克祥的同时，也要查办农民运动的"过火"。根据这一目的，五人查办团的成员谭平山、彭泽湘、陈公博和唐生智的代表就出发了。许克祥知道这一消息后，立即下令岳州驻军，在五人代表团到达岳州时，加以逮捕，就地处死。单刀赴会的五人代表团吓得悄悄地跑回武汉。唐生智怕这样一来会激起群众更大的愤恨，就表示他将亲自去长沙进行镇压，他到了长沙后，既未镇压，也没有查办。相反，他认为许克祥的叛变带有一种防御和合法的性质，把"马日事变"的责任推到工农运动"过火"上面，并且给许克祥以巨款，加以奖励。对于江西朱培德的叛变，也采取了同样办法，派了一个委员到江西做了一番"调查"，根据这个委员的报告，说"江西的情形是完全安静如常的"，就算完事。对于湖北各县的告急求援，则根本置之不理。这一切不足以充分说明武汉国民党已经叛变了吗？

然而，当时窃据中国共产党领导职位的陈独秀，却无视这一事实，也无视当时中国资产阶级报纸所登载的有关武汉国民党要叛变的消息。事实上，关于武汉政府内地主资产阶级的反革命活动，上海、天津各大报纸早就有所披露。4月20日天津《益世报》就有消息说，"蒋介石密令唐生智讨伐武汉方面共产党"。4月27日该报又有消息说，冯玉祥在汉的代表曾和唐生智、谭延闿、刘佐龙等密议对付共产党的办法。同时上海《新闻报》也于5月29日报道唐生智的"第八军及卅五军将领于五月二十六日晚开会议决，积极反共"。至于汪精卫之到武汉，就是为了反共，这在他后来写的《武汉分共的经过》一文中已做了自供。而当时汪精卫在武汉《中央日报》上就已发表了两篇反共文章，表明了他的反革命立场。陈独秀却硬把汪精卫、唐生智当作"左派"，只看到这些"左派"口里也喊着革命，喊着联苏联共扶助农工的三大政策，而不去看他们枉杀人，不知道他们和蒋介石的一致性，不知道他们都是大地主、大资产阶级的政治代表，都是反共的。这就给武汉的反动派以实行反动的机会。到了7月，大反动就出现了。从5月起一直在风雨飘摇中的武汉政府，被直接受蒋介石指挥的武汉内部反革命摧毁了。

武汉反革命的得逞、把革命的武汉变成反革命的武汉说明了什么？说明了在任何时候也不能给反革命以可乘之机,因为反动派总是在伺机捣乱。因之对于任何反革命的暴乱必须采取坚决镇压的方针。要使这一方针能够实现,必须首先肃清政府机关和军队内的反动分子,把他们从领导机构排除出去。在革命过程中,创造一种真正的人民革命政权。在残酷的阶级斗争中,不是革命者战胜,就是反革命得逞,不可能有其他的出路。

原载《历史教学》,1964 年第 4 期

1927 年武汉政府为什么不去镇压蒋介石的叛变

　　1927 年 3 月正当革命风暴席卷长江下游，人民的革命力量打败帝国主义和封建军阀之时，以蒋介石为代表的大资产阶级突然从背后向人民袭击，致使人民已经取得的伟大胜利，在极短的时间内便丧失殆尽。

　　当时革命的中心在两湖，两湖的革命正突飞猛进地向前发展，扩张到全国各地。长江下游的人民在这种形势影响之下，也奋然行动起来，特别是上海的工人阶级，因为有党的坚强领导，有优良的革命传统，有历次斗争的经验，所以决心要把帝国主义赶出中国，把封建主义彻底打倒。人民的英姿突出表现的是三月上海工人阶级的武装起义。

　　3 月 21 日，在北伐军向上海推进之时，上海的工人阶级八十余万人在周恩来、罗亦农等同志领导下，不顾英、美、日等帝国主义的恫吓和威胁，举行了起义。这次起义总结了 1926 年 10 月第一次起义和 1927 年 2 月第二次起义失败的经验，于起义之日把全上海的工厂、作坊、机关、商店、轮船和码头工人都动员起来，参加了战斗。尽管他们的武器很少，但他们在和占有上海的直鲁联军毕庶澄的军队展开激战后，立即用敌人的武器武装了自己，经过 28 小时的激战，终于将敌人完全消灭，胜利地占有上海，把大革命推向高潮。

　　上海的被占，使南京的敌人胆战心惊，发生了动摇。恰巧这时北伐革命军第六军在党代表林祖涵同志领导下，排除了蒋介石所制造的断绝给养、后援等困难，打败了帝国主义的挑衅，于 24 日进抵南京，麇集在南京的十几万直鲁联军仓皇逃到江北。北伐革命军第二军在党代表李富春领导下，也由浙江来到南京，和第六军会师。

　　南京和上海从此就在革命军和工人纠察队直接控制之下。林祖涵同志兼代江苏省政府主席。

　　革命后的江苏真是一派革命气象。党和团的组织由秘密转向公开，工农群众迅速地组织了起来。不论是上海或南京，工人纠察队都荷枪实弹，缠着臂章在街上巡逻,维持着革命秩序。在农村,农民协会也组织了起来,群众觉悟在斗争中有了显著的提高。许多作恶多端的土豪劣绅受到了人民的审判,有的被公审后枪决了,有的受到监禁,有的则被戴上纸糊高帽在街上游行。人们敲着锣鼓,喊着打倒土豪劣绅、减租减息和农民起来革命等口号,真是欢欣鼓舞,扬眉吐气。

帝国主义的工具封建军阀崩溃了,帝国主义在中国的统治受到沉重打击,已发生根本动摇,英国已被迫考虑从长江暂时撤退出去。

革命的发展,要求革命的领导者中国共产党根据新的情况制定新的方针,譬如把上海工人组成万人或数万人的武装力量,加以军事训练,作为革命的坚固靠山;运用统一战线、独立自主的原则,把南京(尽管南京的第二军和六军还不是党直接领导的军队,但他们多数是革命的)和上海的革命行动统一起来,在京沪线上形成一巩固的防线,以呼应两湖的工农运动,在长江流域建立起根据地;向群众解释革命的任务,准备迎接新的战斗,保卫住革命果实,扩大革命战果;彻底揭露大资产阶级背叛革命的阴谋,等等。但是中国共产党的领导者陈独秀干了些什么呢?武汉革命政府又做了些什么呢?

根据上海党组织的发起,当时曾建立了上海革命政府,并组成了一支3000人的工人纠察队。但陈独秀一定要实行他的"阶级合作"的主张,一定要资产阶级参加政府。在陈独秀看来,没有资产阶级就不能组成政府,他说"如果我们单独开会,那还有什么政府呢?"就是在陈独秀这种轻视人民力量,崇拜资产阶级统治万能的思想支配下,当上海资产阶级拒绝参加政府后,上海革命政府就瘫痪了。当革命迫切需要革命政权发挥威力时,这样一个政权却没有产生。

武汉政府,对于长江下游的革命领导也显得懦怯无能,虽然在接到上海革命政府成立所提的政府成员名单后,一小时内就复电表示承认,但仅此而已,此外什么也没有做。尽管后来也曾考虑把第四军从武汉调到南京,以加强南京的防御力量,呼应上海的革命势力,并监视蒋介石的活动,还没等到实现就流产了,被潜入到武汉的汪精卫破坏了。汪精卫为什么要破坏这一计划呢?因为汪精卫和蒋介石是沆瀣一气的,和蒋介石订有秘密协定。

狡猾的蒋介石一分钟也没有放弃对上海、南京的抢占。人民的革命力量打击了他的阴谋,而陈独秀和武汉政府却救了他的命,给他以机会,使他由不利地位转向有利地位。他把他的嫡系部队常败军第一军迅速地从福建、浙江一带调到京沪线上,以断绝南京革命军和上海工人阶级的联系,并利用他当年在上海证券交易所的旧关系,收买青红帮,唆使杜月笙、张啸林、黄金荣等大流氓组织所谓中华共进会及上海工界联合会,假借工人内讧名义,策划先从上海开刀。同时还加紧和汪精卫举行会谈。汪精卫是4月1日到达上海的。从4月1日到5日整整5天时间,蒋介石和汪精卫、李石曾、吴稚晖等研究反共策略。他们谈得是这样的投机,所以双方都非常满意。汪精卫在《武汉分共之经过》一文中直言不讳地说,在蒋介石谈道"中央已开过第三次全体会议了,全为共产党所把持"时,他立即献策:"如此可以提议开第四次全体会议,以新决议变更旧决议",而且"南京已经克服,中央党部和国民政府可以由武汉迁到南京"。[1]蒋介石呢?也说"汪先生(兆铭、精卫)已抵沪,并且晤谈几次,党务已有办法,不致分裂"。[2]可见他们阴谋叛变革命是一致的。究竟他们达成了什么协议呢?反革命吴稚晖主撰的《中央半月刊》登载的一篇文章说,内容包括有:"一、由汪精卫负责通告陈独秀立即制止国民政府统治下之各地共产党员,使于开会之前停止活动,听候全体会议解决(按:即他们计划召开的四中全会);二、中央党部迁鄂后,因被操纵,所有命令不能有效,如有认为妨害党国前途者,于汪同志所拟召集之会议开会以前,不接受此项命令;三、现在各军队及各省党部团体机关认为内有阴谋捣乱者,于会议以前,在军队应由各军最高级长官饬属暂时取缔,在各党部团体各机关由主要负责人暂时制裁;四、凡工会纠察队等武装团体应归总司令部指挥,否则认其为政府内阴谋团体不准存在。"[3]汪精卫就是为完成其反动使命于4月10日到达武汉的,他到了武汉后,加强南京方面的防务计划就被取消了。

　　蒋介石以为其叛变的阴谋能顺利实现,所以最后决定从革命阵线中分裂出去。蒋介石已成为一切反动派崇拜的偶像,一切反动的阶级甚至还有参加过革命的民族资产阶级都对蒋介石的背叛表示赞许、高兴和寄予希望。大资产阶级虞洽卿已经拿出了1500万元作为蒋介石屠杀工农的犒赏费。民族资产阶级代表人物蔡元培等也赞助大资产阶级"压抑沪中过激分子"。[4]封建地主阶级的代表人物李济深、黄绍竑等都以蒋介石为领袖,并前往上海,和蒋介

<hr />

[1] 《武汉分共之经过》,《汪精卫文集》(上册),上海中山书局版。
[2] 转引自《沫若文集》(第八卷),人民文学出版社,1959年,第162页。
[3] 刘芦隐:《革命与反革命》,载《中央半月刊》第13期。
[4] 《益世报》,1927年3月27日。

石"讨论应付时局的方针"。因为蒋介石"以新右派资格,对于左派认为腐朽分子,皆与合作,故除粤、桂、闽、赣、浙、皖已在蒋派实力外,而川、滇、黔皆非新人物主持,亦皆附蒋"。①帝国主义更是明目张胆地为蒋介石打气、献策。上海《字林西报》说:"能使中国不陷落于共产党之手,只有蒋介石、何应钦、白崇禧三人耳。蒋氏如欲救中国脱离共产,必须施用斩钉截铁之手腕。"革命显然已出现了严重危机,中国共产党已陷于敌人和同盟者的阴谋诡计之中。陈独秀此时尚浑浑噩噩,和汪精卫发表了所谓汪陈联合宣言,硬要人们不要理睬蒋介石的反动,竭力为蒋介石的背叛革命辩解,以解除工人阶级的思想武装。这样,陈独秀就完全滑进了机会主义的泥坑,成为资产阶级在共产党内最重要的思想和政治支柱。

革命将遭受严重失败已成为不可避免的事情,因为共产党已被解除了武装。即使 3000 人的工人武装力量,也是可以和蒋介石驻在上海的刘峙的第二师相对抗的。工人阶级政治觉悟高,地形熟悉,有群众拥护,蒋介石是不敢立即发动政变的,他要叛变必须做更大的准备。但陈独秀帮助了他,蒋介石轻而易举地把上海置于他的军事控制之下,成立了淞沪戒严司令部,束缚住了革命的手脚。在蒋授意下,吴稚晖、张静江、李石曾提出了一个所谓共产党破坏团结的弹劾书,作为他们叛变的法律根据后,就于 4 月 12 日开始了他的"清党"运动。

4 月 12 日,在中国共产党没有任何防备的情况下,蒋介石向中国共产党和上海的工人阶级进行了残酷的大屠杀。工人纠察队因受骗而被解除了武装,总工会也被查封。当数十万工人在极度愤怒的情况下列队游行示威,要求蒋介石发还工人纠察队的枪械,启封总工会时,蒋介石便以大规模的屠杀作为答复。上海立即成为白色恐怖世界,到处都是逮捕、监禁、拷打、杀害。此后不久,在广州、汕头、南京、桂林等地反革命迅速蔓延起来。凡是蒋介石政权所统治的一切城市和乡村,革命的群众都遭到惨无人道的迫害,被屠杀的人数,达到了骇人听闻的数目。所有工农的组织都在反动势力高压之下被破坏了。仇恨中国人民的蒋介石反动派已完全撕下他几年来所戴的假面具,投入了昨日"敌人"的怀抱,而以昨日的恩人的鲜血作为贡献,在无数革命先烈的鲜血之上,于 4 月 18 日在南京建立了反革命政府,建立了大地主大资产阶级对于

---

① 《益世报》,1927 年 4 月 3 日。

96

全国人民的恐怖的反革命专政。

对此，资产阶级一时兴高采烈，因为他们所崇拜的偶像成了统治者。上海商业联合会等团体立即发表声明，表示绝对拥护，说"对于当局清党主张，愿为后盾"[1]。上海丝厂联合会和交易所联合会也表示他们之间的利益是联系在一起的，对蒋介石叛变大加喝彩，说什么"……今幸白总指挥奉令阻止暴力……甚盼饬下明令，为各业加以保障，一面将捣乱派严加取缔务绝根株"[2]。革命和反革命力量的对比发生了突然的变化。蒋介石一直梦寐不忘的罪恶图谋实现了，并且得到了支持。

毛泽东同志在谈到这一段历史时指出："……到了一九二七年春夏之交，正当北伐战争向前发展的紧急关头，这个代表中国人民解放事业的国共两党和各界人民的民族统一战线及其一切革命政策，就被国民党当局的叛卖性的反人民的'清党'政策和屠杀政策所破坏了。昨天的同盟者——中国共产党和中国人民被看成了仇敌，昨天的敌人——帝国主义和封建主义者，被看成了同盟者。就是这样，背信弃义地向着中国共产党和中国人民来一个突然的袭击，生气蓬勃的中国大革命就被葬送了。"（选自《毛泽东选集》）

从此，中国出现了三个政权对峙的局面，一个是北京的张作霖政权，一个是南京蒋介石政权，还有一个武汉的革命政权。这三种政权就其性质来讲，新军阀蒋介石和旧军阀张作霖所建立的政权都是城市买办阶级和乡村豪绅阶级的统治，他们只是形式上的不同，而没有本质的差别。只有武汉是革命的，因为武汉政府是带有一定程度的新民主主义色彩的专政。从中国的南方来讲，当时则是两种政权的对立，斯大林同志说得好："蒋介石的政变表明着：从此以后在华南将有两个营垒，两个政府，两个军队，两个中心：武汉的革命中心和南京的反革命中心。"[3]

为什么说武汉是革命的呢？

因为，武汉资产阶级左派还和中国共产党合作执行着革命路线，武汉政府，而且只有武汉政府高举着反帝的旗帜，高举着联苏、联共、扶助农工三大政策的旗帜，高举着反蒋的旗帜。

---

[1]《新闻报》，1927 年 4 月 18 日。

[2]《时事新报》，1927 年 4 月 18 日。

[3]《列宁斯大林论中国》，人民出版社，1977 年，第 165 页。

在武汉政府的统治区内，反对英日帝国主义的斗争已形成一股不可抗拒的洪流，工农运动更飞速地向前发展。工人纠察队比以前健全了，工会的组织也更扩大，手工业以至大工业工会都组织了起来。他们天天举行集会，游行示威，大闹革命，反对土豪劣绅、抗租抗粮的斗争更是如火如荼地向前发展着，特别在湖南，有的地方已经没收了地主的土地，农民自己动手分配，有的地方则"插标"预备分配土地。农协的组织权力很大，比政府威望高，群众有事都到农协去办。湖南农协可组织 1000 万人，湖北一省，1927 年 3 月农民协会会员为 80 万人，到了 5 月 15 日增加到 200 万人。人民的武装力量是足以对付任何叛乱的。当时麻城的地主武装红枪会曾经捣乱，包围县城，毛泽东同志主办的农民运动讲习所学生 300 余人立即前去镇压。中共湖北省委负责人之一董必武同志还在湖北省国民党省党部召开了省政府、省农民协会联席会议，研究了对付反革命的方法。中国共产党这时发表的宣言指出："蒋介石业已变为国民革命公开的敌人，业已变为帝国主义的工具，业已变为屠杀工农和革命群众的白色恐怖的罪魁。"蒋介石虽是祸患于东南，但"蒋介石主义的根芽还可以在所有国民党政府领土内找得着。这就是反动的社会阶级——地主土豪劣绅等，只有国民革命用激进的农民改革政策，才能消灭这些势力，使蒋介石主义衰弱下去。"①

对于蒋介石的叛变，武汉的国民党和国民政府曾公布了许多命令，以反对反动势力，制止局势的危险发展。譬如第一道是免去蒋介石总司令职务，并通缉归案惩办；第二道是任命冯玉祥接替蒋介石的职务，并任唐生智为副职；第三道是与宁沪当局断绝关系。所有这些都说明了武汉政府是不会饶恕蒋介石的背叛的。

为了揭露蒋介石的罪行，把人民群众充分动员起来，武汉国民党和国民政府还召开了有 30 万人参加的群众大会，宣布蒋介石四大罪状：一、不尊重国民党中央执行委员会；二、不服从国民党和政府的命令；三、在南京召集非法会议；四、与反革命派往来。决定对蒋介石实行讨伐。

革命的火焰燃烧起来。人民有组织地纷纷行动起来为保卫革命而战斗。农民自卫军和湖北省总工会的工人纠察队，已全副武装，捉拿反革命分子。有些反动家伙逃跑了，有些则潜伏下来。总政治部工作人员为了肃清奸细也进

---

① 《中国共产党为蒋介石屠杀革命民众宣言》，《向导》，第 194 期，1927 年 4 月 20 日。

行了紧张的工作,还成立了反蒋运动委员会。为了接纳从蒋介石统治下逃来的革命志士,东南被压迫同志招待所,政治工作人员招待所,江、浙、皖三省党部办事处等机构也组成了。

在人民群众有力的支持和推动下,武汉政府的确有了备战精神。

战争有一触即发之势,因为蒋介石已经发动了进攻,双方已经在安徽短兵相接。

蒋介石对于驻在东南江苏、安徽一带的武汉革命军采取了各个击破的方针。

他先唆使在南京的第六军的一部缴了另一部革命军的枪械。接着就派李宗仁第七军的一个师开拔到安徽,突然包围了驻当涂以北梅山的第六军欧阳驹师,解除其武装。同时命令赖世璜开抵西梁山,以阻止第六军的另一部由芜湖渡江侧袭。第六军为了保存自己不被敌人消灭,乃渡江向西梁山发动了进攻。赖世璜部被迫退至和州。两军遂在当涂东西梁山夹江对峙。在芜湖,蒋介石的八艘海军军舰也开来了,疯狂地镇压那里的革命运动。[1]蒋介石的目的在于完全控制住安徽,使其南京政府有一巩固的侧翼。

战争并没有真正打起来。什么原因呢?因为武汉政府的组成成分太复杂了,以汪精卫、孙科等为代表的地主资产阶级和蒋介石集团有千丝万缕的联系,他们使用两面手段,一方面表示反蒋,另一方面则说蒋介石还是要革命的,把矛头暗地对准中国共产党。而蒋介石呢,考虑到他的政权刚刚建立,还不巩固,在他统治区域内革命力量还没有完全被消灭掉,不少军队也还采取观望态度,并不完全支持他。如果对武汉发动战争,那就可能腹背受敌,他的政权会立即被推翻。所以他对武汉不是采取用兵的方针,而是采取派遣大批特务、间谍潜入武汉,以高官厚禄收买武汉政府各级官员和军事首领的办法,使武汉逐渐演化、变质,而以武力作为后盾。

帝国主义为了帮助蒋介石消灭中国革命,曾派了37艘兵舰在武汉江面上示威。37艘军舰,是一个相当大的力量,它相当于30个师的兵力。军事的、政治的和经济的压力,正从各个方面威胁着武汉。到4月下旬,武汉政府内的亲蒋势力,已悄悄地把反帝反蒋的口号取消了。武汉政府在向右转。参加武汉政府的中国共产党党员理应立即展开斗争,保卫革命路线,因为今天允许地

---

① 《益世报》,1927年4月27日。

主、资产阶级这样做，明天他们就会做更反动的事情，后天会做出比昨天更恶毒的事，但农政部部长谭平山等和陈独秀采取了同样的立场，不去回击、保卫革命旗帜，而以妥协求团结，这样，武汉政府离开革命道路越走越远。

事实上武汉已放弃了对南京的斗争。而南京呢，则加紧了反对武汉的斗争，在其政变后，采取一切手段，来消灭武汉的革命。如果说，从 3 月 23 日上海暴动胜利到 4 月 12 日这 20 天中，蒋介石集中力量，实现了他从 1926 年就开始行动的反革命政变，那么在其政变以后的 20 多天中，又以卑鄙的手段，竭力巩固他所抢占的阵地和政权。蒋介石政权建立和巩固的过程，就是革命力量削弱和被消灭的过程。在蒋介石残酷的镇压下，京沪地区"四一二"以后遗存的革命力量也被摧残殆尽。1927 年 5 月 1 日天津《益世报》部分地反映了这一情况："蒋介石于四月廿八日对于南京附近程潜军队三团，及芜湖九江方面共产系军队，以极神速之手腕，欲将该军等同时解除武装，共产系军队因变出意外，死伤颇伙，程潜所部遂无抵抗而降服，于是因共产军威胁而极感不安之沪宁线，至此逐渐趋巩固。"①

蒋介石在南京的反革命统治"渐趋巩固"后，就集中全力来围攻武汉。武汉政府正遭受着内部的和外部的反抗。武汉地区的人民虽然更多地走向革命，但武汉政府却更加右倾。共产党在武汉政府中的地位和作用由于陈独秀机会主义投降路线的支配已没有什么影响了。党不但没有把政权集中在自己手中，相反地却解除了自己的权力和武装。结果，武汉的革命政权没有多久也变了颜色。武汉国民政府主席汪精卫和蒋介石同流合污了起来。本来是很好的形势，到头来却成为可悲的结局。历史说明在革命中不能走妥协的软弱道路。要使革命向前发展，必须勇敢地战斗。不仅要向帝国主义和封建主义做斗争，还要提防暂时的、不可靠的同盟者的叛变，并与其做坚决的斗争。因为对敌人妥协屈服就是背叛。

原载《南开大学学报》(哲学社会科学版)，1964 年第 2 期

---

① 《益世报》，1927 年 5 月 1 日。

1927 年武汉革命政府是怎样走向反动的

　　武汉革命政府是 1924 年到 1927 年中国大革命后期建立起来的,是在国际无产阶级和中国无产阶级及其政党对中国民族资产阶级及其政党的政治影响和合作之下组成的。因为共产党人参加了这个政府,因为这个政府在初期所奉行的内外政策是革命的,所以那时被称为"赤色政府"。这个"赤色政府"从 1927 年由广州迁至武汉到 7 月中旬,一共经历了半年多的时间。它是在革命高潮中诞生,在革命低潮到来时变质而垮台的。

　　武汉政府成立的初期,充满了革命的战斗精神。是蒋介石在南京建立反动政权以后,竭尽全力分化革命阵线,制造颠覆活动,使武汉革命政府陷于反革命包围之中。5 月中旬,湖北有夏斗寅、刘佐龙在鄂西的叛变,湖南发生了许克祥在长沙导演的"马日事变",革命政府没有集中全力扑灭这些发生在肘腋下的反革命叛乱。潜伏在武汉政府中的地主资产阶级代表汪精卫、孙科、谭延闿、唐生智等本来就和那些反革命军阀相依为命,这时便立即背弃了和共产党合作的诺言,公开宣称他们自己是代表地主和资本家利益的,把武汉的一切赤色标志相继涂黑。于是从 5 月中旬开始,武汉的反帝声浪低落下来,5 月,曾经在以前猛烈开展起来的反蒋运动也受到制止,工农群众组织遭到摧残,轰轰烈烈的土地革命受到责难。革命的武汉出现了不利于革命的变化。

　　武汉国民党要叛变,当其伊始,他们并不敢公然抛弃孙中山先生的三大政策的三民主义,不敢公然宣布他们要和蒋介石合伙,于是就发表了一个宣言,强调所谓"共同的利益",说他们的方针是"在不偏于各阶级的一方,全阶级一致协力,以促进拥护其共同利益"①。但哪里有超阶级的"共同利益"呢?事实上,他们所发布的一切命令,矛头都在对准革命,目的都在压制工农革命运动,束缚工农手脚,使工农群众运动服从地主资产阶级的利益,用以满足地

---

　　① 《益世报》,1927 年 5 月 24 日。

主、资产阶级的愿望。

基于这样的目的，很快，他们就对共产党和工农群众发出了一系列的训令、命令和条例，限制群众的革命运动，保护"正绅""工商业者"。

5月8日，他们盗用武汉政府名义，通告工农团体，不准举行任何集会和示威游行，不准有反对外人的行动。5月14日宣布命令，禁止工人逮捕反革命和没收敌伪财产。5月18日训令工农群众，要以阶级合作思想代替阶级斗争学说，胡说什么"中国国民革命之能否成功，要视工商业者之能否拥护国民革命为断，工商业者之能否拥护革命，又视工农群众是否能明了工商业者为其亲挚之同盟者为断"。还说什么国民政府"不能漠视革命同盟中之工商业者之利益"而不予以充分之保护，务使农工与工商业者之同盟战线，永不分离……"[①]。到了19日和20日，国民党中央执行委员会和监察委员会公开发布了拥护工厂主和商人利益的宣言，颠倒黑白，硬说长江一带的工农组织犯了幼稚的毛病，没有照顾工商业者的利益，还责备工人群众向资本家提出了过分的要求，不应用纠察队来封闭不法资本家的工厂和商店等。从这种错误的观点出发，就做出了以下的决定：实行强迫仲裁，由劳工部及各省政府组织劳资仲裁机关，来解决工人厂主间及店员店主间的各种冲突；制止工人及店员的过度要求，并禁其干涉厂店中的管理；由总工会与商民协会组织特种委员会，审查工人店员之要求条件，并加以相当限制；工会或纠察队对于店主或厂主有恐吓罚款及擅自逮捕，或用其他压迫方式者，一律严禁，劳资两方有痛苦者，须陈诉于仲裁机关解决之；禁止在外资企业中举行罢工等。5月22日汪精卫直接下令湘、鄂各地，制止"赤化"运动，声言要逮捕工会和农会的领导人，或者加以出境。5月23日国民党中央向湖北总工会下达了一个特别通告，要总工会整顿工人的纪律，禁止工会进行逮捕，总工会除了有权处罚和压制工人以外，不得对他人施行任何处罚和压制。随后又发布了"保护绅耆"的命令，不准农民群众对于"乡里公正及丰裕之户"进行斗争，并威胁说，"其有藉端扰乱破坏公共秩序以快意者，既有损于革命之利益，即无异反革命，应由各地党部随时制裁"[②]。这时地方党也被禁止干涉管理地方行政事宜，把地方的政权都留在地主和官僚手中。……诸如此类反动命令的颁布，说明武汉政

[①]《国民政府劳工部令全国工商业者》,《民国日报》,1927 年 9 月 13 日。
[②]《益世报》,1927 年 6 月 1 日。

府从 5 月起已经变质。武汉政府内掌握实权的地主资产阶级已走向叛变。

资产阶级要叛变并不奇怪。奇怪的是当汪精卫、孙科之流如此向革命发动疯狂进攻,把武汉政府推向反动之时,当时担任中国共产党领导的陈独秀、彭述之、张国焘等却一声不吭,他们不仅不加反对,而且表示同意。所有这些反动措施,都在陈独秀、张国焘等参加的国共联席会议上得到通过。为什么能够通过呢?这只要看一看陈独秀主持的中央五月做出的关于国民党联席会议的决议案就知道了。议决案上说:"共产党员在联席会议应讨论各种主要的问题,提出具体的建议,但是这些具体的建议不应根据我们党的最大要求,而应注意到民族革命发展的利益与团结国民党的左派。"从这个中央决议中,可以得到的结论是:一、"共产党的最大要求"与民众运动的利益是不一样的,是两不相容、互相冲突的两方;二、共产党的"具体建议"不应当建筑在党的"最大要求"的基础上,就是说在现在革命的阶段上不适用共产党的政纲、策略与一般的政治路线;三、民族革命运动与国民党"左派",只有在共产党放弃自己"最大要求"的条件下才能发展。[①]这种甘愿服从国民党领导的投降主义,为地主、资产阶级夺取革命领导权开了方便之门。如对汪精卫在一次国共中央联席会议上关于只有国民党中央有认可与公布通过决议之权的说法,共产党竟没有反对和驳斥。

陈独秀已陷入机会主义的泥坑,一天比一天更密切地和地主资产阶级结合起来,公开为反动派所进行的反动活动辩护,毫无保留地接受了汪精卫的观点,成为资产阶级政策的执行者。陈独秀的左右手彭述之,以其主持的党中央宣传部发出许多宣传大纲,反对农民运动。共产党员高语罕主持的武汉《民国日报》,也发表文章批评农民运动。以共产党员谭平山为部长的农政部更发布了适合国民党精神的命令,说什么"必须纠正农民运动底一切左派幼稚病,特别是不能不消灭那些离开正确道路的分子,因为这些分子使大部分农民受其毒害。至于和反革命分子斗争和惩办土豪劣绅的问题,则可以按照政府和党所公布的条例。这条例上规定须将他们转交政府机关办理,不得自由行动",以此来灭革命的志气,助地主的威风。不仅如此,他们还把共产国际要求中国共产党实行土地革命,加强国民党中央委员会的左派力量,组织五万工农军队,组织革命法庭肃清反革命分子的指示拿给汪精卫看,给地主资产阶级

---

① 《中共"八七"会议报告全党党员书》,1927 年 8 月 7 日。

反革命以口实。

这种退让和投降导致了地主、资产阶级更大的进攻,汪精卫等步步进逼,要直接向革命开刀。五月末,他们找了一个极其可笑的借口,说黄冈县党部和农民协会铲挖了烟苗,"危害人民财产,妨碍国家,与中央训令大相违背"①,并以国民政府的名义,下令解散了黄冈县党部和农民协会,逮捕其负责人员,也解散了黄冈县农会。湖北省两个最大的县农民协会就这样无理地被解散了。

当反动势力抬头时,那些在革命高潮中投机到革命队伍中的军阀立即掉转枪口,露出原形。江西的朱培德立即表示响应,以"欢送政治工作人员出境"的名义驱逐共产党员和左派人士,查封了许多革命团体。接着在河南的冯玉祥也仿行朱培德的办法,把共产党员和政治工作人员驱逐出境。冯玉祥并公开表示他是站在蒋介石方面的,是蒋介石的拥护者。这就更增加了已经出现的反动力量。

武汉政府对朱培德和冯玉祥原曾寄予很大的希望,认为他们是忠于革命的,对武汉政府是绝对拥护的。冯玉祥也的确说过一些好话,如"蒋介石已成军阀,应该打倒!"但是当武汉革命军把冯玉祥军队从西北迎到河南后,情况就变了,冯玉祥和武汉政府的汪精卫、孙科、徐谦、谭延闿等于 6 月 10 日在郑州开了一次会。会议的内容,据当时天津《益世报》所载,由"唐生智担任京汉线南段,制止武汉派及后方之纷扰,而注其全力,与蒋介石妥协,……,苟得与蒋妥协","虽牺牲武汉政府亦所不惜"。②郑州会议后,唐生智就以刽子手身份回师武汉。冯玉祥则跑到徐州,和蒋介石会见,共同策划颠覆武汉革命政府问题。6 月 19 日蒋、冯召开了徐州会议。"徐州会议蒋、冯意见极融洽","对扑灭武汉政府""亦彼此一致"③。冯玉祥主张先礼后兵,蒋介石的军事幕僚主张立即出兵,会同湖北、四川的夏斗寅、杨森部围攻武汉。蒋介石认为两种主张可以同时并用,于是一面命令由南京入江北之各军已返回镇宁的,由招商局的江天、江靖两轮运 3 万人到江西会同朱培德军进兵武汉。一面命令冯玉祥致电武汉政府,"劝诫改正左倾行为";在 48 小时内把共产国际代表鲍罗廷驱逐出境;逮捕武汉的共产党员和左派人士。④这样,反革命势力便组成了联合战

---

① 《民国日报》,1927 年 6 月 2 日。

② 《益世报》,1927 年 6 月 20 日。

③ 《新闻报》,1927 年 6 月 24 日。

④ 《益世报》,1927 年 6 月 29 日及 7 月 2 日。

线,向革命发动总攻。这时的反革命联合的力量已大大超过了革命力量。

武汉政府刚刚克服了 5 月的危机,击败了杨森、夏斗寅的叛变,这时又面临更强大的敌人蒋介石、冯玉祥、唐生智的直接攻击。蒋介石、冯玉祥行动于外,唐生智行动于内,内外夹攻,四面八方都造起反来,真是杀气腾腾,乌云满天,革命遇到了空前的危机。已回师的唐生智已指使其部下何键发布讨共檄文,通电全国,把"马日事变"的责任推在共产党的身上,并命令叶琪、周斓在湖南进行"清乡",向农民发动了进攻。何键还公开要求共产党员立即退出国民政府和国民党中央,要求解散一切工会、农会和纠察队、童子团及妇女团体。何键的三十五军移驻汉口宣布独立,企图开刀。眼看武汉政府就要被推翻,人民已经取得的权利就要统统丧失干净。

在这危机时期,毛泽东及刘少奇、蔡和森、任弼时等密切注意着事态的发展,像他们所一贯主张的一样,认为应该展开针锋相对的斗争。毛泽东后来曾一再谈到这个问题。他说:"我们采取了和陈独秀不同的办法,使被压迫、被屠杀的人民拿起刀来,谁如果再要杀我们,我们就照样办理。"①当时毛泽东住在武昌,每日都有逃亡的同志及农民到他家里来,他对于地主、资产阶级的叛变了如指掌,曾公开宣传并组织力量,对汪精卫、谭延闿、冯玉祥、唐生智、朱培德等的反动行为展开斗争。6 月底,毛泽东亲自召集了由湖南来武汉的同志开会,在会上指出,"马日事变"是右倾机会主义造成的,号召大家回到原来的岗位,恢复工作,拿起武器,山区的上山,滨湖的上船,坚决与敌人做斗争,武装保卫革命。②湖南的长沙、浏阳、湘潭、湘乡、宁乡、益阳、茶陵、攸县、湘阴、衡阳、衡山、郴县、祁阳、耒阳、安化、新化、安源、醴陵、汝城等 20 余县的广大农民这时已经行动起来。刘少奇于 6 月 14 日领导武汉工人,实行总罢工,抗议武汉国民政府反对革命,当天千万游行的工人喊着同一口号:"打倒容纳反动势力的国民政府!"威震山河。工人们发表了对于时局的主张,指出工农群众不惜牺牲一切来拥护北伐,拥护革命的胜利,而结果却遭反革命的屠杀,要求对反动势力给予坚决的回击。武汉各工会代表大会认为欲使革命继续发展,必先肃清一切反革命派,因此要求国民政府立即接受执行湖南代表团因五月许克祥叛变而提出的八项要求,即:明令拿办许克祥并解散一切反革命机关;

---

① 《抗日战争胜利后的时局和我们的方针》,选自《毛泽东选集》。

② "中国人民解放军三十年"征文编辑委员会编:《星火燎原》(下),人民文学出版社,1958 年,第635 页。

明令恢复原有的党部、工会、农会等一切民众团体的组织;发还工人纠察队与农民自卫军的枪械并明令保护;明令保障工农组织的绝对的自由;严惩一切摧残工农运动的反革命分子;实行讨伐蒋介石;明令制止驱逐工农领袖等一切反革命分子的活动。[①]显然武汉工人已经动员起来。这时因不堪李济深的白色恐怖统治的广东工人纠察队和农民自卫军700余人也来到武汉。工农的雄厚力量已经充分显示出来,聚集起来,行动起来或正准备行动。在共产党领导和影响下的军队成长得也很快,已有了战斗的准备。贺龙的独立十五师已扩充为第二十军,叶挺的二十四师,恽代英领导的武汉军校,还有由张兆丰领导的一师二旅,驻扎在鄂、豫交界。这些有革命思想的武装力量,足以对付阶级敌人的叛变,击败腐朽力量的反动。更重要的是,两湖的土地革命有很大的发展,农民已经建立起自己的武装和法庭,这种力量是不可战胜的。

然而这一革命的方针遇到了一贯坚持右倾机会主义路线的陈独秀的无理反对。陈独秀天天到汪精卫那里去叩头乞怜。他的一切都符合了国民党绞杀革命的需要。他听到了要进行反汪、反谭、反冯、反唐及朱培德的斗争,便大发雷霆,认为这一手来不得。他指责说6月14日罢工的“激烈”表示,已开罪了国民党,等等。

陈独秀的路线是退让退让再退让,投降投降再投降,和汪精卫勾勾搭搭,出卖了人民革命的利益。

由于“陈独秀对于反革命向人民的进攻,不是采取针锋相对、寸土必争的方针,结果在1927年的几个月内,把人民已经取得的权利统统丧失干净”[②],至此,革命的失败已是不可避免了。

陈独秀在大革命最后的时刻究竟怎样糟蹋革命的呢?

他下令停止武汉政府统辖地区的农民运动,命令共产党员在国民党党部和报馆必须服从国民党的指导,共产党员不能有独立的主张,必须按照国民党的意志办事。他还写了一封很长的信给各军政治部负责人,要政治部和政治工作人员听从国民党军事长官的命令,“切忌”在军队里宣传阶级斗争,“切忌”引起军事长官的恶感,并且说“为了革命的利益,为了巩固革命的联合战线,我们应该忍耐”,等等。更可耻的是,他自动解散了工农群众在斗争中培养

---

① 《民国日报》,1927年6月15日。
② 见毛泽东:《抗日战争胜利后的时局和我们的方针》。

起来的武装力量。命令总工会于 6 月 28 日将所有武器统统移交给武汉卫戍部。连总工会的童子团也被取消了棍棒,暂时停止活动,并禁止着用军服。这样,全国总工会和湖北省总工会的武装纠察队驻地从 29 日起,就由唐生智的卫戍司令部接收了。湖北省政府的劳工委员会也于 6 月 28 日解散了步哨队,并将枪械移交给地方保安司令部。①在武汉的共产党员也遭公开的逮捕。这时的武汉已为白色恐怖所笼罩。

陈独秀葬送革命的计划集中表现在 6 月 30 日中央扩大会议所通过的 11 条国共两党关系的决议案上,因为陈独秀竭其全力帮武汉地主、资产阶级的忙,汪精卫、孙科、唐生智等反动势力的气焰,也就更加嚣张。

在陈独秀这种机会主义有力的支持和合作下,汪精卫等下定了最后决心,背信弃义地向中国共产党和中国人民开刀了。7 月 15 日,他们召开国民党中央全会,决定追随蒋介石之后,实行叛卖性的反人民的"清党"政策和屠杀政策,强迫共产党人退出武汉国民党和武汉国民政府。中国共产党这时发表了退出政府的宣言,并没有准备给叛变者以任何的反击。15 日这一天,只见何键的军队在街上示威,疯狂地捕杀共产党人和工农群众。至此,武汉政府和武汉国民党完全反革命了。大革命失败了。

武汉革命政府向右转化并最后垮台的教训是深刻的。它告诉人们,夺取革命领导权是多么重要。武汉政府初期,由于资产阶级追随了无产阶级的政治领导,所以革命在向前发展。及至后来,由于陈独秀右倾机会主义的领导使得无产阶级在政治上变成资产阶级的尾巴,实行投降主义,所以革命遭到失败。革命者,即使是共产党人,如果不坚持领导权,坚持革命路线,提防资产阶级的叛变,革命也要变质。已建立起来的革命政权,不仅不能得到巩固和发展,还会遭到覆灭的危险。

原载《历史教学》,第 1963 年第 11 期

---

① 《益世报》,1927 年 7 月 1 日及 2 日。

关于 1927 年武汉革命政府的几个问题

一、武汉政府的成立

武汉政府的建立标志着大革命的胜利和发展。武汉政府成立后,武汉代替广州成为全国革命的中心。

为什么要把政府由广州迁到武汉呢?迁都到武汉是 1926 年 10 月北伐军胜利前进时,在广州的国民党中央召开的"中央各省海外及各特别区联席会议"提出的。但当时江西问题还没有解决,武昌也还没有占领,所以对迁都问题没有做出具体决定。到 10 月底,因武昌在 10 月 10 日已经被占领,江西孙传芳的军队也被击溃,宋庆龄、鲍罗廷等就受命到武汉进行迁都考察工作,考察结果认为适宜。11 月 20 日就做出了迁都的决议。

对于是否要迁都,当时有两种不同的意见。多数人认为应该迁都,因为第一,两湖、江西拿下后,革命势力已由珠江流域发展到长江流域,并且继续向黄河流域发展,武汉在革命形势发展上已形成了一个中心,如政府仍留在广州,有鞭长莫及之感;第二,两湖的工农运动已如雨后春笋般发展起来,江西的农民也已经起来,亟须有一个最高机关就近指挥统辖;第三,两湖初下,人心未定,非有最高机关坐镇,不足以资震慑。而广州革命势力已有相当基础,中央北迁不至影响后方的革命基础。但部分人反对这种看法,争论结果,反对的意见被否定了,遂决定迁都。

迁都是 1926 年 12 月 7 日开始的。按照计划,从广州黄沙车站出发,由粤汉路北上,经韶关入江西转武汉。但 12 月底到达江西南昌后,又发生了迁都问题的争执。这一次的争执和在广州时的争执在性质上是根本不同的。如果说第一次的争执是内部意见的分歧,那么这一次则是革命与反革命之争。蒋介石原是力主迁都武汉的人,但是到了南昌,他又说武汉不宜建都,要把政府和中央党部搬到南京去。为什么他要出尔反尔呢?因为他看到共产党和国民党左派在武汉占有绝对优势，他在武汉无法或者说很难实现其反革命阴谋，便计划凭借他的总司令的军权，把国民党中央和国民政府扣留在南昌，把革命及党的指导机关，尽入其军事独裁的掌握，以实现其将国民革命的成果转到买办资产阶级手中而进行反革命的目的。于是国民党中央和国民政府到南昌后就迟迟不能前进，处处受到蒋介石的控制，完全失去了自由。但是他这种企图没有实现，武汉初下后，革命的湖北省政府就成立了，从1927年1月1日起国民政府也开始在武汉行使职权，所以当时革命的领导人已相继到达了武汉。为了击败这种阴谋，挽救革命危机，大部分已在武汉的国民党中央执监委员，决定成立中央党部和政府的联席会议，组织武汉国民政府。因为武汉的中央委员坚决反对国民政府停留南昌，在南昌的中央委员又无几人，政府也仅剩了一个代理国民政府主席谭延闿，财政、外交、交通、司法各部都已搬到了武汉，蒋介石在事实面前和各方面压力之下，不得不打电报给武汉，说中央政府在南昌是暂驻，如不去南京，当即来武汉，那时南京还是孙传芳的天下，到3月上旬，蒋介石不得不赞成中央政府设在武汉。在南昌的政府人员就离开江西转赴武汉。蒋介石则向安徽、江苏等地发展他的军事力量，扩张地盘，准备实行大叛变。武汉革命政府在经过3月间举行的国民党二届三中全会后，就正式成立，共产党员也加入这个政府，由谭平山和苏兆征分别担任农政部和劳工部部长。武汉政府的组织机构较之广东时期要健全得多，而更重要的，它是由共产党员和国民党左派共同组成的政权机构，因之较广东时要进步得多。但这个政府成立之时，一批投机分子在当时革命高涨形势下，混入革命政府之中。他们本来是反对共产党的，这时却一再表示联苏联共，因而窃取了重要的职位，如汪精卫、孙科、陈公博之流，也被称为"左派"。谁知他们投入革命营垒，正是为了反对革命，准备叛变，这就预伏下了日后武汉政府的危机。

二、共产党员在武汉政府中的地位

武汉政府是由共产党员和国民党左派人士组成的。共产党的力量在武汉政府中具有决定性的作用。如果当时党的领导机关不是被机会主义者陈独秀所把持，以及其他一些因素，那么党就可以把这个左派政府更向左推进，就能大力领导工农的群众运动和武装革命力量，从而也就有可能避免，至少是减轻后来的失败。

共产党员在武汉政府中的地位,是极为重要的。

第一,在武汉国民党中央执行委员会的36个委员中,有五分之一是共产党员(见《向导》198期,第2179页),他们负有很重要的责任,如吴玉章同志当时是国民党中央委员、中央党部秘书长兼常务委员,曾主持国民党二届三中全会;林伯渠同志当时是中央委员、兼常务委员及中央财务委员。共产党员的这种地位,就可以在革命进行中来孤立右派,把小资产阶级推向左面,把国民党的政策推向左转,把农民阶级和城市贫民团结在无产阶级的周围。

第二,在国民政府成立初期,共产党人和国民党左派曾实行合作,把右派革出了国民政府。国民政府当时有6个部,共产党员占有两个部,并且担任部长的共产党员都是国民政府的委员。政府的一切措施和决策,都由国、共两党党员所组成的联席会议来决定。国民政府的高等顾问鲍罗廷为列席代表。联席会议曾决定召开国民党二届三中全会,通过了为反对蒋介石独裁专制的指导机关统一案、政府机关统一案、革命势力统一案。"国民党中央第三次全体会议的许多决议案,形成我们联盟的政纲。这些决议是:巩固党权推翻军事独裁;镇压一切反革命;实行乡村自治召集省民会议以实现国家政权之民主化;为帮助工农经济状况之改善而设立农政部、劳工部,以便制定改良社会之法则,而实行之;坚决的赞助工农群众运动,以及其他。"这说明国民党中央及国民政府是革命的,"决心抵抗反动进攻,而且愿意广大的发展工农运动以保障国民革命之向前进展"(见《向导》201期)。这说明了,有共产党员参加的国民政府,是执行三大政策的政府。

第三,共产党在当时已掌握或者已影响了不少军队。军队是进行战争、镇压反革命和保卫革命政权的有力工具。在武汉政府统辖的军队中,共产党的力量有三分之一,主要在第二方面军内,中央军校和湖北政府的警卫团也是由共产党来领导的。关于这方面的资料,我们引一段来自革命的敌人方面的记载,就可以知道党在军队中的巨大力量:

"在张发奎的第二方面军内,共党的势力,比张发奎的基本势力还要强大得多。第二方面军本有第四军第十一军第二十军三军,贺龙的二十军,共产党可以完全支配。第十一军的二十四师叶挺部,也完全是共产党的。而总指挥部的警卫团,也是共产党的。此外如第四军的三十五团、三十六团、七十三团,第十一军的七十七团、三十团等五团,也完全是共产党的。总计共产党在第二方面军内,整整的有一个军,一个师,五个团,另外有工兵营、特务营、炮兵营、宪兵营等部分势力。总计共产党可支配的兵力,在第二方面军四万数千兵士中,足有三万数千人。亦武汉分校,本有一万多支枪,而共党几乎可以全部支配。至于杂牌部队,如湖北省政府的两个警备团、学兵团、工人纠察队、农民自卫军,以及唐生智部下的一部分,朱培德的第九军(朱德是付军长),陈嘉佑的教导师一部分,鲁涤平的第二军一部分。总计在武汉政府的主力军中,共产党可以支配的军队,至少有三分之一。"①

共产党在武汉政府中有这么多的兵力,不仅保证了武汉出师北伐的胜利,而且保卫了武汉左派政府的存在。只要举这样一个例子就足以说明一切:1927年4月下旬,夏斗寅打着反共旗帜,由宜昌东下,直迫武昌,那时主要的军队已开往河南。在武汉的唐生智的部队按兵不动,叶挺和恽代英同志便率留守武汉的直属部队和军校学生迎击叛军,凯旋,保卫了武汉。

由此可知,共产党员在国民党中,在武汉政府中及在军队中都具有领导作用。如果没有共产党,没有共产党员在各方面所发挥的革命作用,那么就不会有武汉政府的存在,也就更谈不上三大政策的执行和反帝反封建革命斗争的进行。共产党人参加武汉国民党及武汉国民政府,在当时就使"无产阶级便于在中国资产阶级民主革命中起领导者的作用"②。也正是由于武汉国民党和国民政府的这种性质,所以它执行着既反对封建残余又反对帝国主义的土地革命,武汉成了资产阶级民主革命运动的中心。

三、工农组织在武汉

在进行以土地革命为基础和内容的资产阶级民主革命中,"没有土地革命,没有千百万工农群众对武汉军队的积极支援,要打倒这些势力(封建主义和帝国主义)是不可能的"③。武汉在工商业方面有相当的基础,而经济及政治又足以缩毂长江各省,因此在武汉政府的推动下,工农运动特别发展,并影响全国的主要地区。在城市,工人组成了自己的工会和自己的武装纠察队,具有绝对的统治权。在农村,已经起来的农民运动,"其势如暴风骤雨,迅猛异常,

---

① 《现代史料》(第四集),海天出版社,1935年,第275—276页。
② 《斯大林全集》(第九卷),人民出版社,1954年,第279页。
③ 《斯大林全集》(第九卷),第234页。

无论什么大的力量都将压抑不住。他们将冲决一切束缚他们的罗网,朝着解放的路上迅跑"①。"在好些地区,如湖南、湖北等地,农民已经从下面夺取土地,成立自己的法庭,惩治自己的敌人,组织自己的自卫力量。"②工农运动的大规模的发展,震惊了全世界。而作为这一运动中心地区的武汉,也几乎变成工农的世界。

武汉的工人站起来了。他们纷纷加入工会,各种职业工会相继组织起来,就是店员和人力车工人也各自组成了自己的工会。组织起来了的工人为了要求加薪,改善生活,为了声援战争,进行反帝反封建的斗争,经常举行群众示威大会。工人已不再忍气吞声地受资本家的压迫,他们有自己的武装工人纠察队,如见资本家怠工或者不尊重工人权利,他们就组织罢工,或者把资本家带到总工会进行审问。如果资本家仍然进行顽抗,问题得不到解决,工会就把商店交给店员与学徒管理。在汉阳还出现了工人管理工厂的事。如果帝国主义者不在革命面前屈服,他们就斗争到底。1927 年 1 月 3 日汉口工人群众驱逐巡捕、占领英租界,就是很好的说明。英美烟草公司工人曾因要求加薪,包围工厂,把公司的三个美籍人员关闭起来,也是一个例证。工人们展开了各方面的斗争。

为了提高工人的阶级觉悟,组织工人更好地斗争,党在湖北设立了90余所工人学校,其中在武汉有 60 所,并开办了工人补习班、子弟班及妇女班来教育工人。工人还有自己的俱乐部——人民俱乐部。在人民俱乐部内挂着马克思、列宁的照片,张贴着许多革命的标语和口号,如"爪哇暴动起来了,我们要努力!""饥寒交迫的奴隶们起来作最后的一战!"等;同时还挂着各种各样的统计表,如湖南各县农民协会组织统计表、武汉工人组织统计表等。武汉的一切都发生了变化,充满着浓厚的革命空气。

因为武汉成为革命运动的中心,武汉就不时地接待着各地工人领袖和骨干分子。1927 年 3 月在汉口曾有全国邮务工人第一次代表大会的举行;6 月则有全国第四次劳动大会的召开;国际工人代表也到武汉去访问,武汉成为一个不平凡的城市。

和工人组织活动相伴随的是农民的组织活动。领导全国农民运动的有关

①《毛泽东选集》(第一卷),人民出版社,1955 年,第 13 页。
②《斯大林全集》(第九卷),第 233 页。

组织也都集中在武汉,这就更增加了武汉的革命色彩。毛主席那时就在武汉全力领导农民运动。他是全国农民运动讲习所所长,同时又是中国共产党中央农民部及农民运动委员会的领导人。总政治部当时成立了一个农民问题讨论会,他也是委员之一,他并在中央军事政治学校武汉分校担任农民问题的讲授。农民问题是当时革命的中心课题。当时有关农民运动的组织很多,如全国总农民协会筹备处、湖北省农民协会、汉阳县农民协会等。国民党左派在革命高潮的影响下也很注意农民运动而设立了一些机构。农民及其组织可以自由地在武汉活动。湖北省农民协会第一次全省代表大会就是 3 月间在武昌举行的,省城附近各县农民协会派了 3000 名农民自卫军保卫开会。农民自卫军戴着大的斗笠,一部分背着毛瑟枪,一部分拿着梭镖,威风凛凛,气概英武。值得特别提出的是毛泽东同志在 1927 年的春天在武汉召集了一次很重要的各省农民联席会议,目的在于更广泛更深入地发动土地革命,但是这次大会的决议没有被当时党中央所采纳。毛泽东同志在回忆这件事情时说:"次年早春,当我到了武汉的时候,举行了一个各省农民联席会议。我出席提出建议,主张普遍地把土地重行分配。在这一次会议上,有彭湃、方志敏和两个俄国共产党员——约克(York)及窝隆(Volen),决议接受了我的建议,提交共产党五次大会讨论。可是中央委员会加以否决了。"[1]

显然的,武汉已是工农活动的世界。地主、资本家感觉到在这里"压得吐不出气来",便逃之夭夭。但他们并不甘心他们的失收,他们在计划着联合其他反革命势力卷土重来。

四、东征和北伐

从 1927 年 1 月起,国民党右派就企图在南昌建立反革命中心,使南昌和武汉呈现出了分裂的局面,这一事实反映出国内的阶级力量在进行重新部署,到了 4 月 12 日,国内的政治情况就发生了变化。民族资产阶级因为惧怕工农运动并且得到了帝国主义和买办阶级的支持,叛变了革命,在南京建立起买办阶级的政权,和武汉政府相对抗。

"蒋介石的政变表明从此以后在中国南部将有两个阵营、两个政府、两个

---

① [美]埃德加·斯诺:《长征 25000 里》,赵一平等译,启明书局,1949 年,第 139 页。

军队、两个中心，——武汉的革命中心和南京的反革命中心。蒋介石的政变表明革命已进入其自发的第二阶段，已开始从全民族联合战线的革命转变为千百万工农群众的革命，转变为土地革命，这个革命将加强和扩大反帝国主义、反土豪劣绅和封建地主、反军阀和蒋介石反革命集团的斗争。"①无疑的，这种论断是正确的。但是由于武汉的国民党领导分子及国民政府，畏惧日益发展着的农民革命，便摭拾了反革命的余唾，痛骂群众运动的"过火"，从4月以后就发出了许多专以限制工农运动的训令宣言，并颁布了保护剥削阶级的各种法令和限制军队中政治工作的特别法令，湖北两个最大的县农民协会，也被封闭，这样千百万农民群众的革命就受到压抑和摧残。陈独秀的机会主义路线在共产党的领导机关中占了统治地位，对这种压抑和摧残工农群众运动的行动，不仅没有及时予以反击，反而高唱要和国民党"合作到底"。叛变了革命的资产阶级和帝国主义勾结在一起又向武汉发动了全面的进攻，这就使革命发生了危机。

反革命集团和分子，把武汉革命政府从东西南北四面包围起来了，他们组成了反革命的联合战线。帝国主义也乘机侵迫，从4月下旬以后，武汉江面外舰如云。而对武汉威胁最直接、最严重则是东面的新军阀蒋介石和北面的奉系军阀张作霖。在这四面包围之中，武汉政府是东征还是北伐？或者是同时并举？

同时并举是不可能的，因为力量不足，即使有强大的力量，在战略上也不宜在两条战线上同时作战。所以当时只能在北伐或东征中来选择一条战线。

武汉当局领导人，有的认为应该先出师东征，乘南京蒋介石政权的基础还没有巩固以前，迅速扑灭。有的人则认为东征不一定就能胜利，而奉军南下，步步紧逼，在京汉路的正面已由郑州长驱南下，越过漯河郾城，在豫东不仅已占领道遥镇，而且也占领了汝南、上蔡。如出师东征，奉军必乘虚而入，直下武胜关而取武汉。显然，北伐奉军是正确的。为什么这样说呢？"第一，因为奉军向武汉进发，要肃清武汉，所以进攻奉军是刻不容缓的防御措施。第二，因为武汉想和冯玉祥军队会师并向前推进以扩大革命根据地，这在目前对于武汉来说又是极其重要的军事政治事件。"②于是以共产党员为主力的武汉军

---

① 《斯大林全集》（第九卷），第203页。
② 《斯大林全集》（第九卷），第230页。

在 4 月间开始第二次北伐，到河南和张作霖奉军作战。

我们所以说武汉北伐军以共产党员为主力，这不仅因为共产党员在军队中占有相当的数量，更重要的是在击溃奉军的主要战斗中，都是共产党员牺牲奋斗的结果。如逍遥镇就是由贺龙同志率领的独立第五师打下的；临颍十里头之战是北伐军在整个讨奉战争中最剧烈的决死战，武汉军曾给奉军以致命伤，然后才得以驱进入郑州，这次胜利就是第十一军七十七团团长蒋先云同志与阵地共存亡而取得的。正是由于共产党员的革命精神，和广大工农群众的支持，武汉北伐军在两个多月的时间中，就打败了河南的奉军，和冯玉祥的西北军会师郑州、开封。河南战役虽然把张作霖打败了，然而损失是奇重的。

为什么不乘胜追击、继续北伐？这一方面固然由于冯玉祥表示拥护武汉政府，建议武胜关以北的事由他负责，北京的奉军由他率部攻打。但更重要的一个原因是蒋介石派兵西向并唆使其走狗杨森进攻武汉，勾结武汉政府留守后方的夏斗寅、许克祥军队叛变，欲颠覆武汉政府，这就使北伐的军队不得不回师巩固首都，来对付南京的蒋介石。但冯玉祥并不真正是革命的，不久之后，当夏斗寅叛变和"马日事变"以后，为反革命所动摇的冯玉祥就和蒋介石合流了。

对于蒋介石的声讨，在二三月间就开始了。当时曾提出"反对个人独裁！"的口号，2 月 28 日武汉就罢工一小时，向蒋介石表示抗议，从 3 月 6 日开始反蒋运动已普遍武汉，并且动员军队准备东征。蒋介石公开叛变革命后，武汉立即形成反蒋高潮。武汉国民党和国民政府决定"开除蒋介石党籍，撤销他的一切职务，指斥其背叛党国，逆迹昭著"，"着全体将士及革命团体，拿解中央，按反革命罪条例惩治"。武汉革命群众曾举行有 30 万人参加的声讨大会。湖北总工会的工人纠察队到处捉拿反革命。反蒋运动委员会也成立了。东南被压迫同志招待所、政治工作人员招待所、江浙皖三省党部办事处也相继成立。武汉政府在揭露蒋介石反革命集团性质、打击反动派、动员群众方面做了不少工作。就是出师北伐时，也没有放松对蒋介石阴谋进攻武汉的警惕性和注意可能发生的叛变。以共产党员叶挺统率的第二十四师卫戍武汉；令朱培德率所部第三军、第九军全部留守江西，对南京安徽方面警戒；令第三十五军何键的一部分、第二军鲁涤平的一部分及陈嘉佑全部留守湖南，对四川方面警戒。这一切就是很好的说明。但是终因共产党员在军队中还是少数，留守后方的，除了共产党员直接领导的少数部队(如叶挺同志的第二十四师、朱德同志领导的教导团)外,大部分都是地主军阀所统领的部队,他们在蒋介石的勾结下,相继叛变。当北伐军返抵武汉时,政治形势已发生了急剧的变化。武汉国民党领导分子也准备要退到反革命的阵营中去,到处弥漫着反共空气。虽然他们把"反共"与"反蒋"同时并提,想走第三条道路,他们说:"南京的国民党,他们是往右边走的,现在共产党是往左边走的,这都不是真正革命的道路,不是国民党的道路,不是三民主义的道路。真正革命的、国民党的、三民主义的道路,不是向右边,也不是向左边,而应该向前走。"①但这条道路是不存在的,他们实际上是和蒋介石一块来反对革命,反对共产党,反对工农运动。

武汉国民党领导集团为什么转到了反革命阵营中去?这一方面是他们对日益发展的土地革命的恐惧和封建主对他们的压力,另外一方面则是帝国主义对他们曾施以压力,要求他们和共产党分裂,特别是帝国主义对武汉的经济封锁,使他们更加脱离革命,他们就背叛了和共产党合作的诺言。他们是假左派真右派,但又不敢公开承认他们站在右派方面,因为以蒋介石为首的国民党右派的名声已经扫地,他们为了掩饰他们的真面目来欺骗人们,就可耻地打起了所谓中间路线的招牌,进行反革命的活动。革命便处在危机之中。

五、经济危机

当武汉的政治情况恶化的时候,武汉又面临着难以解决的经济危机。

北伐军占领武汉后,就开始整理"官票",没收军阀及其党徒的财产,如房产、汽车、存款等以解决财政困难。接着就发行公债、国库券,中央银行并发行钞票,把武汉的经济从军阀搜刮的萎靡状态下解放了出来,并且逐渐得到恢复。当时所发的公债及国库券都有重大意义,并且得到了人民的拥护,总计发行湖北金融公债 2000 万元, 实际发行者约 609 万零 74 元, 国库券共发行 1339 万元。但自资产阶级叛变后,经济情况又形恶化。因为资产阶级在配合其军事政治进攻的同时,又对武汉采取经济封锁政策,企图置武汉人民于死地。

在经济封锁上,他们用尽了一切手段。他们不与武汉做买卖,停止了沪、汉的汇兑,断绝了长江的交通,使任何物资都不能运到武汉地区,就是救护伤

---

① 1926 年 6 月,孙科在张发奎就任国民革命军第二方面军总指挥就职典礼上的讲话。

兵的药品,也不准运进。蒋介石还亲自下令,严禁武汉中央银行的钞票在江苏流通。外部的封锁也给武汉带来物资缺乏的困难。在武汉地区属于帝国主义和买办资产阶级的工厂,又故意停闭,造成武汉十多万工人的失业现象;他们在武汉的银行拒绝接受中央银行钞票,并且还串通奸商共同扰乱金融。有的奸商便将大量纸币购买轻便土产,偷运至沪,转售现金,然后又以低价收买汉口银行钞票,再运往武汉购买土货。①军阀和地主也鼓动商民不用金库券,这就使武汉物资更感缺乏,金融更加恐慌。

在这种严重封锁下,武汉社会呈现出不安。各种物价都飞速上涨,许多日用品也买不到了。日用品商店"多将存货暗行藏储,店门半闭,形同歇业,贫苦小民,不但无钱,即有钱亦有无处籴米买柴之苦。其他如金银绸缎各大商业,竟将货码横加……"②。煤没有了,汉阳兵工厂几乎无法开工,京汉路与长武路的行车不得不用柴来代替煤;煤油也没有了,特别是内地的燃料很感缺乏;盐也没有了,湘西和鄂西发生了严重的盐荒。粮食缺乏的危机也渐渐显著起来,而最严重的是金融问题。纸币的价值低落至不到实际的三成。为了对付由于经济封锁所造成的危机,武汉政府曾经采取了各种措施,如4月17日组成了战时经济委员会,决定将现款存于银行作为准备金,以维持纸币信用,当天就查封各银行所存现洋约400万,禁止其使用及出口,规定纳税流通以中央、中国、交通三银行之钞票为限,其他各银行钞票准换三银行钞票使用;将安源煤矿改为官商合办,共同开采,收回汉冶萍输驳运输,借军船到株洲运煤,集中到武汉分配,以解决煤的恐慌;政府并且发布命令禁止抬高物价。武汉工人态度更为坚决,要求政府发给武装,维持市场秩序,镇压反革命分子的活动。汉阳则有工人没收15家工厂,组织工人管理委员会,管理工厂之事。但这一切都未能扭转经济的恶化情况,因为国内的反动派实行了政治、经济、军事的疯狂进攻。武汉政府统治地区本来只有两湖和江西,在许克祥等反动军队叛变后,辖区又日益缩小,接二连三的军事叛变又加剧了经济危机,武汉的小商人在大资产阶级压迫和影响下,受着一般经济恐慌而动摇起来。武汉国民党内的领导分子和小资产阶级知识分子也受到这种经济封锁的影响,加上其他一些原因,决定脱离革命,革命阵营内的阶级关系紧张起来,矛盾日益尖锐,武

---

① 见《总商会月报》,十卷四号,《商情》第8—9页。
②《银行周报》,《杂纂》,1927年5月15日,第12页。

汉政府在风雨飘摇之中度过了一些日子，到 7 月 15 日武汉国民党公开宣布与共产党分裂,这个政府就宣告解体。

六、武汉政府的解体和崩溃

武汉政府的成立标志着大革命的发展,武汉政府的解体则标志着大革命的失败。

在资产阶级叛变后,共产党和武汉国民党小资产阶级知识分子的同盟经历了整整三个月。

为什么左派的革命政府在短短的时期就垮了台？1945 年 4 月 20 日中国共产党第六届中央委员会扩大的第七次全体会议所通过的《关于若干历史问题的决议》中分析大革命失败的原因说:"由于当时的同盟者国民党内的反动集团在 1927 年叛变了这个革命，由于当时帝国主义和国民党反动集团的联合力量过于强大，特别是由于在这次革命的最后一个时期内（约有半年时间),党内以陈独秀为代表的右倾思想,发展为右倾机会主义路钱,在党的领导机关中占了统治地位，拒绝执行共产国际和斯大林同志的许多英明指示，拒绝接受毛泽东同志和其他同志的正确意见，以至于当国民党叛变革命,向人民突然袭击的时候，党和人民不能组织有效的抵抗，这次革命终于失败了。"这是对整个革命失败的分析,也是对于武汉政府解体的分析,因为武汉政府是革命的体现,是大革命时期的革命政权。

帝国主义和中国的军阀、买办、大地主、大资产阶级是怎样联合起来对付武汉政府？他们除了用经济封锁的办法动摇武汉革命基础外,还在政治上分裂武汉政府,如使日本田中的代表松井到武汉诱胁国民政府的领导分子潜赴南京。在军事上则发动进攻,组织叛变,从革命内部来破坏革命。自 4 月下旬夏斗寅首先打起反叛旗帜,进攻到了距武昌城 40 里的地方;接着杨森顺流而下,进窥武汉;长沙的许克祥也跟着发动了"马日事变"。一个接着一个的军事进攻和叛变,使武汉立即呈现出危机和不安。在这严重的关头,江西朱培德的政治态度也变了,他以"欢送政治工作人员出境"为名,把党的政治工作人员全部押解出江西而送到武汉,开始了反共反工农运动的活动。一个大的事变正在酝酿着,到 6 月 10 日武汉国民党人汪精卫、孙科、唐生智等和冯玉祥举行反共的郑州会议及 6 月 19 日冯玉祥和南京的蒋介石举行反共的徐州会议后,武汉国民党立即发动反共高潮,集中全力策划大规模的反共阴谋。联苏、联共、扶助农工的三大政策不准讲了,苏联的顾问被逼走了,工农运动受到诬蔑,共产党员要被驱逐了,武汉发生了惊人的变化。国民党内的小资产阶级知识分子也步民族资产阶级的后尘,来反对革命。由此可知,反革命势力比革命进攻力量要强大得多,但即使在这时候,共产党如果采取坚决的态度,依靠着千百万工农群众的力量,还是可以击溃这种进攻,制止住国民党人的叛变,可是陈独秀的机会主义路钱,使党失去了决定的领导权,也使党失去了自己的路线。

陈独秀在1927年春发表了和国民党妥协的国共两党领袖联合宣言后,就走上了机会主义的路线,高唱"国共两党合作到底"。为了维持这种"合作",他不惜牺牲党和革命的利益。就拿许克祥的叛变来说,"事情发生以后,共产党湖南省会,立刻就开了一个紧急会议,决定对于许克祥这种行动来一个反攻。那时总工会及农民协会等一切民众团体全被许克祥占据了,所以××(共产)党决定召集长沙近郊的农民,联合城内的工人,组织10万工农军进攻长沙,并且决定了5月31日,作为进攻长沙的日子。紧急会议以后,立刻派人到四乡去纠集群众。成绩还不坏,据当时的估计,以工农群众的力量进攻长沙,其胜利可操左券,所以那时长沙的情形,陷于极度恐慌与混乱之中。可是10万工农军5月31日进攻长沙的计划,终没有实现,因为当时陈独秀主持的××(共产)党中央,极力反对湖南省委的计划。陈独秀自始至终是主张国共合作的。当时××(共产)党的湖南省委书记李维汉报告陈独秀说:'我们同志及群众,被许克祥残杀的很多,为什么我们不来一个反攻?'陈独秀立刻答复他说:'我宁愿牺牲一千万群众,不能与国民党翻脸,只有与国民党合作到底,革命才有希望。'"[1]陈独秀就是这样地哀求"合作"。在陈独秀哀求"合作"之下,共产党的武装,党所创造出来的力量,就被解除了。

毛泽东同志曾说:"陈独秀是一个自己意识不到的出卖党的人。"[2]他使我们的党服从国民党,他自己则成为武汉国民党领导人汪精卫的驯顺工具,一切唯命是听。汪精卫要他怎样他就怎样,要他走东他不敢走西。这样,在汪精卫的命令和授意下,他下令解散了武汉的店员工会和总工会的工人纠察队,

---

① 朱其华:《1927年底回忆》,上海新新出版社,1933年,第233页。
② 斯诺:《长征25000里》,第142页。

119

将工人纠察队的枪支缴给唐生智的第八军；他告诫负责农民运动的党员，责其不可过火，并解散了农民自卫军，将枪支缴给了地方驻军；他禁止党员在军队中宣传阶级斗争。这就更增加了反革命的气焰，帮助了武汉国民党的叛变，葬送了革命。陈独秀机会主义所造成的后果，加上帝国主义和封建势力超过了革命的力量，就使革命遭受了暂时的失败。革命虽然失败了，但年幼的中国共产党和中国人民得到极大的教育。中国共产党和中国人民并没被吓倒被征服，而是高举了革命的大旗继续战斗。

原载《历史教学》，1958 年第 5 期

略谈中国 1927 年大革命的失败

　　1924 年到 1927 年是中国现代革命史上第一次国内革命战争时期。这一时期,中国共产党和国民党实行了合作,资产阶级参加了革命。但在整个革命过程中,资产阶级的总趋向是向右转的,资产阶级和无产阶级激烈地展开了夺取革命领导权的斗争。由于中国共产党当时在陈独秀右倾机会主义领导之下,没有给资产阶级的阴谋诡计以及时有力的打击,结果使资产阶级掌握了革命领导权。资产阶级有了力量,于是就公开叛变了革命。

　　中国共产党从成立的那一天起,就不断地向全国人民宣传马克思列宁主义。当时中国共产党是少数,仅仅几十个党员,但真理在中国共产党方面,少数逐渐成为多数。到 1923 年和 1924 年间,连资产阶级革命家孙中山先生也相信共产党的主张,同意中国共产党提出的反帝反封建的纲领,因而在中国共产党人帮助之下,重新解释了三民主义,采取反对帝国主义侵略和联苏、联共、扶助农工三大政策的革命的民族主义,改组了国民党,建立了国共两党和各界人民的民族统一战线。中国共产党人李大钊、毛泽东、林伯渠、瞿秋白等这时参加了国民党并被选为国民党中央执行委员和候补委员。因此,"中国的革命,自从 1924 年开始,就由国共两党的情况起着决定的作用。由于两党在一定纲领上的合作,发动了 1924 年至 1927 年的革命"[①]。

　　在北伐战争即将开始的时候,代表资产阶级的蒋介石制造了"三二〇"中山舰事件,接着于 5 月又提出了"党务整理案",从而掌握了党权、军权和政权,排挤了共产党在革命中的领导地位。毛泽东同志这时就提出必须对蒋介石来一个回击,并发表了《中国社会各阶级的分析》一文,强调指出中国革命必须由无产阶级来领导,也只能由无产阶级来领导,并指出应发动农民,因为农民占中国人口 80% 以上。但党的总书记陈独秀却害怕影响团结,怕吓退国民党资产阶级,把蒋介石看成是"民族英雄""伟人",不同意毛泽东同志的正

---

　　① 《国共合作成立后的迫切任务》,选自《毛泽东选集》。

确主张。对于"党务整理案"竟说是"原本关及贵党内部问题,无论如何决定,他党均无权赞否"①。

这样,蒋介石的阴谋就得到实现。

蒋介石这时虽然窃取了革命领导权,但领导群众的权他并没有掌握,也始终掌握不了,资产阶级是不可能发动群众的,所以革命还在发展,特别是农民运动还在继续发展。在这种情况下,蒋介石被迫向北洋军阀进行战争,因而北伐战争还是在国共合作的形式下进行的。

由于在毛泽东、彭湃、刘少奇等同志领导和教育下的千百万工农群众被充分动员起来,参加了战斗,北伐战争不到半年的时间就取得了胜利。长江以南的军阀势力被消灭了,帝国主义的走狗吴佩孚、孙传芳之流被打倒了,张作霖的统治也摇摇欲坠。

革命的发展,特别是两湖工农运动的发展,使雄踞长江中游的武汉成为革命运动的中心。原来设在广州的革命政府决定迁都武汉,并于 1927 年 1 月 1 日在武汉办公,武汉的声名从此震动全球。武汉政府的命令不仅在广大地区发生效力,达到社会各阶层,就是帝国主义者也不敢轻视它。

在武汉政府领域内,人们高举起反帝斗争的旗帜。1 月 3 日武汉工人用自己的力量收回了汉口英租界;1 月 6 日,九江工人收回了九江英租界。接着在重庆、万县、沙市、宜昌、长沙、广州等华南和华中几十个大小城市,相继掀起了反英怒潮,举行了罢工和示威游行,誓要把英帝国主义在长江流域的势力驱逐出去。在湖南,人民更自动收回海关、邮政权力,接办了教会学校,开展了反对帝国主义文化侵略的运动。武汉政府在群众革命运动的推动下,对帝国主义也采取了坚决斗争的方针,支持群众收回汉浔租界,明令罢免外人邮务长,收回领事裁判权,提高关税等。

土地革命更是猛烈地开展着。两湖人民没收了王占元、萧耀南、吴佩孚等军阀的财产,成立了审判土豪劣绅的特别法庭,组织起农民自卫武装。摧毁了地主的乡、区、团等统治机构,镇压了一切反革命分子,把一切权力都集中于农民协会。他们打土豪、丈田、插标、分田,同时开展了农村的建设工作,如修路、灌溉和一些文化活动等。武汉政府也相应地采取了不少措施,没收了北洋军阀官僚的企业,取缔了外人所办的学校,枪毙了不少反革命罪犯,并明令宣

---

① 《中国共产党致中国国民党书》,《向导》,第 157 期。

布取缔祀孔,兴办新式教育等。对于农民的土地革命表示支持。1927 年 3 月 19 日国民党领袖发表的宣言明确指出"每一乡村都要建立农民政权,以便彻底压制地方寄生虫、劣绅、地主、反革命派的活动"。"如果农民不能占有土地,他们就不能帮助革命达到最后的胜利。因此,在土地问题未解决以前,我们党应当决定帮助农民进行夺取土地的斗争"。[①]

全国的进步青年从四面八方奔向武汉,参加军队。武汉的军队大大增多了。原北伐第四军扩编为两个军,原第八军扩充成三个军。这些军队多数是雇佣军,但共产党领导的和影响的部队也在增长。叶挺同志被委任为第二十四师师长,贺龙同志被委任为独立十五师师长,朱德同志担任南昌军官教导团团长,恽代英同志负责武汉军事学校工作。这些力量成为武汉政府的中坚力量。

武汉日益革命化,全市到处张贴着"打倒帝国主义""打倒军阀""中国共产党万岁"等标语。人们神采奕奕,精神焕发。工人纠察队和农民自卫军背着枪,耀武扬威地在街上巡走,不少妇女把发髻和辫子剪掉,佩戴着工会会章。孩子们唱着《北伐歌》。出售革命书籍的长江书店和血花书店每天都挤满了人,《向导》周报和《中国青年》期期脱销,供不应求。往日的游戏场已变成人民的俱乐部,里面挂着马克思、列宁的照片和各式各样的统计表,如湖南各县农民协会组织统计表,武汉工人组织统计表等。总之在革命的首都,到处是一片朝气勃勃的景象。

但是就在这时,就在革命猛烈向前发展的时候,资产阶级已看出自己并不能控制革命,并且感到革命已威胁到他们的阶级利益,便叫嚷起来,说什么"共产党抓群众,抓军队,两湖的乡区,共产党更开始没收土地,共产党的势力真足以颠覆政府"(引自陈公博:《寒风集》),企图以此来分裂革命,向革命发动进攻。这种进攻到三月间达到了非常疯狂的程度,特别在南京和上海解放以后,达到了高潮,他们公开叫嚷要制裁"过激分子"。广州、上海、武汉等地的资产阶级现在已联合起来夺取革命的果实。这种反动力量的代表是谁呢?就是 1926 年制造"三二〇"中山舰事件的蒋介石。

1927 年初,蒋介石以南昌为反革命中心,公开叛离武汉的革命政府。蒋介石派戴季陶、吴铁城等去日本寻求支持,引用美英买办黄郛、王正廷为幕僚。

[①] 转引自米夫:《紧急时期中的中国共产党》。

而衔着英美日等帝国主义和中国买办阶级使命的虞洽卿也匆忙地赶到南昌和蒋介石谈判,答应给蒋介石 6000 万元,以反共灭共为条件。鉴于蒋介石的反动,中国共产党人便以伟大的工农力量为基础,团结了武汉政府中进步的和中间的分子,抵抗这股反动逆流。3 月召开了国民党第二届第三次全体会议,会议通过:巩固党权推翻军事独裁,镇压一切反革命,实行乡村自治、召集省民会议以实现国家政权之民主化,为赞助工农经济状况之改善而设立农政部、劳工部,以便制定改良社会之法则,坚决赞助工农群众运动等决议。这些决议目的在于继续发展革命,从而回击了蒋介石的反动气焰。但是由于只是政治上的声讨,没有组织军队,彻底清除其反动势力,这就使蒋介石仍拥有力量,进行反革命活动,集中其全力夺取东南诸省,自江西至上海沿途屠杀工农群众。3 月 7 日赣州总工会委员长陈赞贤同志被枪杀。3 月 11 日拥护三大政策的南昌国民党市党部被非法解散。3 月 17 日九江市党部和总工会被捣毁。3 月 23 日发生了安庆惨案。4 月 1 日到 5 日蒋介石、汪精卫在上海就反共问题举行了会议,并达成协议。同时吴稚晖又受蒋介石之命,提出了一个所谓"共产党破坏两党团结的弹劾书"。到了 4 月 12 日蒋介石在上海大肆屠杀工农群众公开背叛了革命。上海资产阶级立即发表声明说,"对于当局清党主张,愿为后盾",表示"竭诚拥护"。在资产阶级的支持下,4 月 18 日蒋介石在南京宣布成立蒋记国民政府,以与武汉中央政府对立。南京和南京政府是民族反革命的中心。武汉和武汉政府则是中国资产阶级民主革命运动的中心。因此在北伐战争胜利地占有长江流域以后便有了两个政府,两种军队,两个中心。

这时在武汉的国民党和国民政府各级组织中,已有不少共产党员,和国民党实行了密切的合作。武汉政府立即下令免掉蒋介石总司令职务,宣布了蒋介石的罪状,并通缉归案法办,对于武汉地区串通蒋介石的反革命分子,都予以惩罚。但是另外一方面却错误地认为蒋介石还是反对北洋军阀的,武汉的大敌是北方军阀张作霖,而不是新军阀蒋介石,以全力去讨伐奉系军阀,对蒋介石却没有做任何有力的防范。

武汉政府所以继续北伐的另外一个原因,是因为张作霖这时已向武汉进军,武汉处于直接威胁之下。武汉政府错误地把希望寄托在西北军冯玉祥的身上,认为冯玉祥是农民出身,人可靠,只要与冯玉祥在河南会师,革命就有了前途,打败了张作霖将来也就可以打败蒋介石。所以 4 月 19 日武汉政府命令唐生智、张发奎率师 5 万出征河南。

蒋介石在武汉政府防务空虚，麻痹大意的情况之下向武汉发动了进攻。他不是采取公开的军事进攻，而是派遣特务间谍潜伏湘、鄂、赣等地区，进行颠覆活动，唆使武汉政府内的反革命分子叛变革命。5月，夏斗寅、刘佐龙在湖北西部反水，于学忠、张联升在湖北西北部叛变，唐生智部下许克祥在长沙制造了"马日事变"，接着朱培德也在江西宣布"礼送共产党人出境"。同时，蒋介石还和帝国主义勾结起来封锁武汉，断绝了长江交通，停止了沪汉汇兑，不准任何物资运往武汉。武汉的物资日益缺乏，工厂作坊因无原料而缩短了工时。没有煤、没有盐、没有食米，呈现出不安现象。不少资本家又多携款潜逃，英、日等帝国主义者又关闭了他们在武汉的工厂，造成了十万多人的失业。而英、美、日等国军舰数十艘游弋于武汉江面上，威胁武汉政府。在这种情况下，武汉政府内的地主资产阶级代表汪精卫、孙科、唐生智等，撼拾了反革命的余唾，诬蔑群众运动"过火"，"农民蠢如鹿豕"，并发布了许多反动命令，如强迫仲裁，禁止在外资企业中举行罢工，限制工会的活动，严厉审判工农运动"过火"等。武汉政府内的反革命分子做了内应，也向革命发动了进攻。

在革命如此激烈变化时期，领导中国革命的中国共产党内部展开了两条不同路线的斗争。这就是以毛泽东同志为代表的马克思列宁主义路线，和以陈独秀为代表的右倾机会主义投降路线的斗争。毛泽东同志主张坚决发动群众，对反动派开展针锋相对的斗争，并发表了《湖南农民运动考察报告》，在各省农民联席会上，提出了普遍重新分配土地的主张，希望1927年4月下旬要召开的中国共产党第五次代表大会对这一问题加以讨论做出决定。按照这一主张，党就有了强大的力量，北洋军阀可以打倒，蒋介石可以打倒，武汉政府内的反革命分子的阴谋也不会得逞，动摇分子也就不至于动摇。但是投降主义者陈独秀却顺着机会主义的道路一直滑下去，跟在资产阶级屁股后面大喊工农运动"过火"，说什么"宁愿牺牲一千万群众，不能与国民党翻脸，只有与国民党合作到底，革命才有希望"。因此，对一切革命主张一概加以打击。毛泽东同志的《湖南农民运动考察报告》在《向导》周报上登了一半，就被禁止刊登。在中国共产党的第五次代表大会上又拒绝了毛泽东同志关于土地问题的提案，剥夺了毛泽东同志的发言权，并把毛泽东同志排斥于大会领导之外。对于瞿秋白、任弼时等同志的正确批评，也不愿接受。由于党在陈独秀右倾机会主义支配之下，陈独秀仍被选为党的总书记。党的五次代表大会实际上没有解决任何问题，而陈独秀的机会主义路线得以继续执行和发展。

在陈独秀投降路线支配之下,由谭平山等领导的武汉政府农政部和劳工部,从成立后没有公布一个减轻工农痛苦状况的法令,也没有公布一个改变城市与乡村中剥削的法律及改良经济关系的法案。农政部部长谭平山对于土地革命、没收土地、消灭土豪劣绅地主阶级在农村中的政权,都默默无言。但却在五月间公布这样一个完全适合国民党意图的命令:"必须纠正农民运动底一切'左派幼稚病',特别是不能不消灭那些离开正确道路的分子,因为这些分子使大部分农民受其毒,至于和反革命分子斗争和惩办土豪劣绅的问题,则可以按照政府和党所公布的条例。这些条例上规定:须将他们转交政府机关办理,不得自由行动。"这是一件多么可耻的投降令!采取这样投降的态度,那共产党在阶级斗争中还会有什么力量?

在这种可耻的阶级投降路线下,当 5 月 30 日长沙近郊 10 万工农军紧急行动起来要歼灭叛军许克祥时,竟被陈独秀下令禁止,说什么"湖南问题须静候国民政府解决"。国民政府如何解决呢?国民政府根据叛变头子唐生智的意见,派了唐生智的另一亲信周斓到长沙"恢复秩序"。周斓到长沙后继续执行许克祥开始的屠杀工农的政策。

帝国主义的威胁、武汉国民党的反动、陈独秀投降主义的出卖革命,使武汉革命政府的命运危在旦夕。针对这种情况,共产国际为了拯救革命,发展革命,发出了《五月紧急指示》:要求中国共产党实行土地革命,发展工农运动;加强国民党中央执行委员会中的左派力量;动员党员和工农群众,编练 5 万军队;组织革命法庭,肃清反革命分子。这和毛泽东同志的主张是完全一致的,陈独秀当然是不会接受的。他不仅不接受还扣留了这一指示,不让全党知道,尤其不能饶恕的是把共产国际的这一指示拿给蓄谋叛变的汪精卫去看。一直在寻找借口要消灭共产党的汪精卫,很懂得阶级斗争和夺取革命领导权的重要性,在看到《五月紧急指示》后立即做出决定,实现他和蒋介石的反共协议,说:"已到了争船的时候了,已到了争把舵的时候了。要将国民革命带到共产主义那条路去的,不能不将国民党变做共产党,否则只有消灭国民党之一法。要将国民革命带往三民主义那条路去的,不能不将共产党变做国民党,否则只有消灭共产党之一法。正如一只船,有两个把舵的,有两个不同的方向,除了赶走一个,更无他法。"[①]武汉汪精卫集团已露出了他们的杀机。他们

---

① 《汪精卫先生的文集》(第二编),上海中山书店,1936 年,第 37 页。

明目张胆地声称要吃掉共产党。

正在这时,河南的北伐军回到武汉。为什么要返回呢?是要东征蒋介石吗?不是。是回来休整然后再北伐吗?也不是。他们回师的目的在于镇压武汉的工农运动,夺取革命的领导权,和蒋介石的南京反动政权合流。河南战争依靠贺龙同志的独立十五师和以共产党员为骨干的第四军、第十一军取得了胜利,打败了奉系军阀,和西北军冯玉祥在郑州会了师。但会师后,武汉国民党的要人汪精卫、唐生智、谭延闿、徐谦等于 6 月 10 日和冯玉祥举行郑州会议,马上商讨反共问题,而不是北伐出发时所想的那样去发展革命。这样一来,6 月 19 日冯玉祥又跑到徐州,和蒋介石、胡汉民、吴稚晖举行会谈,进一步策划反共灭共的具体行动。他们的回师就是在这种思想指导下进行的。

他们要反共,要和蒋介石合流,但又不敢公开和蒋介石站在一起,因为在群众中蒋介石这个反革命分子已经臭了,于是就打起中间路线的招牌,说什么"南京的国民党他们是向右边走的,现在共产党是向左边走的,这都不是真正革命的道路,不是国民党的道路,不是三民主义的道路,真正革命的、国民党的、三民主义的道路,不是向右边,也不是向左边,而应该是向前走"。这是武汉政府公开叛变的信号。对于这种反动论调,连当时革命的国民党人宋庆龄、邓演达都表示了极大的愤慨,提出了抗议,指出这是对孙中山先生的背叛。但是当时掌握党的领导权的陈独秀、彭述之之流到这时仍不组织力量来反抗即将到来的血腥恐怖,仍想奴颜婢膝地苟安下去。

陈独秀为了换取资产阶级的谅解,为了适应资产阶级叛变的需要,他把党完全卖给了已经公开反革命的武汉国民党,一切听命于汪精卫。汪精卫说什么他就干什么。在汪精卫的指挥下,大量地砍掉工农群众的革命组织,解散了工农武装力量。汪精卫说武汉店员工会闹得太不像样,陈独秀就下令解散武汉店员工会。汪精卫说工人纠察队足以增加时局的严重性,陈独秀就下令解散总工会的武装。汪精卫说童子团是否需要,陈独秀就解散了童子团。汪精卫说各县农民协会闹得太不成话,陈独秀立即告诫负责农运的党员,责其不要"过火"。汪精卫说农民自卫军足以引起地方的恐慌,陈独秀就下令解散农民自卫军,把枪支交给地方上的反动军队。汪精卫说共产党在军队中的政治工作,宣传了阶级斗争,引起了部队长官的反感,陈独秀就下令禁止宣传阶级斗争思想。就这样,半年来在斗争中成长起来的工农群众革命武装力量竟被毁于陈独秀之一言和一纸之令。

陈独秀已举起了双手向敌人投降。为了使他的投降合法化,为其投降做辩护,陈独秀又以专断独裁的手段,于 7 月 3 日召开了中央扩大会议,做出了这样一些决议:一、中国国民党既然是反帝国主义之工农及小资产阶级所联盟的党,当然处于国民革命之领导地位;二、工农等民众团体均应受国民党党部之领导与监督,工农等民众运动之要求,应依照国民党大会与中央会议之议决案及政府公布之法令;三、工农武装队伍均应服从政府之管理与训练,武汉现有的武装纠察队,为避免政局之纠纷或误会,可以减少或编入军队;四、工会及工人纠察队不得党部或政府之许可,不得执行司法行政权,如捕人、审判及巡逻街市,等等。①这完全是反动的国民党的语调。看他对国民党是多么的忠心! 对人民背叛到什么程度!

尽管陈独秀如此,资产阶级并不因他的效忠而发慈悲之心,只不过加速了资产阶级的叛变。事实表明,谁想在原则问题上妥协,谁就会被反动敌人吃掉。而这时,不论白天黑夜,已有屠杀共产党员和革命群众的枪声。江汉关前也出现了帝国主义的军舰,隐藏在革命队伍内的孙文主义学会反动分子也到处兴风作浪,公然在汉口民众乐园殴打群众,抢劫财物。中国革命此时已处在严重关头。到了 7 月 14 日夜,武汉国民党举行秘密会议,公开宣布"分共",逮捕、屠杀革命人民,武汉政府就完全落入反革命分子手中。轰轰烈烈的大革命失败了。武汉的国民党和南京蒋介石已完全合流。

关于大革命失败的原因,中国共产党第六届中央委员会扩大第七次全体会议通过的《关于若干历史问题的决议》中,曾做了极其深刻的分析。决议指出:"由于当时的同盟者国民党内的反动集团在一九二七年叛变了这个革命,由于当时帝国主义和国民党反动集团的联合力量过于强大,特别是由于在这次革命的最后一个时期内 (约有半年时间),党内以陈独秀为代表的右倾思想,发展为机会主义路线,在党的领导机关中占了统治地位,拒绝执行共产国际和斯大林同志的许多英明指示,拒绝接受毛泽东同志和其他同志的正确意见,以至于当国民党叛变革命,向人民突然袭击的时候,党和人民不能组织有效的抵抗,这次革命终于失败了。"(选自《毛泽东选集》)

1927 年中国的革命虽然失败了,但是中国共产党和中国人民并没有被吓

---

① 转引自米夫:《紧急时期中的中国共产党》。

倒,被征服,被杀绝。陈独秀放弃了斗争,毛泽东同志一直领导革命。在毛泽东同志领导下,革命者从地上爬起来,揩干净身上的血迹,掩埋好同伴的尸首,他们高举起革命红旗,继续战斗!

原载《历史教学》,1963 年第 5 期

第二次国内革命战争时期革命根据地的土地分配

一

第二次国内革命战争也称土地革命战争,这就是说这一时期以土地革命为主要内容。进行土地革命,彻底解决农民的土地问题,把土地从封建剥削者手里转移给农民,把封建地主的所有制变为农民的所有制,使农民得到解放,从而引导农民走向集体化,大力提高生产力,这是共产党民主革命时期两大任务之一。它和反帝国主义是相关联的。党从成立的那一天起,就把反帝反封建作为自己在革命第一阶段的任务。毛泽东同志在《中国革命和中国共产党》一文中对这一问题曾做了科学的分析:"中国革命的两大任务,是互相关联的。如果不推翻帝国主义的统治,就不能消灭封建地主阶级的统治,因为帝国主义是封建地主阶级的主要支持者。反之,因为封建地主阶级是帝国主义统治中国的主要社会基础,而农民则是中国革命的主力军,如果不帮助农民推翻封建地主阶级,就不能组成中国革命的强大的队伍而推翻帝国主义的统治。所以,民族革命和民主革命这样两个基本任务,是互相区别,又是互相统一的。"(引自《毛泽东选集》)第二次国内革命战争时期所进行的土地革命,就是要消灭封建势力和帝国主义在中国的根基。革命性质是反封建的,也是反帝的。

为什么要以土地革命为中心内容?这是由当时历史条件所决定的。第一次国内革命战争后,资产阶级退出了革命,投靠了帝国主义和封建势力,变成人民的敌人,革命队伍只剩下了工人、农民和城市小资产阶级。党为了把革命推向前进,就要依靠工农基本阶级力量,在农村建立了革命根据地,创立工农民主政府,进行土地革命,把革命主要锋芒针对封建势力,以推翻国民党新军阀的统治。如果在这时不实行彻底的土改,就要脱离工农,就不能巩固地建立起工农民主政权,就不能发动农民的高度革命热情,来参加和支援革命战争,以推翻为帝国主义所支持的蒋介石政权,革命也就不能向前发展。

在当时极其复杂的中国社会里,进行土地分配,是一项非常艰巨的任务,而党还没有充足的经验可以遵循。第一次国内革命战争时期,毛泽东同志的土地革命的阶级路线已经形成,这时在革命实践中进一步提出:依靠贫雇农,联合中农,限制富农,消灭地主。有了这一条正确的土地路线,再加上毛泽东同志为纠正土地改革工作中发生的偏向、正确解决土地问题而写的《怎样分析阶级》,就保证了土地革命的顺利进行。依靠谁,团结谁,打击谁,这是土地革命的根本问题,掌握划分农村阶级标准,则是实现这一路线的依据。贫雇农是农村中最受压迫、最受剥削的阶级,农村中封建剥削的对象主要是贫雇农,封建压迫的主要对象也是贫雇农。贫雇农是农村中的半无产阶级和无产阶级,他们是农村中最革命的阶级,实行土改首先就是他们的要求,就是要把他们彻底解放出来。中农是农村中的小资产阶级,比贫雇农拥有较多的土地,间或雇用劳动力,但他们一般也是受剥削和压迫的,在反对帝国主义和打倒国民党、消灭封建制度等根本问题上和贫雇农是一致的,因而在民主革命时期是革命动力之一,是无产阶级可靠的同盟者,必须采取团结政策。毛泽东同志曾说:农民这个名称所包括的内容,主要地是指贫农和中农。富农是农村中的资产阶级,又是半封建剥削者,对其必须限制,削弱他们的势力,在政治上不让他们参加政权,在经济上把他们多余的土地财产征收过来。地主阶级代表我国最落后的最反动的生产关系,阻碍着生产力的发展,必须坚决加以消灭。所谓消灭就是说废除其土地之所有权,废除封建半封建的土地剥削制度,废除地主阶级的一切统治,而不是消灭地主的肉体。

二

没收谁的土地?没收的范围是什么?根据什么标准?这些具体的但又是关键性的问题,土地革命的实践都做了回答。在土地革命斗争中土地法出现了,土地法又来指导土地革命的进行,土地革命的深入开展又不断丰富了土地法。

最早的土地法就是1928年冬湘赣边区所通过的《井冈山土地法》。这个土地法总结了1927年冬到1928年冬这一时期土地斗争的经验。接着在

1929 年又有《兴国土地法》的制定,这两个土地法对土地分配的许多重要问题都做了明确的规定,以后的土地法都是在这个基础上产生的。不过《兴国土地法》出现时土地分配的区域还不广泛。1930 年春江西工农民主政府颁布了土地政纲,土地分配在江西、闽西等地正式开展起来,分配土地的区域扩大了。1930 年 9 月又公布了土地暂行法。1931 年中央工农民主政府成立时,把几年来各地斗争的经验加以全面的总结,正式颁布了土地法。各地根据土地法规定了更加具体、适合于当地情况的土地分配细则、平均分配土地条例或土地分配法。

土地法在发展过程中,内容越来越丰富,越来越科学。譬如关于没收土地的范围,井冈山土地法曾规定没收一切土地归工农民主政府所有,《兴国土地法》把没收一切土地改为没收公共土地及地主阶级土地,中央工农民主政府又进一步把没收土地的范围规定为封建地主、军阀、豪绅、寺院及其他大土地所有者。又如关于土地的所有权问题,在《井冈山土地法》和《兴国土地法》中都规定了土地所有权归工农民主政府,而不是属于农民,农民只有使用权,这对当时的土地私有观念很深的农民是很难接受的,妨碍农民革命积极性的发挥,中央工农民主政府的土地法改变了土地国有的规定,提出土地归农民所有,可以租借,可以买卖,可以继承。①对于公有土地,土地暂行法规定无代价地没收寺院、庙宇、祠堂及其他公有土地;中央工农民主政府的土地法中则规定对这些土地不是强制地马上没收,因为宗教迷信是几千年来宗法社会遗留下来的,不是一天就可以打破的,一定要经过宣传教育,在不妨碍农民的宗教感情和自愿的赞助下,才能去没收分配。凡此一切都有利于充分调动农民的革命积极性,把打击对象集中于封建势力和帝国主义。初期的土地法个别不恰当的地方是难免的,因为当时还缺乏土地斗争的经验。

土地革命的基本精神就是无代价地没收一切地主、军阀、官僚、反革命者的土地及其他动产和不动产以及富农的多余土地,废除一切田单契约债务,把革命的果实分配给贫雇农和中农,这是正确的路线。但是从 1931 年起,"左"倾机会主义统治了全党,在土地政策上实行了地主不分田、富农分坏田的过左的错误政策,《中华苏维埃共和国土地法》上规定了"被没收的土地以

---

① 毛泽东:《农村调查》,解放社,1949 年,第 111—117 页;《苏维埃中国》(苏联外国工人出版社版本,1933—1935 年印),中国现代史资料编辑委员会翻印,1957 年,第 66 页。

前的所有者,没有分配任何土地的权利"(《土地法》第一条);规定了"富农在被没收土地后, 如果不参加反革命的活动而且用自己劳动耕种这些土地时,可以分得较坏的劳动份地"(《土地法》第三条)。这种"左"倾政策就破坏了毛泽东的正确路线,不给一般地主及其家属以土地,就断绝了给地主以正当的生活出路,会使他们沦为乞丐和盗匪而为害社会治安;给富农以严厉的打击,就把富农完全推向敌对方面,这就不仅不能在劳动中改造他们,分化他们,而且把他们的大部驱到豪绅一边,挂起白带子来反对我们,这对革命是极其不利的。毛主席后来曾屡次指出这种错误的危害性,提醒全党引以为戒。他在《农村调查的序言和跋》一文中曾说:"在土地政策方面,对于十年内战前期和中期所采取的、也分配给地主一份和农民同样的土地、使他从事耕种、以免流离失所或上山为匪破坏社会秩序,这样的正确的政策,加以否定,也是错误的。"(引自《毛泽东选集》)在《目前形势和我们的任务》中也谈道:"我们的方针是依靠贫农,巩固地联合中农,消灭地主阶级及旧式富农的封建的及半封建的剥削制度。地主、富农应得的土地及财产,不能超过农民群众,但是,曾经在 1931 至 1934 年期间实行过的所谓'地主不分田,富农分坏田'的过左的错误的政策,也不应重复。"在《论政策》和《学习和时局》中,也都同样地指出这种错误的政策,曾给党和革命造成了极大的损失。土地改革的目的是着眼于生产的,它要把农村的生产力从封建制度的束缚下解放出来,发展农业生产,并教育分散的个体农民,逐渐走向集体化。对于地主富农,在封建剥削被彻底摧毁后,强迫他们依靠自己的劳动来生活,逐渐把他们改造成为自食其力的劳动者,可以增加根据地的劳动力;而采取"地主不分田,富农分坏田"的过左政策,只能给革命带来损失。《土地法》中这些过左的规定,也反映了当时在土地政策上错误路线同正确路线的对立。

三

怎样才能合理地把从地主手中夺来的土地分配给农民呢?当时曾经有过三种不同的分配原则,即按人口分配、按劳动力分配和按人口及劳动力混合分配。按人口分配的办法就是所有乡村中男女老幼,一律平分,人多的多分,人少的少分。按劳动力分配的办法就是能劳动的比不能劳动的多分一倍,老弱的少分一些。第三种分配办法是两个标准都考虑到。虽然有三种形式,但根据地长期以来多是按人口平均来分配的。譬如在江西莲花,不论男女老幼,每人都分一亩田;宜春慈化镇,每人也约有 1 亩地。洪湖、湘鄂西根据地是按照劳动力分配的,如在潜江,男子分 1.5 亩,妇女分 1 亩,幼孩分 7 分。鄂豫皖区则实行人口与劳动混合分配办法。就整个根据地来说,是以人口分配为主体的,这在井冈山的土地法中早已做了明确的规定。

分田时,一般均以乡为单位来进行。乡的田有多有少,田多的乡村可拨一部分田地给田少的乡村的群众,采取移民的办法,田少的乡村迁移一部分人到田多的乡村去住。但有这样的情况:"因乡境大,山岭多,乡为单位去分,隔远了,不好耕。农民宁愿在本村分田少一点,不愿离了本村迁往别村。"①除了以乡为单位外,还有以几个乡为一单位去分配的,如永新之小江区,因山多田少,以三四乡为一个单位。以村为单位进行分配的情况也是有的,鄂豫皖区的六安就是以村为单位,人以三斗田为标准,每斗田可收谷二石余。以村为单位是有弊病的,"(一)大村不肯拨田于小村。(二)单位太多,区乡政府不易督促,暗中生出许多弊病。(三)一村之内,容易被地主富农以姓氏主义蒙蔽群众,不去彻底平分,彻底打土豪"②,因之一般的都不是以村为单位。

在土地分配中,红军及其家属受到特别的待遇,所得田地较贫雇农和中农为优,各地都把最好的上田首先分配给红军,然后再进行一般的分配。有的地方则实行红军家属和贫雇农分好田的原则。这种办法在当时起了鼓励红军的作用,但是也易造成一些不好的干部私分好田多分财产的现象。

当时分配土地时还有一种公田制度。红军公田是专为白区工农和白军士兵参加了红军而分配的。各地分田时先将公田提出,然后再将远近田地、山林、池塘、竹园等,做一总计算,好坏相配,混合划分。各乡究竟留出多少公田,这要根据每乡分田多少来决定。分田少则少留,分田多则多留,但最少每乡必须提出两个人的公田。以江西为例, 当时规定每乡每人分 5 石者留 3 人到 5人的公田,5 石以上者则多留,5 石以下者也须留出。据统计,兴国县当时有公田2456.5 石,公略县有 2042 石,赣县有 2630 石。公田多在路边,有一个石牌或木牌做标记,上面写着"红军公田"4 个字。各省根据县区乡的报告把全省的公田报告中央政府,再由红军总政治部根据各军外籍人数与各县公田数目给

---

① 《农村调查》,第 57 页。
② 《农村调查》,第 102 页。

以分配,一方面报告中央政府发交地方政府向各地群众公布,同时向各军战士公布所分公田多少,在什么地方,由各军战士推举代表到各地所分公田地点查看。公田的耕种收获都由地方工农政府负责发动群众去解决。公田的耕种收获较一般的要早,收获完后就由区政府将公田的出产品变成货币,交给县政府和省政府,分配给享受公田的战士。如果种子、肥料、耕牛、农具是借的,除留一部分做借用费外,其余的完全归红军战士。至于白区来的医师、技术人才、专家、教员,除应得之工资外,如携带家属,也可以分到土地。当时所以这样做,是使他们与土地革命发生密切联系,忠于革命。

公田的由来,一是分余的尾子不便分配而作为公田,一是有目的留一部分,一是部队开荒后移交的。公田的用途概括说来,是用作新添人口后的增补,给白区来的人口的份额,区乡政府的用费。死了人的开始一般不抽回,后来因为生孩子等缘故,原来公田数不够用,就又把死者的份额抽回调剂。公田曾起了一些作用,但作为一种制度是没有存在必要的。毛泽东同志在《农村调查》中就指出:“其实公田还是不留的好,第一有生的也有死的,生儿子不怕无田。第二收土地税,政府有了钱用,不必靠公田作用费……所以不如一概分了,农民多得利益的好。”(本段为《第二次国内革命战争时期革命根据地的土地分配》一文补遗,原载《历史教学》1960 年第 6 期,第 16 页。)

红军及其家属、贫雇农在土地改革中得到了很大的利益,取得了革命的果实。中农在土改中一般的也是获得了利益的,主要的是在经济上平分了田地,在政治上有了发言权。赣东北根据地葛沅区有这样一个统计,该区共有 1836家,分配的结果,有 1703 家比革命前的土地大为增加;比革命前的土地减少或相等的只有 133 家,占全数 7%。这些比革命前减少土地的,大部分是富农,也有一些富裕中农或中农,有的减少的原因是因为家中人口减少了。

分配土地时,不仅要计算土地的面积,还要考虑到土地的肥瘠,按产量分成若干等级,好坏搭配去分。一般来说,田地被分为三等,即上田、中田和下田。如江西莲花亩下村,先以田的面积为标准,每人分田 2 斗余,约二三亩,后改为以收获量为标准,上田作 4 石,中田作 3 石,下田作 2 石,每人分田可收谷 7 石。又如兴国,全县共有土地 1473197 石,每人分田担数(每二石为一担)最多 8.5 担,普通 6 担,最少 4 担。石城全县土地 594791 担,每人最多分 11担田,普通得到 10 担,最少的可以分到 5 担田。分田以后,最少的也都够吃够穿,再不会受封建的剥削和压迫,因而农民能以全力去发展生产,生产上出现了新的局面。

为了发展生产，具有社会主义萌芽性质的劳动互助社出现了。互助社以村为单位全盘计划生产，调剂人工。犁牛合作社也出现了。在那时的农业技术条件下，耕牛对于增加农业生产的作用，仅仅次于人工。这些在红色政权下生长和发展起来的新鲜事物，大大地推动了农业生产，并为以后的农业合作社创造了先例和经验。

由于我们党在十年内战时期，实行了彻底改革土地制度的政策，因而保证了红色政权的巩固，发展了革命战争。而土地革命之所以能够彻底实行，又是由于有了红色政权和不断胜利的革命战争。

四

打土豪、分田地的土地革命是一场剧烈的阶级斗争，地主阶级是不会轻易地把土地财产权交出来的，富农也不愿意把多余的土地财产让出来。他们总是千方百计地做垂死的挣扎，阴谋复辟，到处进行破坏活动，对于土改进行了激烈的反抗。他们破坏土改的阴谋，花样很多。如他们把自己反革命的面具取下来，戴上革命的面具，也赞成革命也赞成分田，自称贫苦农民，照例应分土地，甚至钻进政权内部利用地位比贫苦农民分得更多的好的田地，挂起了红带子从内部来进行反革命的活动。他们在革命初期表面上也装着向贫雇农投降，实际上则利用他们从前的社会地位及家族主义，恐吓农民，延长分田的时间。特别是富农，当无法延宕分田时，就隐瞒土地实数，或自据肥田，把瘠田让出来。富农甚至提出来要以生产力为标准来分田，他们认为平均分和按劳动力分都对他们不利，而按人工和资本（农具）来分就可以窃取土地革命的利益。总之，他们用尽了各种毒辣的手段，企图保持住他们政权上的与土地财产上的权利，保持他们残余的封建势力。要刨掉封建势力的老根，就必须充分发动群众，领导农民和地主富农展开坚决的斗争，斗争越深入，封建势力就无法找到藏身之处，土地的分配就更加彻底。1933年党又发动了普遍的群众性的查田运动。毛泽东同志在查田运动的初步总结中曾概括了这一轰轰烈烈的群众斗争的伟大胜利："在一切查田有成绩的区乡，广大的群众斗争发动了。苏维埃工作中，党的工作中，许多过去停顿着的状态，现在都活泼起来了。苏维埃中的坏分子许多被清刷出去了，暗藏在农村中的反革命分子，受到了严厉的镇压。一句话,封建残余势力,在广大群众面前遭受了惨败。在这个基础上各种工作更加积极地开展了。在查田有成绩的区域,扩大红军与扩大地方武装,推销经济建设公债与发展合作社,秋收秋耕与发展劳动互助社,以及俱乐部、夜学、小学等文化建设事业,都得到了极大的成绩。"

党采取群众路线来领导群众的土地革命运动,使封建的生产关系被彻底地摧毁,农民在新的生产关系下自觉地为工农民主政权的巩固和发展而奋斗,创造着美好的生活,这说明发动农民,重新分配土地,对革命的发展有极严重的意义。刘少奇同志说:"党采取了坚决依靠农民的政治觉悟和组织力量、发动农民自己救自己,自己打倒地主、取得土地、保卫土地的群众路线的方针(党的这个方针一直继续贯彻执行到中华人民共和国成立以后的土地改革中),而不是采取与此相反地把土地'恩赐'给农民的资产阶级的方针,就使党在农村中建立了强大的可靠的革命堡垒,建立了革命军队和革命根据地,把广大贫苦农民的革命积极性和革命纪律性逐步提高到接近于革命无产阶级的水平,并且从他们中间取得了党和党所领导的人民军队所需要的源源不断的人力、物力后备。中国共产党依靠农村革命根据地进行的革命战争,在农村革命根据地进行的土地改革和经济文化建设,实际上是为准备全国胜利而进行的长期反复的伟大的演习。"[①]这是对我国民主革命时期党领导的土地改革和农民战争全面的总结,当然也是对第二次国内革命战争时期土地革命的总结。

第二次国内革命战争时期的土地斗争,内容是极其丰富的,经验也非常宝贵。这种经验又为以后各革命时期党的土地政策特别是第三次国内革命战争时期解放区的土地改革运动所发展和丰富,因此,在革命取得全国胜利后,在全国范围内很快地实现了土改任务。在土改以后,全国农民又在党的领导下经过互助组、初级农业生产合作社、高级农业生产合作社,一步比一步高,一步比一步快地走上了社会主义道路。

原载《历史教学》,1960 年第 4 期

---

① 刘少奇:《马克思列宁主义在中国的胜利》,人民出版社,1959 年。

关于"二战"时期革命根据地的几个问题

近几年来,我国史学工作者,根据三中全会精神,实事求是地对革命根据地问题进行了广泛的研究和讨论。国外学者对这一问题也表示了极大的兴趣,专门举行了学术讨论会。历史上的革命根据地问题,所以引起人们如此注意,是因为它是中国革命胜利必由之路,是毛泽东思想重要组成部分。

下面就几个问题,谈谈我的看法。

一

20世纪20年代后期,中国历史上出现了一种最新、最活泼的因素,那就是农村根据地的建立。

建立农村根据地,在中国历史上并不乏先例。妇孺皆知的梁山泊宋江等所依托的,就是一块农村根据地。太平天国开始时,也是以紫荆山为根据地而发展起来的。中国资产阶级民主派在发动惠州起义时,也以三洲田为革命军的根据地。但20世纪20年代出现的工农武装割据式的农村根据地,则是空前的。

工农武装割据,是以毛泽东为代表的中国共产党人创建的。他们以马列主义为指导,目的在于依靠根据地去推行民族民主革命,在中国建立社会主义和共产主义。他们是一批最杰出的人物,有很高的文化修养,熟悉中国的历史和现状,有丰富的斗争经验。他们建立的革命根据地是把军队、政权和土地革命三者结合在一起,而且突出了土地革命,这就是共产党人创建的农村根据地和旧式农村根据地不同的所在。

中国共产党人从第一次大革命中获得的最丰富的教训之一,就是解放和振兴中华,须从建立根据地、实行土地革命着手。

在大革命时期,中国共产党人和国民党左派爱国人士,对中国人民和土地问题进行过调查研究和理论性的探讨,《中国农民》月刊专门发表过这方面的文章。毛泽东的《中国农民中各阶级的分析及其对于革命的态度》《中国社会各阶级的分析》就是在这一刊物上先后问世的。武汉政府时期,为了解决土地问题,特别成立了土地委员会。毛泽东、谭平山、邓演达等 5 人为委员。这时毛泽东同志已主张用军事力量发动土地革命,他说:"革命势力,目前虽见发展,但亦到了一个危机,此后非有一支生力军必归失败。要增加生力军保护革命,非解决土地问题不可,其作用,在解决土地问题后,即能够解决财政问题及兵士问题。兵士能否永久参加革命,亦即在土地问题解决。因农民要保护他们的土地,必勇敢作战。"①

土地革命由理想变为现实,是 1927 年下半年的事,这时历史驱使中国共产党单独举起土地革命旗帜。勇敢的共产党人,以全副精力和全部热情集中于农村,以推动中国革命的进程。

在国民党叛变革命实行屠杀政策后,中国共产党没有别的选择,只有拿起枪来,举行起义。所以在八一起义后,又举行八七会议,决定实行战略转变,在湘、鄂、赣、粤四省发动秋收暴动。这是在"枪杆子里面出政权"思想指导下进行的。

1927 年 9 月秋收暴动的失败,给革命者的启示极大,这就是只有枪杆子里面出政权的认识还不够,还应认识到中国革命应走在农村建立根据地这条道路。历史给人的经验是在中国组织城市暴动的路,是死胡同,走不通的,如果继续下去就是失去革命进程所赋予的发展良机,革命者必须抛弃旧有的思想,寻找新道路。正是在这样的条件下毛泽东同志做出了向井冈山进军的决断。井冈山根据地的建立像一盏明灯,在黑夜中划破长空,照耀了前进的道路。毛泽东同志的功绩是巨大的。

二

井冈山根据地是依靠军事力量,发展土地革命而建立起来的,这里地势险要,最利于军事割据。

毛泽东、朱德在井冈山造成割据局面后,在赣东北出现了方志敏式的根据地,在赣南出现了李文林式的根据地,在洪湖出现了贺龙式的根据地。根据地的道路通向四方,这就是说,不仅在井冈山这样远离敌人统治的险要地方

---

① 转引自蒋永敬:《鲍罗廷与武汉政权》,传记文学出版社,1972 年,第 284 页。

创造工农武装割据,也可在接近敌人统治中心和交通要道的地方,在丘陵地带, 在河湖港汊地区建立起根据地。共产党人在各地建立农村根据地的思想,大大丰富了历史的内容。那时毛泽东同志的视野非常广阔,对其他模式的根据地及时给予了肯定和赞扬,他从不拘一格,把在边界建立根据地的思想推进到更广的范围。毛泽东所讲的什么“式”的根据地,只能做这样的理解,而不会是指其他,这可以从毛泽东后来讲在河湖港汊发展游击战争一事来证明:“历史上所说的‘海盗’和‘水寇’,曾演过无数的武剧,红军时代的洪湖游击战争支持了数年之久, 都是河湖港汊地带能够发展游击战争并建立根据地的证据。”(引自《毛泽东选集》)

这样去理解根据地的各种模式,并不否认各根据地建立时所具有的其他特点,如以弋阳、横峰为中心的赣东北根据地,是方志敏、邵式平在秘密农民革命团的基础上,举行暴动而建立起来的。洪湖根据地,是贺龙、周逸群等7人带着一本《共产党宣言》和一支手枪,开展游击战争而发展起来的。每一根据地的建立,革命者都把握了该地区历史和现状的独特性。

当时多数根据地都是从发动农民暴动开始的。大革命时期几年的农民运动成为此时暴动的基础,各根据地的武装力量和暴动是同时产生的。武装力量和根据地又是分不开的,没有军队,根据地一天也不能存在。

三

农村根据地的存在,最根本的原因在于农民群众的拥护。农民分到了田地,就为红色政权而奋斗。

推翻地主阶级,把地主的土地分给农民,这是几千年来中国历史上从未发生过的事情。太平天国革命曾有《天朝田亩制度》的文献,但没有实行,孙中山提出过耕者有其田,也没有付诸实践,只有中国共产党发动的土地革命,给了农民土地,中国农村才真正发生了大变化。在根据地,阶级结构变了,工农掌握了政权,地主阶级被消灭了,这是应该大书特书的。

对土地分配,形成了一套正确的政策,按人口平分,是付出了代价的,是经过多次反复才认识清楚的。开始时,各根据地都没有现成的模式为依据,他们运用科学的理论,在实践中摸索,经过了一年或两年,都相继制定出了大体上相同的土地法,这是一种创造,是最大的学问。张鼎丞、邓子恢在闽西分田中,提出了抽多补少,抽肥补瘦的方针,按人口平均,立即得到毛泽东的赞许,加以推广,后来作为民主革命时期实行土改的一条原则。按人口分土地,给地主、富农也分得一份,使其自食其力,这是完全正确的,因为要消灭的是剥削的土地制度,而不是人。

那时阶级斗争极其复杂尖锐,特别表现在中间阶级,他们于国民党进攻根据地时,总是反水。革命总是拿不住富农,这就是1930年6月南阳会议上对富农未能做出正确的判断,而做出错误决议的主要原因。

如果说对富农政策未曾发生过偏差,是不符合事实的,肯定查田运动也是不合适的。

对查田运动的两个总结文件,即《怎样分析农村阶级》和《关于土地斗争一些问题》是正确的。而运动开始时发布的文件,是不足取的,执行的后果也证明它是不利于革命的。

地主不分田,富农分坏田,把富农和地主同样对待,予以消灭,其结果是他们因没有饭吃,被迫上山搞绿色游击队。当时执行最有力的是中央根据地和赣东北根据地,洪湖根据地未执行,闽西根据地因行不通,采取怠工办法,陕北根据地没有没收曾参加革命的地富的土地。

查田运动是"左"的东西,历史早已做出结论,还在1947年7月,朱德在全国土地会议开幕典礼讲话中,就全面而深刻地总结过这一问题:"那时的经验教训,说起来,同志们都知道,我们犯了一点盲动主义,那时是带上队伍一打,然后把农民发动起来。地主被打下去,队伍走了,地主又起来,屠杀农民,队伍回来又一打,又把地主压下。经过这样反复的地区,农民非常气愤,所以就提出口号,杀尽土豪劣绅。在政策上地主不分田,富农分坏田,结果变成肉体上消灭地主、富农,逼得地主坚决反抗,这是过左的政策。土地分了,可是只有少数地区分彻底了。但是如此分下来,我们红军还是存在下来,而且坚持了长期的残酷的战争。为什么?因为农民得到了土地,所以他是拥护我们的,不过就是敌人多了一些,把地主、富农赶到国民党那里,国民党更有了势力。以后再来了一个查田运动,搞得更左一些,富农搞的也差不多了。"

这是对土地革命和查田运动最科学的回答。

四

根据地建立后,落后的农村成为先进的地区。我国优秀的军事家、政治家、经济学家及文化人士都拥向那里，一时山乡巨变，工厂、机关、学校、医院都在山沟里兴建起来，穷乡僻壤，一变而为熙熙攘攘。这些地区从来没有这样幸福过。

每一块根据地都创造性地把马列主义和革命的具体实践结合起来，发挥自己地区的优势，建立起政权、军队、工商业、金融、贸易等，并且突出地抓了农业。

物质建设和精神建设在根据地领导者心目中，都占有很重要的位置。物质是基础，不解决经济问题，根据地的存在就不可能，各根据地不约而同地积极发展工农业生产，发展劳动互助组织，开展对外贸易，活跃经济生活。共产主义的道德思想在根据地也成长起来，人与人之间的新型关系，自力更生的精神，艰苦朴素的作风，成为推动根据地前进的新因素。在这方面《中央根据地财政经济史长编》《闽西革命根据地的经济建设》为我们提供了丰富的资料。

第二次世界大战时期根据地的历史是极其重要的。毛泽东在《共产党人》发刊词中总结这一历史时期时说依靠着农民 "党开辟了人民政权的道路，因此也就学会了治国安民的艺术"。当抗日战争到来时，中国共产党人才得以迅速勇敢走向敌后，发展各种形式的游击战争和根据地，开创了敌后抗日的大好局面。

原载《中国现代史论丛》(上)，1983 年 6 月

怎样认识 1936 年红军的东征和西进

1936 年 10 月,中央红军到达陕北,陕北就成为中国革命的中心根据地和大本营。

陕北根据地是刘志丹、习仲勋等人创建的,1932 年已占领陕北几个县。到 1936 年,将原陕甘、陕北两苏区及新发展的苏区统一起来,成立了陕北省、陕甘省、关中特区、省府特区和三边特委。陕北省辖延长、延川、子长、安塞、清涧诸县。陕甘省辖黄陵、富县、宜川、甘泉诸县。关中特区辖中宜县、赤水、淳化、正宁、宁县。神府特区辖神府、府谷、葭县、绥德诸县。1936 年 5 月,中共召开了陕甘宁代表大会,决定将陕甘苏区改为陕甘宁边区,成立陕甘宁省委,由李富春为书记,辖定边、盐池、庆阳、环县、曲子、志丹、吴旗各县。陕甘宁边区区域范围基本形成。

陕北是地广人稀的地区,过去差不多一半以上的土地荒芜着。1935 年 12 月,西北苏维埃颁布了土地法,规定凡地主与富农自己不能耕种的土地一律没收,分配给无地的农户,地主和富农仍能占有其自己力所能耕种的土地。废弃了一切苛捐杂税,人民生活得到改善,都能安居乐业,社会呈现出一片新的景象。

如何应对这一新的环境,毛泽东提出了在发展中求巩固的方针。

为了扩大根据地,招募新兵,筹款筹粮,宣传抗日主张,支援平津学生的一二·九运动,中央军委决定东征,毛泽东以军委主席兼抗日先锋军政治委员,亲自出征,以彭德怀为东征军司令员。周恩来对东征部队的编制,干部的配备,游击队的配合,以及兵站和医院设备等问题都做了具体的安排。

彭德怀受命后,在黄河边做了一个多月的准备工作,调查对岸每一个碉堡敌人的兵力火力配备,选择渡河地点,昼夜赶造百余船只。按照彭的说法,"作为一个高级指挥员,在执行军委指示时,亲自详细侦察,进行各种渡河准备,是非常重要的"[1]

---

[1] 彭德怀:《彭德怀自述》,人民出版社,1981 年,第 212 页。

1936年2月20日晚，东征军开始渡河，战役开始后，红军以勇猛果断的动作，一举突破阎锡山的黄河防线。21日，红一、十五军团从南起河口、北到沟口约一百里的地段，同时渡过黄河。红一军团由沟口渡河后，向中阳之关上村方向出击。红十五军团由河口渡河后，向石楼、隰县方向出击。23日，辛关至三交镇之间各渡口均为红军控制。三交、留誉、义牒、塘与各镇，亦被红军攻占。两个月内，红军占领了山西境内18个县。刘志丹在战役中建立了奇功，不幸的是，在攻占敌人碉堡时，受了致命的重伤，被运回陕北后，医治无效，葬于瓦窑堡。苏维埃将保安县改为志丹县，以资纪念。

　　阎锡山震惊，急请蒋介石救援，蒋派出30万大军入晋。红军迅即返回陕北。蒋策动"河东道独立运动"，企图吞并晋南。阎对蒋戒心日增。8月，日寇由察攻绥，逼近山西。日军的进攻和国民党的压迫，直接威胁阎在山西的统治。阎被迫接受了中共的抗日主张，于10月和中共代表薄一波谈判，于是有了"牺盟"的建立。这可以说是东征产生的结果。

　　东征结束，中央立即又组织西进甘肃和宁夏，目的一是扩大根据地，一是迎接红二、红四方面军北上，仍以彭德怀为司令员，率领第一兵团、十五兵团，分左右两路前进。这次，毛泽东没有随军出征，对手是东北军和中央军胡宗南部。同东北军何国柱、王以哲谈判，取得了谅解，同胡宗南部则展开激战，歼灭其大部，解放了许多地方。12月12日，西安事变发生，历史从此展开了新的一页。

　　今日，我们读这一历史关键时期红军的生存境况和精神状态，可以加深对中国革命发展的曲折性和复杂性的认识，也可以了解那时毛泽东的思想和智慧是怎样把中国革命引向正确道路的。

原载《锲斋文稿》，中国社会科学出版社，2014年

兴国中学民青社的活动

魏宏运　　任登第

　　陕西省立兴国中学坐落在西安城南约 30 华里的杨万坡（兴国寺所在地）。抗战胜利前后，中共地下党员李敷仁、武伯纶、郑竹逸等曾在这里任教。他们非常重视对进步青年的宣传组织工作，早在西北民主青年社（以下简称"民青"）的筹创阶段，李敷仁、武伯纶便介绍周可任、魏宏运加入了民青。1945年夏，民青在兴国中学开始大批发展成员，经周可任发展的有任登第、王铸人、王忠贤、吕守正、王蔚文等近十人，经魏宏运发展的有吴怀书、王志远、李志凡、丁风、石文彦、程福恺、何广新、王福海、张万龄、李春蕃、耿健、李玉海、韩克谦等二十余人。兴国中学的民青是以民盟名义发展组织、开展活动的，组织发展由武伯纶直接领导，宣传工作由李敷仁负责。

　　兴国中学民青最经常的工作是秘密组织成员学习中国共产党的文件和进步报刊，并在可靠同学中宣传。魏宏运每周去西安民教馆李敷仁处，一方面请示汇报工作，一方面领取学习材料。

　　1945年下半年，在国统区民主运动日见高涨的形势下，兴国中学民青为成立学生自治会，同以特务校长范重仔为首的反动势力开展了针锋相对的斗争，进步力量在竞选中取得压倒多数的票数，而国民党、三青团顽固分子组成的新世风社所提的候选人个个威信全无。范重仔宣布学生自治会无限期推迟成立。

　　学生自治会选举之后，校方以实施军事课的办法企图更加严厉地辖制学生，但不少同学常借故不到或中途溜走。军训教官罗光斗大为恼火，竟至动手打人。民青成员四处张贴标语，反对罗光斗的法西斯行为，并在一天夜里发动同学数百人，包围了训导处，与校方讲理。范重仔在慌乱中鸣枪为己壮胆，更激起同学义愤。这场斗争，团结了广大学生孤立了学校中的反动势力。

　　1946年春，国民党反动派发动反苏游行。民青成员日夜在同学中开展活动，每个人都确定了自己的工作对象，对家住城内的同学特别告诫万勿上当。经过民青的工作，许多原打算参加游行的同学纷纷退出。国民党当局本对兴国中学寄予了很大希望,结果只去了二三百人,使他们大为失望。

1946年5月,李敷仁被国民党特务绑架,按照武伯纶的"立即隐蔽,销毁文件"的指示,兴国中学民青成员迅速撤离隐蔽,组织没有受到损失。之后,有的北上延安,有的升入大学。继续进行革命活动,绝大多数同志后来参加了中国共产党。

原载《陕西党史资料通讯》,1987年第2期

1947 年中国内战的惊人发展

　　1947 年中国内战局面发生了剧烈变化,革命势力迅速上升,反革命势力濒临崩溃。

　　1946 年蒋介石发动内战时是很得意的,他以为借美国援助的 50 亿美元和美国最新式武器装备的 64 个美械师,可以在 3 个月内打通平汉、津浦、同蒲三条铁路线,5 个月内可以一举解决中共。蒋介石不顾舆论的谴责,这年 7 月,撕毁了政协决议,把 8 年来饱经抗战之苦的中国人民再度投入战火之中,将其正规军 248 个旅中的 226 个旅 300 万人调往内战前线, 全力进攻解放区,苏皖地区配置了 31 个旅,中原地区 25 个旅,山东 37 个旅,晋冀鲁豫 28 个旅, 陕北 13 个旅。抗日战争时期从未对日作战的精锐部队也全部拿了出来,所投兵力和军费之多,为中国近代史所鲜见。

　　蒋介石既要发动内战,又要把内战责任推到共产党身上,于是种种舆论不断出现。他说自己是"体念时艰,俯恤民国"的,要结束训政,还政于民,实施宪政,说这是"国民党自动自发的,因第二次世界大战后,一党专政的政府已不合时代要求"①。说共产党"紧闭和平之门,甘作人民之敌,破坏国家统一,扰乱地方安宁"②。"共产党迷信武力,背信弃义,于政府屡次忍让之际,在其割据区域内竟实行全体总动员。最后又拒绝政府所下现地停战之命令,拒绝参加国民大会,要求取消国民大会所通过之宪法……"③

　　蒋介石的思想言论代表着部分资产阶级的观点, 支持他的, 大有人在。《大公报》就曾著文赞扬蒋介石,把蒋介石的反革命和林肯的伟大业绩相提并论:"我们愿蒋主席做中国的林肯,林肯是在内战中挽救了美国的分裂,重整国家的统一,他是不得已而战。"④战争初期,国民党军队攻城略地,夺取了承

---

　　①《大公报》,1947 年 3 月 22 日。

　　②《国民党三中全会军事报告之决议案》,《大公报》,1947 年 3 月 23 日。

　　③《大公报》,1947 年 3 月 25 日。

　　④《大公报》,1946 年 10 月 30 日。

德、淮阴、菏泽、张家口、安东等城市,攻占了中原解放区全部,豫东解放区大部,苏皖解放区一部,胶东路上很多城镇,及晋南、冀中、冀东、热河、东北的许多地方,异常引人注目。只是3个月的计划和5个月的梦想并没有实现。人民解放军被迫离开了原有的点和线,固然有所损失,也应看到,他们是主动撤退的,他们的力量在更广大的地区内继续延伸着。

1947年初,蒋介石及其参谋部改变全面进攻的战略为重点进攻,他们认为山东和陕北是人民解放军在黄河两岸的两个桥头堡,集中力量拿下这两个要地,解放军就失去了依托。从这一判断出发,聚集了80个旅于山东,34个旅于陕北,蒋介石亲自在鲁中指挥作战,其嫡系汤恩伯兵团2月25日占领了抗日战争时期的老根据地临沂,以后又占领了沂蒙山区的大部,国民党欣喜若狂,其参谋总长陈诚发表评论:"共军如虎离山,已无凭藉,不难予以个别击溃。"①3月19日,另一支嫡系胡宗南部占领共产党经营了13年的延安,嚣张气焰一时达到顶峰。陈诚说:"尤其是延安经国军克复后,'共匪'无论在政治、经济、军事上已失去重心,几无异受一致打击。"②胡宗南说,陕西境内的战争5月份内就可以结束。蒋介石此时更是以胜利者的姿态回到他的家乡奉化溪口扫墓,告慰他的祖宗,商议修订族谱,游山玩水,意趣悠闲。

从国民党军事行动上来说,占领临沂和延安当然是个胜利,可以向中外炫耀自己的军威,但从战略意义上来讲,这个胜利则缺乏实际价值。共产党的作战原则是以消灭敌人有生力量为主要目标,不以保守或夺取一座城市一个地方为目的。国民党军占领山东很多地方,损兵折将,解放军却"始终避免主力接触,我们仿佛很少见到真正面目的战斗"③。国民党军占领延安时,延安已是空城一座,建筑物内一切可移动的东西都已搬走。据延安美军观察组成员报道:"中共统帅部已实行分散的计划,这计划执行得惊人的圆满。"国民党特别组织的中外记者团成员参观后也讲,延安"没有半个老百姓","朱德于国军进入延安前两个小时才走"。

在这次较量中,毛泽东和共产党将军们的智慧和才能显然高出一筹,他们是在选择有利的地形、地物消灭敌人。后来美国记者贝尔登在其《中国震撼

---

② 《大公报》,1947年7月8日。
③ 罗军:《鲁境战局》,《大公报》,1947年7月26日。

着世界》中形象地论述了蒋介石占领延安的得失:"蒋介石去拿延安,等于一个人花了一大部分财产去买一条钻石项链,它光辉灿烂,但一无用处。"[1]

国民党的重点进攻,给人民解放军的活动提供了有利的空隙,正当陈诚夸耀"一年来为国军收复的乡镇凡 250 个,县城 212 个,'共匪'盘踞之地即逐渐缩小,兵力集中,实为国军围剿歼灭之一大好机会"[2]的时候,人民解放军一年中已歼灭国民党军 100 个旅,112 万人,刘邓、陈谢、陈粟三支大军于1947年七八九三个月内先后渡过黄河,越过陇海路,进入中原地区,指向大别山,建立根据地,把战争推向国民党统治区。

起初,国民党以及持国民党观点的人,对中共这一战略进攻的估计是完全错误的。1947 年 10 月 12 日《申报》星期论坛以《中共战略演变的分析》为题,发表评论,喻刘伯承、陈赓、陈毅等部之相继渡河而南,为历史上李自成流寇主义的重演,断定是中共"一个最大的悲剧"。蒋介石也称,中共"最初的目的在于分散国军的力量,以策应他东北的攻势,解救他胶东的危急,到了国军'扫荡'胶东,收复烟台,'共匪'既定的战略是全盘失败了"[3]。

可事实上,全国战局因此产生巨变,长江以北大半个中国都动荡起来,各个战场的形势都朝着有利于革命的方向发展。东北人民解放军的秋季攻势,一个月之间,就歼灭了国民党军 4 万余人,恢复了公主岭、昌图、开原、海城、彰武等十余座县城,国民党所控制的北宁路和中长路被打得支离破碎。华北人民解放军解放了石家庄,晋察冀和晋冀鲁豫解放区从此连成一片。山东战场上国民党军的重点进攻也宣告破产,被迫陆续南调大别山区。胶济东段的高密、胶县及山东半岛的昌邑、平度、掖县、招远、黄县、蓬莱、栖霞、牟平等重新被人民解放军控制。鲁西南运河以西各县,除菏泽、单县、金乡、鱼台以外,其余郓城、巨野、嘉祥、定陶、城武、曹县等始终在人民手中。鲁东南的诸城、莒县和费城,也都"被共军硬打软吃以去"。西北战场上的胡宗南,处于被动挨打的困境,入侵陕北的部队半年时间就被消灭了三分之一。进入中原地区的人民解放军,纵横驰骋于江淮汉河之间,歼灭了大量敌人,调动和吸引了国民党南线全部兵力 160 多个旅中约 90 个旅于自己的周围。蒋介石惊恐之余,成立

---

① [美]贝尔登:《中国震撼着世界》,乐宜译,香港文宗出版社,1952 年,第 420 页。
② 《大公报》,1947 年 7 月 8 日。
③ 《申报》,1947 年 10 月 10 日。

了九江指挥部,以鄂、湘、赣、皖、豫、苏6省为辖地,以津浦路以西,淮河以南,平汉路以东,长江以北为作战地区。他们声言"将以大兵团围剿大别山地区之刘伯承部","击破其西侵武汉东撼京沪"①之计划。显然国民党的境况已相当困难,到处败北,到处受制。

蒋介石是决心不惜一切代价保持自己政权的。从1947年7月4日发布《戡平共匪叛乱总动员令》后,"军事戡乱""政治戡乱""经济戡乱"等名词不断出现,因为经济危机伴随战场上的失利一起降临,蒋甚至强调"经济戡乱重于军事",可见其连锁反应的严重。一切方剂都难起死回生,12月26日圣诞前夕,蒋发表了圣诞广播词,说"今年圣诞节,我们中国就要开始实施民主新宪法了,这将是中华民国和全体人民统一独立平等自由新生机运肇始的一天⋯⋯这对我们中国三千年来专制政体和封建社会是一个划时代的进步"②。以此来欺骗人民,好像中华民族此后真正达到了民有、民治、民享的全民政治的境域。这时为蒋政权唱颂者寥寥无几,而人民从所看到的现实中,对蒋的统治更加怒不可遏。他给人民带来的灾难,又为他自己的失败播下了种子。

蒋介石发动的内战本质上是反人民的,内战一爆发,国民党依靠日伪时期伪军、汉奸和特务,"扫荡"解放区,并称之为"剿匪"。请看下面这些披露:

国军来"剿匪",火会的弟兄及头目指给国军,何村有八路,应当痛剿,何人是八路,应当枪毙,换句话说,就是火会之言,可以使一个村化为灰烬、一个农民丢掉性命。

现在的"剿匪",与敌伪"清乡"是一样办法,引导的人往往是火会上的那班人马⋯⋯包围某村以后,不逃或未逃者,先打后搜,逃不快的人,开枪就打,打死了便算是匪。③

国民党军占领解放区后,称这些地区为"绥靖区",地主阶级还乡,反攻倒算。

依然是还乡豪绅把持的天下,他们回乡以后,故态复萌,倚仗官府,勾结污吏,不仅抬头,而且横行起来了,所以大多数贫农们不但生活不能改善,并逐渐要受凌辱压迫。④

---

① 《申报》,1947年11月28日。
② 《申报》,1947年12月22日。
③ 裴文中:《今日之乡村》,《大公报》,1947年5月23至24日。
④ 《绥靖区政务检讨会议》,《大公报》,1947年2月25日。

国民党每占一个地方,就在那里修防御工事,从 15 岁到 65 岁的男性都被征发去做苦役,修筑城池和碉堡,强迫每个乡修建中心寨,每个保至少修两个碉堡,华北平原一时碉堡林立。

随着国民党军的到来,摊派、搜刮也就在这些地区无休止地出现,粮、草、柴、棉花、布匹、鞋袜、砖瓦、木料等,都要老百姓负担。以河南为例,征粮一项就有十多种名目,随粮附加的法币有自治捐、教育捐、救济捐等。此外,还要负担乡公所和保甲摊派的保警伙食费、制服费、优待壮丁费、招待费等,甚至大人小孩都要出人头税或锅底税。农民无法生活,只好弃田逃生,土地荒芜起来。

还有公开的抢劫,到一些村庄搜寻食物,把一切所能找到的东西统统拿走:

驻姚官屯(青县)东站的新海 13 个村壮丁队在东区薛官屯、梅官屯、杨效忠屯连续搜去食粮 30 余车,柴草 40 余车,其他被服物资 5 车,各乡鸡蛋吃得精光,驻青县、河间还乡队 17 日全队到西区灾情最重的鱼儿庄搜粮,挨户搜翻,有仅存红粮一二斗之贫户亦未能幸免。灾民用高利贷购办的种子亦被搜去,全村粮食已经搜刮净尽,拉去杂粮 10 余车,各家无不断炊。[1]

至于征兵,更是老百姓的灾祸,一次又一次的征兵,已无征募制度可言,到处乱抓,形成恐怖局面,青年人都忙于找一个藏身之所,逃避搜索和追捕。

所有这些,不能不激起人民的怨恨,蒋政府的威信已经扫地。

戡乱者给人民带来的灾难,最终也难免自食苦果。内战造成通货膨胀,物价飞涨,致使经济崩溃。国统区的物价,以抗战前夜的物价为标准,到日本投降前夜涨了 1800 倍,到 1947 年 7 月涨了 8 万倍,到 1947 年底涨到 14.5 万倍。物价的指数飞腾不已,法币贬值也直下无底,起初是算数级数,继之是几何级数,最后是天文数字。而物价的上涨超过了通货膨胀,国统区一片混乱,一片萧条,纸币滥发到了极限,破坏了使用和贸易,商人拒绝使用,老百姓拿着法币买不到东西。蒋介石为自己的政权创造了垮台的种种条件。

财政经济危机直接影响国民党的士气和军事行动,军事失败又加速了经济危机,这两者是致蒋介石政权于死命的并发症。

蒋介石的举动反映出他的不安、焦躁和沮丧的心理状态。他在南京坐不

---

① 《大公报》,1947 年 3 月 23 日。

住了,10月4日赴北平,"小住故都,就近指挥"。10月8日"于东北战事紧张阶段莅沈,接见高级将领,面授机宜"。12月29日,飞往汉口,策划战事,想以自己亲临战地,鼓舞士气。但是各地国民党军并没有因他的到来而激起一种力量,摆在他面前的是动荡、危急和溃败,任他采取何种严厉措施,局面都无可挽回了。

历史的进程表明,已到了推翻蒋介石政权的最好时刻,各种因素增加了革命获胜的有利条件,毛泽东以其敏锐的判断,于1947年10月及时提出"打倒蒋介石,解放全中国"的号召。从这时起,中国人民解放军勇往直前地巩固和扩大自己的优势,在各个战场上打击敌人。

导致蒋介石覆灭的巨大事件接连发生,1948年中国人民解放军发动的秋季强大攻势,首先在山东战场上取得胜利,解放了济南,歼灭国民党精锐部队10余万。此后,经过辽沈、淮海、平津三大战役,蒋军一败涂地。蒋介石再次施展伎俩,于1949年1月1日提出以保存伪宪法、伪法统和反动军队为条件,和共产党举行和平谈判。中国共产党从长期内战经验中,深知这是蒋介石的诡计,毛泽东也于1949年1月1日发表了《将革命进行到底》的新年献词,5月又发表了《评战犯求和》,蒋介石想苟延残喘的计谋落空了。

历史的发展是惊人的,任何势力都未能阻止中国人民解放事业之推进。1949年10月1日中华人民共和国成立了。被帝国主义、封建主义、官僚资本主义所统治的旧中国的历史时代从此结束,人民的新中国开始了新的纪元,这是几千年来中国历史上一个划时代的伟大事件。

原载《历史教学》,1988年第5期

中国共产党改变了中国的历史面貌
——为纪念中国共产党成立三十一周年而作[*]

一、中国共产党改变了中国的历史面貌

"自从一八四〇年的鸦片战争以后，中国一步一步地变成了一个半殖民地半封建的社会。自从一九三一年九一八事变日本帝国主义武装侵略中国以后，中国又变成一个殖民地、半殖民地和半封建的社会"（见毛泽东：《中国革命和中国共产党》），这就是中国近代史的面貌。但是从1921年中国共产党诞生后，这种情况就开始发生剧烈的变化，党肩负起自己的历史使命，领导全国人民，组成了坚强反帝反封建的统一战线来进行民族斗争和阶级斗争，经历了三次国内革命战争和抗日战争，在1949年，终于"推翻了国际帝国主义和中国封建主义官僚资本主义联合的反动统治，建立了工人阶级领导的，以工农联盟为基础的人民民主专政"①。从此中国便"由半殖民地变成人民民主的国家，由灾荒、贫困、通货膨胀、文化落后的国家变成日益强盛日益繁荣的国家"②。这是中国历史的根本转变，看一看现实的历史，更使我们清楚地知道。今天生产力得到了如何的自由发展，科学和技术具有了如何的社会意义和发展，人民的物质生活得到如何的改善：在企业方面，马六孩煤矿掘进法的涌现，郑锡坤、李锡奎等劳模所发起的满载、超轴、五百公里运动的开展，以及郝建秀工作法的被采用等。在农业方面，全国广泛开展爱国增产竞赛，今年陈永康互助

---

* 编者注：本文写于 1952 年特定历史时期中涉及对斯大林"五种生产方式""武训批判"及对一些人的认识都可进行再研究探讨，此处保存"原貌"，可见当时社会思想一斑。

① 陆定一：《中国革命的世界意义》，《学习》杂志第四卷第六七期合刊。

② 同上。

组提出每亩生产 1600 斤水稻,安史福互助组提出每亩生产 900 斤小麦,曲耀离互助组提出每亩生产 1000 斤籽棉花;其他方面如各种伟大工程的建设的顺利完成;四川人民盼望了 40 多年的成渝铁路修建起来了,黄河、淮河、荆江分洪的工程,防止了水患,河岸两旁千百万人民的生活得到了保障,所有这些劳动的奇迹,都说明了劳动竞赛已成为我国人民最有意义的生活方式,就在这样改造世界的过程中,人们的思想也得到了改造,尤其是"三反""五反"运动,具有移风易俗改革社会的重大意义,创造了许多有利于人民经济的重要变化。①这就是新的社会关系的面貌,我们再看一看那历史上从来为引最大纠纷的国内民族问题,就更会清楚地看到历史的新面貌。以前,统治阶级对少数民族总是实行屠杀、压迫和消灭的政策。他们倡导什么"汉化",什么"以夷制夷",什么"不整倮倮三分罪"等反动的罪恶口号,他们把许多少数民族赶到山上或荒原上,造成了少数民族长期陷于落后状态。他们挑拨民族团结,譬如在国民党时代,封建统治者曾不止一次地利用"摆夷"和"窝尼"民族的统治者去袭击抢劫居住在森林里、过着半原始状态——渔猎生活的苦聪族。②尤其是卖国贼蒋介石竟公开否认少数民族的存在,认为他们是汉族的分支。③但是现在变了,"历史上遗留下的各民族间的隔阂、猜忌、歧视和信任,正在逐渐消逝或减少,各少数民族聚居的地区正在推行民族区域自治"④。而曾长期遭受不等价交换痛苦的他们,现在也因公平合理的交易,提高了他们的购买力,鼓舞了他们的生产情绪。为了说明这一问题,这里我们举几个实例来看一看,在新中国成立以前贵州大苗区100 斤桐油只能换 23 斤盐,现在可换约 160 斤。在新中国成立以前青海 100 斤羊毛,只能换一块半砖茶,1950 年可以换到 12 块砖茶,海南岛的黎族,在国民党统治时期,一只鸡才换一枚针。(见叶季壮:《关于全国民族贸易会议的报告》) 这就是两种社会的显明对比。但不仅是民族自治,物质条件的改善,文化上也得到发展,一直被认为落后区域,现在也举办了许多中小学校, 全国还设立了 6 个民族学院,1 个高等学府和许多训练班,使用本民族语言教学,创造了本民族的知识干部。(见马叙伦:《关于第一次全

---

① 《胜利地结束五反运动》,《人民日报》社论,1952 年 6 月 15 日。
② 苏华:《活跃在祖国西南边疆上的兄弟民族》,《新观察》第三卷第八期。
③ 陈伯达:《评中国之命运》,新华出版社,1945 年。
④ 李维汉:《中国共产党与中国人民民主统一战线》,《大刚报》,1951 年 8 月。

国民族教育会议的报告》)对那没有文字或者文字简单的民族,则帮助他们改革或创立,如彝族文字仅有500多个,字体很乱,字的形音义也结合不起来,不能做记录语言的工具,政府就帮助他们创造出用拉丁字母编成的拼音字母。(见王甸:《西康彝族新文字的创造和推广》)对少数民族这样的关怀,在我国的历史上还是第一次,历代的统治者没有也不可能有这样的政策,只有我们的党,"一个完全新式的无产阶级政党,全心全意为中国人民服务而在最坚固的中国化的马克思列宁主义理论的基础上建立起来的党"(见刘少奇:《关于修改党章的报告》的引言),才有意识地创造历史的命运、改变历史的面貌,只有我们的领袖毛泽东同志,在思想上武装了我们,才取得了这样大的成绩,这是我们走向共产主义社会的第一步。

二、历史的本来面目恢复了

社会历史首先是劳动大众的历史,人民的历史,但是从来的历史很少谈到他们,为什么会这样呢?"在人类剥削人的社会里,知识分子不是也不可能是独立的力量,智力劳动者在物质上服从统治阶级,他们是统治阶级思想的表现者,是守护统治阶级利益的工具。"[1]一句话,他们是被御用的史家,因之他们歪曲了历史的现实,于是连篇累牍的史册,都在歌颂帝王将相的德政,夸大帝王将相的功绩,二十四史、《资治通鉴》《明实录》《清实录》等(当然也有一部分真实史料,尤其是《史记》不能同等看待,应是一例外)都是有力的说明。[2]这种没有记载人民的英雄事迹或者很少记载或者诬陷,显然是与事实不符合。因为"只有这种农民暴动与农民战争才是中国历史进化的真正动力"。(见毛泽东:《中国革命和中国共产党》)毛主席在《中国革命和中国共产党》一文中,谈到中国的封建社会,特别强调了这一点。

至于少数民族历史,那更不用提了。少数民族对中国历史的形成都有贡献,但是以往的历史,一直把他们当"野人""蛮夷"来看待,历代的统治者所宣传的大汉族主义,迷惑了我们的眼界,毒害了我们的思想。他们说少数兄弟民族如何落后、野蛮,如何企图造反,如陈恭禄的《中国近代史》一书中说:"苗民

---

① [苏]S.柯伐列夫:《新社会的知识分子》,樊英译,上杂出版社,1952年。
② 宋云彬:《对于历史教学的几点意见》,《新中华》第十四卷十四期。

原以抢劫为常事……苗民乃思复仇作乱,政府概用兵平之,大杀叛逆之后,收管其一部分土地。"①这完全是统治阶级的声音,丝毫没有报导历史的真实,我们知道,他们都有忠厚、朴实的优良质量,在古代苗族曾在湖北、湖南、江西建立一大帝国。②后来他们被赶走了,跑到贵州、云南、广西等地,开辟了那里的荒山,把荒山变成了良田。但是汉官来了,又把他们从街上赶到乡村,从平地赶到高山,他们到现在还流传着这样的话,"官住城、民住街(指汉人),摆夷住在河,苗家住山坡"③,"桃花三月三,苗家把家搬"以及歌子《苗家苦》,"……苗家要出头,摆脱苦和愁,好比月亮赶太阳啊!越赶就越没下场""……苗家要自由啊!苗家要平等啊!我们出了粮,我们当了兵,为什么别人在享福啊?我们就没有份哪?为什么国家事不让我们问啊?!……"这些雄辩的事实,说明他们怎样受到汉族统治阶级的侵夺与压迫。居住在贵州的彝族的遭遇,也是同样的可怜,他们是开发西南老民族之一,在过去也有较完整的政治组织,元明时代,他们被并入封建王朝的版图内,清朝对他们实行了改土归流法,如今光在贵州一带,就有 10 万多人。④但是历来的历史家,却很少告诉我们这些事实,尤其是各族人民怎样结成同盟军,向统治阶级开火。如今历史现出了它的本来面目,我们知道我国是个多民族的国家,除汉族外,还有 60 多个民族,他们的人口占我国人口 1/10,他们分布的地区,占我国总面积的 50%以上。(见刘格平:《两年来的民族工作》)他们都有光荣的斗争历史,如在反抗清室运动中,云南人民的起义,回、彝族各族人民结成一强大的队伍⑤,在近 30 年的革命战争中,他们为了自己的解放,相继团结在共产党的周围,向剥削阶级进行斗争。1921 年,壮族和瑶族和汉人共同组织武装起义,1929 年又同组成中国工农红军第七军,建立了十多个县苏维埃政权(见刘格平:《中国各民族空前大团结》),像这类例子是很多的。这里只是举了一两个少数民族的两三个例子罢了,我们不要忘记宗旨:"广大的中国疆域,不是哪一个民族所能独立开展出来的,她是许多已经消逝了的和现在正在发展的各民族合理开发,经数

① 陈恭禄:《中国近代史》,商务印书馆,1935 年。
② 范文澜:《中华民族的发展》,《学习》第三卷第一期。
③ 苏华:《活跃在祖国西南边疆上的兄弟民族》,《新观察》第三卷第八期。
④ 费孝通:《血泪话当初》,《新观察》第二卷第七期。
⑤ 白寿彝:《回回民族的新生》,东方书社,1951 年。

千年的艰苦斗争,才逐渐建立起这个伟大的中国来。"①

三、历史工作者的任务

"我们的革命经验和历史遗产都是极丰富的,这是一方面。另一方面人民大革命的胜利和新国家建设的需要则给我们各方面的学术开辟了极广大的英雄用武之地。"②这就是我们面前的任务,我们为什么这样做?因为我们要知道一般的、特殊的历史规律,对那些经过御用史家虚构的历史人物和事件,用唯物论的观点做一总结批判,对历史的现实做一正确的认识,以便"透视事变的前途,不但要辨别现在如何发展和向何处发展,而且也要辨别事变会如何发展和一定向何处发展"(《联共党史》339页)。任务是这样的艰巨,人民对我们的要求这样的明确,但我们回头看一看我们历史工作者的队伍,我们就会发现我们这条战线是多么薄弱,我们可被分为三类:一类是仍然站在反动的唯心论的立场上,弹着陈腐的反动调子。我曾亲眼遇见这样一位"学者",他研究历史几十年了,有些人很崇拜他,认为其学问渊博。但是事实上他是这样的一个人,他把已经被革命浪潮和客观真理冲到臭水坑里的腐臭理论,抓紧在手里不肯放,他说中国历史只是土地资本、商业资本和官僚资本的错综结合,没有五种生产方式。这样的人,我看他最好还是休息一会儿,换换脑筋吧。第二类人是懂得一般的历史规律,但不会解决具体的历史问题或者解决得不好,这是因为学得不好,思想方法也有毛病,正如毛泽东同志所说:"引证马恩列斯的成语是很会的,运用马恩列斯的立场与方法具体地研究中国现状与中国历史,具体地分析中国革命问题与解决中国革命问题则是不会的。"(见毛泽东:《改造我们的学习》)对武训的讨论和认识就是一有力的说明,我们不少历史工作者不是都曾赞扬过这个反动人物的刻苦兴学精神?主要原因是不曾从本质上去看武训,而且把他孤立地看了。更不曾把他和太平天国与捻军的革命运动联系起来看,可见虽然学了一些马列主义的理论,因立场观点方法不正确,也就被错综复杂的问题迷惑了。第三种人是思想水平和业务水平都高的人。他们是真正马列主义者,也是我们祖国所需要的人,但这种人在我们

---

① 范文澜:《中华民族底发展》,《学习》第三卷第一期。
②《"实践论"开辟了我们学术革命的思想道路》,《人民日报》社论,1951年。

的队伍中却不多,这种实际上就给我们提出一个很重要的课题,就是要在实践中用马列主义来武装自己, 毛泽东同志这方面给我们了很宝贵的指示,他的"矛盾论"教导我们要按照辩证唯物的观点去认识问题,他的"实践论"指示我们要按照唯物论的道路去从事学术研究工作,让我们努力学习毛泽东同志的著作,以他的思想作为我们工作的指针,以新的斗争姿态出现在历史研究工作的岗位上,完成祖国人民所赋予我们的任务。

原载《历史教学》,1952 年 7 月号

五十年来中国人民是怎样为民主宪法而斗争的

民主宪法,在旧中国仅仅是一个幻想,中国民族和中国人民为了它的获得,曾进行了长时期的斗争,但一直没有得到。而今天,当人民民主政权仅仅建立了四年多,当我们已走上过渡到社会主义建设的历史时期,中华人民共和国宪法草案已出现在我们面前,这是我国人民政治生活中的一件大事。

我国人民争取民主宪法的斗争是在20世纪初开始的。20世纪初,我国资产阶级有了某种程度的发展,一些官僚及向资产阶级转化的官僚地主和具有改良主义思想的知识分子,便哀求皇帝赐予钦定宪法,由于当时革命浪潮的席卷全国,孙中山领导的革命团体同盟会的出现,以及俄国革命对中国革命的影响,以慈禧太后为代表的清朝统治者在狼狈不堪之下,施放了一连串的烟幕弹,先派了五大臣出洋考察宪政,继于1906年宣布预备立宪,设立宪政编查馆,颁布咨议局章程,后又于1908年组织立宪筹备会,颁布钦定宪法大纲(绝大部分是抄袭日本的宪法),以缓和革命运动。到了1909年以后行宪似乎已闹得有声有色,各省成立了咨议局(1909年),资政院还开了会(1910年),奕劻和袁世凯的内阁先后组成(1911年)。但也就在这一年的10月,革命打倒了帝制,清朝统治者这时便《下诏罪己》,急忙宣布十九信条,"表示"实行立宪。然人民要的是共和国,人民反对"大清帝国之皇统万世不易","皇帝神圣不可侵犯",清朝政权和十九信条通通被埋到坟墓里去了。

辛亥革命后,孙中山先生就任临时大总统,在他领导下的参议院,通过了著名的《临时约法》。约法的第一条规定"中华民国之主权,属于国民全体"。但当时既然没有彻底的反帝反封建的革命,《临时约法》也就被北洋军阀袁世凯撕毁了。袁世凯玩了很多花招,解散了依《临时约法》所成立的国会和所起草的"天坛宪草",制造了袁记政治会议,公布袁氏新约法(1914年),并于1915年12月13日穿上龙袍,只因人民的讨伐,袁氏受惊而死。黎元洪就当了总统,他把被袁世凯废弃了的国会和"天坛宪草"拿出来讨论了一番,还没有闹出名堂，张勋就演出了复辟丑剧，接着冯国璋坐上了"总统宝座"，接着徐世昌挂上了总统衔号，段祺瑞这时端出段记选举法，还制造了段记国会，南方各省军阀乘机打起护法大旗（孙中山也参加了这次护法运动），并开了宪法会议，湖南、浙江等省还喊出了制定省宪，但因各怀鬼胎，一哄而散。1920年直皖战争，段祺瑞被赶走了；1922年直奉战争，徐世昌被赶走了，黎元洪又被拥上"总统宝座"；1923年曹锟想过总统瘾，赶走黎元洪，以5000银元一票的价格，收买了590个猪仔议员，当上了总统并公布出曹锟宪法；接着段祺瑞又上了台，一个接着一个，简直像政治万花筒。毛泽东在论断这些事实时说："宪法，中国已有过了，曹锟不是颁布过宪法吗？但是民主自由在何处呢？大总统，那就更多，第一个是孙中山，他是好的，但被袁世凯取消了。第二个是袁世凯，第三个是黎元洪，第四个是冯国璋，第五个是徐世昌，可谓多矣，但是他们和专制皇帝有什么分别呢？他们的宪法也好，总统也好，都是假东西。"（引自《毛泽东选集》）他们都打着共和国的招牌，口里大声喊着人民、约法、宪法、自封为总统、总理、内阁，而依靠着帝国主义者来进行争夺王位的战争，造成了中国近代史上从1912年到1919年的黑暗混乱时期。

那时人们总以为北洋军阀的完蛋，就是黑暗专制时代的结束，谁知蒋介石竟继承了北洋军阀的衣钵，1927年四一二叛变后，就开始了蒋记皇朝。1931年蒋介石召集国民会议以训政纲领和训政时期约法，作为他独裁的法律根据。他说中国人太自由了，人民的集会、结社、言论、出版、罢工等权利必须加以限制。他认为国民党政府不需要选举，国民党可以代行人民的职权，他一贯坚持着"朕即中国"。这样在他的法西斯统治下，到处都是绞刑台及野蛮横暴的特务制度，共产党及进步人士被逼入秘密状态。一个美国作家对蒋介石的政府曾做了这样的刻画："新的国民党政府是一个独裁政权。它把孙中山的言论牵强附会，说自己是人民的'监护人'，而人民则在训政时期中。它的神秘警察无处不到，它的检查制度，像一只密不通风的袋子一样，罩在中国的报刊杂志及大学之上。它在任何地方都不举行选举，因为它认为加强自己就是加强中国，它是用命令来管理的。这个政府坐在一张四只脚的凳子上，那四只脚是：军队、宾僚、城市里的大商人和乡村的贵族。"[1]正因为如此，1936年他所

---

① ［美］白修德、贾安娜：《中国暴风雨》，以沛、端纳译，群益出版社，1949年，第42页。

宣布的"五五宪草",也在维护军阀、官僚、买办、党棍、特务的利益,以巩固其法西斯统治。对人民的基本权利,则采取了立法权的保留(如从第五条到二十五条多附有依法律得以停止或限制之规定),对于国民大会的权力限制到极小的范围,而国大代表也全由国民党员、特务、工具或花瓶来推选,对于总统的权力扩张到无限大,比希特勒和墨索里尼还要威风。蒋介石一心想坐上金銮殿。

中国共产党是中国人民革命的领导者,从一开始就要求给人民以自由权,一再发表宣言呼吁,要求国民党结束训政,一再提出和平方案,要求释放一切爱国革命政治犯,开放党禁,召集真正的人民代表国民大会,制定宪法,确定救国方针。虽然国民党打击进步势力,捕杀共产党人,但团结进步,争取民主的运动日益弥漫全国。1939年重庆、延安及华北各地相继成立起宪政促进会,蒋介石迫于舆论,不得已表示自己将"还政于民",但没有一个人敢相信。抗日战争胜利后,在中共的努力下,召开了政治协商会议,蒋介石被迫说了一句漂亮话:"保障人民自由,保障各党派合法地位,实行选举和释放政治犯",并组织起宪法审议会,但不多时日,蒋介石就将政治协商会议的决议撕毁,1946年私自召开一手包办的伪国民大会,制定伪宪法,使那个仅仅由几十个国民党人私自委任的完全没有民意基础的强安在人民头上的不合法的所谓国民政府,披上合法的外衣,使他的独裁合法化,把他的内战合法化,把他的卖国合法化。这样中国历史上的蒋记国大,和曹锟贿选一样,成了人们日常谈话的笑柄。除了一群丧失政治节操的政治乞丐外,没有一个人去理睬,蒋记宪法也和蒋政权一样,遭受到同样的命运,1947年4月16日,他伪装着改组国民政府,1948年3月,他召开所谓"行宪国大",1949年就被中国人民从大陆上赶了出去。

我国人民争取宪政的斗争,就是这样地经过了半个世纪。

我国人民争取宪政的斗争,是经历了无数优秀先烈流血牺牲的艰难历程的。

历史告诉我们,没有人民革命斗争,并且在人民还没有掌握自己国家的命运以前,是不能产生一个民主宪法,实现民主宪政的。

历史告诉我们,中国人民经过了百余年的英勇斗争,而只有在中国无产阶级及其先锋队——共产党领导下,才取得了伟大的胜利,建立起人民民主专政共和国。中华人民共和国从成立到现在,以中共七届二中全会的决议和共同纲领为指针，曾进行了抗美援朝及一系列的政治运动和社会民主改革，取得了巨大的胜利。人民民主专政的政权巩固了，社会主义经济在整个国民经济中的比重增长了，它的领导作用确立了而且加强了，经济恢复工作基本上完成了。实际生活证明，1949年中国人民政治协商会议所通过的共同纲领起着临时宪法的作用。它是正确的。但纲领究竟不是宪法，而且从1953年起，我国已从经济恢复阶段进入有计划的经济建设和对非社会主义经济成分实行有系统的改造的阶段，社会生活和国家生活这样一往无前的迈进，就要求有一个能反映我国过渡时期特点的根本大法。根据生产关系一定要适合生产力性质这一法则，根据作为社会上层建筑的一部分的宪法，不仅是反映经济基础，还会巩固和发展经济基础，指导事件的进程，使其适合人民的利益，中国共产党便在1952年12月建议人民政协向中央人民政府提出建议，中央人民政府委员会根据这个建议通过了《关于召开全国人民代表大会及地方各级人民代表大会的决议》，定于1953年召开由人民用普选方法产生的乡、县、省（市）各级人民代表大会，并在此基础上接着召开全国人民代表大会。在这次大会上，将制定宪法，批准国家五年建设计划纲要和选举新的中央人民政府。同时决议成立宪法起草委员会和选举法起草委员会。宪法起草委员会是毛泽东主席亲自领导的。

1954年3月23日，毛泽东主席在中华人民共和国宪法起草委员会第一次会议上代表中国共产党提出《中华人民共和国宪法草案》初稿。宪法起草委员会根据这个初稿，进行起草工作，从3月13日至6月11日，历时81天，经过了周密的研究和讨论，并组织了各方面人士8000多人参加讨论。1954年6月14日，中央人民政府委员会第三十次会议同意了这个草案，并决议把这个草案发表以供全民讨论，然后提交第一届第一次全国人民代表大会审查。无疑地，全民讨论对于中华人民共和国宪法的制定有很大的作用，因为它表达了中国人民的意志，人民一定会一致地赞同这个宪法草案，并积极提出自己对于《宪法草案》的修改意见。

"宪法是一国的根本法，它表现统治阶级的意志，巩固其专政，规定社会结构和国家结构的原则，国家机关组织与活动的原则以及公民的权利和义务。"（《苏联法律辞典》）《中华人民共和国的宪法草案》正反映了我国社会制度和国家制度的特质，它是属于社会主义类型的，《宪法草案》第一条就写道："中华人民共和国是工人阶级领导的、以工农联盟为基础的人民民主国家。"

它表现了真实的民主主义,把人民代表制固定了下来。草案第二条写道:"中华人民共和国的一切权力属于人民。人民行使权力的机关是全国人民代表大会和地方各级人民代表大会。全国人民代表大会、地方各级人民代表大会和其他国家机关,一律实行民主集中制。"它体现了劳动者的意志,把社会的经济基础,即主要生产资料的公有制固定下来,但也反映了小商品所有制和私人资本主义所有制的存在和必然的灭亡。这就是说,生产资料的社会主义所有制将成为我国国家和社会的唯一的经济基础。它赋予人民以广泛的民主权和自由权,并保证这些权利的实现,使全民参加国家的管理工作。它巩固了民族平等,《宪法草案》第三条写道:"中华人民共和国是统一的多民族的国家。各民族一律平等。禁止对任何民族的歧视和压迫,禁止破坏各民族团结的行为。各民族都有发展自己的语言文字的自由,都有保持或者改革自己的风俗习惯和宗教信仰的自由。各少数民族聚居的地方实行区域自治。各民族自治地方都是中华人民共和国不可分离的部分。"……总之它是我国人民走过的道路的总结,是已争得的成就的总结。它以共同纲领为基础,又是共同纲领的发展。正如《人民日报》社论所指出:"《宪法草案》反映了我们人民革命和中华人民共和国成立以来所出现的伟大社会变革的实际情况,用立法的形式总结了我国人民的主要斗争和组织经验,把我国人民革命的成果——人民已经得到的利益肯定下来,并且把我国人民要在我国逐步建成社会主义社会这一个共同的愿望肯定下来。"[1]它将是我国人民整个生活、工作和斗争的根本法,是我们已进入过渡到社会主义历史时期的伟大灯塔。一切被压迫被奴役的殖民地半殖民地及其他国家争取民族独立和民主自由的人们,也将从中华人民共和国的宪法中看到自己的希望,从而鼓舞他们进行斗争。中华人民共和国宪法有着如此宏大的意义,让我们认真地学习和讨论,热烈地准备迎接中国人民的第一个宪法的诞生!

原载《历史教学》,1954 年 7 月

---

[1] 《人民日报》社论,1954 年 6 月 16 日。

从中长铁路、旅顺、大连的历史发展
来看苏联的和平外交政策

一、19 世纪末旅大和中东路成为帝国主义争夺我国东北的焦点

从 19 世纪末开始,各帝国主义国家为了夺取太平洋上的统治,争先抢占殖民地、租界和铁路投资,以扩大其势力范围,就在这时我国东北也变成了列强的角逐场。

原来沙俄的"黄俄罗斯计划"和日本的大陆政策发生了极大的矛盾,都想独占我国东北和朝鲜[①],因此当中日战争进行期间,沙皇的部务大臣及其左右亲信,就举行了 4 次特别会议,讨论如何"保护"中国,提防日本,并取得在太平洋的不冻港及向我国东北延伸西伯利亚铁路。1895 年 4 月 17 日,中日战争以《马关条约》结束了,日本除了割取中国一部分领土取得其他特权外,还插足我国辽东半岛,立足朝鲜的国土,沙俄便联络德法迫使日本退还辽东半岛,日本借机索取 3000 万赎款,而这笔赎款就由 1895 年底成立的法俄道胜银行来"承担"。在"承担"中,就确定了沙俄在我国的铁路建筑权和其他租借权。接着沙俄又于 1896 年藉着沙皇尼古拉举行加冕礼的机会,以 300 万卢布收买了大卖国贼李鸿章(实际支付 100 万卢布)。这样,不仅肯定了东三省铁道建筑权,还取得了旅顺、大连的使用权。[②]1897 年 12 月 18 日它就开始武力强占,把西伯利亚舰队强行开进旅顺口,要求租界。1898 年,这个愿望实现了,还夺取了由哈尔滨到旅大的铁路建筑权。沙俄这种优厚的特权,引起其他列强的嫉妒和羡慕,虽然以不占胶州湾换取了德国的谅解,但和英、美、日等国

---

① [苏]耶鲁斯拉夫斯基:《联共党史》,解放社,1938 年。
② 予觉氏:《满洲忧患史》(卷二),天津益世报馆,1929 年,第 33—34 页。

的矛盾没有解决,英国还在甲午战前就曾派东洋探险队,侦查过旅顺,企图夺取。①美国也醉心于东北的铁路和矿产,日本就更不用说了,视沙俄为自己大陆政策的敌手,所有这些矛盾,以日俄矛盾最为尖锐和突出,这就是为什么要爆发日俄战争的理由。

二、旅顺和中东路灾难的日子——从沙俄的侵略到日本的统治

旅大,位于辽东半岛的南端,面临黄海和渤海,一条贯通东北心脏的中长铁路直接通到两个港口,使这地方成为东北的咽喉。起先,这里就是我国的海军根据地,因地势险要,又经过中日甲午战争,已负盛名。沙俄夺取后,把旅顺变成它的远东海军根据地,把大连经营为商港,从此,这里更令世人瞩目,旅顺被称为东洋第二要港(见《满洲忧患史》),大连成了我国大陆北部的贸易港。它们和1902年通车的中东路都扮演了沙俄"黄俄罗斯计划"的重要角色。

中国长春铁路,是1945年日本投降后合并中东路(由满洲里到绥芬河)和"南满"路而命名的。当1896年和1898年清政府和沙俄订条约时,沙俄就控制了这条铁路沿线的采矿权、森林权、税收权等,把这一地带变成了俄国的租借地,沙俄还允许英国在这条路投资800万元,法国投的金额更多,美国在克伦斯基时代也投了一部分。②

1900年,沙俄借口扑灭义和团起义,保护铁路而占领了"北满"。1902年4月中俄签订协定,在允许沙俄控制"满洲"的条件下,沙俄答应在18个月内撤退其军队,但事实上,沙俄的军队一直滞留在"北满",日本非常嫉妒沙俄这种行动,日俄的矛盾已发展到非用武力解决不可了。1904年终于在中国的领土上爆发了共同压迫中国的帝国主义战争——日俄战争,战争的结果是沙俄败北,1905年9月5日订立了《普兹茅斯条约》,条约的第五、六款规定俄国将辽东半岛包括旅大的租借权及长春、旅大间的铁路让与日本。这一年的11月日本又把从帝俄手中取得的我国的特权,肯定在中日《满洲善后协约》内。从此我国东北边疆存在着两个凶恶的敌人——沙俄和日本。随着时

---

① 《满洲忧患史》(卷四),第189页。
② 《东方杂志》,第30卷第12号。

间的推移,日本的侵略已大大地压倒了沙俄"黄俄罗斯计划",1914年,日本在其臭名昭著的《二十一条》的第二号中,已宣布了它的并吞"满蒙"的野心。1917年,日本在干涉苏联革命,出兵西伯利亚的名义掩护下,又用武力占领了"北满",夺取了中东铁路。随后,因为各帝国主义利益的协调,日、美、英、法、俄(白俄)、意在1919年宣布共同管理中东铁路。后来干涉军被苏联红军击败,日本退出"北满",但并没有放弃对"北满"的吞并和中东路的夺取。1931年,当它大举侵占东北时,便夺取了中东路齐齐哈尔的一段,1932年又侵入哈尔滨一面坡等地,势力已达到海林一带。[①]1933年夏阻断了中东路和外贝加尔的交通。1935年,用收买名义,变相地夺取了中东路。当时苏联为了更好地准备自己的力量以反抗可能的侵略袭击,便决定延长和平,对日本采取了一时的让步,从这时日本便算是真正在我国东北完成了它的反苏基地和进攻我国内地根据地的建立。

三、十月革命结束了沙俄在东北的统治

1917年,十月社会主义革命标志着世界历史的新纪元,不但结束了沙皇对俄罗斯人民的统治,而且在世界上出现了和平的外交政策——列宁和斯大林的外交政策。1917年还在苏维埃革命刚刚胜利时,苏联就宣布废弃沙俄时代在中国的一切特权,但这个声明却被帝国主义分子所阻断,没有传到中国人民的耳朵里。1919年8月20日,苏联政府直接向中国人民发出了友爱的呼声,并派加拉罕来我国,声明废弃帝俄时代所加于中国的一切不平等条约,其中包括领事裁判权、庚子赔款、中东铁路权力的一部分及其他权力。(选自《新青年》7卷6号)但是这种公正的声明和深厚的友谊,又被当时的北洋军阀政府拒绝了,直到1920年9月,北洋政府才派军事代表团到莫斯科去,但是这个代表团把经营中东路的权力让给法国控制下的道胜银行,并没有和苏联谈判。1921年苏联又派了一个商务代表团来到北京,希望中东路问题得到解决,然而在帝国主义指使下的北洋军阀仍采取推拖手段。1922年孙文和越飞发表联合宣言中说明对解决中东路问题,以使"中国满意为要旨"。自1923年3月起,北京政府在全国人民的要求和努力下始和苏联开始了谈判,1924年整整

---

① 《东方杂志》,第30卷第2号。

谈了一年,订立了《解决悬案大纲协定》及《奉俄协定》,苏联政府忠诚地遵守着列宁的不攫取任何领土或压迫任何国家的和平政策,遵守着它曾经向中国宣布的诺言。条约内具体规定:中东铁路全系商业性质,除本身营业直辖该路外,所有司法、民政、军务、警务、市政、税务地亩等权,均由中国处理,日后中国还可以中国资本来作价赎回。(选自《中外条约汇编》,《中俄分册》)中苏的外交也从此开始。当帝国主义在热心地贪婪地瓜分中国,强占海口、铁路,建立军事基地,布置战略防线时,这个条约的订立含有极大的意义。但是追随着帝国主义屁股后面走的中国军阀和南京国民党,丝毫也不珍惜这种友谊,他们从未停止反苏的行动。1929 年 7 月 11 日,蒋介石又亲自策划撤换中长路的苏籍的正副局长,驱逐中东路苏联重要工作人员,而代之以白俄人员[①],但是所有这些阴谋计划都被粉碎了。苏联外交的机警性、敏感性、原则性使反苏联的家伙,得到了有力的打击,1929 年 12 月 22 日签订的《伯力协定》,规定恢复中东路的原状,就是事实的证明。

四、苏联红军解放了被奴役的土地和人民,旅顺和中东见了天日

为了反对日本侵略战争,争取世界和平早日奠定,1945 年 8 月 8 日苏联对日宣战,9 日强大的苏联红军就以排山倒海之势,突破了日军在 2000 里边界上每一铁路终点和公路尽端的坚固工事,胜利进军。当号称日本精锐部队——关东军停止它挣扎地战斗的前几天,苏联及蒙古军队已完全解放了整个东北和朝鲜的一半及其他地方,从此被日本奴役了 14 年的我国东北人民获得了自由,遭受日本残酷统治了 42 年的关东州也得到解放。为了保卫远东和平,防止日本再起,这一年的 8 月 14 日中苏缔结了同盟条约,条约规定:如他日任何一方再被日本攻击,他方即予军事援助,同时苏联郑重声明,为尊重中国领土的完整,3 个月撤退驻在我国疆土上的红军,关于旅大和中长路也做了合乎当时情况的决定:中长路纯粹是商业性质,由中苏共同管理,苏联的货物运往海参崴、旅大,不能中途停留,苏联的红军只有对日作战时,才能使用这条铁路;旅顺海军根据地由中苏共同使用,行政权则完全属于中国,大连辟为自由港。所有这些,期限都是 30 年,30 年后,全

---

① 《东方杂志》,第 30 卷第 12 号。

归中国所有。①翻阅一下近百年史就可知道这个条约对中国人民利益的价值，是中国人民自己掌握政权前仅有的一次，这和美帝国主义的军事扩张主义，企图把太平洋变成美国湖没有一点相同之处。也就是因为这个原因，美国时常发出反苏的叫嚣，1946年底故意制造"大连事件"，说什么没有尊重1945年8月14日关于"满洲"为中国之不可分离部分的诺言，关于此，美国人自己都回答了。美国一个新闻记者说："根据1945年8月14日的中苏条约，中国政府同意苏联对旅顺军事基地实行军事防卫，这个地区根据条约所规定，不但包括大连，同时也包括金州以南、辽东半岛的整个尖端。"②历史已经告诉我们，苏联保卫了远东的和平，当日本变成美国的殖民地、中华人民共和国成立时，美国控制了所有中国的港口，只有旅大傲然屹立着，这不能不说是美国扩张中严重的威胁。

五、中华人民共和国成立后中苏签订了中国长春铁路、旅顺及大连的新协定

1949年中华人民共和国成立了。1950年2月14日，签订了新的《中苏友好同盟互助条约》，对中长铁路、旅顺口和大连问题也做了协定，条约内规定在1952年前，对日和约缔结后，苏联军队自共同使用的旅顺口撤退，苏联将共同管理的中长铁路的一切权力，以及属该路的全部财产无偿地移交中国，大连问题也重新处理。这种新的发展是历史条件规定的。因为"帝国主义的日本遭受了失败，反动的国民党政府已被推翻，中国成为人民民主的共和国，成立了新的人民政府，这新的人民政府统一了全中国，推行了与苏联友好合作的政策，并证明了自己能够坚持中国国家的独立自由与领土完整，民族的荣誉及人民的尊敬"。这说明了苏联的外交政策是取决于苏联人民的重要利益，也符合中国人民的根本利益。当帝国主义威胁中国人民的利益时，它极力予以维护，当中国人民站起来后，它和中国开始了真诚的合作，中苏关系从此也起了根本的变化。

---

① [美]W.曼德尔：《苏联手册》，莞夫、徐喆译，五十年代出版社，1949年，第177页。李石涵：《从"七七"到"八一五"》，东北书店，1949年，第136—137页。
② [美]马立昂：《美帝国主义的扩张》，邝平章译，人民出版社，1951年，第116—124页。

六、1952 年 9 月 16 日中苏谈判公报的伟大历史意义

1952 年 9 月 16 日公布的中苏谈判公报,对维护远东的和平是一重大事件。根据公报,中苏正在着手实现 1950 年 2 月 14 日的中苏关于长春铁路的协定,那就是在 1952 年底前苏联政府将共同管理中国长春铁路的一切权力及属于该路的全部财产,无偿地移交中华人民共和国政府,完全归其所有。苏联信守不渝地实现它的诺言,这和帝国主义的匪徒们常常把条约变成一张废纸,扩大它的掠夺是根本不同的。根据公报,为了保卫和平事业,对付美国的军国主义,防止日本侵略之重演,经我国提议又得到苏联同意,延长共同使用旅顺海军根据地,直至日本和中苏都缔结了和约。这反映了在苏联与各人民民主国家间关系上,合作是具有特殊的性格与特别重大意义的。这样的合作就保障了远东的和平,假使帝国主义的猪鼻嘴真的要伸到我国的菜园子来,那它必然遭到致命的打击。《人民日报》社论对这件事,做了正确的估价:"中苏两国签订中苏友好同盟互助条约及关于旅顺口的协定,在过去两年多的时间中,对于制止和打击帝国主义侵略阴谋,保证东方与世界和平,已经起了极其重大的作用。现在,在新的情况下,中苏两国关于旅顺口的换文,对于制止美日勾结的侵略行为,无疑的是具有重大意义的。"伟大的苏联为了维护远东和世界的和平,就是这样的永远站在和平的前哨和保卫和平的前列。

小　结

从中长路、旅顺和大连的历史发展,我们清楚地看到苏联 35 年的外交史就是为和平而斗争的历史。它对处在帝国主义威胁下的国家,尽一切可能,予以维护,从不伤害他国的主权和领土,我们不能不感谢苏联对我国友爱的帮助,还在苏联开国之初,它就自动宣布放弃沙俄时代在中国的帝国主义特权,开了世界历史上和平外交的先例。从此以后对中国人民的解放斗争予以经常的援助,1945 年针对日本签订的中苏友好同盟条约,给我国以相当程度的保障,"是中国成为帝国主义者觊觎的目标以后,一世纪以来所未曾享有过的"[①]。自我国

---

① [美]W.曼德尔:《苏联手册》,第 176 页。

人民掌握了政权后,它就尽一切可能来帮助我国的建设,订立了只有在今天才有可能订立的友爱互助条约,中长铁路变成我国先进企业之一,就是在苏联专家帮助指导下的一个典型事例,毛主席在祝贺中苏友好互助条约签订两周年时给斯大林的一电文说:"我们感谢两年来苏联政府和人民依照中苏友好互助条约及其有关各协定的精神,给予中国政府和人民热诚的、慷慨的援助,这些援助大大地帮助了新中国经济的恢复和发展及国家的巩固,我们祝贺两国人民伟大友谊的日臻亲密,中苏两国强大的同盟是不可战胜的力量,是反对帝国主义侵略和维护远东和平及安全的坚强保证,也是争取世界和平的伟大事业胜利的保证。"毛主席这几句话充分反映了苏联和平外交政策的光辉及其在中国和世界上所发生的巨大影响,这是马列主义思想的胜利,这是斯大林和平外交思想的胜利,这种胜利将照耀世界上的每一个地方。

原载《历史教学》,1952 年第 12 期

经　济

民国初年中国的工业化和日资的涌入

工业化为现代国家富强必经之路,19 世纪末 20 世纪初,中国人为资本主义国家的成就所吸引启发,曾努力促其在中国实现,希望来一个大变革,赶上西方资本主义发展进程。辛亥革命后,新兴的工商业者愈益鲜明地疾呼:"今兹共和政权成立,嗷嗷望治之民,可共此运会,建设我新社会,以竞胜争存,而所谓产业革命者,今也其时矣! "①胆识与抱负,不谓不切中振兴中华之要务,但实现这一腾飞世界雄心的道路,却坎坷不平,步履极为艰难。中国民族工业的发展是缓慢的,有时简直看不到它在运动。中国社会各阶级的状况乃至整个民族的状况,几乎没有什么显著的变化,经济命脉依然掌握在外国人手中,中国的工商业者,所能经营的领域很小,所处的地位多是手工业者、小商人和小业主。

及至第一次世界大战爆发,欧美各国忙于战争,不得不放松对中国的侵略,战后的几年也因集中力量医其战争创伤,无暇东顾,一时成为中国发展自己工业的良机。中国工业资本家纷纷集资设厂,引进先进技术,采用蒸汽力和机器。上海、南通、汉口、天津、青岛、广州等城市的资本家率先活跃起来。爱国心的驱使与利润的刺激,使民族工业大为兴旺,财富迅速增长,呈现出一片光明景象,《大公报》1918 年 5 月 6 日的一篇论文,对当时生气勃勃的局面做了真实的描述:"中国工业日见扩充,各种机器势必多用,国家之兵工厂、造币厂、铁路、船厂及制革厂、电灯遍布各处,开矿熔化等事,均需机器。缫丝厂甚多,各处又有织布、织袜、棉线汗衫、纱及机器磨坊、面粉、榨油、锯木、造纸等厂、砂及水泥、烛皂、玻璃、瓷器等厂,年胜一年。中国所制纸烟亦与进口者相竞,各处大城自来水逐渐推广,印刷厂多处已有。"②

时代的潮流和新思想也推动着执政当局。北洋军阀政府命令各省成立实

---

① 汪敬虞:《中国近代工业史资料》(下册),中华书局,1962 年,第 862 页。
② 《去年华洋贸易总论》,《大公报》,1918 年 5 月 6 日。

业厅，调查各地矿产资源，农商部还发出通告："近日舶来之品充塞总领阖间，苟不设法提倡国货，则实业将永无振兴之望，以后各机关仪器，及一切应用物品，苟非本国所无，一律购买国货。"①但当时中国工业并不是已挣脱了一切桎梏，能够任意展翅高翔。帝国主义在中国培植的势力异常深厚，仍然控制着中国的海关、金融、铁路、矿山、水运交通等经济命脉，欧战并没有使它放弃这些特权。封建主义也依然是资本主义发展的障碍。

如果说帝国主义在华势力有所变化的话，那就是日本帝国主义窥伺并利用了这一时机，以英日同盟名义占领了青岛，继承了德国在山东的特权，肆无忌惮地掠夺中国资源。日本人井出健六 1917 年调查中国矿山事业后讲："青岛自我国占领以来，历时三年，德人前此所经营之事业，尽归我国掌握。"②日本又和袁世凯签订了《二十一条》，在一片"亲善"声浪中，势力如暴风雨般袭入中国。北洋军阀集团为了一己私利，谋取日本贷款，以国家利权为赌注，接受了建于不平等基础上的"中日经济提携"，把那一点微弱的发展民族工业的措施也置诸脑后，给民族工业带来的不是扶植与赞助，而是无法摆脱的压制力量。

"中日亲善""中日提携"是这一时期日本对华关系的口头禅。"友好"背后究竟是什么呢？就是要操纵、垄断中国的经济，使中国成为它的附属物。日本大藏大臣胜田讲得很坦率，他说："欲举中日亲善之实，舍连结经济关系外，殆无适切之途。"③如何实现这种"经济提携"，一时成为日本朝野争论的问题。大致说来，可分为两派，"一为急进论，欲独擅中国利权，绝对地排斥他国投资中国；二为渐进派，自量本国经济能力尚未充分，势难独自包揽，不如与外国提携共进，既免国际之冲突，复得明分之利赢，惟他国投资要不得侵碍日本利权，自不待言，即日本对中国投资，各国亦当承认日本特别地位势力，不可横加掣肘"④。两派殊途同归，目的都在取得对华经济的独占地位。投资与借款本是国际经济关系的正常现象，而日本的投资却引起中国人的疑虑。1918 年 3 月 18 日《晨钟报》的论说刻画了日本"善攫取权利的身手"："日

① 《晨钟报》，1917 年 6 月 30 日。
② ［日］井出健六：《中国北部之炭与铁》，1917 年 10 月 24 日。
③ 《晨钟报》，1917 年 4 月 7 日。
④ 《日本资本家之得意谈》，《晨钟报》，1917 年 5 月 21 日。

本又善于装饰外交上之门面,往往既居美名,并获实利,虽以义始,而以利终,决无惭色。"①日本帝国主义者之欲壑是填不满的。它控制了这一部门,还想控制那一部门,绝无止境,所以说寺内内阁自"执政以来,遇中国利权所在,靡不争先投资,其零星借款迄今已不胜枚举。顾寺内内阁尚以为未足,近复勖励兴亚、朝鲜、台湾三银行极力猛进,以期百无一漏"②。日本政府担心日本的银行家、工商业家目光短浅,坐失良机,一而再再而三地强调要因利乘便,伺隙而发。寺内在其国会阐述对华政策:"政府有意见,觉与中国亲密实关紧要,而经济之协力结合尤当巩固,当此时势,中日两国益增亲密,使醉心于远东和平安宁者无限满意。"③胜田在大阪旅馆关西银行大会上也讲:"政府所最重视者厥惟对华金融与投资,当此中日两国应举亲善之实,则图谋中日两国经济携之为急务,不问何人,当无异论。"④并指摘银行界以往对华金融机关之不完善,所需资金的供给尚欠圆转,以致投资额微弱。日本政府如此倾全力推进"提携",其真正的意图,中日实业协会副总裁仓知铁吉说得最清楚:"日本战后经营之根本方针,日华经济共同经营是也。即日本与中国经济上撤去国界,使日本之东京、横滨、大阪、神户等处,中国之长江、白河沿岸完全为同一地域,输入中国之原料,输出日本之制造品,由是以融洽浑化日华间之经济关系也。"⑤是为中日"经济提携"最好的注脚。

日本经济侵略主义之所以能在华实现,是由于北洋军阀集团的积极响应。段祺瑞对"寺内内阁顾全东亚大局,力谋亲善,无任感谢"⑥。他还曾向中国记者说:"实业上之提携有利无弊,盖中国地大物博,虽号称冠绝全球,然悉委之于地而莫之能取,苟借外资以兴实业,实转贫为富之上策也。"⑦实际上,在不平等条件下的"提携",不会也不可能促进中国民族工业的发展。段祺瑞借外债的政治目的是人所共知的,"兴实业"出于他的口,是对历史的最大讽刺。

我们从第一次世界大战时期及以后几年,中日两国轻工业、重工业和金

---

① 《中国与日本》,《晨钟报》,1918 年 3 月 18 日。
② 《日本对华之经济大活动》,《晨钟报》,1917 年 5 月 15 日。
③ 《日本首相及外相在国会之宣言》,《晨钟报》,1917 年 1 月 25 日。
④ 《晨钟报》,1918 年 5 月 4 日。
⑤ 《日人口中之日华经济提携经》,《晨钟报》,1917 年 9 月 28 日。
⑥ 《晨钟报》,1917 年 11 月 13 日。
⑦ 《晨钟报》,1918 年 4 月 24 日。

融贸易在中国领土上的发展,就可以看出"提携"的结果是什么。

1914 年到 1922 年是中国民族工业迅猛发展的时期,被誉为黄金时代。这里先以纺织工业为例,欧战爆发,中国民族资本家的纺织厂纷纷建立起来,于北洋政府农商部注册的公司和纺织厂有 50 家,资本为 25231120 元,其中纱厂 18 家。而在此以前的 1912 年至 1914 年 7 月,棉丝纺织染只有 10 个公司,资本仅为 3215000 元。[①]1915 年天津建成模范纺织厂,资本 25 万元,纱锭 5 万支,一时风气为之大开,随之裕元、华真、华新、恒源相继建立,投资共有 350 万元,机器多为美国制造,天津遂成为北方纺织业的中心。在华东,纺织业则集中于上海、南通、无锡、青岛、济南等地。荣宗敬、荣德生兄弟 1916 年于上海创办申新无限纺织公司系统时,资金不足 30 元(编者注:应为 30 万元),纱锭 12960 支。1917 年至 1922 年间,连续增设 3 个分厂,资本增至 608 万余元,纱锭达到 134907 支。上海一地,1915 年有纱厂 17 家,1923 年激增至 37 家,纱锭也由 57 万支增加到 110 万余支,发展趋势十分喜人。

假若以华商的发展速度与日商比较,就瞠乎其后了。从工厂数目看,华商居多,但从资本和纱锭看,日商增长占绝对优势。"1914 年到 1918 年的五年中,除上海纱厂和内外棉公司都有发展外,更有日华纺织公司的创设。上海纱厂于 1916 年着手建筑第三工厂,1918 年开工。内外棉公司于 1915 年建设第五厂于上海,1916 年建设青岛第一厂。1918 年收买华人经营的裕元纱厂,改为上海第九厂。日华纺织公司成立于 1918 年,由富士纺织、日本棉花、伊藤忠商事等公司出资组成。"[②]其中内外棉的势力最为雄厚,在他国内仅有 2 个厂,在中国竟有分厂 14 个,纱锭 443720 支,织机 2382 台。欧战后的 5 年,日本在华纺织业更急剧膨胀,新成立者,在上海有大康、裕丰、丰田、公大、华东、同兴等 6 公司。在青岛有钟渊、富士、宝来、隆兴、犬康 5 公司。在汉口有泰安纺织公司。在辽宁有金州的内外棉、辽阳的满洲纺织、大连的满洲福纺 3 公司。到 1925 年日资纺织业在中国之发展,已超过华资一倍以上。如以 1913 年纱锭设备的指数为 100,其各自增长状况如下表:[③]

① 见中国社会科学院近代史研究所、中国第二历史档案馆史料编辑部编:《五四爱国运动档案资料》,《中华民国史档案资料丛刊》,中国社会科学出版社,1980 年,第 7 页。

② 王子建:《日本之棉纺织工业》,社会调查所,1933 年,第 15 页。

③ 冯叔渊:《民元以来我国之棉业》,《银行周报》三十周年纪念刊《民国经济史》。

年别	华商锭数	指数	日商锭数	指数
1913	593,191	100.00	233,488	100.00
1922	2,221,000	374.41	1,268,344	542.31
1923	2,221,000	374.41	1,404,848	601.78
1924	2,176,000	366.83	1,553,120	665.30
1925	2,066,000	348.21	1,636,156	700.87

日本在华纺织业如此猛进，不能不成为中国纺织工业发展的障碍。

中国面粉工业的命运，同样遭到了日本在华面粉工业的冲击。欧战开始，中国新式面粉工业方兴未艾，手工磨坊也多改用机械。长春、哈尔滨、上海、无锡、天津、武汉、济南、山西、河南、河北、云南等地均有新厂出现，其中以东三省和上海、江苏最为发达，是当时两大基地。向北洋政府农商部注册的，1912年至1914年7月为9家，资本共654250元。[1] 1914年至1921年，新兴厂家不下数十百家，只东三省就有50多家，面粉在国际贸易中由入超而跃为出超，运销至欧亚各国。1915年进口面粉金额为29.7万余两，1918年出超达841万两。国内外市场的需求，是刺激中国面粉业发展的重要因素。再以荣氏兄弟经营的面粉业为例，1914年至1922年他们的茂新系统扩充了4个粉厂，福新系统发展为8个粉厂。

这一时期，日本在华的面粉工业也乘机猛进，从东三省到长江流域的江苏、湖北都有其足迹。1914年于抚顺建立日本面粉厂；1919年于大连建立大陆面粉公司，于开源以中日合办名义建立亚细亚制粉会社；1920年于长春建立中日合资中华制粉会社。辽阳建立的纯日资面粉公司，也取名为中日面粉公司。1918年日本还建立北满制粉会社。

日本粉厂最大者为满洲制粉公司，原建于清末。1918年于哈尔滨及济南接连建立两个分厂，1920年该公司于东京召开股东会议，决定增资为425万元。时隔一个月，4月复召开特别会议，又有与朝鲜、大陆两面粉厂合并的新决定，资本增加到575万元。

日本除在东三省极力经营制粉业，在济南、青岛、上海、汉口、天津等地也有投资。在上海的是三井制粉厂及内外棉经营之两家面粉厂。

---

[1]《五四爱国运动档案资料》，中国社会科学出版社，1981年，第7页。

火柴工业也是发展比较迅速的工业之一，它始于清季末年。欧战期间，除原有公司获得新的发展外，还增设了新厂家，据北洋政府农商部注册数字，1912年到1914年7月，有16家。大战时间增加为24家，资金总数由原来的630200元增到3438500元。①到1921年中国民族工业火柴厂已达88家，遍布东三省、江苏、浙江、湖北、湖南、四川、广东、福建、贵州、河北、山东、山西、甘肃、河南、安徽、江西等省。火柴工业所以发展迅速，一是利润的刺激，外货输入减少，国货市场相对扩大；一是建厂较易，所需资金较其他轻工业为少，资金较多者20万元，少者几万元不等。最为出名的天津丹华火柴厂，由北京的丹凤与天津的华昌合并而成，资金120万元，工人1100多人。

火柴业原料之梗片已自行制造。1919年，上海之燮昌、荧昌和杭州之光华合资在上海开设华昌梗片厂。天津北洋火柴厂也在安东购置山林，就地设厂，生产梗枝。

日本在华的火柴厂分布于东三省、上海、青岛、济南、天津等地，以东三省为最多。较著名的有吉林燐寸株式会社，成立于1914年，1915年设分厂于长春，1918年又设分厂于吉林，资本有日金18万元。东亚燐寸会社，总厂在神户，1917年，在奉天、天津两处设立分厂。大连燐寸株式会社，成立于1921年。日商火柴厂的规模都很大，几乎操纵了东三省的火柴工业。即以1920年在上海建立的日商燧生火柴厂而论，资本也有日金30万元，远非华商所能相比。②

在重工业方面，帝国主义的掠夺远较轻工业为甚。如果说民族的轻工业是遇到了千载难逢的良机，能求得些发展的话，那么重工业则连这种发展的缝隙都未找到。以矿业而论，中国最好的矿产均为外人公司所开采，规模大设备完善的矿业也为外人所控制。中国民族资本家也曾集资开矿，但规模都很小。农商部也曾设法保护矿业生产，致电各省："我国地大物博，富甲全球，皆因办理不善，以致实业不克振兴。兹为提倡矿业起见，知会各省设立矿业公司，专办矿事，无论官立私立，开矿地址均须警察保护。"③极力奖励办理实业："采办矿产每年纳税足二千元者"④受奖，然而始终未能兴旺，规模都很小。如江西、河北、山西都开有小煤矿，报刊时有报道："昌平、房山等县地多矿山，已

①《五四爱国运动档案资料》，中国社会科学出版社，1981年，第7页。
②见龚骏编：《中国新工业发展史大纲》，商务印书馆，1931年，第206—207页。
③《晨钟报》，1918年5月3日。
④《晨钟报》，1918年4月23日。

178

经人民开窑采办者,亦有多处。"①"蓟县盘山南有煤矿一处,经本处绅士刘忠杰集得款股开办该山煤矿,已经农商部批准试办。"②山东"博山县城北赵成庄绅富赵仁泰,近测该县东南罗山水流庄地方铁苗,发现约四十余亩,爱邀集绅商各集股千元,至五月初即招工开采"③。山西盂县出现了机器开采:"邑绅某君购得掘矿机器数架,在矿穴石层以下如法采掘,甚形便利。"④这些,说明已出现了一线熹微的光,一些人也曾颇具雄心,如任过北洋政府内务次长的谢运涵即"以外人每多觊觎中国矿产,因恐利权外溢",调查吉安、安福两县未经开采之煤矿,"特邀集吉安股实富商股合力,已经邀足股资十万之数"⑤。当时新建的矿厂较大的为河北宣化之龙烟铁矿。战前已有的为山东中兴煤矿、河南六河沟煤矿。

日人于矿业领域,从东北到长江流域,无处不插足。1917 年 4 月,日本成立东洋煤矿株式会社,资金 100 万元,社址在东京,"以事业部主体置于奉天,以极大抱负开拓满洲之矿业为目的"⑥。著名的"南满"抚顺煤矿,拥有 7 处煤窑:千企寨、大山、东乡、洋柏堡、老虎台、万达屋、古城子,日产煤 8000 吨,是"南满"铁道会社所经营,而且仅为其所属之第一煤矿。它经营的还有鞍山制铁所,1919 年产生铁 3.1 万余吨,第二年激增至 7.4 万余吨。以合办名义出现的本溪湖煤铁有限公司,资本 700 万元,日产煤 1500 余吨,实为日本大仓组所有。日商峰旗元还在吉林和华商刘桐冈合资开采吉林县红窑镇荒子山煤矿。⑦在直隶,日人大桥新太郎、浅野总一郎、小平平吉等创办了中日煤矿公司,开采石门寨之煤矿。在山东,日本占有坊子炭坑、淄川煤矿和清凉县的铁矿。这些矿原为德人所经营,欧战开始后,为日本所攫取,获利较战前大为增加,淄川矿日产煤 1500 吨,清凉的铁矿全年获净利 3000 万日元。

日本对长江流域矿业的渗透与掠夺,是使用了多种手段的。为了取得某一矿权,经常变换手法,从日本政府到银行、洋行,从大使、领事到商人,都出

---

① 《晨钟报》,1918 年 5 月 16 日。
② 《晨钟报》,1918 年 5 月 5 日。
③ 《民国日报》,1917 年 5 月 15 日。
④ 《大公报》,1918 年 7 月 8 日。
⑤ 《大公报》,1918 年 7 月 8 日。
⑥ 《晨钟报》,1918 年 1 月 10 日。
⑦ 《晨钟报》,1918 年 12 月 7 日。

面交涉,威胁利诱,无所不用。大冶矿的合办权,在袁世凯执政时日本已经取得,1917年安川一郎更与汉冶萍总办孙宝琦签订合办钢厂合同,资金共1000万元,中日双方各负担一半,而中国是以"每年供给铣铁六万吨以上以代出资"[①]。如此,日方就获得了支配产品的权力,为它号称东洋第一的八幡制铁所觅得一个坚实的原料基地。这就是合办的实质。对安徽太平、繁昌铁矿及南京附近的凤凰山铁矿的占有,也无不是以"合办"方式或借款抵押来逐步侵吞的。凤凰山为中国"所发现铁矿之最丰富者,所产之钢极合制造军械之用",日人垂涎已久。1916年春,日商大仓组于华人兴办的铁矿华宁公司以借款方式投入资金100万元,要求合办。北洋政府历四届农商部长,均以国内舆论大哗,未予批准。1918年,日本以其纳入中日两国陆军部新军事计划项目,愿借予中国2000万元以资开矿及设钢厂,遂发生华宁公司矿权移交陆军部之事,日本终于得到凤凰山设厂炼钢的权利。[②]

日本就是通过这样明目张胆地对中国资源的掠夺,为其军国主义奠定了重工业基础的。对此,日本学者樋口弘先生在他的著作《日本对华投资》中,讲得比较公正:"对经营大冶铁矿的汉冶萍炼铁公司,日本政府曾通过正金、兴业银行给予四千万日元以上的贷款,对开采安徽省桃冲铁矿的裕繁公司,也通过中日实业公司贷了七百余万日元。由于这种投资所取得的铁矿原料,是确立日本重工业的基础,是成为明治中叶以来日本资本主义的存在和发展的重要因素。"[③]

中国工业发展的最大障碍,是日本的金融家特别是银行巨头,控制了中国的金融贸易。日本在中国的金融机关早有根基,其最大者是正金、台湾、正隆、住友等银行,三菱、三井等公司。欧洲大战时,又有中日实业公司、兴亚公司、湖南中日银行、南满信业公司等机构的建立。这些银行和公司,拥有各种特权,不受任何法律约束。它们贷款给北洋政府,获取折扣和利息,还投资工矿、垄断商业、经营航运、掠夺土地,乃至任意发行钞票,无所不为,其性质和东印度公司毫无二致。

日本的金融网不只遍布于中国各通商口岸,还非法深入中国内地。1917

---

① 《晨钟报》,1917年9月18日。

② 《晨钟报》,1918年6月25日。

③ [日]樋口弘:《日本对华投资》,北京编辑社译,商务印书馆,1960年,第208页。

年湖南中日银行的建立,颇能说明它们是怎样无视中国主权的。该年5月1日,日本人不经法定手续的认可,中日银行就擅自在长沙营业,印发钞票200万元,佯称资本百万元,实际现款不足20万元。湖南人民不为所欺,群起反对,日本领事竟蛮横地说:"该行经营数月,用款巨万,既经开幕,无论如何断难中止。"①

更有甚者是西原龟三与曹汝霖、陆宗舆等策划成立的中华汇业银行,俨然是中国的国家银行,而且是行中之主。该行契约中规定:一、在中国国内发行金币钞票。二、在中国内地设立分行。三、发行纸币权以99年为限。四、与中国国家银行享有同等之权力。②这是致中国经济死命的条例。以往中法银行握有特殊权力,条件最为苛酷,于发行钞票权尚有中国币制统一之日,即行废止的规定,而汇业银行竟将发行钞票权延长至一个世纪,直置中国于殖民地之地位。汇业银行资本共1000万元,中日各半,日方先出资500万元,即行开业。总理、协理虽由华人充任,实无实权。遴选行员,也得日方允准许。这就是所谓的"中日合办"!

日本的金融就是这样在中国兴盛起来,扩张起来。中国的财富缘此源源流入日本。日本银行资本更不断地投向中国市场、中国政府、中国的工商界,甚至农民都成为日本银行的债务人,负债累累。

金融上的霸权造成商业贸易上的霸权。

樋口弘在《日本对华投资》一书中论及"1917年到1918年是日本对华经济扩张最活跃的时代",这一时期前后,在中国很多省份都建立了它的基地,"日本在天津方面的贸易,一般商业、土产品加工业等,都蓬蓬勃勃地发展起来,在北京,因直接和当时的北京政权打交道,所以各种特殊企业也随之创办起来"③。上海1917年一年中,日本新设立的洋行和公司就有67家,经营的范围极为广泛,从棉丝布、染料、橡胶、陶器、杂谷、油脂、一般杂货,到制革、印刷、五金机械、电器机械、造船、化学药品、燃料工业、织物机械和军需品等等,无所不包,从事输出入贸易的近30家。

日本洋行参与了各种买卖,中国内地的土特产也是其主要目标之一。其

---

① 《民国日报》,1917年5月17日。

② 《晨钟报》,1917年3月5日。

③ [日]樋口弘:《日本对华投资》,第219页。

经营方式,往往越出商业的正常轨道。内蒙古地区东部,根据亡华《二十一条》,"于未辟商场之前,日本人民只能与中国人民合办农业及附随工业两种,且须经中国允准,始能开办",而"日商多人竟往蒙旗界内之敖力不高等处开设商号,其间有日本商行者,本系日本浪人,既无商品,又乏资本,悬一洋行招牌",违法印刷纸币,分一角、二角、五角、一元、五元、十元不等,以牛马牲畜为质贷予牧民。营业实为典当。①

日本在华以最少的资本,或径直印刷纸币,以猎取中国的资源,使正常贸易和掠夺间的界限消失了。它在金融和贸易上的垄断,加深了中国半殖民地的地位。

中国民族工业在它的"黄金时代",为自己冲出一条新的道路,为自己创造了前进的基础,尽管这个基础还异常脆弱,却是很可贵的。它之所以未能腾飞,是因为历史为它酿成的复杂条件和不利因素,其艰难是其他国家所鲜有的。当时日本帝国主义对华的种种,不能不说是起了延缓和阻碍中国工业化的作用。

原载《东アジア世界史探究》,1985 年

---

① 《晨钟报》,1917 年 8 月 11 日。

第一次世界大战期间
中国民族工业的发展和工人阶级的成长壮大

一、民族工业的"黄金时代"

从辛亥革命到五四运动时期,有两大新鲜事物相辉映,一是民族工业的发展,一是新文化运动的崛起,前者则为后者的物质基础。

(一)民族工业发展良机的到来

中国民族工业发展的道路是坎坷晦暗的。从它一诞生,就遭受帝国主义和封建势力的双重压迫。外人和华人在中国境内经营同一种工业,建立同一种工厂,外人的会获得扶持,华人的则受到遏制。外人所持者是他们强加于中国的不平等条约,操纵着中国海关、金融、铁路、矿山、水运交通等经济命脉,其所建企业以此种种便利条件,必然得以迅速膨胀。中国资本家建立的企业,则处处受外资的排挤而步履维艰。除此,还要受封建地主阶级的摆布,每新设一厂,地方官就视为特殊的利薮,任意征税。关税和厘金,都成为工商业发展的桎梏。到了20世纪初,历史终于安排了一个绝好的时机,为中国民族工业的发展闪开了一条道路,这就是第一次世界大战的爆发。欧美各帝国主义忙于战争,无暇东顾,减弱了或没有精力致力于对中国的经济控制,在战后的几年中,也没有扩张甚至没有恢复其对中国经济的侵略。沙俄在中国的势力,也随着十月革命的爆发而终止。

就中国本身的变化来讲,也是巨大的。中国人民的觉醒,对帝国主义侵略的反抗与斗争,亦不能不使帝国主义有所顾忌。特别是1915年,日本提出了灭亡中国的《二十一条》,加上日本利用欧战,在中国大发横财,中国人民极端义愤,掀起了猛烈的反日运动。1915年开始的新文化运动,也使中国人民认识上产生了变化:"西洋种种文明制度,都非中国所及,单就经济能力而言,我国人此时万万赶不上,倘不急起直追,真是无法可以救亡。"(引自《独秀文

183

存》)在这样的历史条件下,一些有识之士大声疾呼"实业救国",一时国内和海外华侨向工业投资的,风发泉涌,新式工厂在中国空前发展起来。

中国民族资产阶级此时乐于投资新式工业,主要有两个原因,一是爱国心的驱使,一是利润的刺激。这两者在他们心目中是交织在一起的,作为资产阶级总是考虑利润的,但不能否定其爱国的抱负。1912 年《工业建设会趣旨》就讲起了这一点:"今兹共和政体成立,嗷嗷望治之民,可共此运会,建设我新社会,以竞胜争存,而所谓产业革命者,今也其时矣!"①

当时很多人将资本投入工业,是因为资产阶级的财富比地主阶级的财富增加的快得多,利润源源而来的美景在他们面前展开,一些官僚、政客、军阀,如曹锟兄弟、倪嗣冲以及交通系、研究系、政学系中的一些人,都争相投机于工商业,希冀一夜就变为富翁。这些人中对中国工业发展做出积极贡献的则属张謇和周学熙,他二人都有官僚身份,而又不同于其他官僚,他们有一种使中国富强起来的事业心,他们所办的工厂,则属于民族工业。在论及此时中国民族工业之繁荣时,不能不提及他们的名字。

张謇,字季直,江苏海门人,生于 1853 年,死于 1926 年,是晚清的状元,当过孙中山政府的实业总长和袁世凯政府的农林工商总长兼水利总裁。洪宪帝制时,他离开袁世凯,返回家乡,致力于他所梦想的实业救国,这是他一生中主要的业绩。他有养民、富国、御侮的理想,1896 年,他在南通办起了大生纱厂,1900 年又筹办通海垦牧公司,种植棉花,以解决纱厂原料。他的事业颇有成效,机器纺织机战胜了手织机,大农业也战胜小农业。及欧战爆发,大生纱厂好运气到来,1915 年添设了布机,既纺又织。1917 年赚了 76 万两银子,1919 年又赚了 263 万两,其经营的纱厂也增加到六七个。他还办起商店、银行、仓库、轮船公司和学校,有了一套比较完整的工业体系,影响颇大,简直成为那时中国实业发展的旗手。

周学熙,字缉之,号止庵,安徽建德县(今东至)人,生于 1865 年,死于 1947 年。清末投靠袁世凯,先后当上了天津道、长芦盐运使、直隶按察使及直隶工艺总办。民国以后,曾任袁世凯政府的财政总长,因替袁世凯筹措"善后借款",以盐税为抵押,遭到全国人民的唾弃。但就发展中国实业这一点来讲,还是做了好事的,与张謇齐名,被称为"南张北周"。他以为日本富强是由于练

---

① 汪敬虞编:《中国近代工业史资料》,中华书局,1962 年,第 860 页。

兵、兴学、制造三事,中国也应走明治维新这条道路。他利用自己的特殊地位,积极兴办实业,先后创办了启新洋灰公司和滦州矿务公司,还筹办劝工陈列所,劝导绅商投资工业,并由直隶工艺总局投资开办造纸厂,以为示范。

基于他们的倡导、推动和影响,全国一些地区出现不少工业人物,建立了一大批新式工业部门。上海、天津、青岛、广州、大连、哈尔滨、济南等地,建立起很多近代化工厂,以股份公司形式出现的也多了起来。中国近代化的一批城市,大都是从清末到这时形成的,特别是这一时期。

(二)民族工业的春天

从1914年到1922年是新工业生长的春天,新式工厂建立得很多,并且出现了外国商人第一次向中国厂家订货的新鲜事。

纺织业,是当时最大的新工业,这一工业在1905年日俄战争后,曾有显著的发展,但直至1913年,商办的一共不过18家,一些厂子还被外国纱厂和金融机关通过贷款关系兼并了。欧战爆发后,进口棉织品减少,中国纺织工厂的设立和纱锭的增加如雨后春笋。从北洋军阀政府注册数目看,1912年至1914年7月,棉丝纺织业共有10个公司,资本共321.5万元;欧战期间,公司数目竟达50个之多,资本增加到2523.1万元,其中纱厂有18个。1918年还成立了华商纱厂联合会,以协调、保护他们的利益。纺织业在华北集中于天津,1915年天津模范纺织工厂成立,资本25万元,锭子5万支,从此风气为之大开,陆续建立的有裕元、华真、华新、恒源等厂,资本最高额达350万元,机器多为美国制造,天津从此成为北方纺织工业中心。在华东,则集中于上海、无锡、南通、青岛、济南等地。荣宗敬、荣德生兄弟在上海创办的申新无限纺织公司系统的纺织厂,1916年开设时,资本不足30万元,1917年至1922年增设3个分厂,资本增至608万余元,纱锭从1916年的12960支,增至1922年的134907支。上海纱厂的增设,大有排山倒海之势,1915年,仅有17个纱厂,至1922年激增至37个,纱锭从57万余支增至110万余支。地处中原的郑州,也有纱厂的建立。

纺织业的发达带动了植棉业,当时又引进美国棉种,购置美国锯齿式轧花机,建立起机械轧花厂。

中国民族纺织业正在占领国内市场,这一变化,曾予中国人以希望。一些人认为英国产业革命是以纺织业开始的,中国也进入了产业革命的时代。但事实证明,这只是一种浪漫的梦想,帝国主义,特别是日本帝国主义极力阻止这种发展,时刻想控制并吞中国的纺织业。及西方列强卷土重来,中国纺织业复陷入不景气之中。

面粉工业是当时第二大工业,民国初年,已具有相当的基础。第一次世界大战开始后,新式面粉工厂纷纷建立,以前旧式的磨坊也都机器化了,长春、哈尔滨、上海、无锡、天津、武汉、济南、山西、河南、河北、云南等地均有新厂出现,其中以东三省和上海、江苏最为发达,是当时两大基地。向北洋政府农商部注册的,1912 年至 1914 年 7 月,面粉公司有 9 家,资本共 654250 元,欧战期间,公司有 32 个,资本达 3886360 元。所出面粉不仅自给,还出口欧亚各国。1915 年进口面粉金额为 67.1 万两,出口面粉金额则达 697 余万两,1918 年面粉出超达 841 万两,出现了未曾有过的现象。国内外市场的需求,极大地刺激了面粉工业的发展,以荣氏兄弟资本为例,1914 年至 1922 年,茂新系统扩充 4 个粉厂,福新系统发展为 8 个粉厂。

火柴工业也是发展比较迅速的工业之一。我国火柴工业始于清季末年,欧战期间,除原有公司有新的发展外,还增设了新的厂家,据北洋政府农商部注册数字来看,1912 年到 1914 年 7 月为 16 家,大战期间,增加到 24 家,就是说新增加的为 8 家,资本总数也由原来的 630200 元增到 3480500 元。到 1921 年全国民族火柴厂已达 88 家。就资金来讲,数目不算大,每个厂家由 3 万元到 10 多万元不等,就分布地区讲,遍布全国许多省份,如沈阳、天津、山东、上海、福州(编者注:福建)、陕西、甘肃、云南等省都有火柴工厂。火柴工业之所以获得迅速发展的原因,除外货输入减少,民族火柴工业产品市场相对扩大外,一是利润的刺激,一是建厂较易,资金筹措方便,当时最大的火柴厂是天津丹华火柴厂,1917 年由北京丹凤和天津华昌两火柴厂合并成立的,资金 120 万,工人 1100 多人。

火柴工业原料之一的梗片,也可以制造了。1919 年,上海燮昌、荧昌和杭州光华三家合资在上海开设华昌梗片厂。天津北洋火柴厂则在安东购置山林,就地设厂生产梗枝。

制油工业,在东三省、天津、青岛、上海等地,均有较大的发展,设立了很多新式工厂。特别是东三省,因盛产大豆,在这一工业领域中,处于领先地位,如大连,1913 年新式制油厂 52 家,1919 年就增加到 82 家,原有的油坊也相继使用电力榨油机,它们的产品充满国内市场。青岛于 1917 年成立新式的东和油厂,生产花生油,颇负盛名。

造纸工业,也有所发展,上海、济南都有新式造纸厂建立,能满足印刷事业和各厂商所用包皮纸的需要。

化学工业方面,应该提出的是天津1915年成立的久大盐业公司和1917年建立的永利碱厂。前者初建时资本为21万元,到1919年即增为30万元,所产精盐行销全国各大城市。

橡胶工业,1917年广州成立了南洋兄弟树胶公司,1919年成立中华橡皮制造公司、祖光树胶公司等。至1921年,广州全市橡胶工厂多至20余家。

其他像罐头食品、卷烟、玻璃等也有不同程度的发展。

问题是中国轻工业的发展,没有重工业做基础,而且遇到了帝国主义和封建势力的阻挠。

在重工业方面,民族资本是很微弱的,大型厂矿均被外国资本家所垄断,特别是英国怡和洋行和日本的满铁株式会社这两个托拉斯组织,在中国为所欲为。中国民族资本家很希望在重工业方面取得地位,但成效较小,只有在电力和交通上出现了可喜的现象。电业公司,欧战前有6家,资本总额为1068600元,欧战期间,公司增加到45家,资本达到8392050元。交通企业,战前有公司20家,资本为2569100元,欧战期间,公司增加到42家,资本总额增加到6904530元。

至于煤、铁和其他矿藏,中国均拥有绝大多数欧洲国家所没有的丰富资源,因受制于帝国主义,没能得到什么开发。袁世凯时期又不准国人投资经营。民族资本的钢铁业,只有1917年建立的上海和兴钢铁厂、1918年建立的河北宣化龙烟铁矿和1919年建设的扬子江机器公司。至于汉阳大冶铁厂,名义上为华商开办,实际上日本资本渗透颇多,作为原动力的煤的开采,华人自办的,只有柳江煤矿、贾汪煤矿等数处。

机器制造业,星星点点的也出现了一些,可以制造纺织、磨面、碾米、轧花机及轮船锅炉引擎等,但规模都较小,如天津三条石郭天祥机器厂和郭天成机器厂,制造轧花机、织布机等。上海机器制造业较多一些,1919年合兴机器制造厂,可以制造轮船及修理机器,1920年,中国铁工厂,制造纱、布、绸厂所用机器。

中国工业在欧战时期的这种发展,造成了经济繁荣景象,金融也因此兴盛起来。1913年全国共有银行15家,到1921年,国内银行已有106家,资本144086000元。从1915年到1920年,在天津设立总行或分行的华商银行,有

15 家。操纵北方金融的"北四行",即盐业、金城、大陆、中南银行,都是这时成立的。1917 年开办的金城银行,资本额为 200 万元,1918 年各种存款达 1000 万元以上,全年盈余共 467734.46 元,除各种开支,净余 368478.33 元。1919 年全年盈余 819382.87 元,各项开支除外,净余 647370.78 元。1920 年盈余 1201881.19 元,净利 900769.86 元。[①]金城银行短短几年内就成为暴发户,并于上海、汉口、蚌埠等地设立了分行。

(三)民族工业发展的障碍

民族工业的这种发展,并没有把帝国主义在华的经济势力排除出去,也没有堵住帝国主义工业品的输入,特别是日美帝国主义利用欧战时机,极力渗透它们的资本,其产品涌向中国市场。1917 年 11 月 2 日,他们还发表了《兰辛石井协定》,相互承认其对华的支配地位,美国承认日本在华有特别利益,俨然以太上皇身份,践踏中国主权。

日本利用《二十一条》密约,对"满蒙"大肆掠夺,以合资公司名义获得很多特权,中国到处都可以看到日本资本的阴影。据《民国日报》1916 年的调查材料,辽、吉两省合资的就有安东采木公司、本溪煤铁公司、奉天向阳马车路公司、长春中日火柴公司、铁岭电灯局、"南满洲"面粉公司、营口水道电气公司、辽阳电灯局、辽阳正隆银行等。在华北,特别是京津两地,日本的经济势力急剧膨胀,建立了很多工厂,垄断了贸易、商业及土产品加工业等。在华中,日本的大仓、三井、古河等特别热衷于矿山的掠夺。铁是工业的基础,日本八幡制铁所的原料,即取自汉冶萍,日农商务部参政官町田忠治曾在其论文中,公然要把大冶以外的扬子江各矿山,皆为中日共有。安徽繁昌县桃冲山铁矿,名为中日合办,而实权都操于日人手中。日本重工业的基础,就是掠夺中国资源而确立起来的。

日本在扬子江流域的掠夺,当然不只是矿山,仅 1917 年在上海就设立了 67 家洋行公司和工厂,垄断了各种工业和贸易。

日本在华所取得的优势,把一切可能的竞争者都抛在后面,萍叶澄在《经济侵略中国的英美财阀》一书中,有一个在华的日本人和公司的统计表,很能说明问题:

---

① 见《金城银行营业概要及分配余利报告》。

188

年　份	日公司数目	人　数	日人占外人总数的百分比(%)
1912	738	75,210	51.9
1913	1269	82,219	48.9
1914	955	84,948	51.5
1915	2189	101,589	55.1
1916	1858	104,275	56.1
1917	2818	144,492	65.5
1918	4488	159,950	65.4
1919	4878	171,485	48.8

在日资这种急速的膨胀中,纺织业占很大的比例,日资的上海纱厂和内外棉公司扩建了,还建立了新厂。上海纱厂1918年建立第三厂。内外棉公司于1915年在上海建立第五厂,1916年建立青岛第一厂,1918年收买华人经营的裕源纱厂,改为上海第九厂。在华北,从1913年到1922年,日本大肆扩建纺织厂,纱锭增加了5倍,并且控制了纺织业的原料。

民族工业发展的另一个障碍是北洋军阀政府及其所代表的封建势力。北洋军阀"勇"于卖国,从不把发展民族工业放在心上,没有采取过保护民族工业的任何措施。不仅如此,还极力适应帝国主义和封建势力的需要,赋予种种特权,遏制了民族工业的发展。这里仅举两例,济南振兴火柴厂本来已取得济南周围300里以内制造火柴的合法专利权,但1919年8月,因日人也在济南开设了一个火柴,北洋军阀政府为此在11月宣布取消专利制度,使日人火柴厂获得合法地位。天津久大盐业公司成立,因触犯了大盐商及与之有关的封建势力,久大精盐就被限制只能在有租界的口岸销售。

这一切说明了,历史的安排使中国民族工业的发展,只能是有限的,不可能得到充分的发展。

从这几年中国出口货物种类来看,主要还是茶、丝、棉、菜油、肥料、羊毛、牛皮、五金等农产品和手工业产品,进口的货物也依然是钢铁、机械、棉纱、火柴、纸烟等。这也说明中国工业的发展是有限的,还没有完全占领国内市场,在全国很多省份,尚没有新式工厂,这就是历史的现实。

因此可以说,中国资本主义确实有了较大的发展,机器的生产,在许多工业部门应用,使中国发生了变化。但工业资本在整个社会经济中是微小的,没有达到足以改变整个中国社会结构的程度。在农业中更谈不到用什么大机器生产,除了像南通一些地方出现机械耕作,全国仍然是古老的生产方式统治着。

二、工人阶级的成长壮大

中国总算卷入了近代资本主义的狂澜。中国工业日益发展,工业资产阶级的力量也随之增强,同时一个人数远远超过前者的产业工人阶级茁壮地出现在中国历史舞台上。世界上没有没有工人的工厂,随着机械生产占领了一个又一个工业部门,产业工人迅速增加。中国工人阶级不仅在中国资本家办的工厂成长,也在外资工厂成长,其力量之强大远非资产阶级所及。

(一)中国工人阶级的壮大

当时中国产业工人队伍究竟有多大? 据 1915 年调查,包括手工机器工在内,有 1070 余万人,其中在本国普通工厂的约 60 万人,在矿山的约 50 万人,在国有各铁路的约 6 万人,总计可考的数目约 120 万人。这个数目不包括海员、兵工厂工人和外资工厂的工人数。此后的几年,厂矿增加得很多,至 1920 年,中国资本及中外合资的工厂注册的已有 418 个,其中 500 人以上的工厂 98 个,千人以上的工厂 25 个,全国产业工人数到这时约二三百万人。

据《新青年》1920 年劳动节纪念号刊载的材料,仅上海一地,就集中了 58 万工人,其中纺织工人 9 万多人,丝厂工人 6.6 万多人,烟草厂工人 2 万多人。

中国人口当时有 4 亿多人,工人队伍仅二三百万人,所占比例是很小的。而它确是中国社会最积极的因素,最年轻的阶级,也是逐渐觉悟到自己阶级地位的阶级。他们原是穷苦的或失业的农民,这时从乡村走到城市,从农业生产转向工业生产,在大城市的陋巷中麇集起来,大机器生产把他们紧紧地连在一起,而成为强大的历史力量。

这支产业军,和民族资产阶级有时有着共同的语言,那就是都受帝国主义和封建主义的压迫。但是民族资产阶级毕竟有它自己狭隘的阶级利益和偏见,又使产业工人不能不站在与其对立的地位。

(二)工人的困境

工人的境遇是非常困苦的。资产阶级利欲熏心,极力榨取工人的血汗。新式工厂的劳动条件,虽然有所进步,但好不了许多。一般工厂厂房都狭小,空气污浊,没有通风、降温、取暖等劳动保护和安全设备。上海、天津等地都如此。上海英美烟草公司女工曾控诉她们受到了非人的待遇:"终日埋头曲躬",

且"含胶舔贴,唇破舌裂,偶失手制错,立被辱打罚金。又当天阴风雨之日,不问寒暑,紧闭四窗,烟气直冲,脑为麻醉,衣为汗湿,虽云作工,实与身囚牢狱无异"。①英国戴维森在描述天津各工厂情景时说:"天津各家工厂的厂房大部分过于拥挤、通风不良,一般都不卫生。火柴工厂仍在使用白磷,以致工人中流行坏死病。在棉纺厂和皮毛洗染厂,对清除尘埃和绒毛未采取任何措施。机器常常没有防护设施,以致经常发生意外事故,尤其是小孩。"②这是实际情况,不是夸大之词。

工人劳动的时间都很长,中外资本家为了榨取更多的剩余价值,毫不考虑工人的健康。工厂连续不断地开工,工人劳动时间长达 12 小时,纺织、面粉、榨油、卷烟、缫丝无一例外。纱厂是两班制,每班 12 小时。缫丝厂没有夜班,从早 6 点到晚 6 点,也是 12 个小时,也有把每日工时定为 14 个小时的。一些手工业工场,时间就更长,达到十五六个小时,8 小时工作制是不可想象的,也没有星期日,有 10 天一休息的,也有一个月休息两天的。

工人因工时过长,劳动过度,类多鸠形鹤面,颜色枯槁。而工资又低得可怜,一般每日都是两角到三角,工业不发达的地区仅一角多。每日吃饭至少要花一角五分。以唐山开滦矿务局工人为例,井上头等小工二角五分,井下头等小工三角五分,每人每天吃上两顿玉米面,吸上两卷纸烟就两手空空了。上海英美烟草公司工人,能手可得五角到六角,次手终日勤不释手,也不能供一日之食用。上海丝厂清花间工人每日约三角,管钢丝车工人三角五分。这样低微的工资,物价又腾贵,每人还有家室要养,这就不得不驱使更多妇女和儿童进入非熟练工的市场。纺织、烟草、火柴、缫丝等行业雇用了大量的女工、童工和徒工,如浙江和丰面粉厂,共雇用 840 名工人,其中女工有 370 名,男女童工有 100 名,男工仅有 370 名。男女工的比例,各厂虽不尽相同,但可以说明女工的被雇用已是普遍现象,其原因就是女工工资比男工工资低。以杭州为例,男熟练工每日六角至一元,非熟练工每日两角五至五角。女熟练工每日三角至五角,非熟练工每日仅一角五至两角五,童工大约每天一角。

工人还要受包工制、包身制、养成工等制度的剥削和压迫。包工制是一种把资本主义剥削和封建剥削结合在一起的雇佣劳动制度,包工头寄生在

① 《民国日报》,1917 年 7 月 27 日。
② 英国 J.W.O.戴维森代总领事致 R.麦克利爵士文,1924 年 8 月 10 日。

资本家和雇工之间,对工人进行剥削,工厂需要劳动力时,包工头就从农村以少量代价雇用破产农民,送到工厂,工人没有任何人身自由,每月所赚的钱被包工头克扣净尽,劳动时,要受工头的监视。1920年《新青年》劳动节纪念号刊载《上海劳动状况》一文,揭露江南造船厂工头对工人如奴隶主之对奴隶,惨无人道,任意蛮横:"所长之视工人,不啻高贵长官之视下贱小民,而工人之视工头,亦若小子之视严父,奉命维谨,不敢稍有抗拒,否则厉色一现,唾骂随之,再有回音,即行斥退,无稍假借。故每次过节过年,工头所收礼物,不下数十百元。"

在人口和工业集中的城市里,工人因收入低微,多住在污浊的贫民窟里,数口之家促居一室,甚至数家合住一室。

为了说明中外资本家的残酷剥削,我们不妨举几个实例。

中东铁路哈尔滨总工厂,是1898年沙俄修建中东铁路时建立起来的附属工厂,设备简陋,机器陈旧,有千名以上的中国工人,每天劳动在10小时以上,工资待遇很不平等,同样工种,中国工人工资只有俄国工人的一半。中国人属短工、日工的很多,生活不稳定无保障。居住条件十分恶劣,俗称"三十六棚"的工人住房,是在洼地上建起的潮湿的土屋。

门头沟煤矿,美国、英国、德国、比利时等国资本家都垂涎过。1915年始由英国麦边财阀和中国买办周奏章以合办的名义经营,设备只有几部绞车和水泵,矿工采煤,全用手镐、背筐等原始工具。

天津华新纱厂和裕大纱厂,都是"五四"时期建立的,都是包工制,工人每日劳动12个小时。工资很低,华新小工每日工资四角五分,车工、瓦工每日五角,木工每日六角,最低者为二角。裕大工人最高的六角,最低的三角,平常发放工资要扣存半数,到年终始完全发还。

不管哪种类型的工厂,其对工人的压榨,都是无法忍受的,工人过的是一种像奴隶一样的生活。

造成工人苦难的根源,是中外资本家的贪婪,这是不言而喻的,而帝国主义分子却说:"华工惯于长时间劳动""民众贫困不堪,给以低微工资,几乎在任何条件下做长时间的劳动,他们也都愿意"[1]。这是对中华民族极大的侮辱。

---

① 英国J.W.O.戴维森代总领事致R.麦克利爵士文,1924年8月10日。

(三)罢工浪潮

事实上,工人阶级在承受这种剥削的同时,就表示了自己的反抗。他们在时时寻取反对资产阶级的武器。此时迅速壮大的中国工人阶级,已感觉到他们悲惨处境的共同性、利益的共同性,感觉到阶级团结的极端重要性,他们把这种感觉变成实际行动,使用了罢工斗争这一武器,而且越来越多,越来越猛烈。1912年到1919年5月,全国出现罢工130多次,比辛亥革命前7年多了100次,虽然多系一个企业或一个地方的罢工,地区性的同盟罢工也不是没有。同盟罢工就是一个或几个行业工人联合起来去反抗资本家的压迫,以改善并保护自己的地位。如1914年12月上海黄包车工人为反对加收车租而同盟罢工。1917年3月商务印书馆工人千余人举行罢工,中华书局和文明书局的工人一齐罢工支持。商务印书馆工人还组成《集成同志会》,"目击资本家之压迫,工友之痛苦,联络同志谋解放之策"。1918年9月芜湖木工工人要求雇主增加工资,举行了7天同盟罢工。1917年上海英美烟草公司工人,为反对减少工资坚持罢工3个星期,参加者3000余人。罢工工人申述了罢工的原因:"今该公司营业日见发达,每年获百数十万,虽云多财善贾,实则皆女工等血汗所换得之代价,而为资本家坐收其成。女工等若得少许活命微金,于愿已足。今公司无故扣去原定工价,此女工等心有所不平者一也。当此时局米珠薪桂,该公司不体恤穷民,而勒减工资,此女工等心有所不平者二也。买办等终日尸位素餐,不费一举手之劳,名为办事员,而形同泥塑,月得薪金数百元或数十元,今不减其毫末,专剥蚀穷苦女工,此女工心有不平者三也。帮工十余载,替公司获利不下数百万,平时一味虐待,今反无故减去工价,且有中国人为虎作伥,此女工等心有所不平者四也。"[①]这篇措词尖锐的文章紧紧地抓住了问题的实质,是一篇极其可贵的檄文。

当时多数罢工是因物价腾贵,生计程度高,要求加薪,改善待遇而爆发的。1917年4月湖南常宁水口山矿工的同盟罢工和暴动,1917年5月武汉机器碾米风潮,都基因于此。1918年后,罢工之声更不绝于耳,上海纺织工就曾多次举行罢工。一个行业的工人,基于阶级意识的罢工是中国工运史上的飞跃,它远胜于行会关系而举行的罢工。

以上事实说明:第一,罢工已是很普遍的现象;第二,工人阶级已意识到

---

① 《民国日报》,1917年7月28日。

资本家和他们是剥削与被剥削的关系,处于对抗地位;第三,他们勇往直前地在谋求解放之路;第四,他们采取罢工手段,正如当时人所讲的"实为穷凶极恶之资本家及蒙保护人民假面具之政府逼而出此耳"①。

阶级状况决定了中国工人阶级除了具有世界各国工人所具有的特点,即与最先进的经济形式相联系,富于组织性、纪律性,没有私人占有的生产资料以外,还有自己独特的优点,这就是它的吃苦耐劳和斗争精神,它的革命的坚决和彻底精神。

中国工人阶级这时还积极参加了反帝斗争,这是其他资本主义国家所未曾有的。

1915年1月18日,日本提出了灭亡中国的《二十一条》,全国许多大城市都开展了抵制日货运动,工人、学生、商人到处集会讲演,示威游行,组织爱国储金会。上海工人为此举行罢工,哈尔滨成立"三十六棚工人爱国储金会劝说团",推动了这一运动在黑龙江的开展。

1916年2月,天津法租界工部局强占老西开,即海光寺洼,北洋军阀政府拱手出让,天津人民奋起反抗,召开了千人参加的公民大会,议决实行同盟罢工。从11月22日起,"法国人经营的电灯公司、仪品公司、炼砖工场、义善实业铁工厂及华利工厂工人约700人,俄然抛弃职务,群移于华界内"。电灯公司工人罢工后,电灯熄灭,法租界"但觉黑暗异常,如入鬼市",法国机关、商店的华工全部罢工,"东局子为法国警方收发军饷军装之机关,雇用华人为之司账及做苦力者甚多,已一律罢工"②。运输工人、清洁工人、厨师、家庭用人以华警等都参加了罢工。这种手段和以往抵制日、英的手段完全不同,法国工部局不知所措。法国电灯公司曾以200元诱雇司机,也无人应募。工人的组织极其严密。那时还没有工会,工人组织起"工团"来领导这一斗争,工团设立事务所,凡罢工工人一律到所注到,按名注册按指纹,以资稽查,而防奸细。对于汉奸则给以惩罚,游街示众,其他帝国主义者也得到警告"苟出而为法人助,必以待法人者待之"。工团的组织能力和斗争艺术都值得人们称赞。罢工持续了半年之久。寸土未让,赢得全国人民的支持,激发了全国人民的爱国热忱,法帝国主义的企图,终于未得立即实现,中国工人阶级的觉悟,完全出乎帝国主

---

① 若仙:《论上海之罢工风潮》,《民国日报》,1917年7月29日。
② 《民国日报》,1919年11月。

义的意料,震动了世界。

1918 年中东铁路工人连续掀起三次大罢工。第一次,1 月罢工,是三十六棚工人发动的。工人因卢布贬值,生活困苦,决定采取行动,要求增加工资,改发大洋。参加罢工的有三十六棚工人 2500 余名,机车车库工人 700 余名,装卸工人 1000 余名,共计 4300 多名。在工人强大的力量面前,中东铁路沙俄总管终于答允增加工资,罢工取得了胜利。第二次,5 月罢工,是哈尔滨总工厂中、俄工人和中东铁路沿线工人、哈尔滨印刷局工人掀起的反对白俄军的斗争,由中东铁路职工联合会领导,罢工仅 1 天,给路局以沉重打击,使其损失 30 多万卢布。第三次,9 月大罢工,是三十六棚工人为要求民主权利,增加工资而举行,罢工坚持了 10 天,也取得了胜利。

工人阶级直接投入政治斗争,是中国革命的特点。

各地区罢工斗争的胜利,使工人认识到自己的力量,对未来充满着希望。

经过多次经济斗争和政治斗争的锻炼,到了 1919 年五四运动,中国无产阶级就以崭新的面貌,独立地登上历史舞台,正如毛泽东所讲的:"中国工人阶级,自第一次世界大战以来,就开始以自觉的姿态,为中国的独立、解放而斗争。"

原载《南开史学》,1982 年第 2 期

有关 1924 到 1927 年帝国主义经济侵华的几个问题

一、帝国主义的经济侵略破坏了我国工业的发展

中国走进近代世界历史,不是以一个独立的国家出现,而是个半殖民地半封建的国家,1919 年中国工人阶级登上政治历史舞台时,中国的社会性质仍没有改变,帝国主义依然继续掠夺中国的铁路、矿山、关税,依然在中国土地上开设工厂,搜购原料,因为帝国主义都极力维持中国为一个半殖民地的国家,中国资本主义始终得不到发展。但中国资本主义的发展,不是帝国主义愿意不愿意的问题,在一定的历史条件下,中国的资本主义是会得到发展的,19 世纪末和 20 世纪初, 中国民族资本的发展终于成为中国历史新的因素。第一次世界大战,帝国主义忙于战争,暂时放松了对中国的压迫,中国乘机兴起了一批工商业城市。欧战结束后,外国资本及商品又卷土重来,竭力阻止中国工业的发展, 尤其是 1924 年后, 资本主义进入总危机中的相对稳定时期后, 又重新大力掠夺中国,这样,在欧战时发展起来的中国工业,便呈现出危机。譬如面粉业方面,1913 年输入 200 余万担,输出 13 万余担,在欧战期间,输入大减, 输出大增,1920 年输出数竟达 396 万担, 而输入最少的时候是4500 余担(1918 年);1922 年后,外货输入日增,输出日减,面粉贸易又由出超变为入超;到 1926 年,输出竟减到 11 万余担。这主要原因是美麦侵入中国、日本及南洋一带,如 1922 年美国输入中国的麦竟达 87 万余担,超出其由美国输入英国之数量。[①]又如火柴业方面,在欧战前是日本和瑞典所垄断的,战后输入逐渐减少,如以 1912 年输入为 100 来计算,那么 1922 年输入就少到9%;我国自己的火柴工厂数目,则由 1913 年的 7 家增至 1924 年的 87 家,除

---

① 李达编:《中国产业革命概观》,昆仑书店,1929 年,第 137—139 页。

供本国需要外,还有余额输出至香港、爪哇、新加坡、印度一带。到了1924年,日本火柴工厂出现于广东、青岛、天津、吉林、大连、济南等地已有10余家,势力相当大,后因日本东京大地震,其经济呈恐慌现象。1927年,瑞典商人战败了日本,成了中国火柴业的霸主。[1]又如我国新式工业公司,在1915年有33个,在1920年有70多个,1921年后,却又逐渐减少,1924年仅有11个,公司的资本额也由1920年的3000多万元降到1924年的70多万元。[2]就是在欧战时最为发达的纺织业,到1927年,其纱锭数竟占华商所有锭数15%(当时华商的锭数占全国总锭数56%),约有20多个工厂破了产。关于这,1927年华商纱厂曾有一篇沉痛的宣言,其中有这样几句话:"纱厂一业民国七八年间欧战告终之际,异常发展,始稍稍为世人所瞩目。同时新厂勃兴,照原有锭子增至二倍。顾五载以还,颠连困苦,亏损再支状况,已久为社会所见,而摧残横逆之来,至有加无已。……就民十以来,纱厂之破产换主者:若大中华破产犹不足偿债;若宝成第一、第二之被并于日人,若裕大,若华丰,为日商债权所管理;若宝成第三,若久兴为美商债权所管理……上无政府之维护,外有强邻之劲敌,加以不平等条约之存在,关税无自主之权,为各种实业之厉阶,欲厂业不敝又安可得?"

仅只从这几个事例中,我们已可看出稳定时期国际资本主义所给予中国的工业危机是什么。为什么中国抵挡不住这种侵略和避免不了这个危机?因为中国早已是国际资本主义的商品市场,中国的主要经济命脉完全在其掌握中;欧战时发展起来的也只是轻工业,基础很薄弱。再者,当时所遇到的又是世界上最强大的帝国主义英、美、日,在如是历史条件下,它们就决定了中国工业发展的命运。

二、帝国主义经济势力在我国的加强

第一次世界大战之后,资本主义未曾有过全面的高涨。大战结束到1923年间,欧洲资本主义国家处在经济混乱和革命运动高涨之中。1924年资本主

---

[1] 龚骏编:《中国新工业发展大纲》,商务印书馆,1933年,第210页;李剑农、侯厚塔主编:《中国近代经济发展史》,上海书店,第142—143页,大东书局版。

[2] 李达编:《中国产业革命概观》,第180页。

义算是进入了稳定时期，实质上是总危机进一步发展中的暂时稳定，1929年全世界资本主义的大恐慌，已给所谓稳定时期做了结论。稳定时期的特点，一方面是资本主义力量的加强，一方面是资本主义矛盾的加剧，资本主义为了要确立这种相对稳定状态便加紧掠夺殖民地和半殖民地国家，中国是当时被掠夺得最厉害的国家。本来在大战前，进行掠夺中国的以日、美、英、法、德、俄为主，而战争的结果，俄国成了社会主义国家，德国垮了，法国精疲力竭，无力站起来，这样，在中国市场上角逐的主要就是日、美、英三国了。英国是靠着战前掠夺的基础来活动的，日本主要是在战时趁火打劫而暴发起来的，美国则主要是从战后开始的。关于日本，谁都知道，在战时(1915年)提出了《二十一条》，强要山东、"满蒙"的权益，规定汉冶萍公司中日合办，强要福建的优先权，日本独占资本因此得到空前的扩大。关于英国，我们常常因其忙于欧战，无暇东顾，而忽略了它在战时对中国的掠夺。事实上英国在过去所借的政治借款仍然发生着作用，专意为掠夺中国而开设的洋行积极地在进行着活动，中国大部分通商口岸的主要商行属于英人，东三省以外每一口岸的主要外国地产业主都是英国人。英人的商会有15个(1917年)，英国的烟草公司于1917年在山东坊子二十里堡设立了广大的干燥制烟工场，1918年英国还有掠夺中国无线电的马克尼无线电机件借款，并占有了门头沟煤矿。关于美国，这时也拟出了一个经济侵华的全面计划，曾与中国谈判要管理中国的交通，美国国际公司与中国方面立约修建淮河与运河的排水灌溉工程，西摩加来公司获得了铁道网的建筑权，只是因其与其他列强的侵华利益冲突，未能完全实现。

到了1919年后，各帝国主义都非常紧张，唯恐被挤出中国市场。英、美、日等国争先加紧了对中国的掠夺。日本从大战结束的那一年起到1922年止，光借款就有35次之多，通过这些借款，掠夺了中国的铁路、矿山、邮电、林业等，更进一步控制了东三省、内蒙古及山东的经济，同时在这时还设了许多纱厂和银行。英国组成了名义上是中英合办的中英矿业公司，探查采掘中国煤炭，并笼络军阀阎锡山，图谋掠夺山西的宝藏，还取得了开发湖南矿山的权力。美国也不甘落后，先唱铁路共管，继组成新银行团(1920年)，并派遣美国技师探查中国矿山、油田，还计划在湖南水口山设立精炼厂，在北京附近设立制铁厂。美国大使并亲自往游山西，筹谋敷设铁路。[①] 1922年，美国已居侵华

---

① [日]长野朗：《中国领土内帝国主义者资本战》，丁振一译，上海联合书店，第326—328页。

的领导地位。这一年,它在中国夺去无线电台的设置权,与法、英、意、日、比、荷等国共同强迫中国用金子付给所欠的庚子赔款,又以巨额款项贷予吴佩孚来镇压革命,还公布了对华贸易法,鼓励美商来华投资,并召开了华盛顿会议,强迫中国承认英、美、日在中国的地位。

随着资本主义国家经济暂时稳定的到来及中国革命的高涨,国际资本主义的经济侵华也更加剧烈,1923年到1924年,英、美曾大喊共管中国,1925年所有的帝国主义都公开干涉中国革命,1926年要挟北洋军阀政府偿还其债款。美国在要挟偿还债款中,比其他列强更显得无耻,除了要求赔偿美商的借款外,还要求赔偿美商在我国内战中所受的损失美金35100余万元。美国这时的对华政策无耻到公开要求中国 "予美国以最惠国待遇","维持机会均等之门户开放,并对于美国人民及其产业权力,予以种种之保护"。[①]正因为美国对华采取积极侵略政策,1925年,它便修改了1922年所公布的对华贸易法,以完全免纳赋税的办法鼓励美人来华投资,并诱惑中国资本加入,以转移为自己所有。这样一来, 美人在华投资急剧增加,1922年在华成立的公司是2家,1923年是6家,1924年4家,1925年则骤然增设了14家,1926年更增至25家,1927年为5家……[②]问题不仅在于公司或洋行数目的增加,而是"每个重要的美国公司与许多不重要(美国公司),均有中国政府所负的债务","例如中国政府为购买上海造币厂材料与设备所欠茂生洋行的债务,在一九二五年报告约为美金七十六万五千元"。[③]美国公司(或洋行)除了借款,投资于工矿运输业外,还开设制造电料、木器、轮船内部设备、蛋产品、香烟等工厂。譬如大来洋行就是以借款、"经营"木材和船舶而发财的。又如1924年我国所创立的海京毛织厂,美商海京洋行以其机器来投资。美商从事这些掠夺事业,利润是很大的,就进出口公司来说,这时最高利润在50%,平均利润在10%至20%,而且1928年以前数年的利润较以后为大。为了经济侵华,美国也加紧从中国输出原料,输入商品,销售其煤油、烟草、木材、棉花,搜购了生丝、桐油、兽皮、羊毛、猪鬃等原料。这种掠夺贸易是逐年增加的,1924年为101(百万两),1925年为143,1926年为155, 美国对华掠夺贸易如此猛进的原因之

---

① 美国国务卿凯洛格 1927 年 1 月 26 日宣言。
② 雷麦(国籍不详):《外人在华投资论》,蒋学楷、赵唐节译,商务印书馆,1937 年,第 305 页。
③ 雷麦:《外人在华投资论》,第 182—183 页。

一，是因为在中国人民抵制英货、日货运动中，美国的侵华面目，还未被完全揭穿。随着贸易掠夺的加强，美国也和英、日争夺中国的航运交通，当时与中国航业有关系的外国轮船公司共49个，美国就占了19个。美国在华的银行，1925年也有了6家，分行20多处。银行是国际资本主义侵略中国的根本据点，它在中国有特殊的权力，握着财政金融汇兑等之实权。美国的花旗、美丰是以掠夺中国而起家的，它所发行的钞票，1925年在200万到300万元左右，流通于上海及华中一带，美国竭力加强其在中国的经济统治。

英国在美、日的排挤下，尤其在中国人民的反对下，似乎赶不上美、日的侵略势力。譬如它对中国的贸易额，1924年后明显下降，欧战前几乎占列强对华贸易的一半，1925年降为31.29%，1926年更降为28.09%，但其在华经济势力仍左右着中国。以对华实行侵略的中心机关汇丰银行来说，其势力这时候仍在膨胀，1922年发行的钞票是41883655元，1927年增至52640984元，其纯益也继续增加着，1922年为12932404元，1927年则增至14239288元（均为港币）。1926年汇丰还在沈阳设立了分行。需要特别指出的是我国每年9000余万元关税收入，全归汇丰银行处置，汇丰便利用这项存款以低利贷给英国商人，来进行对华经济侵略。英国在我国沿海及沿江的轮船吨数，1926年时仍占37.98%，居第一位。1927年头几个月，因为长江流域有内战，华轮完全停业，英国用军舰6艘，保护太古、怡和两家轮船，在淞浦浔汉各段行驶，包揽一切客货商运，大获巨利。中国主要矿业也在英商控制下。英商纺织业可占我国纺织业总数7%。英商还投资于水泥厂、制药厂、榨油厂、面粉厂、制冰厂、锯木厂、肥皂厂以及制革制鬃毛以备出口的工厂。

日本这几年在中国的发展就更厉害了，东三省、山东的经济权这时完全在其控制下，为了操纵东三省经济之霸权，特别组织了"满洲"经济调查委员会。日本势力发展到这样程度，仅在中国的商行就有4708个，占外人在中国的商行60%以上（1925年，外人在中国的商号共7743个，其中日本占4703个，英国占718个，美国占482个）。据1926年调查，光油坊在东三省的就有1000多个，它的投资较英、美更大更多更广，尤其是在这几年内修筑了洮昂、吉会、吉敦等铁路。论纺织业，1927年时，日本竟占我国纱厂的35.3%；论轮船，日本在我沿海沿江行驶的轮船，1926年占吨数的21.19%；论银行，1925年，外商在中国开设的共63家，其中日本占42家，分行90多处；论矿产，日本和英国占了我国总出产额一半以上的数量。

英、美、日帝国主义就是这样的来掠夺中国,结果,就造成了这种局面:在中国内河及沿海驶航的汽轮,2/3以上的吨数为洋商所有,棉纱厂的资本半数以上为外国的投资。外国资本更垄断了油井、烟草公司和银行。日、英占领的两个煤矿,其产量占我国煤产总额半数以上。帝国主义利用我国内战来扩张它们的经济势力。

在这一时期的经济侵略中,帝国主义的政治投资特别得少,这是因为投资于贸易、航运、银行等较政治投资更为有利,中国社会的变革和阶级力量的对比决定了这个事实。南方革命政府受着苏联的无私的帮助,它反对所有帝国主义,而北方反动政府危在旦夕,过去所欠的债又无法赔偿(据日本"满铁"公司说,从1920年起,所借日本的款项就无力付息),能抵押的都抵押了。帝国主义在政治投资上表现犹豫,正在物色以国民党右派为其政治投资对象。

三、中国人民给帝国主义以严重打击

世界资本主义为了确立其稳定状态,加强了对中国的掠夺,而中国人民这时的反帝斗争也更为激烈,给帝国主义经济侵略的打击也最大。1919年的五四运动,是中国进入现代历史时期动摇帝国主义统治基础的最初打击,那一年日货输入减少了,中国工人宣布了帝国主义工业投资的罪恶。上海——帝国主义经济侵略的集中地,十余万工人从工厂里走上街头,向帝国主义示威,"二万名骨瘦如柴,面色惨白的女工一齐罢工,提出了缩短工作时间到十小时(原来是十三个半和十四个小时),并将每天四角的工资加到四角五分的要求。她们排了队在租界里边游行,在她们所持着的大小不一的旗帜上面写着:全世界应该明了她们所受到的虐待"①。1921年中国现代史上又出现了一件大事,这就是中国共产党的成立,从此,中国人民的反帝反封建斗争进入一个新的阶段,反帝的罢工运动也就越来越高涨。1922年香港海员的大罢工,使英帝国繁荣的香港顿时变成了死港,同年开滦五矿的大罢工使开滦煤矿全部陷于停顿,运煤的外国轮船停在秦皇岛无法开出。1923年收回辽东的抵制日货运动又给日本以打击。1925年到1927年,帝国主义吃的苦头就更大了,五卅运动时,上海所有的纱厂、香烟厂都停了工,西文报纸也停刊了,车夫和码

---

① 见[美]Ernest O.Hauser:《出卖上海滩》。

头工人也罢了工,上海的商业几乎完全停顿,外国船只都不能进口,不得不载着未卸下的货物去日本。这样一来,中国货就大大繁荣起来,南洋兄弟烟草公司在4个月内获利700多万元,这时以匹头贸易最佳,产额大增,同时菜籽与棉籽之出口也开了新纪录。如以1925年和1924年进出口货物加以比较,1925年洋货进口净数,较1924年减4216万两之多,同年土货出口总数,则较1924年增297万两,为1918年以来洋货输入最少的一年。1925年七八月间,中国人已控制了航业,沿海及长江间之商业,都是中国船只承运。招商局的全部营业,1925年较1924年增加了1/2。抵制英货运动发展到全国,英国的太古、怡和之沪港粤各路轮船,均无生意。河南的中原公司和福公司的工人,停止了生产来反对英人,从这时起,中原公司也摆脱了英国福公司的控制。英国贸易根据地香港,被封锁达一年之久,英帝国在香港经济上蒙受极大的损失,输出输入为1924年之半,航业方面,1925年之船数较1924年减少6.5倍,吨数减少7.2倍,汇丰银行的股票也跌了价,英帝国在香港每月损失180万元。[①]在反对帝国主义的斗争中,广州政府关于沿海航运的宣言,是非常有策略的。它宣称除了英国轮船以外,任何国家的轮船,只要不到香港,都可直接开到广州口岸进行贸易,这就更严重地打击了英国的商业。随着国民革命的北伐进展,汉口、九江英租界的被夺回,海关也被拿回。凡是北伐军所到的地区,帝国主义的任何侵略行为都被镇压。英国驻沪商务参赞说:"镇江,外人多匿居船舱中,不能越出其炮舰掩护范围数码以外,商业难恢复。""南京,英人各机关大半被破坏,唯国际出口公司,有英国海军保护,其商务完全停顿。""汉口,……当局亦未能取缔激动分子,因之工厂无从开工……""万县,当地居民对于英国人民,颇不能融洽……前因英兵之暴行,至今人民耿耿于心,英国航运业,一时难以恢复……"[②]显然,当时主要的锋芒是反对英帝国主义,但所反对的又是一切帝国主义。凡英商损失达100%者,美商损失亦达20%至50%,日商、德商亦如是,这就不得不使日本在其海军陆战队的刺刀保护下来成立其在华纺织同业会。就在这种情况下,不甘心其在华利益的损失,帝国主义组织了一次大规模的国际联军,英国派了它的精锐部队到上海,美国从菲律宾调来了军舰和军队,日、法、意、比、荷、葡也派了一些兵,上海黄浦江边的

---

① 邓中夏:《中国职工运动简史》,新华书店,1949年,第264—265页。
② 原载《字林西报》,转引自《银行周报》,1927年11月27日。

帝国主义军舰竟达 125 艘之多。英国并资助吴佩孚以枪械向河南进攻,英国国家银行汇了 60 万英镑交给汇丰银行作为镇压中国革命之用。日本派遣兵舰护送奉系由大沽口登陆,进攻北方。但保持住帝国主义在中国的地位的,不是其军舰和军队,而是帝国主义找到了叛变革命的蒋介石,才使将要被摧毁的帝国主义加予中国人民的枷锁维持下去。从那时以后,帝国主义的经济侵华就更严重了。1949 年中华人民共和国成立后,才彻底地结束了帝国主义在华的经济侵略势力。

原载《历史教学》,1954 年第 9 期

1927 年武汉革命政府反经济封锁的斗争

1927 年成立的武汉政府，是无产阶级在一定程度上参加了的小资产阶级、资产阶级及一部分地主阶级联合的、具有一定程度的新民主主义色彩的专政。[①]它曾经举起革命的旗帜，领导群众进行反对帝国主义、反对北洋军阀和反对蒋介石的斗争。因为它是革命的，所以帝国主义和蒋介石反动派就联合起来扼杀这个政权。

帝国主义和蒋介石为了颠覆武汉政府，所采取的手段是极其毒辣的。他们不仅在军事上包围武汉政府统治的区域，不仅组织军事叛变，不仅在政治上从内部直接或间接地收买叛徒，同时还采取了经济封锁的办法，要把武汉政府困死。蒋介石认为"武汉共产派，……尤甚实力，宁汉方面，断其财源，足制该派死命，预料两星期内，可屈服武汉"[②]。从这种估计出发，反动派便千方百计对武汉施加经济压力。

他们断绝了武汉与各大商埠的商品流通。长江的航运停止了。招商、三北两公司的轮船遭到扣留，往日非法航行的英日帝国主义轮船太古、怡和、日清等也完全停驶，任何物资这时都运不到武汉来。

他们竭力扰乱武汉的金融。4 月 28 日，蒋介石一方面下令禁止武汉中央银行的钞票在蒋介石统治的区域使用，中国和交通银行所发的钞票如印有上海、江苏、浙江、南京、浦口、安徽等地名者，则可在江、浙、皖三省该两行各分行去兑现，而汉口的，一律不准兑现；[③]另一方面又大量吸收武汉的现金，使武汉的货币贬值，经济陷于混乱，以动摇武汉的金融基础。同时他们还鼓励资本家将大批纸币购买轻便土产，设法运到上海，转售现金。许多资本家在上海设

[①]《什么叫"废除伪法统"》。见《将革命进行到底》，解放社编，新华书店，1949 年，第 26—27 页。

[②]《益世报》，1927 年 4 月 23 日。

[③]《新闻报》，1927 年 4 月 28 日。

立了机关,专门以低价收买汉口银行钞票,以及中央银行纸币,运往武汉购买土货,然后再运到上海换取现金,这样一来,原来流通于长江下游的汉口钞票,大量流回武汉,从事商业投机。当时究竟有多少钞票流入武汉呢?数目相当大,因为武汉中央银行钞票,仅流行于江苏全省的,不下 1000 万元。[1]再加上武汉的资本家也争先恐后地以钞票竞购物资,造成纸币贬值,物价暴涨,武汉出现了经济风暴。

他们串通并鼓动武汉的资本家关门、歇业,或者携款逃离武汉。据当年 5 月 18 日天津《益世报》报道,各大商行关闭的有 130 多家,继续经营者仅 24 家。到 20 日,各商店都关了门,拒售货物,武汉商业完全陷于停滞状态。中外资本家的故意关门,造成了混乱,还造成了严重的失业现象,使工人生活处于饥饿边缘。失业人数竟达到 12 万人,几乎所有行业的工人都遭到这种不幸。举例来说,因出口停顿,洋行收业,货物转运稀少,码头工人失业的近 4 万人。因建筑业完全停业,所有建筑业中的土木工人,失业的有 3 万人。与建筑业有关的竹木运输工人失业的达 7000 人,大小车搬运工人失业的有 3000 人,砖瓦制造工人失业的约 1 万人。因金融阻塞,商业衰落,钱业店员失业的有 700 人,典业店员失业者 300 人,杂业店员失业者 600 人。因交通被封锁,染织业不能销行而失业的有 1000 余人。因英国无故关闭烟厂而失业的约 3000 人。因英、日帝国主义的太安纱厂、武林制革厂、清喜骨粉厂等无故停业而失业的约 1.5 万人。[2]总之,失业问题在当时已成为一种危机,严重地威胁着武汉革命政府。

同时美国人也将武汉政府管区内的煤油存货运出境外。

就是这样的封锁,以及蒋介石所制造的 5 月夏斗寅、许克祥等的叛变,武汉被孤立起来。武汉与粮食产区、原料和燃料的基本供应地区均被隔绝了。

当时武汉既是一座工商业城市,也是一座消费的城市,一切需要多仰给于外来。在遭到了敌人的封锁后,当然就遇到了严重的困难,物资极度不足,商品和日用必需品等生活资料,特别是米、盐、煤非常缺乏。

食米之所以缺乏,是因为武汉的米一向依靠江西和湖南。湖南在许克

---

[1]《益世报》,1927 年 5 月 23 日。

[2] 见《武汉失业工人概况》。《向导》,人民出版社影印本第五集第 195 期,第 2130 页;《民国日报》,1927 年 6 月 6 日。

祥叛变后，江西在朱培德反水后，与武汉的交通运输均不灵了。仅以湖南而论，"马日事变"前，每日要运米2000石，以供武汉之军需，许克祥叛变后，不仅米运不出，就是武汉解往长沙采办军米之现金也被抢去。米的供应自然要发生恐慌。

煤之所以缺少，是因为武汉的煤仰给于开滦和日本。武汉的煤每月销量需6万吨至8万吨。煤的来源断绝后，直接影响工业和交通运输业。因为煤的缺少，粤汉、京汉两路行车困难，兵工厂、水电厂都有停工的危险。战争还在进行，而汉阳兵工厂几乎不能继续生产，这是多么严重的问题。

盐之所以发生困难，是因为武汉的盐多来自淮阳。有时从四川、广东也运来一部分，但为数不多。各路均被军阀阻截，造成了严重的盐荒。

许多工厂和作坊都因原料不足而缩减了生产。

其他像杂货、布匹、煤油、五金等项也都呈现出紧张状态，因为不急需，故还不那么严重。急需的倒是医药，因武汉北伐军负伤的有一万几千人，这些伤员陆续从河南运回后，挤满了武汉的所有医院，但药品供给不足，非到上海去购买不可，而从上海买到的全被蒋介石劫夺去了。

以上这种情况，说明当时革命根据地的武汉正经历着严重的困难。而物资的极度缺乏，生产不足，货币也随着几乎丧失作为流通工具的职能。一般小商人在大资本家压迫和影响之下，受着经济恐慌的威胁，拒绝使用中央纸币。资本家暗中抬高物价，使钞票暗中降为七八折。

针对这种情况，武汉政府曾下令禁止抬高物价，但法令已抑制不住物价的飞涨。6月，米价较前两三个月涨了两倍，由八元一石涨到二十五六元一石。盐价也涨了两倍。资产阶级置武汉政府的禁令与忠告于不顾，继续扰乱金融。

显然，经济上的混乱和困难每日都在动摇着武汉政府。

这时，武汉政府中的资产阶级非常恐慌，把挽救经济危机的希望寄托于帝国主义的身上。陈公博认为武汉所需的煤炭、五金、布匹、绒类、煤油、机器、电器、坚硬木材、海味等，大部分是从帝国主义国家输入的，长江交通75%操在英日之手，因帝国主义国家企业停业而失业的工人有两万多，因此应该对帝国主义国家妥协让步，把妥协当作唯一的出路。[1]另一方面，他们也把希望

---

① 《国民革命的危机和我们的错误》。见陈公博的文集下册，达仁书店版。

寄托于上海资产阶级的帮助,命令宋子文到上海求援借债,但一无所得。①

但是,武汉政府的革命性这时还没有消失,在共产党和革命群众的推动下,他们采取了许多革命措施。

武汉政府组成了战时经济委员会,由谭延闿、苏兆征等为委员,应付一切。

在金融财政方面,实行了现金集中,发行国库券以及有奖胜利公债等措施。

现金集中令是 4 月 18 日发布的。宣布的当天,查封各银行现金 400 多万元,并在所有中国银行门前站满了哨兵和纠察队,以防止现金被运走。为什么要采取这一紧急措施?前面已经说过,因为资本家将现金大量运往上海等地,武汉现金十分缺乏,财政活动得不到保障,并已呈现危机。在这种情况下,武汉政府断然决定,凡完纳国税、流通市面,均以中央银行所发汉口通用纸币及中国银行、交通银行所发之汉口通用钞票为限。持有现币或其他商业银行纸币者,可向中央、中国、交通银行去兑换。②同时还宣布取缔外币行使的命令,违者按律严办。③

为了在统一纸币中打击奸商的扰乱,保障工人的利益,武汉政府特设纸币兑换所,并公布了兑换条例。其办法,就是先期交付多额铜币与总工会,由总工会负责在市内分设若干兑换所,限定工会会员,每人每次兑换 1 元,各工会每次兑换 50 元,每元收佣金铜币 10 枚,以做救济失业工人之用。

5 月,又发行国库券 900 万元,6 月又发行有奖债券。同时又成立平市铜元局,计划发行铜元票 3000 万张,来解决市面金融流通问题。

这些措施曾遭到资产阶级顽强的抵抗。上海、北京、武汉的资产阶级联合起来向武汉政府进行威胁、恐吓。武汉各银行资本家公开宣言,说什么如果政府不给他们以支出和利用这些现金的自由,那他们马上就和外地银行断绝任何商业的协定和交易。而就在同一时间,上海的银行资本家也发表了同样性质的宣言,决定"自即日起与汉口各行暂行停止往来"④。中央的钞票被拒绝使

---

① *Peking and Tientsin Time*,1927 年 4 月 21 日。

②《总商会月报》7 卷 4 号,1927 年 4 月。

③《益世报》,1927 年 4 月 21 日。

④《银行周报》,1927 年 4 月 26 日。

用,为维持市面周转的铜元也被收藏起来,帝国主义更用心险恶已极,仅亚细亚、美孚两行就收买了铜元 1800 万元。①

由于中外资本家的勾结捣乱,中央钞票就贬了值,国库券则充斥于市面。中央钞、中交钞与库券对价发生了极大变化,银洋铜元钞票的兑换率也有了显著的差异。举例来说,本来政府规定每元法价七钱一分,换铜元三串二百文,但实际上现洋换铜元较纸币要多。而同一钞票,有零整之别,有新旧之分,如中央银行钞票,新票价格不及旧票,10 元整票换 5 元,5 元整票换 1 元。②经济的困难使货币达到了濒于崩溃的程度。

在解决物资匮乏、稳定市场方面,武汉政府主要采取了筹备中外合资公司,采购食米,开采安源煤矿等办法。

筹办中外合资公司的目的,主要在于经营进出口商务,维持沪汉各地汇兑。③当时武汉政府曾电令驻沪的宋子文,筹划输入贸易,结算资金,使上海商业银行掌握输入汇兑事务。

采购食米问题,中央劳工部,鄂省党部、省总工会及农协四团体组成食米救济委员会,由政府拨款 10 万元,会同米商赴湘,设法运米 10 万石。为了鼓励米商的积极性,湖北省财政厅曾通令各厘金税局,从 6 月 1 日起,免收谷米厘税 1 个月。这样一来,湖南江西之米,来汉者才日益增多,乡间运来的米担也源源不绝。据 1927 年 6 月 10 日汉口《民国日报》报道,仅 6 月 7 日这一天由各地运到武汉的米就有 2 万多石,其中由九江运汉之米 7000 石,由粤汉铁路运到之米千余石,由圻州运到 3000 石,由湖南运到谷 300 石,由芜湖运来 6500 包,约 7000 石。因此粮食供应情况有了好转。

为了解决购米困难,当时还组成了公卖委员会,由军粮中拨出一部分,以平市价。

煤的问题也得到一定的解决。武汉政府将安源煤矿改为官商合办,积极开采,并收回汉冶萍输驳运转,借军船航行到株洲运煤,集中武汉分配。④同时并由河南运入一部分。

---

① 《民国日报》,1927 年 7 月 11 日。
② 《湖北最近之金融财政》,《民国日报》,1927 年 9 月 1 日。
③ 《民国日报》,1927 年 7 月 1 日。
④ 《银行周报》,1927 年 5 月 17 日。

在解决工人失业问题方面也采取了一些措施，如特行奖励修筑房屋、贱售粮食、捐助恤款及募充士兵等办法，以资救济。

　　所有这些措施，收到了一定的成效，但不够有力。因武汉政府内的地主、资产阶级和帝国主义及蒋介石在政治上和经济上有着千丝万缕的联系，他们此时已动摇了。他们不去面向帝国主义和蒋介石，而向工农群众发动了进攻，发出了一系列的讨伐令，说武汉的经济恐慌是工农群众的"过火"行动造成的。他们无意去解决经济上面临的危机，却乘机抢劫，侵吞公款，肥壮自己。唐生智吃了两湖的特税，又在现金集中中捞了不少的钱。孙科在交通部也极力搜刮。因此武汉政府内的阶级斗争已尖锐化起来。

　　为了解救经济上的危机，中国共产党直接掌握的汉阳县党部，对于已逃遁的资本家的工厂，采取了断然没收的办法，把 15 家工厂强行没收，组织了工人管理委员会来管理。这一大胆的行动，既解决了生产，又解决了工人失业问题。工会组织也积极行动起来，要求政府发给武装，维持市面的安定，镇压反动派的活动。这是真正革命的措施。如果当时都能像汉阳县党部一样，把所有帝国主义和反动资产阶级的企业完全没收设法开工，更重要的是把两湖的农民群众发动起来，展开轰轰烈烈的土地革命，那就不仅可以打败敌人的经济封锁，而且可以使武汉政府立于不败之地。但是，在这紧要关头，党的领导者陈独秀对于地主、资产阶级的动摇和准备叛变不去进行针锋相对的斗争，武汉革命政府完全落入地主、资产阶级的手中，变了质。这样，参加武汉政府的地主、资产阶级终于叛变了革命，武汉政府遂于 7 月 15 日垮了台。

原载《历史教学》，1963 年第 9 期

1935年南京政府的币制改革

一

　　1935年南京政府实行币制改革，是中国币制史上一次大的进步，有深远的历史意义。以1935年为界线，前后是两种形态。

　　在实施货币改革前，中国货币是一团糟，很混乱的，全国有发行权的银行有三十余家，所发钞票五花八门。著名的经济学家千家驹在《中国法币史》一书中，概述了那时混乱的图像，"中国的货币本位是银元，即七钱二分重的一块银币。银币又有许多种：有袁头（袁世凯头的）、孙头（孙中山头的）、龙洋、鹰洋、站人洋多种，龙洋中又有北洋、大清、江南、湖北铸造之不同。这是就货币而言。至于钞票，更是五花八门，无所不有，有国家银行发行的，如中央、中国、交通等银行；有商业银行发行的，如中国实业、四明、中南、中国垦业、浙江兴业、中国通商、中国农工、北洋保商等商业银行都享有纸币发行权，并且都发行有相当可观数量的钞票；也有省银行发行的，如广东、广西、湖南、湖北、山东、山西、河北、四川、河南等省银行无不发行有钞票。此外还有外国银行发行的，外国银行在他国境内发行钞票，本为损害一国主权的行为，但中国是个半殖民地国家，外国银行利用治外法权为护符，发行各种钞票，其信用反在本国钞票之上，如英之汇丰、麦加利，美之花旗，法之东方汇利，日之正金、台湾、朝鲜等银行，都发有巨量之钞票，流通于我国。那时候，根本没有法币这名目，币制之混乱是无以复加的，例如两广用毫洋，发的钞票通称毫券，其他各省用大洋，代表大洋也是各种各样的。"这是作者所经历的那个时代的所见所闻，是历史的记录，也是对历史的控诉。

二

为币制改革,南京政府顶住外国的干预和压力,做了种种预备和应急措施。如邀请一些中外专家和国内江浙财团代表人物钱新之,参加讨论,提出改革方案。国外的有美国的杨格·林奇、罗克哈特,英国的李滋罗斯。李滋罗斯1935 年来华待了 9 个月,时任财政部首席顾问,出力最多。他让各银行提供发行准备报告(内分钞票发行额,保障准备额,现金准备额,现金准备比例等项)以做币制改革之准备,独有中国农业银行没有报告。当财政部向农行要求此项发钞检查数字时,蒋介石勃然变色地说:"我连这点自由都没有了吗?"这话就是说,中国农业银行应该有自由发行钞票之权,不受准备约束。这正是霸权作风的典型表现。李滋罗斯见蒋氏如此表现,自然不好说什么了,故在法币令颁布时,明令规定为法币的,仅有中央、中国、交通三行发行的钞票,而不列中国农业银行,到后来才糊里糊涂把中农也算进去了。农行一直与蒋个人关系特别密切(蒋自己兼任过中农的董事长),例如蒋经国做赣南行政专员时,蒋太子可以向农行无限制地透支款项。从这里可以透视中国的军阀官僚利用枪杆政权去获得资本,还利用枪杆和政权的力量去运用其资本,蒋介石把资金不是用在建设事业上,而是把大量资金用在企图消灭中国工农红军上。

三

11 月 4 日晨,南京政府以紧急法令的形式,颁布了《财政部币制改革令》。时任财政部长孔祥熙另以布告,宣布实施法币政策。孔氏阐述了币制改革的动因:"近年世界经济恐慌,各重要国家相率改订货币政策,不许流通硬币。我国以银为币,白银价格剧烈变动以来,遂致大受影响,国内通货紧缩之现象,至为显著。因之,工商凋敝,百业不振。又而资金源源外流,国际收支大蒙不利,国民经济日就萎败,种种不良状况,纷然并起。""政府为努力自救,复兴经济,必须保全国家命脉所系之通货准备金,以谋货币金融之永久安定。"

财政部制定《法币政策实施办法》,其主要内容是:一、集中货币发行权;二、确定对外汇率;三、实行白银国有。对每一问题,都写得很具体。现分述于下:

(一)关于发行权,主要有六项内容

1.自 1935 年 11 月 4 日起,以中央、中国、交通三行发行之钞票作为国家法币货币,所有完粮纳税及一切公司款项之收付,概以法币为限,不得行使现金,违者全数没收,以防白银之偷漏。如有故存隐匿、意图偷漏者,应准照危害民国紧急治罪法处治。

2.中央、中国、交通三行以外,曾经财政部核准发行之银行钞票现在流通者,准其照常行使。其发行额即以截至 11 月 3 日止流通之总额为限,不得增发。由财政部确定期限,逐渐以中央银行钞票换回,并将流通总额之准备金,连同已印未发之新钞及发收回之旧钞,悉数交由发行准备管理委员会保管。其核准印刷中之新钞,并俟印就时一并照交保管。

3.法币准备金之保管及其发行收换事宜,设发行准备委员会办理,以昭确定,而固信用,其委员会章程另案公布。

4.凡银钱、行号、商店及其他公私机关或个人,持有银本位币或其他银币生银等银类者,应自 11 月 4 日起,交由发行准备管理委员会或其指定银行兑换法币。除银本位币按照面额兑换法币外,其余银类各依其实含纯银数量兑换。

5.旧有银币单位订立之契约,应各照原定数额于到期日概以法币结算收付之。

6.为使法币对外汇价按照目前价格稳定起见,应由中央、中国、交通三行无限制买卖外汇。

(二)关于汇率

以英镑的汇率表示法币的价值,规定法币 1 元值英镑 1 先令 2 便士半,这个比价是按过去 5 年中中国货币与英镑的平均汇率确定的,从而标志中国的金融加入了英镑集团。所以中国的货币改革当即得到英国的支持。11 月 4 日,英国驻华大使发布《1935 年禁付现银条例》,强制英国侨民禁止使用现银,一切在华之债券、租契及其他财产契据内之银条款,一律改用法币,违者法办。同时还命令汇丰银行停止支付现金,并将储存及持有之现金兑换法币。

(三)关于白银国有

实行白银国有,是一场激烈的白银争夺战。美国发动了白银风潮,它以金银同时为准备金,大量收购金银,操纵世界金融市场。中国内地和中国香港(当时为英国殖民地)出卖白银,非先取得美国的同意始能成立。以银价为例,它今天在伦敦大量购买白银,银价便大涨;它明天在伦敦卖出白银,银价便大跌。日本则兴风作浪,以军舰偷运白银出口。中国是银本位国家,直接受到威胁,市场动荡不安。上海是我国金融中心,"白银不断外流,信用紧缩,金融恐慌,弥漫全国,上海一地,工厂停工者3%,商业停业,失业人数达70多万,银行钱庄倒闭,时有所闻"。面对这种严峻情况,唯一的出路,就是币制改革。

法币政策实施后,新钞票在全国除新疆、西藏外,通行无阻。人民以白银兑换钞票。南京政府以大量的白银作为外汇准备金,奠定了国外信用借款的基础。以往各地实力派以钱庄、银行自行铸造的货币是地方性货币,只能在其本地使用,进入别的地区就需折合兑换,每经过一次折合兑换手续,就得经过一次盘剥,严重影响了商品的流通。

纷乱的货币,影响着中国经济的发展。当时,有位金融人士讲,吾国今日商业不发达,财政不整理之故,其原因虽有种种,而币制不良,实居其一。

实施货币政策使货币发行相当集中,割断了中国币制与白银的直接联系。世界银价的涨落再不会影响中国币制的稳定,这对商品经济和国民经济的发展都起了促进作用。

为了阻止防范白银外流,当局规定沿海各口岸运银,必须携带证件,每一旅客出国时,最多只能携带银元50元,各人所携带现银数额,亦加限制,违者除充公其所偷运之现银外,并得科罚现金等于偷运银之两倍。至将现银偷运出国或运至银元不流通的地方,得按危害民国紧急治罪法令治罪,或处死刑,或终身监禁,或处5年以上的徒刑,此外又得科以私运现银之五倍罚金。这些严厉的法令,都起了作用。只有日本浪人与日本军国主义者有组织的武装不顾法令,仍在捣乱。中国采取了卖出白银、买进英镑。

美国政府对中国货币同英镑联系,极为不满。其财政部长摩根索对中国驻美大使施肇基表示,不再兑现收购中国1亿盎司白银的许诺,认为"不能花费6500万美金而让你们的货币同英镑联系",并要求"将新货币纳入美元集团"。12月9日,美国政府停止向伦敦市场购买白银,并降低在海外收购白银的价格。国际市场银价因此大跌,无形中减少了法币准备金价值。南京政府出售白银不但无利可图,反要蒙受巨大损失,无奈只好屈服于美国的压力,于1936年5月签订了《中美白银协定》。双方商定:美国以每盎司50美分的价格向中国购白银5000盎司,中国以卖银所得作为海外的法币准备金存入美国银行,法币与美元的汇价为100:30,并扩大外汇买卖差价幅度,使英、美汇率涨落不致超过幅度所限。美国始终以霸主身份出现。这样,法币又与美元开始挂钩,南京政府对美国的依赖日增。至 1937 年 7 月,中国各大国家银行存在国外的黄金和外币共 13.2 亿美元,其中有 9.5 亿存在纽约的联邦储备银行内,约占总数的 70%,这又毫无疑问地加重了中国半殖民地的色彩浓度。

法币改革,实为一场革命。法币改革一年半以后,卢沟桥抗战爆发。法币成为中国抗战经济方面有力的支柱。从历史发展的角度看,法币改革是深得人心的。后来战争持久,通货膨胀,钱不值钱,那是诸多因素造成的,如军事费用之支出,四大家族的敛财,特别是日本在沦陷区的恶毒的摧毁等。

原载魏宏运:《锲斋论学》(待出版)

文　化

辛亥革命前中国资产阶级革命派的根据地思想

革命根据地问题是中国近代史上一个战略性问题。中国革命的胜利是经过长期坚持根据地而取得的。根据地的思想,中国资产阶级革命派在其革命时代曾经提出过,也做过尝试,给后人留下了宝贵的遗产。

从 1894 年孙中山在檀香山兴中会成立宣言中提出"振兴中华"的口号起,资产阶级革命派便积极探索着"振兴中华"的方案和途径。面对着祖国亡国灭种的危险,审视着欧洲革命与文明的突飞猛进,被强烈的爱国主义思想所激荡,在兴中会宣言中,孙中山痛陈了中华民族面临的危难:"方今强邻环列,虎视鹰瞵,久垂涎于中华五金之富,物产之饶。蚕食鲸吞,已效尤于接踵;瓜分豆剖,实堪虑于目前。"表述了对祖国的爱和对现存制度的反叛。他们大声疾呼,担负起救国救民的大任。孙中山,中国革命的先行者,以极大的勇气和百倍的信心,为中国的独立、自由、富强设计了一条革命的轨道。

资产阶级共和国的思想提出来了,1895 年兴中会誓辞中已明确写着"恢复中华,创立合众政府"。1905 年 8 月,在同盟会宣言中,则以"恢复中华,建立民国"作为革命纲领。武装斗争也随即开始。诚如毛泽东同志所讲:"从孙中山组织革命的小团体起,他就进行了几次反清的武装起义。到了同盟会时期,更充满了武装起义的事迹,直至辛亥革命,武装推翻了清朝。"

应该说,孙中山建立共和国的思想,是和武装起义、建立根据地交织在一起的。孙中山在谈到 1895 年广州起义的目的时曾说:"欲袭取广州以为根据",对献身起义的陆皓东,则誉之为"中国有史以来为共和革命而牺牲者之第一人也"。从这里可以看出孙中山对三者关系的认识,这种认识,在其而后的革命活动中又逐步走向深化,其致力于取得两广,就是他想要建立根据地思想的反映。

1900 年惠州起义,孙中山指挥"郑士良等乃以惠州之三洲田为革命根据地"①。

1908年，孙中山被逐出越南而离开河内，他"一面令黄克强等筹备再入钦廉，以图进取云南，以为吾党根据之地"（引自《孙中山选集》）。

1908年3月，孙中山在谈到镇南关之役时说："夫费十余万之款，而能兵不血刃，以取南宁龙州为革命军之根据地，可谓难得之机会。"②

以上引文，说明孙中山迫切希望建立一块革命的根据地，而"根据地"这一名词，在当时革命党人中已经流行。

在南方以两广，或者以云贵建立根据地，然后长驱北伐，直捣清朝的巢穴，这一筹策在孙中山的脑海中屡次浮现。孙中山曾对当时出现的形势，做了极其动人的描绘，1907年9月他在给邓泽如的信中说："现在全军进取南宁府城，以南宁为广西之中心点。得南宁则北取桂林，以出湖南，东取梧州，以出广东，革命之基础可固。""南宁既得，则两广指日可定，有两广以为根本，治军北上，长江南北，及黄河南北诸同志必齐起响应，成恢复之大功，立文明之政体，在此一举。"③1908年4月17日给邓泽如的信中表述更为明确："若于此时广西能大活动，以为钦、廉义师之声援，则西路大军可定，而东路惠、潮亦可预备再举矣。云南之局，亦有布置，广西得手，则云南之师亦可随之而动。如此，则两广、云、贵可期恢复，而革命军之根本固也。"④同年4月22日致庇胜同志信中也谈到这一点，他说："两粤、云南三省相连数千里之地，可以同时活动，则彼虏兵虽有百万之众，亦必难首尾兼顾矣。况彼虏倾国不过十余万之弱卒耶。广西、云南两省一起，则钦军无后顾之忧，可以长驱进取，而东路惠潮之义师可以再起，福建漳泉可以响应，如是则南七省之局定矣。此时则北军必可起于燕齐，中军必可起于吴楚，此弟数年之计划也。"⑤

孙中山开辟革命根据地的道路是明确的，为当时的革命提供了思想武器，如果武装革命取得胜利，那是可以建立起根据地的。当1907年革命军占领钦州、防城，破横州、永淳夺取南宁时，他高兴地说："今者义军崛起，已阅五

---

① 陈春生：《庚子惠州起义记》，见《辛亥革命》（一），中国史学会主编，上海人民出版社，上海书店出版社，第236页。

② 邓泽如：《中国国民党二十年史迹》，正中书局，1930年，第9页。

③ 《中国国民党二十年史迹》，第5—6页。

④ 邓泽如：《中国国民党二十年史迹》，第10页。

⑤ 邓泽如：《中国国民党二十年史迹》，第11页。

月,根据坚定,屡破清兵,满洲政府,倾两省重兵,聚于一隅,而皆不足与义军敌。"①他计划攻破南宁"即于该处建立军政府,使各道革命军,有所统系",以号令全国,推翻清王朝。

为什么要采取根据地的形式进行革命,他们是有其理论的。同盟会的机关刊物《民报》第三期上发表扑满所写《发难篇》,纵观和研究了中外历史,认为革命有三种方式:"一曰扼吭,谓复其首都,建瓴以临海内;二曰负隅,谓雄踞一方,进战退守;三曰蜂起,谓分举响应,使伪政府土崩瓦解,权力委地。"②这三种方式中,作者极度称赞雄踞一方的做法。他以大量的历史事实,从中国的情况出发,令人信服地论证中国革命应走这条道路,而不是欧洲革命所采取的首都革命。欧洲革命,把打击的锋芒直接指向全国反动势力盘踞的中心,一战而成,"盖首都为权力所集中,为政治的渊薮,为民贼的巢穴,于此发难,馘元恶, 指挥而天下定"。中国革命则应效法中国历史上多数农民起义的道路,实行武装割据。他说:"发难之时有根据地,是谓要着。"把根据地作为胜利的出发点,等力量强大之后,再去夺取首都。"凡革命军之崛起,曾以首都为目的物,而必先据形势之地,借屡胜之威,然后取之,其得之也,如撷垂熟之果。"这些论断是正确的,因为革命的武装力量,在开始总是弱小的,不可能和统治者立即决胜负,只有依托根据地,积蓄自己的力量,不断创造胜利局面。

对建立根据地过程中,必须反对流寇主义的问题,资产阶级革命派也提了出来,他们联系历史浪潮中多次出现的现象,做出了肯定的回答。《发难篇》说:"历史上的革命军,有往来逐利,飘忽无定者,历史上谓之流寇。有据险要之地,以为根本者。然流寇徒足以乱天下而已,不足以定天下也。雄踞形胜,进可战,退可守,汉高之关中,光武之河内,明太祖之金陵,举此道矣。"③如果读一读毛泽东同志在《抗日游击战争的战略问题》中有关论述,我们就知道资产阶级革命派建立根据地的观点,已达到了相当高的水平:"历史上存在过许多流寇主义的农民战争,都没有成功。在交通和技术进步的今日而企图用流寇主义获得胜利,更是毫无根据的幻想。然而流寇主义在今天的破产农民中还是存在的,他们的意识反映到游击战争的领导者们的头脑中,就成了不要或

---

① 邓泽如:《中国国民党二十年史迹》,第 7 页。
② 张枬、王忍之编:《辛亥革命前十年间时论选集》(第二卷上册),三联书店,1960 年,第 384 页。
③ 张枬、王忍之编:《辛亥革命前十年间的论选集》(第二卷上册),第 385 页。

不重视根据地的思想。因此,从游击战争的领导者们的头脑中驱逐流寇主义,是确定建立根据地的方针的前提。要或不要根据地、重视或不重视根据地的问题,换句话说,根据地思想和流寇主义思想的斗争的问题,是任何游击战争中都会发生的……只有彻底地克服了流寇主义,提出并实行建立根据地的方针,才能有利于长期支持的游击战争。"

革命派建立根据地,反动派以其为异物,必然竭尽全力进行扑灭,根据地能不能发展下去,能不能战胜敌人,前景如何,这些问题,资产阶级革命派也都做了清醒的估计,既看到了它的发展的可能性,也看到了它存在着失败的危险性。《发难篇》说:"使只有一方负隅,而他方无起而应之者,则是以一隅敌天下,仍非能操必胜之券。盖政府穷天下之民力,非所吝也,为护其重宝计,必悉力死角,而彼所据之胜者固多,以十敌一,以常备敌新集,已占优势,且彼据天下之形胜,果用兵得道,常能制革命军之死命。"从敌人强大而革命力量弱小这一客观存在出发,要革命者认识反动统治阶级的整个力量所占的优势。但也指出不要被敌人所吓倒,人民的力量总是要战胜的。"人民之革命也,非以一革命团体与一政府角也,政府惟一,而革命团体以千百数,其颠覆政府之目的同,而同时并举,星罗棋布,蜂起蔓延,此仆彼兴,西崩东应,曾不须臾,而土崩瓦解之状已成,是悉起天下之人,起而与政府为敌也。"①

资产阶级革命派将根据地问题的探讨以理论的形式呈现出来。它提供了新的思想,但他们没有农村包围城市的思想,没有像无产阶级那样,发动和组织广大群众把落后的农村造成先进的巩固的根据地,造成军事、政治、经济、文化上的伟大的革命阵地,借以反对利用城市进攻农村区域的凶恶敌人,借以在长期战斗中逐步地争取革命的全部胜利。而这一思想是毛泽东思想所独有的。资产阶级根据地的思想与无产阶级根据地的思想的根本区别也就在这里。无产阶级大大地发展了中国农民战争领袖和中国资产阶级革命派提出的根据地思想。

资产阶级革命派从理论上发展了根据地思想,但在实践上与以往的农民战争相比,则又表现了很大的后退,没有建立起一块根据地,没有出现像太平天国那样的割据局面,也没有涌现出一批杰出的军事家。这种历史的曲折,其根本原因,在于资产阶级革命家没有认识到农民是革命的主力军,不知到何

---

① 张枬、王忍之编:《辛亥革命前十年间时论选集》(第二卷上册),第387页。

处去寻找革命力量,这是他们很大的弱点。

在辛亥革命前的岁月中,资产阶级革命派没有能像他们预想的那样缔造出一个真正的根据地,然而,无可否认,每次起义都为 1911 年革命高潮的到来准备了条件。孙中山曾谈到他举行的几次起义对全国革命风潮的影响:"庚子失败之后,……有识之士,且多为吾人扼腕叹息,恨其事之不成矣","萍醴之役失败后,革命风潮之鼓荡全国者更为从前所未有","辛亥 3 月 29 日广州之举。是役也,集各省革命党之精英,与彼虏为最后之一搏,事虽不成,而黄花岗七十二烈士轰轰烈烈之概,已震动全球,而国内革命之时势,实以之造成矣"。

形势已发展到天下鼎沸,清政府对革命的镇压,只是为自己的灭亡创造了加速的条件,天怒人怨,革命的火种已布满全国。革命之机,如炸药既实,待引火而后爆发,只要一夫奋呼,就万众响应。及四川保路运动发生,直接导致了武昌起义,一举成功,终于推翻了统治中国二百六十多年的清王朝,结束了中国两千多年的封建皇帝的专制制度,资产阶级共和国在中国大地上出现了。这是中国资产阶级的伟大功绩。

辛亥革命的成功和失败,使孙中山获得了很多经验教训,经过了一段痛苦摸索,他和共产党合作,在广东建立起根据地。这块根据地遂成为第一次国内革命战争的发难地。对此,他感慨地说:"本党自成立以来,成功的次数少,失败的次数多。现在得到广东这片干净土,做我们的策源地,可算是一个小小的成功。"

历史总是给人以启发的,资产阶级革命派关于根据地的观点是符合中国革命实际的,在中国近代革命建立根据地的历史道路上也留下了他们的足迹。

原载《历史教学》,1981 年第 10 期

关于"五四"时期的"民主"和"科学"问题

一

五四运动时期,提出了"民主"和"科学"的口号。这一口号在当时的新文化运动中,曾激励着人们胜利前进,是新文化运动的锐利思想武器。五四运动已经过去六十年了,新文化运动也已成为过去,但是这个口号却随着时代的发展所赋予的新的内容,有着没有成为过去的东西。

民主和科学本来是欧洲资产阶级反封建的思想武器,对欧美资本主义文明起过巨大的作用。五四运动时期,中国激进民主主义者为了把中国从几千年的封建社会和七十多年的半殖民地半封建社会中解放出来,也借助这两个口号。当时属于革命派的陈独秀在《本志罪案之答辩书》一文中,讲到为什么要把科学和民主从西方资产阶级革命的武器库中借来中国时说:"西洋人因为拥护德赛两先生也,闹了许多年,流了多少血,德赛两先生才渐渐从黑暗中把他们救出,引到光明世界。我们现在认定只有这两位先生,可以救治中国政治上道德上学术上思想上一切的黑暗。"[①]

中国人举起这两面旗帜并不容易,而是经历了坎坷的历程和漫长的道路。从 17 世纪到 20 世纪初,欧美资本主义发展一日千里,特别是 19 世纪后半期,许多资本主义国家实现了工业化,中国社会却停滞在封建社会,使用落后的生产工具。进步的政治思想和科学技术本来是人类的共同财富,是没有国界的,中国文化就曾对世界文明有过巨大的贡献,如指南针、印刷术和火药等。以指南针来说,在今日航海发达的世界,几乎一时一刻都离不开它。那为什么欧美的文明中国就不能享受呢?原因在于中国封建统治者非常顽固,热衷于封建专制主义,既无民主,又嫉视科学。统治中国近三百年的清王朝,为

---

① 陈独秀:《独秀文存》(一),上海亚东图书馆,1922 年,第 362 页。

了天朝王国万世长存,采取了闭关锁国政策,夜郎自大,拒绝和国外来往,拒绝向国外学习,以为中华大国先圣先贤的纲常理教灿然大备,那外洋各国人算得什么,从而把中国和世界隔绝起来,不知西洋为何物,这不能不造成中国政治上和科学技术上的极端落后。1840年英国发动了侵略中国的鸦片战争,中国闭关自守的与资本主义世界隔离的状态被打破了。马克思在论述这一历史变化时说:"英国的大炮破坏了中国皇帝的威权,迫使天朝帝国与地上的世界接触。与外界完全隔绝曾是保存旧中国的首要条件,而当这种隔绝状态在英国的努力之下被暴力所打破的时候,接踵而来的必然是解体的过程。"(引自马克思:《中国革命与欧洲革命》)似乎这时中国人可以向外国学习了。各民族都有自己的长处和短处,应取别人之长,补己之短。但人民依然没有这样的民主和自由。清政府依仗着愚民政策,来维持其统治。一部分清朝统治者开始意识到枪炮不如人,只是因为其尊严受到损害,于是有洋务派的产生。经过甲午战争,兵败地失,洋务派破产了。这时以康有为、梁启超为代表的一部分爱国者,认识到工艺不如人,认识到中国积弱的原因是贵古贱今的政制学风所致,所以倡导维新,以救中国,发生了戊戌变法。顽固派视维新派为离经叛道,于是好端端的事业被镇压下去。但维新变法毕竟带来了积极的结果,此后,新学包括那时的社会学说和自然科学,悄悄地输入了的科学种子传布于我国。中国近代史上因此出现了中学和西学、新学和旧学之争,这是必然的现象。在民权思想的推动下,爱国的人们提出了"去科举,停资格,废八股,斩豚尾,复天足,逐满人,扑专制,整军备,则中国必强"(引自《蔡元培选集》)的主张。1911年孙中山领导人民终于推翻了封建专制的清王朝。当时思想言论的自由,蔚然成风,民主共和代替了专制政体,封建迷信似有被扫除的希望。但随之又出现了袁世凯及其卵翼下军阀的反动。在暴力压迫之下,一批新人物挺身而出,他们丝毫没有因前辈的失败而意志沮丧,而是用前辈的经验丰富自己。陈独秀在《新青年》上大声疾呼:"现在世界上,有两条道路:一条是向共和的科学的无神的光明道路;一条是向专制的迷信的神权的黑暗的道路。"[1]为了把中国引向第一条道路,新文化运动的代表人物,把中国和西方资本主义国家做了对比,承认中国落后。他们说,西洋工、商、农业"都极猛进",比中国

---

① 陈独秀:《独秀文存》(一),第359页。

发达进步，"便因他们有科学的缘故"(引自《蔡元培选集》)。"按我国制造的幼稚，实在不容不从速补救。开了铁矿自己不会炼钢，却将原料卖给别国，岂不可惜。"他们忧国忧民，语重心长地讲道："西洋种种文明制度，都非中国所及，单就经济能力而言，我们中国人此时万万赶不上，倘不急起直追，真是无法可以救亡。"[①]他们对资本主义的本质缺乏认识，但从这里可以看出他们抱着希望祖国强盛起来的强烈愿望，要使中国经济力量迅速增长。他们认识到要使中国富强，必须急起直追，不能拖延，并且清楚地认定，取法国外，要有两个基本条件：一是尊重人，二是尊重科学。只有弃神而重人，弃神圣的经典与幻想而重自然科学的知识和日常生活的技能，才能说是掌握了学习的钥匙。

新派人物总是把科学和民主相提并论，二者是联合在一起的。在专制主义压迫下没有民主，人民没有思考问题的权利，没有说话的权利，对国家大事没有自由探讨的权利，社会是难以进步的。陈独秀在《袁世凯复活》一文中阐述了这一思想："欧洲自力抗自由新思潮之梅特涅失败以来，文明进化，一日千里。吾人狂奔追之，犹恐不及。乃袁世凯以特别国情之说，阻之五年，不能前进，国人不惜流血以除此障碍矣；不图袁世凯二世，又以国粹礼教之说，阻吾前进，且强之逆向后行，国人将何以处之！法律上之平等人权，伦理上之独立人格，学术上之破除迷信、思想自由，此三者为欧美文明进化之根本原因，而皆为尊重国粹国情之袁世凯一世二世所不许。长此暗黑，其何以求适二十世纪之生存！"

由此可见，新派人物向西方学习的目的，在于把中国从专制黑暗的牢狱中解放出来，使中国立于世界民族之林。

二

欧美的思想传到中国来了。民主和科学唤醒了人民。救亡图存、改造中国成为提倡新文化人们的雄心，他们横下一条心，发出豪迈誓言："若因为拥护这两位先生，一切政府的压迫，社会的攻击笑骂，就是断头流血，都不推

---

① 陈独秀：《独秀文存》(一)，第155页。

辞。"全国到处出现了觉悟的声浪，新思潮波涛滚滚，不可遏止，各种新出版物应时而出，激扬新文化的波澜，灌溉新思想之萌孽，扬葩吐艳，各极其致。解放、创造、新思潮、新生活，在各种周报、日报上都呈示了自己的力量。尤其是十月革命后马克思主义传到中国，中国思想界发生了空前的大变动。新思潮有着它超越一切的力量，北洋军阀的禁止与摧残，抵挡不了这猛烈的冲击和涤荡。

一切封建专制主义和旧道德、旧传统、宗教迷信，包括旧伦理、艺术、文学、政治等都在批判之列。新与旧、新人物和思想顽固腐败的人展开了激战。一班老古董、老怪物，还有可怜的青年顽固派，打着反对的旗帜，反对新文化运动。而参加新文化运动的人们组成了统一战线来对抗，两军对垒，阵线分明。

"中国欲图世界之生存，必须弃数千年相传之官僚的专制的个人政治，而代易自由的、自治的国民政治。"①这是《新青年》的呐喊，反映了对专制主义强烈的恨和对美好生活的向往。他们所憧憬的是欧美资产阶级的民主和共和，吸引着他们思想的是欧美的自由，"今日庄严灿烂之欧洲乃革命之赐也"。美利坚八年奋斗而独立，法兰西流血数十年而共和，他们认为这是"吾民之师矣"。1915 年袁世凯称帝卖国，和日本签订亡国的《二十一条》，激怒了人民，愈使他们的革命信念增强了。爱国浪潮蓬勃发展，冲决了一切堤岸，一直发展到像五四运动那样大规模的群众运动。

"我们想求社会进化，不得不打破'天经地义''自古如斯'的成见。"②这是《新青年》的怒吼。迷信古来的学说，恪守祖宗之法，显然是先进的大敌。它窒息了人们的思想，使专制主义得以长存。历代统治阶级把孔夫子的学说当作宗教信条，强迫人民信奉，儒家的三纲五常、三从四德就成为自古如斯的伦理道德。李大钊同志在《由经济上解释中国近代思想变动的原因》一文中指出："看那二千余年来支配中国人精神的孔门伦理，所谓纲常，所谓名教，所谓道德，所谓礼义，那一样不是损卑下以奉尊长？那一样不是牺牲被治者的个性以事治者？"③这就是为什么新派人物要以反对旧教条作为新文化运动主要内容

---

① 陈独秀：《独秀文存》(一)，第 53 页。
② 陈独秀：《独秀文存》(一)，第 369 页。
③ 李大钊：《李大钊选集》，人民出版社，1951 年，第 296 页。

的原因。封建的政权、族权、神权、夫权代表了全部封建宗法的思想和制度,是束缚人民的四条绳索,不破除这些迷信,人们的思想就不能解放。人们在斗争的实践中勇敢地提出"打倒孔家店"的口号,声讨家族主义、迷信观念和男女不平等的现象。宣传科学,打倒偶像崇拜,妇女解放的声浪压倒一切。陈独秀在《偶像破坏论》中讲道:"世界上真实有用的东西,自然应该尊重,应该崇拜,倘若本来是件无用的东西,只因人家尊重他,崇拜他,才算得有用,这班骗人的偶像,倘不破坏,岂不叫人永远上当吗?"锋芒所向无不直指专制主义及其精神支柱,正如《觉悟的宣言》所宣告的那样:"凡不合于现代进化的军国主义、资产阶级、党阀、官僚、男女不平等界限、顽固思想、旧伦常……全认为他应该铲除,应该改革的。"(引自周恩来:《觉悟的宣言》)

思想的变化,同时促进了文学的革命。我国旧日文学家矫揉造作,不求学理,抱残守缺,思想鄙陋的不在少数。自《新青年》掀起文学革命的热潮后,新文学也生长起来,依社会革新之趋势,传播新的思潮,向旧文化、旧社会、旧礼教宣战。文字是表达思想的工具,文言文已不适应社会潮流,新人物又开展了白话文运动。束缚人们思想的八股文由生动活泼的文学所代替。

毛泽东同志在描述和总结这时新文化运动时满腔热情地赞扬说:"五四运动时期,一班新人物反对文言文,提倡白话文,反对旧教条,提倡科学和民主,这些都是很对的。"(引自毛泽东:《反对党八股》)又说:"当时以反对旧道德提倡新道德、反对旧文学提倡新文学,为文化革命的两大旗帜,立下了伟大的功劳。"(引自毛泽东:《反对党八股》)中国自有历史以来还没有过这样伟大的文化运动。

值得提出的是新人物的唯物主义思想。他们有着发展的历史观,认为世界上没有永恒的道德法则,社会的道德风俗是人造的,随着时代的前进而变化,不是一成不变的。每一时代都应有自己的时代精神,每个人都应使自己的言行合乎真理,顺乎时势。这一思想突出地反映在新文化运动的主将李大钊同志的文章中。李大钊同志是"五四"时期最伟大的思想家,他笃信唯物主义,希望人们把握住现在"永远合所有生活上的潮流,随着大时代的奔流"而前进。急起直追,勇往奋发,"冲决过去历史之罗网,破除陈旧学说之囹圄",为青春中华之创造而努力。他发表的《青春》和《今》,气势磅礴,给人以鼓舞和力量,"冲决历史的桎梏,涤荡历史之积秽,新造民族之生命,挽回民族之青春",这就是人们应走的道路,不应该一切照旧,或者只是谈论谈论社会。在他发表《庶民的胜利》和《布尔什维主义的胜利》两篇文章时,他的思想更前进了一步,进一步指出这条道路的终极目标。他说:"Bolshevism 这个字,虽为俄人所创造,但是他的精神,可是二十世纪全世界人类人人心中共同觉悟的精神。"①

新人物在宣传科学、宣传无神论方面,赢得了人民的信任和拥护。《新青年》杂志及留美学生办的《科学》、留日学界办的《学艺》,介绍了思想家、科学家的新发现,介绍了科学造福人类的事实,介绍了 19 世纪自然科学三个最伟大的发现,即细胞的发现、能量守恒和转化定律及达尔文进化论的发现。"因理论的自然知识进步,施于各种实用,故人类文明之进步,亦与之相当。""因各种工艺之新发明,19 世纪之进步,遂远驾于前数世纪之上。透彻复杂的真相,应研究科学。"新人物把这些客观事实原原本本告诉了人民。为了斗争的需要,他们首先把自己用科学知识武装起来。蔡元培在北京神学会讲演,用科学批判宗教,说明参加新文化运动的人非常尊重真理,实事求是。他说道:"迨后社会文化日渐进步,科学发达,学者遂举古人所谓不可思议者,皆一一解释之以科学。日星之现象,地球之缘起,动植物之分布,人种之差别,皆得以理化、博物、人种、古物诸科学证明之。而宗教家所谓吾人为上帝所创造者,从生物进化论观之,吾人最初之始祖实为一种极小之动物,后始日渐进化为人耳。"(引自《蔡元培选集》)科学是发明真理的指南针,凡和科学相反的鬼神、灵魂、炼丹、符咒、算命、卜卦、扶乩、风水、阴阳五行,新人物都指斥为"是一派妖言胡说,万万不足相信的"。新派人物推动了新文化的发展,他们的功绩是不可磨灭的。他们把自己的事业与民族的生存、国家的富强紧密地联在一起,认为伟大目标的实现,不能仰赖神灵的恩典,而是要靠自己的努力,这些都产生了巨大的效果。

民主与科学的精神,打破了中国的旧思想,中国人从封建专制思想淫威下得到解放。五四运动之所以是生动活泼的、前进的、革命的,就是因为有科学和民主思想,打破了精神枷锁,这以后马克思主义才可以广泛传播,在中国大地上开花结果。毛泽东同志非常称赞这一运动:"如果'五四'时期不反

① 李大钊:《李大钊选集》,第 118 页。

对老八股和老教条主义，中国人民的思想就不能从老八股和老教条主义的束缚下面获得解放，中国就不会有自由独立的希望。"(引自毛泽东:《反对党八股》)五四运动的科学和民主的精神是十分可贵的。但是,离开了社会主义讲民主,离开了社会主义讲发展科学,是不能达到救国的目的的。"五四"时期的先进的人们从斗争实践中懂得了这个道理,接受了马克思列宁主义的思想。正是中国共产党,继承了五四运动的革命传统,在马克思列宁主义的指导下,领导中国革命取得了胜利。

三

中华民族曾经创造过光辉灿烂的科学文化，只是近一二百年才落后了。中华人民共和国成立后,有了先进的社会制度,在毛泽东同志和中国共产党的领导下,我国的科学技术事业迅速发展起来,民主和科学都得到发扬,我国已初步成为繁荣昌盛的社会主义国家。五四新文化运动时期所期望的中华崛起实现了。

但是历史常常出现曲折的道路,在社会主义的大道上不都是玫瑰花,还有很多荆棘。林彪、"四人帮"一伙横行了十年,就是例证。这帮家伙为了篡党夺权,复辟资本主义,又利用封建思想残余和影响,搬出封建专制主义,以专制代替民主,以迷信代替科学,摧残了人民民主,践踏了人民权利,使我国国民经济和科学文化遭受了一场空前浩劫。在科学技术方面,我国和西方发达国家本来已经缩小的差距又拉大了。

社会主义时期和"五四"时期历史条件当然不一样。社会主义民主是任何资产阶级国家所不可能有的最广大的民主。在社会主义制度下人民当了家做了主。列宁曾经指出:"彻底发展民主,找出这种发展的形式,用实践来检验这些形式等,都是为社会革命进行斗争的任务之一。"(引自列宁:《国家与革命》)在我们党和国家遭受林彪"四人帮"的大破坏之后,更感到了确保社会主义民主的重要性。而世界上自然科学的发展,特别是最近十年的发展,有了新的突破,据统计比过去两千年的总和还要多。这就告诉我们"五四"时期科学和民主的口号的确包含着没有成为过去的东西,对我们仍有巨大的现实意义。

为了在 20 世纪末把我国建设成为社会主义现代化强国，我们就要讲民主,讲科学。四个现代化是全国人民的愿望,人民的力量是不可战胜的,为了我们伟大祖国美好的未来,我们应该继承发扬"五四"精神,把自己的聪明才智全部贡献给壮丽的社会主义事业。

1978 年 5 月在湖南省历史学会上的演讲稿,1979 年 2 月改订。

原载《历史教学》,1979 年第 5 期

新文化运动的新方向

新文化运动发展到 1917 年末,增加了新内容,这就是领导新文化运动的先进知识分子,为十月革命所鼓舞,为苏联实行工农兵民主政治,将土地分给农民所吸引,在进行反封建礼教,宣传科学的同时,大力介绍马克思和列宁的学说,马克思主义开始进入中国思想界。

十月革命前,中国资产阶级和小资产阶级革命家已接触到欧洲社会主义思潮。梁启超在《新民丛报》第十八号发表《进化论革命者颉德之学说》中曾提到马克思,说:"麦喀士,日尔曼国社会主义之泰斗也。"朱执信在《民报》上发表的《德意志社会革命家小传》,介绍了马克思、恩格斯的生平及《共产党宣言》的要点和十条纲领。孙中山 1912 年在上海演讲《社会主义的派别与方法》时,也称赞马克思学说,说"得了社会主义的真髓","厥后有德国麦克司(马克思)者出,苦心孤诣,研究资本问题,垂三十年之久,著为《资本论》一书,发阐真理,不遗余力,而无条理之学说,遂成为有系统之学理"。他们开始谈论马克思,但还没有真正理解和接受社会主义。有的甚至是从批判的角度出发的,马克思的名字虽然和中国人见了面,但中国无产阶级尚比较小,还缺乏接受社会主义的条件,没有引起社会的震荡。十月革命后,情形不同了,中国无产阶级壮大起来,新文化运动为马克思传入创造了条件,一批先进的颇有文化素养的知识分子,极力宣传十月革命,使社会主义思潮在中国形成了澎湃的波涛,新文化运动也以受到马克思学说的光辉照耀,而成为彻底的民主主义的文化运动。

1918 年到 1919 年五四运动期间,许多报刊杂志发表了研究马克思、讨论布尔什维克、阐明社会主义理论、叙述劳动者的历史,以及劳动问题、社会改造问题的文章。最引人注目的人物是李大钊和他对《新青年》的影响。他于 1918 年先后在《新青年》发表了《法俄革命之比较观》《庶民的胜利》《布尔什维克主义的胜利》等论文,赞扬十月革命,欢呼社会主义的胜利,有理有据地坚信"试看将来的环球,必是赤旗的世界"。他于 1919 年 5 月,为《新青年》主编的马克思研究专号,给《新青年》杂志涂上了浓厚的马克思主义色彩,而后并使它成为马克思主义的宣传阵地。李大钊在专刊上发表的《我的马克思主义观》,系统地介绍了马克思主义的唯物史观、阶级斗争和政治经济学的基本观点,激起了人们对社会主义的向往。其他刊物如《每周评论》和《晨报》副刊等,也都宣传了这一思潮,增加了人们对马克思学说的了解。《晨报》副刊《名人小史》栏中,曾刊登了《近世社会主义鼻祖——马克思奋斗生涯》《俄国过激派首领》《德国过激派首领李卜勒德》和《惨死之过激派首领小史》等。

马克思主义宣传运动中出现的一些刊物,也不全是拥护马克思主义的,如1918年3月创刊的《劳动》月刊,是无政府主义的刊物,它也起了宣传马克思主义的作用,其创刊号上发表的《尊劳史》说:"故劳动者当直接享有生产物,于以成其为社会主义,不劳动而享有者,是谓劫夺,所当排除,于以成其为社会革命。"当时谈论社会主义的人不少,态度是不同的,他们不一定是拥护马克思主义的,如在《新青年》马克思主义研究专号上发表《马克思学说批评》的作者黄凌霜就是个鼎鼎大名的无政府主义者,这说明无政府主义和马克思主义是混在一起的。关于这一点,王光祈说出了一点实情:"因为留意世界大势,不知不觉的就中了社会主义的魔术。"

马克思主义在当时只是新文化运动的一个流派。人们对社会主义的认识还不很清楚。瞿秋白的话反映出实际情况:"社会主义的讨论,常常引起我们无限的兴味,然而究竟如俄国十九世纪四十年代的青年思想似的,模糊影响,隔着窗纱看晓雾,社会主义流派,社会主义意义都是纷乱,不十分清晰的。"(引自瞿秋白:《饿乡纪程》)

处于这种状态的时间并不长,很快地,科学社会主义就占了上风,布尔什维克主义压倒了一切。下面这段描述,给我们提供了考察这一问题的真实资料:"自从俄国的布尔什维克(Bolsheviki)直接引动(Direction)以来,这布尔什维克主义(Bolshevisln)也就成了中国新闻记者、政治家、教育家所注意的一个问题,不爱读书如我这样的人,也觉得都市中、乡村里,所见所闻,都含有许多危机,仿佛有布尔什维克紧跟着似的。"①

布尔什维克主义那时曾被人歪曲为过激主义,《晨报》副刊1919年4月的一篇评论,曾抨击过这一现象:"究竟他们的主义是否过激,据我看来,激烈

---

① 王光祈:《工作与人生》,《新青年》,1919年4月。

的地方固然是有的,然而公平稳健的地方却也不少。"因此"混称他们做过激派实在有点冤枉,我现在就想称他们为布尔司维克派较为稳当。"

新文化运动的新发展,曾遇到新的阻力,这种阻力来自很多方面,鲁迅在《热风》中说到两种阻力,一是有钱的人,一是北洋军阀政府:"近来时常听得人说,过激主义来了,报纸上也时常写着'过激主义'来了。于是有几文钱的人很不高兴。官员也忙着要防华工,要留心俄国人,连警察厅也向所属发出了严查有无过激党设立机关的公事。"新文化运动的倡导者和参加者中间的分歧,也暴露了出来,像少年中国学会会员曾琦就是其中的一个,他说:"提倡社会主义,不如研究社会问题,较为有益。"(引自《胡适来往书信选》)胡适也是一个竟说谈论社会主义是空发谈谈而不切实际的言论家。这就引起了新文化运动阵营的分裂。阵线越来越分明了。在新文化运动方向的论战中,马克思主义的拥护者赢得了胜利,特别是 1919 年经过五四运动,马克思主义的宣传推展到一个新的阶段,先进的中国人李大钊、陈独秀、毛泽东、周恩来等一大批具有初步共产主义思想的知识分子,开始用科学的宇宙观和社会革命论观察中国的问题。目的在于改造中国、振兴中华的新文化运动,已掀起了翻天巨浪,完全由杰出的致力于共产主义事业的人肩负起来。

原载《南开史学》,1982 年第 2 期

关于新文化运动的几个问题

一、科学与民主口号的提出

辛亥革命的果实被袁世凯吞食,人们期望的"民国"遭到践踏,中国依然山河破碎,内忧外患,民不聊生。历史进程的这种曲折,极大地刺激了知识界,一批爱国的知识分子决意振兴中华,改造黑暗的旧中国,发动了新文化运动。

新文化运动是以《新青年》为中心开展起来的。

《新青年》,原名《青年杂志》,是 1915 年 9 月 15 日陈独秀在上海创办的。从 1916 年 9 月 1 日出版的第二卷第一号起改名为《新青年》。

《新青年》一问世就异军突起,显示了自己的生命力。它思想敏锐,别具风格,非其他刊物所能比拟。陈独秀在第一卷第一号上发表的《敬告青年》一文,约三千五六百字,是该刊纲领性的文章。它用深刻的思想,众所周知的材料和易懂的推论,启发读者思考国家兴衰问题。它说:"日本勃兴,以促吾革命维新之局……投一国于世界潮流之中,笃旧者固速其危亡,善变者反因以竞进。"作者以充满爱国主义的焦急心情,启示人们必须树立变革现实的思想,以顺应历史的发展,警告人们绝不能陷于迂腐,受万古不变的金科玉律的束缚。他认为西方因科学的发展,创造了丰富的物质财富,引起世界巨大的变化,我们亦当明确地把科学的认识和对人权的认识放在同样重要的地位:"近代欧洲之所以优越他族者,科学之兴,其功不在人权说下,若舟车之有两轮焉",他希望人们看清中国受帝国主义侵略这一痛心事实,惊呼:"呜呼! 欧罗巴铁骑入汝室矣,将高卧白云何处也? "在陈独秀看来,振兴中国的责任,势必落在青年一代的肩上,"吾国之社会,其盛隆耶? 抑将亡耶? 非予之所忍言者。彼陈腐朽败之分子,一听其自然之淘汰,雅不愿以如流水之岁月,与之说短道长,希冀其脱胎换骨也。予所欲涕泣陈词者,惟属望于新鲜活泼之青年,有以自觉而奋斗耳! "他热望青年要有宏伟的胸襟,宽阔的眼界,探索的勇气和创新的胆识，"应战胜恶社会，而不为恶社会所征服"。因此，他向青年陈述"六义"：一、自主的而非奴隶的；二、进步的而非保守的；三、进取的而非退隐的；四、世界的而非锁国的；五、实利的而非虚文的；六、科学的而非想象的。科学与民主的思想在他那富于情感的笔端奔腾澎湃，他期望"国人而欲脱蒙昧时代，羞为浅化之民也，则急起直追，当以科学与人权并重"。"人权"就是"民主"的意思，科学和民主的口号从此在中国大地上吹响起来，成为新文化运动的号角。

　　陈独秀为什么要提出科学和民主的口号？科学和民主，在西方已是过时的，但对中国来说，还是很新鲜、很有用的，它能作为向封建主义做斗争的武器。陈独秀所以借助这一西方资产阶级革命时代武器库中的宝物，是经过深思熟虑的，他征诸世界文明史，认为科学和民主，是和一个国家的兴衰紧密关联的，是关系到民族和国家能否立于世界之林的大问题。中国经过几千年封建统治，没有民主与科学，弄到了国将不国、民难为民的地步，帝国主义侵略，更加深了这种灾难。没有民主就没有进步，也没有革命，没有科学就不能生存，就要亡国。有民主才能有科学，有科学才能保民主，二者缺一不可，他认为，造成中国人民愚昧的根源，是封建道德，而封建道德是奴隶道德："固有之伦理、法律、学术、礼俗，无一非封建制度之遗，持较晰种之所为，以并世之人，而思想差迟，几及千载，尊重廿四朝之历史性，而不作改进之图，则驱吾民于二十世纪之世界以外，纳之奴隶牛马暗沟中而已，复何说哉！"他的态度是："吾宁忍过去国粹之消亡，而不忍视现在及将来之民族，不适世界之生存而归消亡也。"这表明他要做一个革新派。他清楚地看出，如果恪守古训，任何进步都不可能，把不合时宜的东西供奉起来，当作国粹和宝贝，是要亡国灭种的。这是他的进化论的观点。他深深感到"腐旧思想布满国中"，感叹像严复那样对新学有功的人，尚且赞助帝制，那"多数国民口里虽然不反对共和，脑子里实在装满了帝制时代的旧思想，欧美社会国家的文明制度，连影儿也没有"。所以要救国就得从"改造国民性"着手，即进行一场思想的革命。

　　《新青年》表现了自己的勇气，但在开始时，其对时政的批评则是羞羞答答的，在第一卷第一号"通信"栏中，它批评了辜鸿铭、杨度等人的顽固，不识时务，竟然要抛弃共和、赞成君主立宪，但又立即声称"批评时政，非其旨也"。这是很矛盾的。发动新文化的目的在于维护共和，使被践踏的民国重新出现在中国："我们要诚心巩固共和国体，非将这班反对共和的伦理文学等旧思想,完全洗刷得干干净净不可。否则,不但共和政治不能进行,就是这块共和招牌,也是挂不住的。"并且以美国独立、法国共和作为楷模,认为"此皆吾民之师资","吾国欲图世界的生存,必弃数千年相传之官僚的专制的个人政治,而易以自由的自治的国民政也"。①这里所讲的都是政治问题。政治在当时是个荆棘丛生的领域,《新青年》所频繁地爆发出的革命怒火,是属于思想革命的范畴,是想通过思想革命达到政治革命的。但事实上,《新青年》却从未置身政治潮流之外,该刊逐期在国内外大事记中揭露、谴责袁世凯导演的国体丑剧,就是明证。1915 年秋冬,正值帝制论甚嚣尘上之际,《新青年》还刊登过《安全论》一文,从理论上驳斥了"筹一国之治安"的谬论;启发人们走推翻袁世凯专制统治的道路:"及帝制论兴,或以维持现状为理由,窃窃诽议,不知帝制固难以求安然,名共和而实帝制之现状,岂终有安全之可言,又焉有维持之必要?"(见《青年杂志》第一卷第四号)文章精旨名理,盱衡时局,力辟新机,不能说它是离开现实,离开政治。

《新青年》寄希望于青年,青年也被新思潮所吸引,寄希望于《新青年》。他们指点江山,激扬文字,推动时代前进,《新青年》很快地在国内外赢得了声誉,这一时代的思想领导权也就自然而然地落在其主编陈独秀身上。

二、《新青年》阵容的壮大及其方向

新文化运动发难于上海,而成功于北京。

1917 年初陈独秀被聘请为北京大学文科学长,《新青年》编辑部随之迁到北京。陈独秀受聘是一偶然的机遇,但对新文化运动的发展关系极大。

1916 年底,黎元洪任蔡元培为北京大学校长。蔡元培是一革命民主主义者,1912 年任南京临时政府教育总长时,曾做过两件被人称道的事,一是停止了祭孔,二是废北大的经科,定名为文科。及其任职北大,更加锐意革新,主张学术平等,男女平等,大学开放。在教育思想方面采取"兼容并包"方针。经北京医专校长汤尔和的推荐,蔡很欣赏陈独秀的才华,本来他对陈独秀的名字早有所闻,又翻阅了《新青年》,便亲自到前门外陈所寓居的旅馆造访,"与之订定,于是陈君来北大任文科学长"。

---

① 陈独秀:《吾人最后之觉悟》,《独秀文存》(一),上海亚东图书馆,1922 年,第 53—54 页。

陈独秀在北大获得很高的职位,又有蔡元培的支持,新文化运动立即扩张开来。他和同一年到北大任教的胡适,和第二年到北大任教的李大钊很自然地聚集起来。结社、集会的自由给予了便利,他们和钱玄同、刘复、沈尹默等人"志同道合",经常集会,讨论新文化运动中的问题,研究如何向封建势力做斗争。他们没有正式的组织,《新青年》是他们联系的纽带。从1918年到1919年,是由7个人轮流编辑,《新青年》第六卷第一号刊登1919年分期编辑人是陈独秀、钱玄同、高一涵、胡适、李大钊、沈尹默,没有刘复。每出一期,就开一次编辑会议,商定下一期稿件。

陈独秀等7人,以其学有专长,颇负盛名,成为新文化运动的中坚和先锋。在新文化运动前期,方向基本上是一致的。

陈独秀,又名仲甫,安徽怀宁人,生于1880年,早年入杭州求是书院学英语、德语和造船学,接受新式教育,后曾三次去日本,在日本早稻田大学学过法律、哲学、政治、历史和文学,受西方思想文化影响,对古文字学也很有研究,撰写《说文引义考》,发表于《国粹学报》,这为他以后发动新文化运动奠定了基础。他在日本时,孙中山正组织同盟会,他没有参加,认为孙中山主张的民族主义是狭隘的民族主义,而当时,他已主张彻底的"德谟克拉西"革命,及其归国,先和章士钊、张溥泉、谢晓石创办《国民日日报》,后又在芜湖创办《安徽俗话报》,极力抨击传统思想,宣传民主自由、妇女解放、破除迷信、振兴实业等。《安徽俗话报》还辟有专栏,介绍天文、地理等自然科学知识。陈独秀于批判旧事物,介绍新思想中显示了自己的才能,他的名字已经引人注目,到1915年,他创办《新青年》,以介绍西方思想,攻击旧思想为职志,成为新文化运动的旗手,是当时中国首屈一指的思想家。

李大钊,字守常,河北乐亭人,生于1889年10月6日,1907年入天津北洋政法专门学校,求学6年,青年时代就确立了救国救民、"再造神州"的抱负,曾深入研究政治经济方面的科学、欧美各国资产阶级革命的历史及近代的自然科学。毕业后,于北京和同学一起办报数月。1913年冬,东渡日本,次年考入早稻田大学,攻读政治,接触到河上肇和幸德秋水的思想,"随着政治知识之日进,而再造中国之思想亦日益腾高"。在东京期间,他发起组织"神州学社",并写文章抨击袁世凯的卖国活动。1916年夏回国,在北京担任《晨钟报》编辑,积极参加陈独秀发起的新文化运动,他此时发表的《青春》一文,希望青年"冲决过去历史之网罗,破坏陈腐学说之囹圄",表达了要求"青春中华"独立解放的强烈愿望。他思想的深刻,非他人所可比及,他的贡献不只是破坏中国传统的旧思想,同时对西方资产阶级思想也加以抨击,是《新青年》的中坚人物。

胡适,安徽绩溪人,生于1891年12月17日,早年入上海澄衷学堂及中国公学,1910年考取清华官费留学生,入美国康乃尔大学,后入哥伦比亚大学,攻读哲学,是著名实验主义哲学家杜威的学生;在美国一连住了7年,没有参加过中国人民反帝斗争,对帝国主义的侵略和军阀的横行,从未表示任何反抗,只是追求博士学位;1916年始致书陈独秀,谈论改造文学,并译世界短篇文学名著,投寄《新青年》,以为改良文学之先导;1917年才加入新文化运动行列,因其较系统地提出改良文学的意见,登在《新青年》上,始为人们所注目。

钱玄同,浙江吴兴人,生于1887年,早年留学日本,入早稻田大学学习师范。当时章太炎在东京《民报》讲学,他也去问学音韵训诂,成为中国文学音韵学家。他看到辛亥革命后的复辟现象,很受刺激,对祖国前途非常忧虑。认为凡事总是前进,绝无后退之理,而中国社会却沉滞不进,封建复古成了气候,国粹派竟以保存国粹抵制科学和新知识的输入。他思索着打破现状的道路,正值《新青年》随陈独秀迁至北京,他服膺陈独秀开拓的事业,立即为之奔走,为新文化运动披荆斩棘,立下了功劳。他提出中文的书写,应由直行改为横行,用标点,用世界公历纪年,这些,已被历史所证明,是完全正确的。

刘复,号半农,江苏江阴人,生于1891年,专治语音学,少时曾奔走革命,后在上海卖文为活,1917年被聘为北京大学预科教授,响应《新青年》号召,积极参加新文化运动,非常活跃。

沈尹默,原名君默,浙江吴兴人,生于1883年,早年留学日本,擅长诗和书法,在新文化运动前,即是北京大学文科的革新派。

聚集在《新青年》周围的有陶孟和、周树人(鲁迅)、周作人、高一涵等人,他们先后投入了新文化运动。鲁迅是1918年春天,接受陈独秀、钱玄同邀请开始为《新青年》撰稿的,随后又参加了编辑工作。在此之前,他是保持沉默的,他说:"我那时对于'文学革命',其实并没有怎样的热情。见过辛亥革命,见过二次革命,见过袁世凯称帝,张勋复辟,看来看去,就看得怀疑起来,于是失望,颓唐得很了。"在参加《新青年》编辑部工作中,和陈独秀、胡适二人接触较多,对他们也很佩服,他说:"假如将韬略比作一间仓库罢,陈独秀先生是外面竖一面大旗,大书道:'内皆武器,来者小心!'但那门却开着的,里面有几支枪,几把刀,一目了然,用不着提防。适之先生是紧紧的关着门,门上贴一纸条道:'内无武器,请勿疑虑',这自然可以是真的,但有些人——至少像我这样的人——有时总不免要侧着头想一想。"(见鲁迅:《且介亭杂文》)

积极响应的是吴虞、茅盾等人。吴虞在四川极力鼓吹胡适、陈独秀的学说。茅盾在《学生杂志》先后写了两篇社论,抨击封建的旧思想,提倡革新。

当时谁也没有料到,新文化运动会在这样短促时间内,以这样不可遏制的力量爆发起来,会以燎原烈火之势蔓延开来。

《新青年》这个可观的阵容,壮大了自己的力量,旗帜更加鲜明,矛头所指,震动了整个旧社会。陈独秀在《本志罪案之答辩书》中概述了这种情形:"他们所非难本志的,无非是破坏孔教,破坏礼法,破坏国粹,破坏贞节,破坏旧伦理(忠孝节义),破坏旧艺术(中国戏),破坏旧宗教(鬼神),破坏旧文学,破坏旧政治(特权人治)。"陈独秀说明他们之所以蔑视并把打击的对象集中在以上几个方面,是因为"要拥护那德先生,便不得不反对孔教、礼法、贞节、旧伦理、旧政治;要拥护那赛先生,便不得不反对旧艺术、旧宗教"。

革命的局面打开了,"改造国民性",解放人们思想的出路也找到了,陈独秀为这一斗争而献身的决心和精神是很感人的,只要浏览一下他的宣言就可明了。他说,要因为拥护德先生和赛先生,"一切政府的压迫,社会的攻击笑骂,就是断头流血,都不推辞"。(见陈独秀:《本志罪案之答辩书》)

新文化运动的倡导者们,毫不隐讳自己的观点,他们公开表明自己所向往和提倡的新文化,是西方资产阶级的自由、平等和个性解放。他们介绍西洋思想、文化,沉着地理直气壮地宣传资产阶级世界观。陈独秀在他的论文中,多次论证了这一见解和社会理想,相信自己的信念是正确的:"盖共和立宪制,以独立平等为原则。"(见陈独秀:《吾人最后之觉悟》)西洋各国"举一切伦理,道德,政治,法律,社会之所向往,国家之所祈求,拥护个人之自由权利与幸福而已。思想言论之自由,谋个性之发展也。法律之前,个人平等也。个人之自由权利,载诸宪章,国法不得而剥夺之,所谓人权是也"。(见陈独秀:《东西民族根本思想之差异》)陈独秀把西洋社会之进步,现代伦理学上之个人人格独立,与经济学上之个人财产独立,归之于法制精神,这有一定的道理。当时条件下,这种宣传很有积极意义,它帮助人们冲破封建的伦理道德,获得一次思想大解放,人的发现,人的尊严的恢复,对人的价值观念的认识,无疑是有重大历史意义的。它是中国解放的起点,是中国思想界的新因素,中国由此脱离古代思想的桎梏,求得了未来的道路。马克思在《〈黑格尔哲学批判〉导言》中讲德国问题时,对这一点做了深刻的论述:"德国唯一实际可能的解放是从宣布人本身是人的最高本质这个理论出发的解放。"新文化运动的先驱者进行的正是这样的事业。

在20世纪初发生的这一伟大运动,是中国过去历史上没有进行过的。在这以后,也不能仿照进行,它是时代的产物,是在中国资本主义有了一定发展的历史条件下出现的。有人将这一运动比为欧洲之文艺复兴,是有相当道理的。

三、新文化运动的具体内容

(一)宣传科学

新文化运动以科学作为指导思想,极力为发展科学争历史地位,以引起国人对科学的重视。以科学为一面旗帜,主要是宣传科学精神和科学思想,给人以洞察事理之能力,帮助人们以新的方法认识自己,认识世界,当然也宣传了科学知识。此时间成立了许多学会,如中国天文学会、中华医学会、中国药学会、中华农学会,特别是1914年成立的中国科学社有社员70余人,对当时中国科学事业的建立和发展起了重要作用。

《新青年》《科学》月刊和《学艺》杂志是宣传科学的主要阵地,它们介绍了西方各国思想家、科学家的新发现,介绍了科学造福人类的事实,介绍了19世纪自然科学三个最伟大的发明,即细胞的发现、能量守恒和转化定律及达尔文的进化论。这些介绍不是为科学而科学,而是为了救国。陈独秀曾反复阐述这一思想,在《克林德碑》一文中说:"现在世界上是有两条道路:一条是向共和的、科学的、无神的、光明道路;一条是向专制的、迷信的、黑暗的道路。"陈独秀在《宪法与孔教》中说,"增进自然界之知识,为今日益觉民之正轨",在《再论孔教问题》中说,"余辈对于科学之信仰,以为将来人类达于觉悟获享幸福必由之正轨,尤为吾国目前所急需,其应提倡尊重之也"。他要用自然科学发展的知识和实际生活中的现实,唤醒中国人摆脱迷信思想。《新青年》在登载《佛兰克林自传》时,译者倾吐自己的愿望:"吾青年昆弟读之,倘兴高山仰止之思，群效法其为人，则中国无疆之体，而不佞所馨香祷祝者也。"严复所译英人赫胥黎写的《天演论》，已风行中土，《新青年》还特别登载了赫胥黎写的《近世思想中之科学精神》。

《科学》月刊是杨杏佛、胡明复、赵元任等人创办的，这一刊物在宣传普及自然科学技术知识方面，起了非常突出的作用。它不仅给人关于数、理、化、生物等方面的基本知识，还刊登科学家列传、科学小说，和科学与近世文明的关系、科学与农业、防治病虫害方面的研究文章，对中国科学和工业发展的状况，也给以足够的重视，加以介绍。《科学》月刊是为有志于研究科学，讲求实业，储学救国者举办的。

《学生杂志》也登载科学小说，来宣传科学技术。

应该承认，新派人物对于科学的宣传，不是抽象地进行，而是具有高度的针对性和战斗性。他们本身都是受过近代科学洗礼的，对人对事都以科学的方法来解释，他们用自然科学知识批判宗教，解释宗教的发生和存在，就是一个证明。蔡元培在北京信教自由会、北京政学会的演讲中宣传科学，直使有神论者瞠目。他说："上古之世，草昧初开，其民智识浅陋，则见可惊奇疑异之事，信以为神，崇而拜之"，宗教就发生了，但随着科学的发达，文化的进步，宗教迷信就不能愚弄人民了，"迨后社会文化日渐进步，科学发达，学者遂举古人所谓不可思议者，皆一一解释之以科学。日星之现象，地球之缘起，动植物之分布，人种之差别，皆得以理化、博物、人种、古物诸科学证明之。而宗教家所谓吾人为上帝所创造者，从生物进化论观之，吾人最初之始祖实为一种极小之动物，后始日渐进化为人耳"。他们是把宗教作为封建统治者的精神支柱加以反对的。陈独秀在《袁世凯复活》中讲得非常清楚："真能决疑，厥惟科学，故余主张以科学代宗教，开拓吾人真实之信仰，虽缓终达。若迷信宗教，以求解脱，真'欲速不达'而已！"在《偶像破坏论》中，更发挥了他的思想，认为：一切宗教家所尊重的崇拜的神佛仙鬼都是无用的骗人的偶像，都应该破坏。他的目的不仅要反对天上的神权，而且要反对地上的君权。他说："其实君主也是一种偶像。他本身没有什么神圣出奇的作用；全靠众人迷信他，尊崇他，才能够号令全国，称作元首，一旦亡了国，像此时清朝皇帝溥仪，俄罗斯皇帝尼古拉斯二世，比寻常人还要可怜。这等一国的君主，好像一座泥塑的偶像，抛在粪缸里，看他到底有什么神奇出众的地方呢！"

新派人物的见解，是唯物的。他们把科学当作发明真理的指南针，凡是和

科学相反的宗教、鬼神、灵魂、炼丹、符咒、算命、卜卦、扶乩、风水、阴阳五行一概被斥为"是一派妖言胡说,万万不足相信的"。

(二)反对旧礼教

新文化运动对旧世界的批判是从反对旧礼教开始的,随后发展到文学领域和其他方面。

为什么首先从旧礼教开刀?

陈独秀说:"我们想求社会进化,不得不打破'天经地义','自古如斯'的成见。"天经地义、自古如斯的成见是什么?就是孔子提出的伦理纲常和名教,这一伦理道德支配中国人的精神已两千余年,历代统治者都把它当作教条,强迫人们信奉,这是一。第二,他们目睹袁世凯要祀天称帝,竟在天坛宪法草案第十九条中附上尊孔字样;康有为主张以"孔子为大教,编入宪法",张勋复辟也是托孔子的学说,尊孔和复辟连接在一起,使他们认识到,中国的伦理,莫不以专制为归宿,而专制的罪恶,实借伦理以增盈,所以陈独秀讲:"愚之信仰共和,必排孔教。"他们因此决定铲除偶像崇拜。

新文化运动的倡导者,把批判的对象分为三种,一是对孔子的学说,一是对历代封建统治者,一是对封建卫道士。其中心思想是如何认识和评价孔子学说。

在对待孔子的学说上,着眼于揭露、打击和批判其危害性,曾提出了"打倒孔家店"的口号。他们认为孔子是一代哲人,而不是万世师表,易白沙说:"孔子只能谓之鲜学,不能谓之素王。"他们对孔子学说做了剖析,得出这样一个结论:一、孔子学说的精华是礼教,是中国伦理政治之根本;二、孔子的伦理道德是奴隶道德,其核心是三纲五常,君为臣纲和忠孝是维系其存在的秘密所在;三、必须推翻这一偶像,揭掉纱幕,解放中国人的思想。陈独秀在《一九一六年》一文中对三纲的批判切中要害:"儒者三纲之说,为一切道德政治之大原。君为臣纲,则民于君为附属品,而无独立自主人格矣;父为子纲,则子于父为附属品,而无独立自主之人格矣;夫为妻纲,则妻于夫为附属品,而无独立自主之人格矣。率天下之男女,为臣为子为妻,而不见有一独立自主之人者,三纲之说为之也。缘此而生金科玉律之道德名词——曰忠、曰孝、曰节,皆非推己及人之主人道德,而为以己属人之奴隶道德也。人间百行,皆以自我为中心,此而丧失,他何足言?"

这一套礼教,在于造成尊卑贵贱,愚弄人民,以其为不可变动的不可侵犯的观念,好像一切都是安排好的,人民永远应该当奴仆。吴虞说"孝"的真谛是:"不要犯上作乱,把中国弄成一个制造顺民的大工厂。"(吴虞:《说孝》,选自《吴虞文录》)鲁迅给封建旧礼教以最猛烈的攻击,他说:"我翻开历史一查,这历史没有年代,歪歪斜斜的每页上都写着'仁义道德'几个字,我横竖睡不着,仔细看了半夜,才从字缝里看出字来,满本都写着两个字是'吃人'!"

关于历代统治者为什么要尊孔?他们有一灼见,认为在于利用孔子为傀儡,垄断天下的思想,使失其自由。易白沙《孔子平议》一文中指出:"不知汉高帝、武帝、魏文帝皆傀儡孔子,所谓尊孔滑稽之尊孔也,典礼愈隆,表扬愈烈,国家之风俗人心学问愈见退落,孔子不可复生,安得言词拒绝。"当袁世凯亲率百官到孔庙祭孔,到天坛祭天时,其伎俩立即被人们识破,指为"借祀孔子之名,为收拾人心之具,行帝制复活之实"。(马大中:《大中华民国史》)

孔子学说之所以被利用,是因为它提出了君为臣纲,所谓名教,所谓礼教,都是拥护别尊卑、明贵贱制度的,这正符合封建统治者的意愿。

对封建卫道者的批判,有理有据,有声有色。从康有为、辜鸿铭到林琴南一批古董,都极力推崇孔孟之道,反对革新。新文化运动的倡导者,给予了有力的抨击。他们肯定康、林在思想文化上的贡献,曾是先驱者。但对康、林等人尊孔守旧,抱定孔子学说不放,则认为是极端错误的。他们认为道德彝伦是随着时代的变化而变化的,一个时代有一个时代的道德标准。这种看法是正确的,陈独秀对这一思想表述得很清楚:"孔子生长封建时代,所提倡之道德,封建时代之道德也;所垂示之礼教,即生活状态,封建时代之礼教,封建时代之生活状态也;所主张之政治,封建时代之政治也。封建时代之道德、礼教、生活、政治,所心营注目,其范围不越少数君主贵族之权利与名誉,于多数国民之幸福无与焉。"(见陈独秀:《独秀文存》第一卷)蔡元培辛辣地嘲笑信仰孔子学说是开历史的倒车:"时在今日,有拘泥孔子之说,必复地方制度为封建;必以兵车易潜艇飞机;闻俄人之死其皇,德人之逐其皇,而曰必讨之。岂非昧于'时'义,为孔子之罪人,而吾辈所当排斥之者耶?"(蔡元培:《〈致公言报〉函并附答林琴南君函》,1919年3月18日)

至于以孔教为国教尤为荒谬,陈独秀认为孔教名词根本不能成立,此名词起源于南北朝三教之争,而道家的老子与儒家的孔子均非教主,其立说之实质绝无宗教家言,也不能以法律规定尊重孔子之道。蔡元培说,孔子、宗教、国家三者性质绝异，界限分明，不能强合。他们的结论是，为了中华民族的生存，建立西洋式的新国家新社会，"对于此新社会新国家新信仰不相容之孔教，不可不有彻底之觉悟，勇猛之决心"。

(三)文学革命

随着思想革命的开展，文学革命也爆发起来，成为一划时期的运动，是思想革命主要之一翼。

1917年胡适往《新青年》上发表《文学改良刍议》，提出改良文学须从八事入手，八事为："一曰，须言之有物。二曰，不摹仿古人。三曰，须讲求文法。四曰，不作无病之呻吟。五曰，务去烂调套语。六曰，不用典。七曰，不讲对仗。八曰，不避俗字俗语。"这八事，有的是讲内容，有的是讲形式，而且更多的是讲形式，其中不用典一条，也不恰当，但就全篇文章讲，是向旧文学的挑战。他提出了这样一种观点："以施耐庵、曹雪芹、吴趼人为文学正宗"，并以为"以今世历史进化的眼光观之，则白话文学，为中国文学之正宗，又为将来文学必用之利器，可断言也"。这种思想是极其可贵的，白话文刊物在辛亥革命前已出现很多，但那是自发的，没有引起社会的震动，胡适提出白话文学，要在思想文化界兴一革命，使白话文成为文学正宗，不能不说是创见。首先声援这一主张的是陈独秀，他在《新青年》1917年2月号发表的《文学革命论》中讲的话，比胡适更加简明庄严。他精确地表达了自己的观点，认为必须把"文以载道"和"代圣贤立言"之类的封建文学和"满纸的之乎者也矣焉哉"的老八股彻底打倒，提出了三大主义：推倒贵族文学，建设国民文学；推倒古典文学，建设写实文学；推倒山林文学，建设社会文学，从此文学革命的旗帜鲜明起来，陈独秀雄心勃勃的，务使他们开拓的事业在中国土地上开花结果，说："改良中国文学当以白话为文学正宗之说，其是非甚明，必不容反对者有讨论之余地。"

胡适和陈独秀的主张，立即获得响应，钱玄同、刘半农、傅斯年最为积极。钱玄同在给陈独秀的信中说："旧文章的内容，不到半页必有发昏做梦的话，青年子弟读了这种旧文章，觉其句调铿锵，娓娓可诵，不知不觉，便为文中之荒谬道理所征服。"钱玄同是一勇猛的战士，他有一个口号为人们所传诵，即"选学妖孽""桐城谬种"。他说，"文选派"是第一种弄坏白话文章的文妖，"桐城派"是第二种弄坏白话文章的文妖。在给陈独秀的信中，他从文章的历史发展论证了白话文必然要取代文言文："语录以白话说理，诗曲以白话为美文,此为文章之进化,实今后言文一致之起点。此等白话文章,其价值远在所谓'桐城派之文''江西派之诗'之上,此蒙所深信而不疑者也。"不仅如此,钱玄同还领先用白话文给陈独秀写信,促使《新青年》改用白话文,使他们的主张付诸实践。《新青年》从1918年第四卷第一号开始,所刊文章全用白话,刘半农发表的《我之文学改良观》,也是一篇很有分量的文章,推动了文学革命的发展。

文学革命理论的研究,比胡适出场时提出的八事,已深刻得多。新文学的倡导者拥护者,是从理论出发和对旧文学的批判中,来实现自己的主张的。

在勇敢的探索中,难免出现一些偏激的观点,钱玄同因为"自古以来汉文的书籍,几乎每本每页每行,都带着反对德、赛两先生的臭味;又碰着许多老少汉学大家,开口一个国粹,闭口一个古说,不齿声明汉学是德、赛两先生天造地设的对头"(见陈独秀:《本志罪案之答辩书》,《新青年》第六卷第一号),愤而提出废除汉文的主张,就是一例。这一看法,当然是不科学的,也是行不通的,《新青年》的同人多半也是不赞成的,但并不责备他。没有任何东西比为了共同目的并肩作战更能团结人们的友情,同人不像社会上一些人怒骂他、讥笑他。

新文学运动反映了时代的要求,人民的意愿,因而能大踏步地前进。1918年12月,陈独秀、李大钊、胡适又办了一个白话文周刊,名叫《每周评论》,傅斯年、罗家伦也办了一个白话文月刊,名曰《新潮》。这些刊物,其思想议论之所及,不仅反对旧派文学,即对社会所流传的错误思想,也给予抨击。

封建军阀及其卫道士,对此惊恐万状,陷入恐惧。他们视新派人物之所主张为荒诞不经,以为其祸之及于人群,直不异于洪水猛兽,但又不公开应战,为了引蛇出洞,钱玄同把旧文人反对白话文的许多见解归纳在一起,托名王敬轩,发表了给《新青年》编者的一封信,同期还发表了刘复《复王敬轩书》的长文,以辨正是非。此即鲁迅在《忆刘半农君》中指出的双簧信。这一斗争策略,收到了预想的效果,旧派人物群情哗然,旧派中很有影响的林琴南,以保卫圣道者自居,写了一篇《论古文白话之相消长》说:"所谓古文者白话之根底,无古文安有白话!""实则此种教法,万无能成之理,吾辈已老,不能为正其非,悠悠百年,自有能辩之者。"林琴南还给蔡元培写了一封信,登在《公言报》上,攻击新派人物"覆孔孟,铲伦常""尽废古书,引用土语为文字"。蔡元培据理批驳,支持了新文化运动。林琴南又在《新申报》上发表《蠹叟丛谈》,以小说形式,对《新青年》的人物进行谩骂和凌辱。第一篇名《荆生》,说有田其美、狄莫和金心异——影射陈独秀、胡适与钱玄同的姓名——三个人,放言高论,诋毁前贤,被荆生听见了,把这班人痛加殴打,所谓荆生,是暗指徐树铮。随后,林琴南又写了一篇《妖梦》,说梦见这班非圣法的人都被一个怪物拿去吃了。里面有一个名元绪公,即指蔡元培,蔡元培不予理睬,认为这种做法不足为训:"受者无伤,而施者实为失德。"

旧派代表人物,除了林琴南,还有北京大学的刘师培、黄侃,国史馆的耆老屠敬山、张楙文等。刘、黄等鉴于新派势力强大,组织了一个名为《国故》的杂志来对抗。旧派自知力量不足,想借助北洋军阀势力来镇压,然而随之而起的则是五四运动,文学革命反而获得更自由的发展,各种新出版物应时而生,激扬新文化的波澜,灌溉新思想之萌蘖。胡适在《五十年来中国之文学》中,曾概述了白话文一日千里的发展形势:"这时代,各地的学生团体里忽然发生了无数小报纸,形式略仿《每周评论》,内容全用白话,此外又出了许多白话的新杂志,有人估计,这一年(1919)之中,至少出了400种白话报。内中如上海的《星期评论》,如《建设》,如《解放与改造》,如《少年中国》,都有很好的贡献。"

新旧两派形成尖锐对抗和直接冲突,在书刊上和讲坛上展开了斗争。

与旧思潮的斗争中,新文学已进入一个新的天地,十月革命一声炮响,给中国送来了马列主义,更激发了多数新派人物,以文学作为革命号角,为当时的革命斗争呐喊助威,是中国有史以来从未有过的伟大文化运动。毛泽东给以很高的评价:"当时以反对旧道德提倡新道德,反对旧文学提倡新文学,为文化革命的两大旗帜,立下了伟大的功劳。"(引自《毛泽东选集》)

四、新文艺的出现

文艺发展的规律,也如同其他事物一样,不塞不流,不止不行,新文化运动既批判了旧道德、旧文学,新事物就伴随而产生。新小说、新诗歌、新戏剧等新文艺呈现出来。

(一)新小说

中国封建社会有着丰富的文艺,但充塞其中的多系歌颂皇帝、君王、公卿、大臣、圣贤君子以致才子佳人的内容。以晚清小说为例,李伯元、吴趼人

（沃尧）、刘鹗、曾朴等的作品，影响较大，对当时已出现的阶级矛盾和民族矛盾，确也曾给予不同程度的描述，但除《孽海花》外，其他作品，不仅没有推动历史潮流前进，反而阻挡历史的前进。

新人物强调文艺应突出其时代性和现实性。陈独秀1915年12月《答张永言》的信中明确指出："吾国文艺，犹在古典主义、理想主义时代，今后当趋向写实主义。文章以记事为重，绘画以写生为重，庶足挽今日浮华颓败之恶风。"（《青年杂志》第一卷第一号）蔡元培在北京通俗教育研究会演说中也说："近世科学日臻发达，故小说亦因科学之潮流而转移也。"（引自《蔡元培选集》）陈独秀等人本身不是文艺家，他们对新文艺所起的作用是催生作用。

文艺家的职责，不只是要破坏一个旧世界，更重要的是依社会发展趋向，传播新思想，以文艺为武器作为社会的前导，俾能唤醒民众，促进社会的革新。新文化的先驱者紧紧抓住了描写现代的社会，指导现代的人生这一根本方向。

新文学终于诞生了。鲁迅1918年5月发表在《新青年》上的《狂人日记》，是中国新文学运动中第一篇白话小说，其"意在暴露家族制度和孔教的弊害"。它无情地揭露了几千年来封建礼教吃人的本质，寓意深刻，题材新颖，在思想上和艺术上都有新的创造，"显示了文学革命的实绩"。茅盾评价说："在那时还没有第二个同样惹人注目的作家，更找不出同样成功的第二篇创作小说。"接着，鲁迅又发表了《孔乙己》《药》，都是具有强烈的现实生活的烙印和悲剧的魅力，颇激动了一部分青年，鲁迅成为中国文学发展史上具有巨大建树的里程碑式的巨人。

鲁迅，原名周树人，字豫才，浙江绍兴人，1881年生。早年考入南京水师学堂，半年后改进矿路学堂，1902年至1909年，在日本留学7年，开始学医，接受自然科学，相信维新可以振兴中国。1906年弃医，开始从事文学运动，"以为文艺是可以转移性情，改造社会的"，一直探索着救国的道路。这时，他已把自己造成学问非常渊博的人。他听章太炎讲《说文解字》，阅读了大量俄罗斯作家，如果戈理等人的作品，在《河南》杂志上先后发表了《人的历史》《科学史教篇》《文化偏至论》和《摩罗诗力说》等文章，同时积极参加了当时的资产阶级革命，这为他以后参加新文化运动，成为文学巨匠奠定了坚实的基础。他在讲到《狂人日记》的创作时，谈到了这一点："大约所仰仗的全在先前看过的百来篇作品和一点医学的知识。"(《我怎么做起小说来》)他的经历说明,辛亥革命前他已站在时代前面,是很有理想的爱国主义者了。辛亥革命曾一度引起他对中国前途的希望,但很快这个希望就破灭了。在教育部任职时,他思想苦闷,是《新青年》唤醒了他的希望,"然而几个人既然起来了,你不能说决没有毁坏这铁屋的希望",他加入到新文化运动的洪流中来,成为反封建、反保守的一名健将。

鲁迅在新文化运动中,解决了"文艺为什么"这一根本性问题,他说:"为人生,而且要改良这人生","我的取材,多采自病态社会的不幸的人们中,意思是在揭出病苦,引起救疗的注意","利用他的力量,来改良社会"。他所写的文章,鲜明、通俗、活泼、有力,富有战斗精神,证实了白话小说具有强大的生命力。

鲁迅给思想文化界所带来的耀眼的光芒,犹如炫亮的火炬照亮了夜空,中国新文学因有鲁迅这位旗手而所向无敌。

(二)新诗

在新文化的浪潮中,文学革命也深入到诗界。

中国旧体诗专讲格律,不管是五七言八句的律诗,还是二十八字的绝句,都以平仄为其生命线,束缚了人们的思想和语言的表达,正如刘半农所抨击的:"……现在已成假诗世界,其专讲格律,拘执着几平几仄方可成句,或引古证今,……弄得诗不像诗,偈不像偈,诸如此类,无非是不真二字在那里捣鬼,自有这种虚伪文学,他就不知不觉与虚伪道德互相推波助澜,造出个不可收拾的虚伪社会来。"(《新青年》第三卷第五号)为了打破这种局面,《新青年》发动了向新诗的进军,开辟了诗的园地,从 1917 年 2 月 1 日出版的第二卷第六号到 1919 年 5 月出版的第五卷第五号共刊登新诗 83 首。还翻译了外国名诗多篇,如泰戈尔的诗,以造成强大的声势,引起国人的注意,使新诗成为诗作的正宗。

关于诗体革命,清末,谭嗣同、黄遵宪已经提出,但未实现,到了这时倡导写新诗的还是胡适,他给叔永信中说:"白话入诗,古人用之者多矣""白话之能不能作诗,此一问题全待吾辈解决"。他自己的态度是:"吾志决矣,吾自此以后,不更作文言诗词"。他开始作白话诗,没有跳出旧诗的圈套,在钱玄同批评"未能脱尽文言窠臼"后,他才前进一步,随后《新青年》同人都作起白话诗来。胡适、鲁迅、周作人、刘半农、沈尹默、沈兼士、陈独秀、李大钊等都成为新诗的开拓者,陈独秀的一首新诗题目是《他与我》,李大钊的一首新诗题目是《山中即景》,他们一齐上阵,显示了新诗必定要代替旧诗的力量,当时被认为佳作的是周作人的《小河》和沈尹默的《三弦》。

他们的口号是"诗体大解放",主张把从前一切束缚自由的枷锁一律打破,有什么话,说什么话,话怎么说,怎么写,以自然的音节废沿袭的格律,不必定要押韵,只要照呼吸长短作句便好。

新诗是一新的课题,他们进行了大胆的探索,这是非常可贵的。俞平伯曾提出白话诗的三大条件:一、用字要精当,造句要雅洁,文章要完密;二、音节务求谐适,却不限定句末用韵;三、说理要深透,表情要切至,叙事要灵活。比较系统地阐明了新诗的方向。他还认为新诗贵在创新,新诗的修饰与旧诗的雕琢是两回事,"雕琢是陈腐的,修饰是新鲜的"。

最初登载新诗的杂志是《新青年》,继之是《新潮》《每周评论》,及至五四运动之后,新诗便风行于国内的报刊杂志了。

(三)新戏剧

戏剧改革也被提了出来,钱玄同、刘复、胡适等都著有文章,引起了激烈的讨论。

中国旧戏糟粕不少,宣传淫杀、皇帝、鬼神,毒害人民。辛亥革命时,李叔同等"慨祖国文艺之堕落,亟思有以振之",在东京组织春柳剧社,用对话形式来表演"文明戏",后来该剧团回到上海,欧阳予倩也参加进去,在他们的努力下,造成文明戏的兴盛时期,曾颇受观众的爱好,专演人们欲知而不知的事情,例如法庭如何腐败、旧道德的害人如何凶恶等。到1917年至1918年间,文明戏也因陷于淫词秽曲而没落了,统治中国剧坛的仍是旧戏。

《新青年》出于改造社会和教育人民的目的,对旧戏发动了进攻,1917年2月,钱玄同给陈独秀的信中说:"若今之京调戏,理想既无,文章又极恶劣不通,固不可因其为戏剧之故,遂谓为有文学上之价值也。"这种意见当然是偏激的,不应对京剧全盘否定,但从改造旧戏的角度来看,《新青年》是发表过有益的见解的,如傅斯年讲:剧本的取材应该在现社会里取出,剧本的事迹总要是人们的日常生活,剧本的人物应是平常的人。总的来讲,接受新文化的知识分子,大都鄙视京剧,缺乏科学的态度,京剧的改造,没有什么收效。

在戏剧方面有实绩的,一是对西洋和名剧的介绍。如英国莎士比亚和挪威易卜生的戏剧,得到广泛的传播,《新青年》曾出过易卜生专号。易卜生的作品,以其鄙视旧社会制度的腐败、虚伪,向人们提出种种社会问题,对中国反封建的斗争,起了积极的作用。二是中国现代话剧的出现。在天津南开学校任教的张彭春,积极促进了中国话剧运动的发展,他领导"南开新剧团",自编自导了话剧《醒》。当时在南开读书的周恩来,也是话剧的先驱者,为剧团编导演出,颇受戏剧界的称赞,一时"南开新剧团"誉满华北。

戏剧改革,没有文学革命声势那么大,但从中可以看出新剧的未来。新文化运动的倡导者、参加者也要在这一领域中开辟出现实主义的路,这是应该充分肯定的。

原载《南开史学》,1982 年第 1 期

"五四"和传统文化

70年前发生的五四运动,给中国历史以巨大的推动力,中国革命从而以前所未有的姿态和速度迅猛发展。"五四"时期崛起的新文化运动,给中国留下了值得骄傲的文化遗产,也成为中国传统文化的组成部分。

五四新文化运动的先驱者们,为反对旧传统、旧文化,提倡新思想、新文化,建树了非凡的功绩,为我们树立了榜样。他们探讨并确认,封建专制传统文化是历史进步的最大阻力,儒家学说之被当作教条,封建道德之被当作生活准则和规范,造成了安于现状,造成了迟钝和愚昧。这种陈旧的思维法则,是不能容忍的,不能再继续下去。人们借助于西方文明赖以发达的两面旗帜——科学和民主,猛烈地抨击儒家思想,唤醒中国人的觉悟。中国人的思想从此得到解放,中国的历史前进了。假如不是"五四"先驱者以新的武器做杠杆,推动文化运动和儒家教条决裂,那中国封建专制文化真不知统制、压制民族的智慧到什么时候,中国革命的胜利不知何时才能实现。

纪念"五四",要学习"五四"先驱者那种锐利的眼光,那样敢于正视现实,那样坚定地充实中华民族的传统文化。我们应该去发现和排除尚未被历史清除掉的封建残余思想及其反映在生活中的种种陋习,因为它仍对人们的思想起着毒害作用。也应该看到,在提倡引进西方现代科技的同时,那些西方的社会文明病,甚至连西方也已抛弃了的东西,也随之而来。假如任其泛滥,其隐患也是不可低估的。

任何一个民族的传统文化,都是在历史的长河中形成和发展起来的。历史的发展不断地给传统文化以新的活力,传统文化又影响着历史的发展。每一代人都必然逐渐接受新思想,而较少崇拜传统的东西。问题在善于识别新旧文化中,哪些是积极因素,哪些是消极因素。发扬优秀的,抛弃过时的,吸收先进的,这是任何国家和民族文化发展的必由之路。我们的传统文化正在经历着严峻的挑战和考验。

中国正处于伟大的变革时代,出于民族的自信心和责任感,对传统文化的广泛反思,正形成一股潮流,一些有价值的看法必定为人们所接受和认同。中华民族的文化必将获得新鲜的丰富的滋养,闪耀出更灿烂的光辉。

原载《史学月刊》,1989 年第 2 期

五四新文化运动的探索

中国近代史上发生过诸多纷杂的事件,有的渐渐地淡化了,被人们遗忘了,而五四运动,一直萦绕在人们的头脑和心灵中,吸引着人们不断地去探索它,这就足以证明其影响的深远。

五四运动汇集着那个时代的政治潮流和文化思潮,既是反帝爱国运动,也是新文化运动,相互交融在一起,唤醒了中国人民的觉悟,对中国历史进程产生了深刻的影响,给中国文化留下了丰富的遗产,它推动着中国现代化的思想波澜不断前进,其功绩将永世长存。

一

20世纪初,中国的政治制度已步入民国时期,然这个民国并不是"民"的国家,竟是个国不像国、民难为民的封建制度的翻版。当时的北洋军人、老官僚、新官僚、旧交通系、新交通系、安福系、己未系、政学系,无一不是为一己的利益、误国殃民人物的组合,他们以手中的权力明抢暗夺,不择手段地搜刮抢劫人民,迷恋于出卖路矿权、借外债、从中收取回扣,中饱私囊,甚至贩卖毒品,聚敛通国钱财供他们的集团、家族享用,并要为那懒惰无能的子孙留下遗产。闹得民穷财尽,社会迟滞不进,广大民众仍然操着古老的生产方式,过着古老方式的生活。无论处理任何事物,还都得按照古圣贤说的去做,凡是圣贤说过的就是对的,只要是古已有之的就是好的,孔子仍然被奉为"万世师表",人们从思想到行动都沉浸在因循守旧的传统之中,不容许有一点理性。李大钊曾愤慨地谴责那时的生活说:"现代的生活,还都是牢狱的生活啊!像这样的世界、国家、社会、家庭,哪一样不是我们的一层一层的牢狱,一扣一扣的锁,倒是为运动解放入了牢狱的人,还算得了一块自由的小天地。"[1]

---

① 李大钊:《李大钊选集》,人民出版社,1959年,第219页。

"五四"时期的一批爱国志士，出于对祖国命运的关怀，把中国放在世界人类进步的轨道上对比权衡，对民族的历史进行了总检验，不能不惊诧中国和西方资本主义国家的差距，提出了一系列发人深省的问题。他们的立足点，他们的实践，他们的寻求，恰恰是时代的需要。

　　西方自文艺复兴以来，政治界在革命，宗教界亦有革命，伦理道德亦有革命，文学、艺术也无不都在革命，而且没有不是因革命而革新、进化的。而中国的朝代鼎革，却依然如故。

　　西方的种种文明制度，都非中国所能比拟，这是已被先进的人物所公认的了。"单就经济能力而言，我们中国人此时万万赶不上。倘不急起直追，真是无法可以救亡。"①

　　对中国科技实在太落后，也有觉醒，"我国制造的幼稚，实在不容不从速补救，开了铁矿，自己不会炼钢，却将原料卖给外国，岂不可惜"（引自《蔡元培选集》）。

　　中国的政治改良鲜有效果，莫不为民众忧患，"弱固犹是也，且更弱焉。贫固犹是也，且更贫焉。紊乱腐败固犹是也，且更紊乱腐败焉"②。

　　人们不能不发问，不能不去思考：是什么阻碍着中国前进？是什么东西保护着顽固的封建制度及其意识形态？人们发现民国以来，每一次复辟活动，每一次倒退，都伴随着孔子学说的复活。

　　有文化教养的新人物，从西方文明是得之于革命的启发，从中国现实社会的刺激中，发现折磨中国的祸根是根深蒂固的旧思想和旧道德。他们认为只有摆脱旧思想、旧道德的传统，才能推动中国现代化的进程，才能实现资产阶级的民主共和，才能救治中国。陈独秀 1917 年论述过，要进行政治革命，必须先进行思想革命，扫清前进道路上的障碍："这腐旧思想布满中国，所以我们要诚心巩固共和国体，非将这班反对共和的伦理文学等等旧思想，完全洗刷得干干净净不可。否则不但共和政治不能进行，就是这块共和招牌，也是挂不住的。"③

　　① 陈独秀：《独秀文存》，安徽人民出版社，1987 年，第 107 页。
　　② 恽代英：《恽代英文集》（上），人民出版社，1984 年，第 69 页。
　　③ 陈独秀：《独秀文存》，第 104 页。

二

五四新文化思想的主要内容，一是反对孔孟，反对旧礼教、旧文学，一是提倡西方民主和科学。

所以以孔子学说作为打击对象，并提出"打倒孔家店"的口号，这一方向究竟对不对？近年来对此似乎有点疑问，虽然尚没有形成为一派观点。究其原因，大都是因为学术界近年研究中肯定了孔子是一位伟大的政治家、思想家、教育家，一些学者联系到"打倒孔家店"口号，认为既然孔子仍不失为伟大的人物，那么"打倒孔家店"似乎就有再研究的必要了。

假如讨论这一问题，就必须放到民国初年那个时代中去考察。

辛亥革命废除了"祭孔"，否定了孔子这一偶像，教育界也出现了废除读经的做法，尽管还未全面推行，但这一进步是不容置疑的。读经已开始不被认为是每个学子都必读的课程，这是一个极好的征兆。然而为时不长读经又恢复了。北洋军阀政府中的一些旧式文人，极力利用读经以保存国粹来抵制科学和新知识的输入，复古之风一应而起，势力相当大，其中不乏知名之士，即如康有为、梁启超等人，1913—1917 年间，也先后上书袁世凯、黎元洪、段祺瑞，主张把孔教定为国教，列入宪法，作为修身大本，强制人们信奉。保皇与尊孔思潮的这一结合，成为时代的一大倒退，走向反动，这是革命者绝不能接受和绝不肯接受的。正如蔡元培所描述的那样："辛亥革命，实行'恢复中华，建立民国'的宣言，当时思想言论的自由，几达极点，保皇尊孔的旧习，似有扫除之希望，但又经袁世凯与其卵翼的军阀之摧残，虽洪宪帝制不能实现，而北洋军阀承袭他压制自由思想的淫威，方兴未艾。在暴力压迫之下，自由思想的勃兴，仍不可遏抑。代表他的是陈独秀的《新青年》。"(引自《蔡元培选集》)反对孔子的学说已是时代需要，是必然要发生的。统治阶级以孔子的言论思想，作为护身符，为时实在太久了，此类愚弄统治人民的把戏，到北洋军阀时期无论如何也演不下去了，中国社会终究要进步、要发展，这不能由统治阶级的意志来决定。问题不在于民众要打倒孔子，而在于统治者利用"孔子"来实行高压。在新旧思想对峙之下，首先非打倒旧礼教不可，旧礼教依魂于孔子，所以矛头必定对准孔子并高呼"打倒孔家店"。

新文化运动攻击的方向没有错，"吃人"的礼教必须打倒。孔子自被历代

254

皇帝御用,定为一尊后,三纲五常、三从四德、忠孝等旧道德,陈腐的学说,虚伪的礼节,偏窄的学识贻害中国两千多年。正是新人物用巨大的精力和忠诚,鞭挞旧思想旧礼教,才突破了僵化了的中国的传统思想,实是一大功绩。

新人物的批判是很有说服力的,他们以进化的思想为武器,认为中国必定会前进,世界上不会有也不可能有"万世"师表的圣人,也没有"万世"皆准的制度,道德的标准是随着时代的变化而变化的。陈独秀说:"孔子生长封建时代,所提倡之道德,封建时代之道德也;所垂示之礼教,即生活状态,封建时代之礼教,封建时代之生活状态也;所主张之政治,封建时代之政治也。封建时代之道德、礼教、生活、政治,所心营目注,其范围不越少数君主贵族之权利与名誉,于多数国民之幸福无与焉。"①

应该指出,新人物提出的是打倒孔家店,并不否定孔子学说在历史上的作用和价值,也不是说"孔教一无可取"②,他们承认孔子是一伟大人物,孔子学说曾予人类进步以很深的影响。"孔子于其生存所在时代之社会,确足为其社会之中枢,确足为其时代之圣哲,其说亦确足以代表其社会其时代之道德。"③他们说他们反对孔教,并不是反对孔子个人,也不是说他在古代社会无价值。不过因他不能支配现代人心,适合现代潮流,还有一班人硬要拿他出来压迫现代人心,抵抗现代潮流,成了我们社会进化的最大障碍。④"余之抨击孔子,非抨击孔子之本身,乃抨击孔子为历代君主雕塑之偶像的权威也;非抨击孔子,乃抨击专制政治之灵魂也。"⑤

翻开五四时期陈独秀的著述,就可以发现他对孔子也有称赞的地方,譬如他认为孔子的"均无贫",是高远的思想。在谈及对以往历史应持什么态度时,他"盼望尊圣卫道的先生们总得平心研究,不要一味横蛮!横蛮是孟轲、韩愈底态度,孔子不是那样"。⑥对于孔子启发式的教学,陈独秀也是很欣赏的,"例如孔子答弟子问孝问仁没有一相同,这不是他滑头,也不是他胸无定见,

---

① 陈独秀:《独秀文存》,第 85 页。
② 陈独秀:《独秀文存》,第 660 页。
③ 李大钊:《李大钊选集》,第 79 页。
④ 陈独秀:《独秀文存》,第 415 页。
⑤ 李大钊:《李大钊选集》,第 80 页。
⑥ 陈独秀:《独秀文存》,第 280 页。

正是他因材利导启发式的教授方法"①。对孟子所讲的"富贵不能淫,贫贱不能移,威武不能屈"②,他也是很称赞的。

"五四"时期思想家为要摧毁孔子这尊偶像,以摆脱旧的传统,其思想方法是批判的,所有的文章,都充满着战斗气息,都有具体的历史内容,引导读者去理解深刻的思想,深刻的学说,而不是抽象地谈问题,这反映出当时的时代精神,所以颇获国人的称赞,"而其出版品如《新青年》《新潮》等,尤于举世简陋自封之中,独开中国学术思想之新纪元。举国学者,方奔赴弗遑,作同声之应,以相发辉光大,培国家之大本,立学术之宏基……"③但这种论战式文章也时遭非难。如有的学者说:"吾非谓《新青年》等报中的人说话毫无道理,不过有道理与无道理参半,因他们说话好持一种挑战的态度……"④持这一观点的人,还认为《新青年》中除胡适外,陶孟和似乎还属学有根底,其余大半都是蒋梦麟所说的,是"无源之水",这种看法是极其错误的。事实上恰恰相反,主办新青年的陈独秀、李大钊、钱玄同等,都是学有专长,颇负盛名的。聚集在《新青年》周围,成为中坚的周树人、周作人、高一涵等人,也是很有才华的大学问家。

一种新的进步,必然表现为对某一种旧的神圣事物的"亵渎",对陈旧学说的叛逆,不同立场的人,总是有不同的看法,这是很自然的现象。

三

能不能说,新文化运动和"文化大革命"一样,是非理性运动,不能,绝对不能。从名称上看,都是文化革命,然而它们是发生在不同时代的两种不同性质的运动,没有共同之处,不能简单类比。前者继承并开创了中国的新文化,是建设性的,为中国历史增辉不少,而后者是不要文化,甚至毁掉文化;前者是借用西方文明思想改造中国,力图自强,后者是特殊历史条件下发生的根植于中国土壤的一场错误运动。

------

① 陈独秀:《独秀文存》,第 384 页。
② 陈独秀:《独秀文存》,第 25 页。
③ 陈独秀:《独秀文存》,第 402 页。
④ 中国社会科学院近代史研究所中华民国史组编:《胡适来往书信选》(上),中华书局,1979 年,第 31 页。

倡导新文化运动的人们对他们所从事的事业,是经过深刻思考的,其意愿和思想是符合中国实际的,他们吸收外国文化,并不是说西方的什么文化都可以输入,而是有选择的,有严格标准的。陈独秀在《学说与装饰品》中表述过自己的态度:"一种学说有没有输入我们社会底价值,应该看我们的社会有没有他来救济弊害的需要。输入学说若不以需要为标准,以旧为标准,是把学说弄成了废物;以新为标准的,是把学说弄成了装饰品。"①

从新文化运动所产生的效果看,把西方的民主和科学介绍到中国,给中国文化注入了新的血液,中国人开始摆脱陈腐的传统观念和迷信思想,国粹被打破了,凡违反现实,不合当代社会的学说开始动摇了,中国思想界因此发生了巨大的变化,新的思潮,如江海波涛,汹涌澎湃,不可阻挡。孙中山认为这是非常有价值的事,他说:"此种新文化运动,在我国今日,诚思想界空前之大变动。推原其始,不过由于出版界之一二觉悟者从事提倡,遂至舆论大放异彩,学潮弥漫全国,人皆激发天良,誓死为爱国之运动。倘能继长增高,其将来收效之伟大且久远者,可无疑也。"②

新文化运动是循着寻求真理的轨辙,以辨析论证方法,求得对旧思想、旧道德以理性的批判。那些有代表性的论文,是锋利的、生动的、有才华的,锋芒都指向非理性的东西,旧思想、旧道德、专制政治、社会弊端,无不在批判之列,没有禁区。凡古代遗留下来的圣贤教训、风俗习惯,都被以历史的眼光、科学的方法,予以审视评估,重新认识它们的价值,不再盲目信奉,盲目崇拜。胡适在《新思潮的意义》中说的话,反映了当时的意识:"(1)对于习俗相传下来的制度风俗,要问:'这种制度现在还有存在的价值吗?'(2)对于古代遗传下来的圣贤教训,要问:'这句话在今天还是不错吗?'(3)对于社会上糊涂公认的引为信仰,都要问:'大家公认的,就不会错了吗?人家这样做,我也该这样做吗?难道没有别样做法比这个更好,更有理,更有益的吗?'"③重新评估一切价值,首先必须破除迷信,陈独秀讲得很透彻,世界上真实有用的东西,自然应该尊重,应该崇拜;倘若本来是件无用的东西,只因为人人尊重他,崇拜他,才算得有用,这班骗人的偶像倘不破坏,岂不教人永远上当么!④

① 陈独秀:《独秀文存》,第590页。
② 孙中山:《孙中山选集》,人民出版社,1981年,第482页。
③ 胡适:《胡适文存》(四),上海亚东图书馆,1925年,第153页。
④ 陈独秀:《独秀文存》,第154页。

新文化运动提出了许多有益的主张,如打破旧礼教、人格独立、男女平等、婚姻自由、劳工神圣、法律面前人人平等、多数人应获得自由和幸福,等等,都给争取解放的人们以理想和力量。他们对人的解放,有更高的要求。依他们的想法,解放了的中国人应具有自主的、进取的、科学的精神,有强烈的爱国思想和民族情感,对社会上一切黑暗、罪恶要进行改造和斗争,这就是人的价值的真谛。随着新文化运动的发展,新人物的思想更加深邃,提出中国人应走的解放道路是由共和而社会主义。

还应看到,新文化运动是论争式的,是通过报刊来表述自己的观点的。也有社团的组织,表现他们群体的意识。我们说它是理性的批判,并不是说所有批判文章与行动都是无懈可击的,也不是说新文化运动时期发生的一切新鲜事物都是可取的,偏激的主张和偏激的言词,也屡屡发生,说理不够充分,或新旧两派相互谩骂的事,也出现过,但这不是主流,也没有发生残酷斗争。

四

文化的发展对社会的发展具有巨大的促进作用,新文化运动大声疾呼,吸收外国文化,批判地整理我国固有的文化,为民族文化的振兴注入新的血液,中国文化从此生气勃勃,只要把当时社会与过去任何一个时期的社会相比,就可以发现它的进步。民主革命进入了新时期,政治生活沸腾起来,社团和政党相继出现,一大批受新文化运动洗礼的青年,离经叛道,登上了中国历史舞台,成为革命活动家和文学家,如毛泽东、周恩来、恽代英、瞿秋白、邓中夏、方志敏、郭沫若、茅盾、巴金等。现代自然科学也步入草创阶段,各种学科的研究团体渐次成立,如天文学会、医学会、药学会、农学会等。

民族文化在历史发展中,将是永不休止地在丰富着,限于继承与批判是不够的,更需要的是创造文化。既要积极打破不合理的阻碍社会发展的旧事物,又要积极建立科学的促进社会发展的新事物。新人物对这个问题的认识是正确的,文化是在继承和创造中发展起来的,"我们人类,一方面承传遗袭,他方面又打破承传的遗袭去创造新文明,以传诸后,故人类社会,所以成了连续不断的历史关系"①。新文化运动的先驱者们从理论、实践上为我们树立了

---

① 谭平山:《谭平山文集》,人民出版社,1986年,第153页。

榜样。

创造文化是一个民族长期的历史的任务,绝非一两次反传统运动所能实现的,因为文化本身就是千百万群众长期创造和积累起来的,而在封建主义思想控制支配下的中国社会,要破旧立新,要创造民主主义的文化,尤其要耗费更多的精力。"五四"新人物为中国文化发展已寻觅出一条路径,扭转了沿着封建主义继续滑下去的势头。他们也清楚地知道,未来的航程仍是艰险的:"创造文化,本是一民族重大的责任,艰难的事业,必须有不断的努力,决不是短时间可以得着效果的事。这几年不过极少数的人在那里摇旗呐喊,想造成文化运动底空气罢了,实际的文化运动还不及九牛一毛,那责备文化运动底人和以文化运动自居底人,都未免把文化太看轻了。"①他们把理想、希望寄托于未来,寄托于后人。

新文化运动把中国人的目光引向世界,引向科学和民主的发展,陈独秀说:"欧洲人之进步,一日千里,吾人捷足追之,犹恐不及,奈何自画?"②他们认为必须灌输以正确的时事知识,使人人具有世界眼光,"国民而无世界知识,其国将何以图存于世界之中"③。新人物认为中国已多次错过了改革的机会。一个民族或国家坚持闭关锁国,发展必定是迟缓的,是没有前途的,进步之道在于充分吸收外国文化的优良成果,使本民族的文化成为世界文化中优秀的一部分。

新文化运动从讨论信仰和道德入手,最终以促进中国的现代化为目标。道德与政治是相互关联的两个不同范畴,但"伦理思想,影响于政治,各国皆然,吾华尤甚"④。人的价值观念和道德准则可以反映一个社会的面貌,也可以转化为政治,成为促使社会进步或停滞的因素,习惯常常是指导社会行为的主要准则,因此必须排除那些古代的与进步背道而驰的伦理思想,扫除迷信、偏私、特权和压迫。一种进步除表现为对某一种神圣事物的亵渎外,还表现为对陈旧的日渐衰亡的但为习惯所崇奉的秩序的叛逆。

五四新文化人物追求真理的精神是十分可敬的,把追求真理当作人生的

① 陈独秀:《独秀文存》,第610页。
② 陈独秀:《独秀文存》,第564页。
③ 陈独秀:《独秀文存》,第7页。
④ 陈独秀:《独秀文存》,第41页。

最高理想。他们宁可欢迎有意识有信仰的反对,也不欢迎无意识无信仰的随声附和,他们只相信真理的权威,不相信个人的权威。真理是有客观标准的,"言论之挟有真理与否,在其言论本身之含有真理之质与否,苟其言之的确合于真理,虽一时之社会不听吾说,且至不容吾身,吾为爱真理之故,而不敢有所逡巡嗫嚅以迎附此社会;苟其言之确背乎真理,虽一时之社会欢迎吾说,而并重视吾身,吾为爱真理之故,而不敢有所附和唯阿,以趋承此社会"①。他们之讨论真理,绝非空泛,是有其更深一层的追求——救中国。为了这一目的,他们愿牺牲自己的一切,乃至生命。基于民主和科学是判断一个社会进步与否的主要标志,是医治中国的良方,陈独秀在《本志罪案之答辩书》中,表现了坚韧不拔的信心:"我们现在认定只有这两位先生(指科学和民主),可以救治政治上道德上学术上思想上一切的黑暗。若因为拥护这两位先生,一切政府的压迫,社会的攻击笑骂,就是断头流血,都不推辞。"

新文化运动揭起的反帝反封旗帜,激发了中国人的自尊心、自强心、爱国心,培养了中国人团结向上的精神,爱国主义、集体意识扎根于人们思想之中。

"五四"运动的的确确把中国推向了现代化的道路,中国共产党继承和发扬了"五四"革命传统,经过几十年的斗争,改变了中国历史的面貌,把中国建成为一个社会主义国家。现在,改革开放的两个巨轮,正推动中国历史前进。深入研究"五四",对我们仍是有借鉴作用的。

原载《中州学刊》,1990 年第 3 期

---

① 李大钊:《李大钊选集》,第 86—87 页。

1948 年 12 月国共争夺知识分子的搏斗

我经常翻阅旧报刊,追寻已失去的历史。近读 1948 年 12 月 3 日《益世报》刊登的一则消息:"南大决定不搬家",引起我对国共两党争夺知识分子的回忆。那是一场不见硝烟的战争,其影响是极其深远的,不亚于一场军事战争。

一、1948 年冬的平津社会

1948 年冬,正是国共两党进行决战时期,三大战役的辽沈战役已经结束,淮海战役正在进行,平津战役也开始了。东北人民解放军入关和华北解放军杨得志、杨成武两个兵团联合,包围平津。国民党仍在宣传"城防巩固",普通老百姓对战事实际情况知之甚少。但物资供应已极度紧张,引发社会动荡,有钱的少数富豪已举家南迁。

物价狂涨,如脱缰之马,粮食缺乏成为最大的经济危机。以 1948 年 8 月 19 日发行的金圆券计算,12 月 5 日,白玉米每斤 1.30—1.33 元,小站米每斤 2.55 元,兵船粉每袋 155 元。到月底玉米面每斤 8 元,小站米每斤 11 元,兵船粉每袋 540 元。(见《益世报》1948 年 12 月 5 日、1949 年 1 月 3 日)粮食供应紧张,物价的波动,造成人心惶惶。还在 1948 年 10 月 29 日,南开大学学生会召开了一次师生员工座谈会,我当时是历史系二年级学生,参加了这次会,听到一些教师为生活所迫,发出了对当局的强烈不满,现录之于下:

一位讲师讲,现在大小孩子们到街上去挤配额,先生每天都愁眉不展。一位讲师过去将薪水 1/2 寄给家里能生活,现在寄回去 1/3,他自己每天吃白薯只能生活一个礼拜,他发愁怎样活下去。一位年轻的讲师说:我们士大夫阶级的人们为保持一点面子,不会把自己的窘状说出来,这是不对的。①

这是在社会上有一定地位的知识分子的真实生活情况。一般市民的困境

---

① 《益世报》,1948 年 10 月 30 日。

可想而知。社会各个阶级对国民党的统治由不满走向怨恨。

反饥饿、反内战的学生运动和物价高涨是同步进行的。南京政权的崩溃已在眼前,有谁还愿追随它呢?

二、国共争夺知识分子的博弈

一个政权的生存,知识分子是不可或缺的。南京政府已觉察到平津难以坚守,幻想隔江而治,守住长江以南的大片江山。于是策划将平津高等著名国立院校迁到南京等地,一幕幕知识分子争夺战展开了。

根据资料,南京政府最先派出教育部督学主任黄曾樾北上,敦促各校南迁。各校怎么办?都处于十字路口。黄氏煞费苦心,马不停蹄邀人谈话,寻求支持。但各校一边倒,都采取不南迁的方针。对此,媒体报道:

> 奉命北来主持迁校之教育部督学黄曾樾氏,连日与平津院校长交换意见,以各院校都不主张南迁。黄氏已无留平之必要,决定四日返京复命。①

实际状况是北平主张不南迁的有北大、清华、师大、美专。天津北洋、南开亦无南迁之意。在平之东北四院校的东大不迁,沈医、长大无一致意见。长白师院决定迁湘省,其他各学术机构如北平研究院、国立图书馆等单位以仪器图书太多,无法迁移。"故教育部督学黄曾樾此行,可谓徒劳而无功。"②面对现实,黄氏很失望,未能完成使命,这是他未曾料到的,乘兴而来,扫兴而归。他的灰心丧气是很自然的。

南京政府并不甘心,继又派出高一级的人物陈雪屏游说(陈为国民党青年部部长,北京大学训导长),同样遭到冷遇,各院校始终不改初衷。

南京政府无可奈何,最后一招是由原北大校长傅斯年开出少数精英学者名单,派出飞机接运南下,请北京大学郑天挺秘书长协助办理。时解放军已占领南苑机场,北上飞机仓皇降落于东单临时修建的机场。据当时北大历史系学生、晋热察城工部平津工委负责人岳麟章讲,愿南去者寥寥无几。北大图书

---

① 《益世报》,1948 年 12 月 2 日。
② 《益世报》,1948 年 12 月 2 日。

馆馆长毛子水带着郦道元的《水经注》，登上了这末班航班南去了。

以北大、清华、南开三校为例，我们看看三校领导决定不南迁的证词。

先说北大。胡适接到朱家骅来函后，和秘书长郑天挺及部分教授商议，郑提出不能南迁的理由有四：

一、当时通货膨胀，物价一日数变，即使领到搬运费也不敷用；二、运输工具缺乏；三、无适当地方及校舍；四、抗日战争时期南迁，图书仪器损失很大。

清华、南开亦有实例。前北大校长，时任农村复兴委员会主任的蒋梦麟讲："我们是办学的，谁来我们都是办学，共产党来了，我们也是办学，北大还是北大。"①郑老所说的理由是客观事实，不是借口，他有丰富的行政经验，在关键时刻能做出正确的抉择。蒋梦麟已离开北大岗位，以超越意识形态的立场，表达了自己的意见。这种不主张南迁，反映了知识界普遍的心理。郑作为北大的掌门人，以极大的精力，稳定学校的秩序，使一切都正常进行。时逢北大校庆50周年，学校举行了隆重的学术展览和学术演讲，如请陈垣讲"乱世学术"，安排陈寅恪、冯友兰做学术报告，工、理、农、医四学院开放了研究室和实验室及古兵器展览，放映电影及幻灯片等。②北大学生会对郑老的功劳是肯定的，特别对他敬献了"北大舵手"的锦旗。这一光荣称号郑老是当之无愧的。1952年郑老调到南开任教，与我谈及此事，庆幸愉悦，谦虚之余，也不无喜形于色。

清华大学于1948年12月2日，召开了有90多人参加的教授会，专门讨论生计和应变问题，会议从下午4时开始，一直开到晚上10点多钟。会后梅贻琦对记者讲："迁校问题曾交换意见，但以迁校问题太多，决定暂不迁移。"③这说明，经过广泛充分的民主讨论，拒绝南迁。"教授会的决定，在学校里受到极大的欢迎。时逢校长梅贻琦60华诞，全体学生于30日举行钻石庆典，除音乐歌舞外，晚间还有盛大聚餐，并组成筹备委员会，以迎接新年之到来，计划于元旦日向老师拜年。"④清华园中，一切照常运行，这样的活动内容，使清华园充满生气。清华园师生从历史发展寻找现实问题，获得了答案。他们愉快地迎接新时代的到来。

---

① 封越健、孙卫国编：《郑天挺先生学行录》，中华书局，2009年，第193页。

②《益世报》，1948年9月2日。

③《益世报》，1948年12月3日。

④《益世报》，1948年12月3日。

在天津,南开大学教授会、学生会分别召开会议,决定不迁移,并经 11 日下午召开的校务会议正式通过。12 月 12 日,南、北、东三院学生还召开了宿舍室长会议,讨论应变问题,为保护图书和仪器不受损失,与教授所组成的应变机构联络,也成立应变机构。

根据 12 月 14 日《大公报》记载,南开大学所组成的特种校务委员会,推举孙克庄、吴大任、肖采瑜、滕维藻等 7 人为委员,处理当前的校务。13 日晚,经 800 多名同学签名,定 14 日停课一天,以便召开全校师生大会,讨论应变问题。讲助会 13 日晚亦曾集会,讨论同一问题。15 日校方公布停课 4 天,学生可以自由离校。唯根据《益世报》12 月 5 日信息:

> 南开大学学生已经决定不搬家,不过家在南方的同学,确实有一部分离开了。已经向注册课办理休学或退学手续的同学有 104 人。据说不辞而别的人为数也不少。英籍教授斯赛凯告诉同学从下礼拜起便不再上课了,即日去北平,可能和英侨一起,离开华北。

这两则不同时间的报道,都是有根据的。实际上南京政府 10 月底就有密令让南开南迁。学生会是首先发难的。据我记忆,我们曾签名,反对南迁。离校的人去向不一,不少讲师、党员及学生于 11 月底 12 月初去了解放区。这应该是不辞而别的人。有的教师如教近代史的程绥楚去了马来西亚。精通英文、法文的原西南联大人类学专家黎国彬已离校到了上海黄浦滩,准备登船他去,思想斗争很激烈,他想离开了祖国就成了流浪者,他又返回天津(这是天津解放后黎先生和我谈心时讲的)。像元史专家杨志玖得到他的老师傅斯年劝他南下的信,他考虑再三,决定不动。经济学院教授袁贤能决定不南迁,他是浙江人,说他的家乡也不安静,最安全的还是留在学校里,并诙谐地说:"我们东院就最保险,三四层的楼是经得起轰炸的,学校里存的老玉米有 1 万多斤,可以吃个时间,必要时组织纠察队来防卫自己。"他还打比方地说:"津沽大学是天主教办的就不迁移,洋和尚也不撤退。"[①]来证明自己主张的正确。南大财经学院院长鲍觉民向报界表示:"不拟离津,并谓南大负责人中迄今尚无人愿意南行。"[②]那时全校学生 1240 人,离校的不到 1/10。

---

① 《南开大学三日刊》,1948 年 11 月 19 日。
② 《大公报》,1948 年 11 月 23 日。

南开共有文、理、工、财经4个学院,12月12日,北院师生均集中于甘肃路东院财经学院地址。13日南院仪器、图书及发电机也搬运到东院。全校师生2000多人席地聚居,我住在大礼堂外的走廊中。国民党军队已进驻八里台和六里台。

这个临时形成的大集体,一切都统一行动。校门封锁起来,选拔身体强壮的同学组成纠察队,维持校园秩序。操办伙食的郭钟毓、李竞能等非常卖力,还到廊坊采购粮食。

天津国民党警备区司令要在财经学院制高点上设立炮位,全校45位教授联名,呼吁当局维护文化经济事业。其中讲道:"而此次战争,学校驻兵或改为堡垒,他方自必作为射击目标,学校工厂,一遇此厄,何能幸免?"[1]由于全校师生坚决抵抗和反对,使当局设计的计划未能实现。

在这种特殊时期,校园文化生活是丰富多彩的,没有恐慌和不安。读书、唱革命歌曲、诗朗诵会、壁报、圣诞节晚会等充满校园,同学组成的安委会,每日数次发表天津周边战事及校内新闻,还出过快报报道校长何廉日前已赴广州。1948年12月1日徐州解放那天,校园内还张贴了壁报,欢呼这一胜利。

护校和不南迁,压倒了一切,这样的生活环境至今仍在我的记忆之中。三校校长胡适、梅贻琦、何廉先后离职而去,而三校仍在原地未动。

三、泊镇:中共华北局城工部的功劳

各校决定不南迁,从表面上看,搬迁困难重,进行不易,或者如蒋梦麟所讲,大势已定,应听其自然,而其背后实有一种看不见的巨大力量,推动各校选择正确的道路。

中共中央华北局在沧州泊镇设立城工部,挂牌为华北建设公司。城工部正副主任为刘仁、杨英。他们对平津地下党组织不断发出指示,要求团结周围群众,宣传党的城市政策,调动一切力量,采取一切可能和有效的步骤和方法,保护城市的一切建设,并具体提出护场护校的口号。为达到这一目的,举办地下党员训练班、暑假培训班,南开许多党员和进步同学都经过封锁线到

---

[1] 中共天津市委党史研究室编:《解放战争时期天津学运史料》(上),天津古籍出版社,1996年,第462页。

泊镇受训后,返回学校开展工作。天津学委会曾多次研究反南迁的斗争,加强宣传,使广大师生认识形势,安心留在天津。

这里,我想以一个侧面,举例来说明地下党是怎样开展争夺知识分子的。

原各系统的党组织此时都统一于华北局领导。北大历史系学生岳麟章负责成立地下刊物编辑部,陈超祺(新中国成立以后曾任《人民日报》副总编辑)、李瑛(曾任中国人民解放军总政治部文化部部长、党委书记)等5人印刷出版毛泽东著作和党的政策,分别赠送故宫博物院院长马衡、协和医院院长李宗恩、辅仁大学校长陈垣、美专校长徐悲鸿、北大教授贺麟等。还把《将革命进行到底》作为传单在街上散发。一些党组织成员如岳麟章等集体拜访了胡适,请其选择正确方向,胡说:"我留下来干什么,我不能留下,我的朋友都在南京。"拜访北大图书馆馆长毛子水,毛很顽固,听不进劝告,还说:"你们不好好学习,搞什么学运。"这两人不能正视现实,离开了。北大秘书长郑天挺不但自己留下,还劝胡适也能留下。受访者多数很高兴,认为是他对自己的信任,像毛子水这样的人是很少见的。

天津地下党组织以各种形式宣传党的城市政策。南开大学是天津学运的中心,是向解放区输送干部的中转点。在华北局领导下的工委和学委指导下,南大党组织领导者沙小泉、刘焱和校领导者保持着良好的关系,党员扎根于群众之中,如胡国定和校副教务长吴大任亲密无间,在反南迁运动中旗帜鲜明,为师生所称赞。

在争夺知识分子的斗争中,广大知识界和南京国民党渐行渐远,国民党败北了,共产党胜利了,这是必然的趋势。正如彭真1948年7月16日所讲:"蒋介石的政治、经济、军事各种危机更日益深刻,好像一个病人,从头到脚都已溃烂,在此情况下,城市人心向我,拥护我们的人日益增多,我们的城市工作比以前好做了。"[1]那个时代是充满变化的时代,人心思变,在黑云压城城欲摧的恶劣环境中,人们看到了曙光。1949年1月15日,天津解放了,月底北平也解放了,中国的近代史发生了翻天覆地的变化。

原载《历史教学》下半月刊,2012年第12期

---

① 北京市档案馆编:《北平和平解放前后》,北京出版社,1988年,第13页。

知识分子在祖国统一事业中应起的作用

我们正处在祖国统一事业发展的新时期。历史上遗留下来的领土分离问题将相继得到解决，根据"一国两制"的构思，香港将于1997年归还中国，澳门于1999年归还中国。

在中国内部还剩下台湾问题。

台湾问题从1979年元旦全国人大常委会宣布用和平方式统一祖国的对台方针后，十多年来，经过海内外同胞共同努力，今年4月27日至29日海峡两岸终于以民间形式会谈于新加坡，发表《汪辜会谈协议》，但台湾当局仍拒绝国共两党直接谈判。

现在两岸在经济方面的接触多了起来，但阻碍统一进程的因素还在继续发展。台湾坚持自己是"中华民国"的"政治实体"，想在国际上极力显示自己的力量。"台独"的力量也在膨胀。

在此时期，知识分子应该做些什么？

中国知识分子有光荣的传统，是社会发展的积极因素，在近代历史上始终站在历史进程的前列。在促进祖国统一的进程中，我们应该积极宣传祖国文化，让民族感情旺盛起来，让历史告诉未来，这是一。第二，应该强调大陆和台湾的一致性。第三，开展各种形式的交流，沟通思想，加深了解，建立互信。

我们应举起爱国的旗帜，采取一切方式，促进两岸的交流、了解、合作与友谊，为推动民族团结，实现祖国统一，振兴中华，尽自己绵薄之力。

我们正处在祖国统一事业发展的新时期。历史上遗留下来的领土分离问题将相继得到解决，根据邓小平1983年提出的"一国两制"构思，1842年被英国占去的香港，将于1997年归还中国，设为一个特别行政区，五十年不变。这是中英两国经过多次谈判达成的协议，已于1984年9月18日正式签字。香港问题的解决是实现祖国统一的重要一步。他为解决澳门和台湾问题树立了榜样。中、葡两国政府也进行了谈判，决定澳门于 1999 年归还中国。这样局面的出现，十分激动人心。中国的形象与姿态及在此问题上的抉择与决心，是以往任何历史时期都无法比拟的。

在中国内部，还剩下一个十分重要的问题，即台湾问题，是需要经过海峡两岸的真诚谈判，排除各种障碍，才能实现统一的。

台湾问题已成为全世界关注的问题，大陆海峡两岸关系协会会长汪道涵与台湾海峡基金会董事长辜振甫今年（1993 年）4 月 27 日到 29 日在新加坡举行会谈时，中外记者二百多名聚集到那里采访，以求获得两岸关系的最新信息。两会领导人都表示了开展民间经济、技术、文化交流的良好愿望，并正式签署了《两岸公证书使用查证协议》《两岸挂号函件查证、补偿事宜协议》《两岸联系与会谈制度协议》，发表了《汪辜会谈共同协议》。[①] 这一历史性文件，两岸关系因此迈出了巨大的一步，这一成果是十多年来，海内外华人奔走呼号、共同努力的结果，值得称颂。

自 1979 年元旦全国人大常委会发表《告台湾同胞书》，郑重宣布用和平方式统一祖国的对台方针，呼吁台湾当局尽快开放两岸"三通"及人员来往。以后，中共采取了许多措施来缓和两岸的关系，希望打开和谈的大门，譬如在福建前线停止炮击金门和马祖，1981 年 9 月叶剑英发表《致台湾同胞的公开信》，建议国共两党谈判，实现第三次合作，明确表示"国家统一后，台湾可作为特别行政区，享有高度的自治权，台湾现行制度不变，台湾人民的生活方式不变并允许保留自己的军队"，这是对台湾现实的尊重和理解，使台湾的一国两制具有自己的特色。随后廖承志于 1982 年 7 月 24 日发表《致蒋经国先生的公开信》，语极恳切，希望两党以民族利益为重，举行谈判。台湾当局面对这种形势，也认为"和平统一是全中国人民的共同愿望"，但又说与中共"不接触、不谈判、不妥协"，关住了和谈的大门。看来，要从四十年的军事对峙走向和谈需要一段时间。

不管人们对台湾接受"一国两制"构思有什么看法，但和平统一的思想已产生了共鸣、对两岸的关系谁也不能再抱着冷漠的态度。

民间的接触开始了，并且与日俱增，形成一种洪流。台湾当局不得不对两岸接触的现象采取"不鼓励、不支持、不反对"的态度。

---

① 《人民日报》，1993 年 4 月 30 日。

形势发展使台湾逐渐地改变自己的态度,1986年3月,蒋经国在国民党十二届全会上做了《和平统一与世界形势》的报告,提出了"和平统一的五项政治主张",决定开放两岸联系,1987年11月2日又有开放部分民众赴大陆探亲的决定。此后又不断调整一些政策,朝有利于两岸关系的发展缓慢地推行着。1988年,国民党十三大通过了"现阶段大陆政策"案,提出"自由、民主、均富、统一中国"的口号。在台湾国民党"中常委"和"行政院"设立了"大陆工作指导小组"和"大陆工作会报"。值得提出的是以陈立夫为首的"中评"委员34人,提出"《以中国文化为基础统一中国》案,认为中国统一是海峡两岸及海外全体同胞的共同愿望,这仅仅是时间问题。统一必须在经济文化的基础上,由中国人自力完成"。这一提案,台湾《中央日报》做了报道,被称为"震撼性提案",尽管李登辉未能接受,但它反映了一部分曾在台湾有影响的人的文化心理状态,经过报纸媒介的宣传,在精神上必然产生效果。这说明,和平统一的确是大势所趋。1990年10月7日,"台湾总统"成立了"国统会",随后在"行政院"设立了"陆委会",并以民间财团法人形式成立了海基会,使台湾大陆工作的决策,执行机构制度化,在两岸关系的发展上又走了一步。

大陆对台湾每一缓和的措施,都表示了欢迎态度,并积极开展多渠道、多层次的联系,譬如政治协商会议、民革、民盟、黄埔同学会等组织都做了努力。当1988年4月台湾报界一些无党派人士在台北建立联盟,以促进两岸接触,反对任何分裂祖国的活动,为和平、民主和统一中国而奋斗时,民革贾亦斌立即表示,欢迎台湾国家统一大联盟代表团访问大陆,讨论国家统一问题。

海内外华人经过十年的艰苦努力,两岸关系总算有了松动,只是按民众的心愿来讲,进展比较缓慢。即以联系最多的贸易来讲,仍是以香港作为转口地。

1991年7月1日中共成立七十周年纪念会上,江泽民再次呼吁,国共两党应本着对国家民族负责的态度,派出代表进行直接接触商谈,逐步达成实现祖国统一的原则协议。应该说两党进行商谈是解决分歧最好的一种方式。但台湾拒绝北京的呼吁,认为台湾当务之急是宪政的改革,而非两岸会谈和谈判。而今,终于出现了以民间形式举行的最高级会谈,并且取得了积极的成果,这是历史上的一大进步。

在祖国走向统一的新时期,知识分子能够起些什么作用呢?

中国的知识分子有自己的光荣传统,在近代历史上,总是站在历史进程的前列,显示出自己的价值,成为社会发展的积极因素。从太平天国到康有为、梁启超、孙中山,直到黄花岗七十二烈士,他们为反抗外敌,统一祖国,做出了巨大贡献,这是中华民族的骄傲。到了五四运动时期,知识分子冲破了儒家思想的束缚,打开了新思想的闸门,将欧、美、日等发达国家的思想文化传入中国,使被封建主义封闭了两千年的中国人思想面貌为之一新。此后,不同信仰、不同观点的知识分子站在各自的立场上,为丰富祖国文化,为祖国强盛都曾不知疲倦地奋斗过。中华民族的儿女们,无论在天涯海角,在地球的哪一方,无不关心祖国的命运。炎黄子孙把海内外华人的心紧紧地联系在一起。

广大知识分子的绝大多数不是当权者,也不在政府决策机构任职。但他们用自己的头脑分析和分辨该赞成什么,反对什么,什么是国家利益,什么是一党一派的私利。他们的思想、文章在报纸杂志上披露,能成为一种舆论,形成思潮,从而推动历史前进。

当然,知识分子的呼唤,不一定有立竿见影的效果,因为有各种因素在阻碍着统一的进程。在这种情况下,只有当真理的呼声为绝大多数人所接受成为一种强大的力量,才能使当政者觉悟和采纳。

从台湾 1991 年 2 月通过的"国统纲领"看,的确有一些积极因素,如确认"一个中国",强调"大陆和台湾均是中国的领土,促成国家的统一,是中国人的共同责任",提出以交流促进了解,以互惠化解敌意,逐步放宽限制,开放三通,扩大两岸民间往来,提出两岸高层互访,建立沟通渠道,分阶段促进两岸统一等。但又坚持台湾是"中国唯一合法的政府",认为自己是"中华民国中央政府"。在此前后,提出了一系列的方案,如"一国两府""一国两体"等来反对中共的"一国两制"构想,并以经济为后盾,开展外交活动,要在国家上显示台湾是一个国家的"政治实体"。显然,这仍然未脱离"一中一台"的宗旨。在具体政策上采取了许多办法,使台湾和大陆疏远,强化台湾意识,就是一例。譬如,不管原来祖辈籍贯在哪里,凡在台湾出生的,都要写台湾人,这不是要泯灭他们的祖籍意识,隔断和大陆的历史联系吗?

当前更危险的是"台独"势力的膨胀,台湾当局表示反对"台独",但又为"台独"势力的发展制造条件,强化台湾意识就恰合"台独"的意愿。

"台独"的猖獗,不能低估。我认为,这是一股分裂祖国的恶势力,有美国右翼分子的背后支持。国际上有一部分人不喜欢中国统一,总想肢解中国,这是不足为怪的。"台独"要把台湾引向歧路,86岁的前高雄县长余登发,被称为"民进党党内的大佬",因晚年强烈反对"台独"意识,批评主张"台独"者"是没有知识的疯子",竟遭到暗杀。叫喊"台独"的人,是有其支持者和拥护者的。它的市场也在扩大,而不是缩小,虽然还没有成为大气候,但已造成台湾岛上一部分人思想上的混乱。

台湾举行的民主测验,是值得重视的。1989年9月,关于祖国统一的民意测验中,根据台湾《中国时报》报道,有一半人对未来能否看到两岸统一,抱着无法肯定的态度。赞成"台独"者占受访者的15.8%,不赞成"台独"者约57.3%,对"台独"无所知或不关心者有17.7%。民意调查基金会据此对受访者的年龄、教育程度、省籍背景进行了广泛的分析,得出的结果是,年龄越大者,对两岸统一的可能性愈不表乐观,认为10年至30年内可能看不到统一,20岁至34岁占四成,35岁至49岁不到三成五,50岁以上者不及二成。从教育程度层次看,程度越高,对统一的可能性愈表乐观,认为10年至30年内可能看到统一。大专以上程度超过五成,高中以上程度约四成,中学以下程度者约两成。从籍贯方面分析,认为10年至30年内可能看到统一的,台湾籍受访者占三成左右,外籍受访者中则达四成。①这些情况说明,事情很复杂,要使错误的、有害的东西失去其存在基础,不是轻而易举的事,还需要做很多工作。

我认为,促进统一的过程,消除消极因素甚至敌对因素的一个重要办法,就是宣传祖国文化,让民族感情旺盛起来,让历史告诉未来。1991年台湾《天下》杂志有一篇文章,题为《为什么日本人有超强的整合力?》,其中谈道,他们采访后,得到了深刻的启示:"因此,我们明白了在东京为什么我们的采访对象总是从盘古开天讲起,总是先从世界局势讲起。他们必须具备历史感,才能促进人民对自己国家的认同感,必须具备整体观,才能说服民众为整体利益稍微牺牲一些个人利益。"这些话对我们今天宣传祖国统一是有借鉴意义的。

两岸在历史、文化、语言、文字、地理,以及生活习惯上是一致的,台湾是中国领土的一部分,这是谁都无法改变的事实。台湾考古人员在台北八里乡十三行县发掘出大量唐代金银、瓷器、钱币等古物,证明中国人从大陆渡海到台湾的时间远在唐代或者以前。美国汉学研究家丁荷生做了一件有意义的事情,他为收集闽南文化与道教研究资料曾赴福建和台湾两地进行田野调查,

---

① 《自立晚报》(台湾),1989年9月12日。

发现同属闽南语系的台湾与福建的庙会组织结构是一致的,例如妈祖、保生大爷、清水祖师爷是两岸共同崇拜的神。中国人从福建南部和广东东部大量迁入台湾是 17 世纪的事,到 17 世纪 20 年代,已有 10 万人落户于岛上。和岛上原来九个土著部落人数差不多。到 19 世纪末,汉族人口已占全岛人口 90%以上,土著人口增长很慢,所以台湾文化传统和文化心理的表现都与大陆的特性一致。

本来在近代前期,台湾原由福建省管辖,1885 年清政府明令建立台湾省,以刘铭传为首任巡抚。台湾历史后来所以出现曲折和灾难,那是因为第一次中日战争中国失败,根据《马关条约》,台湾被日本割去,直到第二次中日战争,日本失败,台湾才回到祖国怀抱。将台湾归还中国,这是载入国际性文件的。

1943 年 11 月,中、美、英三国举行的开罗会议,三国领导人在签署的会议宣言中已明确讲道,中华人民共和国和世界一百五十多个国家建立的文件上也都讲到台湾是中国领土不可分割的一部分,想分裂祖国的人,总要在历史文化上胡诌根据,说一些历史的谎言。因此,从各个方面阐述祖国文化,使谎言者无机可乘。这是第一点。

第二,应强调大陆和台湾利益的一致性。台湾是中国南洋的枢纽,历史上两岸人民一直携手并进,共同反对外国侵略者。1622 年郑成功率领两万大军和台湾人民共同赶走了统治台湾三十八年之久的荷兰侵略者。日本占领初期,台湾人民曾组织台湾民主国,反抗日军的统治。失败以后,一些爱国者回到大陆继续奋斗。台湾和大陆人民共同反抗外国侵略,从未停止。现在台湾和大陆在经济上有明显的共同性,台湾的资金和技术,大陆的原料和市场,如果联合起来,互补互惠,各展所强,必将产生出巨大的力量。闸门已经打开,经济上的联系就很难再以强力阻止其发展。由香港的转口贸易所带动的台商向大陆投资,一步一步地发展着。台湾当局也承认了这一客观事实。1992 年以前来大陆投资的主要是中、小型企业家,他们得到的认识是,到大陆投资是台湾企业延伸的必然路程。1992 年以后来大陆的大型企业、高科技以及各类中小企业,它们的足迹不再限于闽粤沿海,一些著名的大财团如邱永汉集团、汤臣集团等都已在上海滩登陆。现在,许多学者不约而同地都在谈论香港、台湾和中国大陆日益增长的相互依存关系。预测未来,这一地区经济圈的形成、经贸的合理发展,将为祖国和平统一大业奠定巩固的物质和心理基础。

第三,开展各种形式的交流,沟通思想,加深了解,建立互信。四十年的隔绝的确使两岸陌生起来。近一两年来,有一些互访活动,但限制仍然很多。1993年1月12日《台湾时报》报道,台湾"陆委会"完成了一项文教交流团体及活动研究的报告, 其中65%的民间团体认为应优先开放大陆图书报刊进口。这反映了台湾人民要求了解祖国的强烈愿望。文化思想所具有的功能和作用,比经济的作用更深远,我们应为此做出自己的贡献。珠海书院亚洲研究中心举行这次会议是一次促进会,也是一次思想交流会,这样的交流越多越好。

在交流中如何使台湾人民了解大陆的现状是十分必要的。

中国共产党掌管中国政权四十年来,经历了种种考验和磨难,尽管犯了一些错误和遭受一些失败,但更重要的是改变了中国的面貌,使占世界人口1/5的国家发生了决定性的变化。以前无法使自己的人民吃饱饭的国家,现在有能力制造火箭、卫星、导弹,变成一个进入太空的国家。它的许多工农业产品已经进入世界市场。以前认为这个幅员辽阔、人口众多和地区差异很大的国家难以管理,而现在实现了统一,在世界舞台上举足轻重。它在发展经济、交通运输、教育卫生及农业方面无不取得了前所未有的进步。从1984年到1992年中国的经济增长率为9%,到1992年2月,外汇储蓄已达430亿美元。四十年来的变化确实超过了以往四千多年。

社会的进步如何,农村是观察其发展程度的主要窗口。中国农村不再是静止状态,不再蹒跚地向前移动,而是处于剧变之中。只要到农村做些实际调查,就可以窥视出历史性的变迁,看到中国最大多数的农民如何抱着坚定的信念,迎接这个新时期。

最近十年来,我每年总要到华北农村去访问或调查,目睹了农村的这一变化。靠近大城市的郊县农村,农业的机械化程度较高,村村几乎都有乡镇企业,城乡的沟通使乡村也具有了一些城市生活的味道。农民的收入和城市工人差不多,有的比工人还要高,比大学教授高两三倍。集市贸易和自由市场上,各种货物应有尽有,有本地产的,外省运来的,还有进口的,港台进口的货物特别受到人们的喜爱。经济繁荣起来,人们的衣食住行都发生了变化,穿着都很时髦。那些个体户总是把最新款式服装由香港、广州转运到北方。吃的是细粮,种高粱的已很少了。餐桌上肉类、蔬菜齐全,新中国成立以前那样的寒酸已经消失了。家庭住宅修得很漂亮,室内陈设也多是应有尽有。床已代替了炕,电视机很普遍,洗衣机也使用起来,自行车每家总有几辆。距大城市远一些的乡村也在变化,变化的速度慢一些,因为那里的乡镇企业发展得慢或者还没有发展起来,还主要依靠土地生活。因为采取了多种经营,因地制宜,发挥了本地的优势,人们的生活条件也得到了不少的改善。知识程度提高了,农民把没有文化的不叫文盲,而叫科盲,科学种田已家喻户晓。比较困难的还是山里,因为对生产的农产品不能加工,交通又不方便。譬如太行山的资源是丰富的,如山货、土特产、药材、石料等都是很有价值的,但卖不到应得的价格,不少地区还处于贫困线以下,即每年人均收入不足 200 元。据统计,全国共有370 多个县属于贫困县。现在政府正给予投资,帮助这些地区脱贫致富。

中国地域大,历史的原因和地理条件的不同,在发展中呈现出不平衡的状态,这是很自然的。沿海城市的开发也带动了内地经济的起飞。沿海在帮助内地建设,如上海等地帮助西藏和新疆,广东帮助云南等。内地各省也都在发挥自己的优势。旅游业这一无烟工厂,已成为大陆经济发展的一个重要组成部分。去过秦始皇陵的人会发现,陵附近的农民很会掌握时机,开发财源。他们制造大量的秦俑去卖,都富了起来,因此出现了发财要靠秦始皇的笑谈。

台湾对大陆人民具有极大的吸引力,正如大陆对台湾一样。把台湾的一切告诉大陆人民和把大陆的一切告诉台湾人民,一定会激发起两岸人民对祖国的深厚感情。

我们应举起爱国的旗帜,采取一切方式,促进两岸的交流、了解、合作与友谊,为推动民族团结,实现祖国统一,振兴中华,尽自己绵薄之力。

1993 年 8 月 5 日

原载《〈中国的过去、现在与未来〉国际学术讨论会论文集》,珠海书院亚洲研究中心,1994 年

民族英雄——史可法

一、生长在历史巨大事变时期

史可法生长在 17 世纪的上半期，这时正是明朝官僚统治机构最腐化的时候，皇室、贵族、地主、士大夫、官吏等酗酒、荒淫、贪污、暴敛、兼并，无所不为。(见李文治：《晚明民变》)农村经济在封建主的压榨下，又遭受到灾荒，生产力差不多完全被破坏了，就是未被破坏的，也奄奄一息。饥寒交迫、流离逃亡的农民在这种情况下，便相继组织起来，举行暴动，由无数的小支流汇合成一支强大的主流，冲决了统治阶级所布置的堤坝和障碍物。就在大明王朝阶级斗争这样尖锐发展中，久欲入侵的清军，也乘机侵犯。(见李文治：《晚明民变》)于是形成了极复杂的历史事变：民族矛盾和阶级矛盾奇特地交错起来，作为封建统治阶级一分子的史可法，就生长在这样一个时代。

二、明朝皇室忠诚的拥护者

史可法，大兴籍祥符人，出生在一个官吏的家庭，但生活贫穷。幼年读书，因有文才，得左光斗赏识。[①]1628 年(崇祯元年)便中了进士当了西安府推官，这件事对他以后的政治生活影响很大，是他踏入宦途的第一步。以后他做了户部主事、郎中等官，最后爬到武英殿大学士兵部尚书的位置，因为这样，就使得他终生效忠明室，成为明朝皇室积极的拥护者。他知道无意识地摧毁明室统治机构的是封建主自己的腐化堕落，有意识地来打垮其官僚机器的是汹涌的农民运动和突然出现在中国历史舞台上的清军，因此他极力保护封建主的政权，调解统治阶级内部矛盾，极残酷地镇压农民运动，最后，大明的敌人

---

① 方苞：《左史逸事》《王概像记》，见《史忠正公集》(下简称集)。

来了,他以身殉国(当然,这时的国家有它一定的阶级内容)。

三、从人民的血污中起了家,当了农民运动的镇压者

史可法是在人民的血污中生长起来的,因镇压农民暴动有功,受到朱明王朝极大的信任和提拔,很快地取得了很高的地位,最后当了兵部尚书。从下面的史料可以说明他是绞杀农民运动的执行人和主脑之一。

> 初受西安府推官,已能平剧盗,又以参政监江北军,楚寇南下,攻颍寿,犯皇陵,可法所部不及千人,日驰数十里……辄发兵袭击……时有斩悉……事闻,天子嘉之,擢佥都御史……①
>
> 崇祯帝嘉其能,凡所奏悉报可,已而贼破荆襄、承天,分兵南犯,蔓延入河南、山东,旁午至,可法率师屯淮上,贼望旗帜,辄遁去,终不敢窥淮,……十六年乃拜兵部尚书,参赞机务。②
>
> 江北为贼冲,公与贼大小数十百战,保障江淮。③
>
> 可法终年拮据,无日不以贼为事。④

但是他的努力是白费的,虽然他“身先士卒”跑遍许多省份,起义农民军有时固然沉没于血泊中,但斗争却在继续扩大着,起于延绥的暴动,后来普遍到全国各地,各地封建地主的官僚机构如摧枯拉朽地被打垮了。史可法对封建地主的前途感到暗淡,也不得不承认农民起义军的伟大。在其集中有不少表现悲观情绪的,如:

> 天祸家国,迹闻横行豫楚晋秦。⑤
>
> 桐之寨党从贼者甚多。⑥

---

① 《南疆逸史》。
② 见《小腆纪传》。
③ 戴名世:《乙酉扬州城守记略》。
④ 《答左公子》,见集。
⑤ 《复左公子》,见集。
⑥ 《答左公子》,见集。

晦日自石碑进兵,幸得小捷,终不能创之,奈何奈何。①

时势如此,付之浩叹……贼势甚众,实不下数万人。②

闻豫兵大详,许奸降丁内叛,已不保矣,岂气数到此人力不可挽耶,可为浩叹。③

闻贼自入关以后,声势逼人,假借安民,煽动海内伪官一到,争思奉迎,甚至督抚手握兵权,不能碎一伪牌,斩一伪使,人心之坏,至此极矣。(见李文治:《晚明民变》)

起义农民军无情地向封建主、高利贷者和官吏进攻,胜利总是倾向于农民军,他们攻占了北京,倾覆捣毁了封建主的巢穴。统治集团大为震惊,有的投降农民军,有的背叛大明,投靠清军,有的则仍沉醉在荒淫的生活中,只有一少部分人士以恢复其统治政权为己任。正在这时,清军窃据了北京(农民军统治北京仅一个多月),史可法因其阶级利益受到损害,多年来的"剿贼"也证明无法消灭农民军,于是便幻想与清军联合,"合师进讨"。但是"和论断断难成",民族矛盾已成为历史课题,如今企图完全夺取明室江山的是清军,而不是农民军,史可法面对现实,转变自己的认识。

四、民族斗争成为主要矛盾,他开始转变抗清

清军的入关,是历史的巨大事变,国内立即出现了新的局面,民族矛盾、阶级矛盾和封建主内部矛盾错综复杂地交错起来,但主要矛盾是民族矛盾,阶级矛盾在当时虽然正达高潮,但在趋向缓和。形势的发展要求全国一致来对抗外族的侵略,这种联合战线,1644年就开始形成,1645年已相继在全国各地形成起来。清军对这一点特别了解,它知道封建地主对农民军一直有"仇恨",王室的颠覆,更是封建主最气愤的事,于是就极力分化汉族内部,拉拢封建地主,它利用政治上的宣传来欺骗引诱。入京之前,说"义兵之来,为尔等复君父仇"④。占据北京的第二天,清军一面发表讨李自成檄,一面为崇祯帝后发

---

① 《复左公子》,见集。
② 《答左公子》,见集。
③ 《与李余我》,见集。
④ 《多尔衮讨李自成檄》,《明季稗史续编》。

丧,保护明朝宗室,追悼被李自成杀死的官吏①,来讨好明朝官僚士大夫阶级。这样一来,的确有一部分封建主被迷惑住了,史可法也企图与清军联合起来,为君父复仇,感激清的"德政"。他曾向清表示这种态度:

> 凡为大明臣子,无不长跪北向,顶礼加额。②

> 今逆贼未服天诛,谍知卷土西秦,方图报复,此不独本朝不共戴天之恨,抑亦贵国除恶未尽之忧,伏乞坚同仇之谊,全始终之德,合师进讨,问罪秦中。③

> 但清既能杀贼,即为我复仇,予以义名,因其顺势,先国仇之大,而特宥前辜。借兵力之强,而尽歼丑类……④

无疑的,这种政策,给国家带来了一定的损失,使敌人有隙可乘,使清军得以集中精力来西向击溃农民军。但是,史可法在这时也看到清军的阴谋,他极力申说南明王朝的合法,他也揭发清军的侵略野心。在其致多尔衮的信中说:

> 若乃乘我蒙难,弃好崇仇,规此幅员,为德不卒,是以义始而以利终……⑤

清军的侵略面目已暴露无遗,占领晋、陕、豫、鲁后,便指江淮,沦陷区和未被占领地方的人民,相继组织起来,抵抗清政府的统治(见李文治:《晚明民变》)。国家的存亡在旦夕之间,民族利益已高于一切,史可法这时才真正认识到谁是威胁祖国存亡的敌人,他真正地举起了抗清的旗帜,抛掉了往昔反动的幻想。在他的文集中很多地方有这样的表示:

> 国家设四藩于江北,非为偏安计也,将欲立定根基,欲养成气力,恢

---

① 《南疆逸史》。
② 《复摄政睿亲王书》,见集。
③ 《复摄政睿亲王书》,见集。
④ 《请遣北使书》,见集。
⑤ 《复摄政睿亲王书》,见集。

复神京。①

惟敌骑不返,今又渐逼邹滕,皖兵苦单,恐不能渡河而北也,愁绪如猬,莫知所裁。②

屡得北来塘报,皆言敌必南图;水则广调丽舡,陆则分布精锐。尽河以北,悉染腥膻;而我河上之防,百未料理。③

……和议已断断无成矣,向以全力图寇而不足者,今复分以御敌矣。④

其未至也,何以防? 其既来也,何以御?⑤

近因敌犯内地,又将一年公费捐以充饷。道途奔走,纸赎全无。⑥

以臣愚议,应宿重兵于盱泗、临淮、凤阳、寿州,控淮为守。⑦

可法赴清江浦,遣官屯田开封,为经略中原计。诸镇分汛地,自王家营而北至宿迁,最冲要,可法自任。⑧

大清兵入宿迁。可法进至白洋河,令总兵官刘肇基往援,大清兵还攻邳州,肇基复援之,相持半月而解。⑨

夏四月,可法移镇泗州,令诸军防御,左良玉兵反……密诏可法督诸军渡江击良玉。可法言北势日迫,请留诸镇兵迎敌……大兵已入亳州,向邳州,徐泗告急。复诏得功渡江,可法还扬泗,痛哭而返,昼夜兼行,抵泗,而泗州守将李遇春已以城降……可法退保扬州。大兵遂破徐州。⑩

五、死守扬州,从容就义,实一民族英雄

清军兵临江淮,可法决定死守扬州,清军企图不费一枪一弹屈服南明,

---

① 《请行征辟保举疏》,见集。
② 《复刘允平同年》,见集。
③ 《请出师讨贼疏》,见集。
④ 《请励战守疏》,见集。
⑤ 《请励战守疏》,见集。
⑥ 《家书十二》,见集。
⑦ 《请早定庙算疏》,见集。
⑧ 《明史本传》。
⑨ 《明史本传》。
⑩ 《明史列传》。

极力诱致可法出降。豫王五次劝说,拿高官厚禄做诱饵,但是富贵不能淫,威武不能屈。可从下面记载中看出他对清所加给的侮辱,是予以严重的回击的。

> 降将李遇春持豫王檄至城下,招可法。可法登陴骂之,遇春曰:"公忠义闻华夏,而不见信于朝,死无益也。何如遨游二帝以成名乎?"可法怒,右政发矢射之,遇春走免。须臾,复令乡民持书入濠,呼守城者求入见。可法缒健卒,投其人及书于水,豫王愈欲生致可法,戒诸军迫城勿攻,而复遣人持书至,可法不启趣焚之,……可法守益坚,相距十昼夜,大兵四面急攻。①
> 大兵于十八日围扬城……法早晚必死。②
> 兵攻维扬,可法竭力御守。③
> 上阵不利,守城;守城不利,巷战;巷战不利,短接;短接不利,自尽。④

清军既陷扬州,可法被执,豫王更加利诱威胁。但他坚定地站在大明的立场,在敌人面前猛烈开火,他知道大明的利益比个人的性命要宝贵得多,宁愿牺牲个人的生命,也不能让大明的尊严受到侮辱,他决心"以死以报国家"。

> 公被执,豫王曰:"前书再三拜请,不蒙报答。今忠义既成,先生为我收拾江南,当不惜重任也。"公曰:"吾天朝重臣,岂可苟安偷生,得罪万世,愿速死。"……王反复说之,不可,乃曰:"即为忠臣,当杀之以全其名。"公曰:"城亡与亡,吾死岂有恨?但扬州既为尔有,当待以宽大。而死守者,我也。请勿杀扬州人。"⑤
> 我此来只求一死耳,王曰:君不见洪承畴乎,降则富贵。可法叹曰:我岂肯效其所为,王命裨将宜尔顿守之,三日终不降,乃杀之。⑥

---

① 《南疆逸史》。
② 《二十一日遗笔》,见集。
③ 《畿辅志列传》,见集。
④ 昆曲《桃花扇》《誓师》。
⑤ 《明史本传》。
⑥ 《南疆逸史》。

他的气度,是多么的伟大,他的不屈不挠的意志是多么英勇,这充分表现了中国士大夫的气节,这种伟大的英雄事迹,完全符合朝廷的利益,而且也是在大明百姓的支持下完成的。他不像其他的败类,为了个人的利益,为了保全自己的生命,当了叛徒。客观形势的发展,要求每一个有良心的大明百姓,都积极参加民族斗争。史可法这样做了,而且做得很英勇,不愧为民族英雄,《中国历史概要》对史可法的评价,是非常正确的,我们不妨抄录于后:

> 满清不过四十天就打进了北京,但他却用了四十年才征服中国。当满清入关后,明朝的官僚地主,纷纷背叛祖国,投降满清,其中最有名的是洪承畴、吴三桂、尚可喜、耿精忠等。但是明朝一部分统治阶级在江南人民支持下,曾经先后以南京、福州、桂林、昆明为据点进行过长期的反抗,在这些反抗满清的战争中,出现了史可法、张煌言、瞿式耜、郑成功和李自成的部将李来亨、张献忠的部将李定国等有名的英雄人物。(见中国史学会编:《中国历史概要初稿》)

从以上的事实看来,史可法的抗清是经过一个过程的,起初,他想与清军"连兵西讨""问罪秦中",继之一面抗清,一面仍策划镇压农民运动,最后,坚决抗清,从容就义,以死以报国家。

六、评丁正华先生反历史主义的倾向

我有三点意见和丁先生商榷:

(一)对历史事件和人物应根据当时的历史条件予以评估,我想丁先生是不会反对这个法则的。但是丁先生却犯了这种错误,深深陷入反历史主义的泥沼里,丁先生说史可法"只是为了殉阶级,不是为了殉民族,他并没有什么明确的民族意识"。不错,史可法在宦途18年,一直在保护明朝皇室的统治权,最后的死,也是为了明室,但最后的抗清,在实质上是卫护民族利益的,符合人民利益的。他在敌人面前,不屈不挠,英雄地说"我为天朝重臣,岂肯苟安偷生,"他"以死报国家",你能说他民族意识不明确? 你要求17世纪的史可法要有什么样的民族意识? 当然他不会有像我们今天所具有的民族意识,丁先生应该知道,时间上已经过了三个世纪。

丁先生检查史可法的统一战线工作,而且认为史可法在统治阶级内受到孤立是因为统战工作没有做好,这将作何解释?统治阶级内部的矛盾的解决你能说那叫统战工作吗?显然丁先生对统一战线问题的了解,是不能令人满意的。我们应该责备史可法的是他没有联合农民军共同御敌,反而对农民仇恨在怀,而不是其他。如果丁先生也要史可法有又团结又斗争的思想,那是反历史的,因为统一战线是共产党人提出来的,时间上相去多么的远?

(二)在复杂的事物的发展过程中,有许多的矛盾存在,其中必有一种是主要的矛盾,由于它的存在和发展,规定或影响着其他矛盾的存在和发展。(毛泽东:《矛盾论》)丁先生对这一原则是赞成的,但是丁先生却没有很好地运用它。我们知道这时正是民族矛盾、阶级矛盾和统治阶级内部矛盾最尖锐最复杂的时候,但主要矛盾是民族矛盾,就是说民族矛盾影响并规定着其他矛盾的发展,形势的发展要求全国一致起来,不管是农民或封建主都枪口对外,史可法就是在这样的形势发展下转变过来,抵抗清军的。然而丁先生认为史可法的抗清是不得已,丁先生的理论根据是史可法"打了十七年内战,无日不以贼为事",镇守江淮时还说:"我的大仇在寇,不寇是讨,而敌是防,已非微臣渡江的初愿",最后死于扬州时,还以先帝之仇未复为恨事,因而结论是史可法"表面上抗了几天的清兵"。关于他是否只表面上抗了几天清兵,我在前面(第四和第五节)所引证的材料,已足证明丁先生的论断的错误,现在再看一看丁先生在思想方法上有什么错误。丁先生抓住一点,死不放手,而没有从历史事变的发展上来认识问题。在国内阶级斗争中,他确实与农民军为敌,但从1644—1645年,斗争不是转化了吗?他说"我的大仇在寇,不寇是讨,而敌是防,已非微臣的初愿",不是正确反映出阶级斗争已转化为民族斗争?而且实践证明(如督师江淮,死守扬州,见第四五节),他抵抗了清兵,你能说这是不得已或者表面上抗清吗?难道丁先生推翻历史事实不成?丁先生又说抗清不是史可法政治生活中的主要部分,我们知道,清军入关是一重大历史事变,那么为什么拒抗清军就不是他政治历史的主要部分?难道政治生活单纯以时间来计算?

(三)详细占有材料,发现问题,具体分析,这丁先生也不会反对的,但是丁先生却没有这样去做,材料尚未掌握好,丁先生就按照自己的主观意图去下结论,在无数的可能性中,只选择了适合自己主观愿望的一种,因之就违反历史实际。

284

根据《扬州十日记》下面的一段话"忽数十骑自北而南,奔驰狼狈,势如波涌,中拥一人则督镇也,盖奔东城外,兵逼城不得出,欲奔南关,故由此",丁先生便断定史可法没有死守扬州的决心,"原来也是准备逃的,只是没有逃掉",但是请冷静一下头脑,研究研究下面的史料吧:

  清兵薄城下,炮击城西北隅,城遂破。可法自刎不殊,一参将拥可法出小东门,遂被执,大呼曰:我史督师也,遂杀之。①

  巨炮摧西北隅,崩声如雷,城遂陷。可法自刎不殊,庄子固、许谨共抱持之,乱兵至,拥之下城,而谨与子固已中飞矢死。可法大呼曰:我史督师也。众惊愕,执赴新城楼上,豫王劝之降,可法厉声曰:吾意早决,城亡与亡。乃就刑。②

  大兵四面急攻,可法祈于天,发炮击伤千人。豫王怒,自督劲卒力攻。城西北隅忽崩,有声如雷,守阵者不退,发矢如雨,城下死者山积。大兵藉以登城,城遂陷。先是可法谓庄子固曰,城一破托君刜刃。子固许之,是时引颈向子固,子固弗忍,可法乃拔刀自刎。子固与参将许谨共抱持之,血满衣袂,未绝,子固等拥之出城。③

  诸文武分阵拒守,旧城西门险要,可法自守之。作书寄母妻为诀……大清兵薄城下,城破。可法自刎不死,命德威刃之,德威痛哭,不敢仰视,一参将拥出小东门,为我兵所执。可法大呼曰,我史督师也,可速杀我,劝之降,不从,遂杀之。④

  二十五日城陷,自刎不死,命德威刃之,德威痛哭不敢仰视,参将张友福拥可法出小东门,北兵至,可法大呼史可法在此。⑤

  从上面所引证的史料看来,丁先生的论断是站不住脚的,已被历史事实粉碎了。丁先生把史可法自刎未死,诸将拥出城外,当作史可法逃跑,是完全违背历史的。

---

① 《明史本传》。
② 《小腆纪传》。
③ 《南疆逸史》。
④ 《扬州府志列传》。
⑤ 《弘光实录钞》。

丁先生抓住史可法指挥胡肇基作战时说"锐气不可轻视,且养全锋以待共敝"而论断说,"如果不是别有用心,也只表现毫无斗志了",这是什么逻辑?不可否认,史可法在初期是有其反动的一面,对其政权曾感到灰心,因为没有看到人民的力量,也产生"人心已去"的悲观情绪。但是我们不要忘记另外一面,就是他一直坚持明朝皇室的正统,后来督战江淮,并反对皇室宫廷的腐化堕落,置国家大事于脑外,最后死守扬州。这连大清也不得不承认"殉义从容,竟捐生而不悔"①,历史不会同意丁先生的意见的。

七、几个问题

(一)丁先生说:"清政府一面大肆杀戮汉族人民中稍有民族意识的人,竭力镇压汉人反满行动,磨灭反满思想,一面却大旌表史可法,对其母妻,厚加供养,可见史可法这样徒有抗清之名,并无抗清之实的'民族英雄',对民族敌人也是有利无害的。"这句话是这样令人难解,不合逻辑,我想丁先生自己仔细研究一下时,也将修改修改。清之所以一面镇压,一面表扬,那是同一政策的两面:镇压的目的,在消灭汉族人民的民族意思,使汉族永远受着清的统治;表扬的目的,在使汉族人以史可法为榜样来效忠于清王朝,这不是很明白的事吗。为什么清一定要捧出史可法?这是因为史可法死守扬州,代表了人民的意志,符合人民的利益,他的名字已深深留在人民的心中,清利用这种政治上的欺骗宣传,来笼络人心。是不是乾隆年间捧出了史可法,而史可法才成为偶像?当然是有影响的,但人民对史可法的态度和清政府没有一点相同之处,人民称赞他,因为他抵抗了清军的侵略,大清宣传他,是在提倡"忠孝节义"。人民称赞他,不自乾隆始,而是在扬州十日起,后来"四方弄兵者多假其名号以行"②,或者谓"公实未死,客曾遇之闽粤间者"③,这是一有力的说明,说明他在人民的心中占着一个位置,说明不是乾隆的捧,而是因为他死守扬州,反抗清军,因之不甘民族压迫的人才打起他的名号来反抗民族压迫。

(二)史可法为了卫护封建地主政权,后来为了民族的利益曾做了许多工

---

① 《史忠正公集》敕赐专谥文。
② 《明史传·史忠正公集》。
③ 集卷《王概像记》。

作，当立皇帝时，他不主张立昏庸无能的福王①；当马士英要起用阮大铖为兵部侍郎，群臣不满，他请求皇上采纳众意②；当朝廷内的封建主争权夺利时，他希望大家"悉捐成见，秉虚入公"③，以国事为重；当南京仍是一纸醉金迷的城市，官吏士大夫等日耽于酒色中，他要求大家振奋起来④，反对偏安，要有远略；当四镇关系恶化，他极力调停，当清兵已临江淮，阉党调江北各军抵御良玉，可法以淮防吃紧，"清兵日夕至，国必亡"，力说良玉非藩；当人民遭受灾害威胁，他奏免田租……但是为什么他的希望和计划遭受失败？为什么他自己反受排斥？这是他自己造成的吗？不，不是的，是因为南明的官僚统治机器已腐化到极点，弘光荒淫无度，马、阮秉政，内用官宦外结诸将，跋扈非常，加上一般士大夫的陈腐心理，使正气不能上升。丁先生认为"不是必不可免的"，这意思是说，可能免掉，也可能免不了，我们不能脱离历史和环境条件。关于环境条件，前面我们已经说过，现在我们再看看历史条件吧。他生长在 17 世纪及前半期，他反对不良君主，但他却听命于任何君主，因为他是保皇党，他提出自己的正确意见，但不是坚决斗争，因为他是统治阶级的一分子，又受着"君君、臣臣、父父、子子"封建的思想的支配，对议立福王时的争执和力言良玉的非凡，就是一个很好的例证。结果他都服从了御旨，我们岂能超越历史而说他不应该吗？显然是不能的。

（三）我们说史可法是一民族英雄，但并不是说他没有错误和反动的一面，他一直镇压农民运动，到后来还企图联合清军，削减农民军，实行安内攘外政策，这是他极大的错误，在战略上，他没有积极展开攻击敌人。⑤他没有和农民军联合起来，反而旧恨在心，这是应该责备的。但是并不能抹杀掉他抗清的英雄事迹，他是作为民族英雄而死的，而不是作为人民的压迫者而死的。

原载《历史教学》，1952 年第 8 期

---

① 《明史本传》。
② 《南疆逸史》。
③ 《请尊上权化水火》，见集。
④ 《小腆纪传》。
⑤ 《小腆纪传》。

从陈玉成看李秀成

　　陈玉成和李秀成是太平天国后期的两名军事将领。两个人都是广西藤县人,都是贫雇农出身,都是太平军起义时参加革命的,都是在天国出现危机后被委以重任而掌握兵权的。1858年天王"封陈玉成为前军主将,李秀成后军主将",1859年进封陈玉成为英王又正掌率,李秀成为忠王又副掌率。在陈玉成的领导和规划下,李秀成的部队曾和陈玉成配合作战,在大江南北屡败曾国藩、李鸿章、左宗棠的地主武装湘淮军和胡林翼的楚军,使太平天国的革命形势为之一振。因为陈玉成足智多谋,用兵神速,具有战略眼光,所以这时就出现了这样的局面, 如干王洪仁玕在自述中所说的:"在一八六〇及六一年间, 我军虽屡有失败, 但吾等之努力亦常得胜利, 亦有新得土地。"(《洪仁玕自述》,《太平天国》11)曾经参加太平天国革命工作的一位英国人呤唎也说:"一八六一年春,太平天国革命运动复放异彩,较之去年开始时的形势大见好。革命军几乎在所有的战线上都取得了胜利,清军的主力全被击溃,许多富饶地区一一落入太平军之手,这些地区的政权也迅速地巩固了起来。太平军军威大振,清军或则不加抵抗望风而逃,或则毫无组织地作困兽之斗。"{引自[英]呤唎:《太平天国革命亲历记》(上)} 太平军所辖的地区包括长江南北的广大城市和农村。太平军的兵力已达到35万人,陈玉成和李秀成的名字因此常常并提。到了1862年(同治元年)陈玉成不幸遇难,被清军杀害。又过了两年,即1864年(同治三年)李秀成也被清军杀死。看来两个人的一生很相似,但事实究竟是怎样的?

　　陈玉成是这时太平天国的第一个大功臣,为太平天国的革命事业做出了巨大的贡献。李秀成则是一个不好的将领,闹地位,闹分裂,一味发展个人势力,不顾大局,他发展江浙的军事行动,也不过只是加速了太平天国的灭亡而已,最后又成为叛徒。他的一生和陈玉成是根本不同的,他的名字不能和陈玉成相提并论。

　　陈玉成的一生是伟大的农民革命的一生。自从1854年在攻占武昌时显示出卓越的军事天才被破格提升为殿右三十检点后,曾屡建奇功,入九江助林启容守城,随燕王秦日纲收复被曾国藩湘军攻陷了的武汉,到镇江去击破清军对镇江的围困,等等。在镇江的战斗中因骁勇善战,颇得天王的夸奖,天王说:"玉成一身皆是胆,余之赵子龙也。"因此之故,在天国领导集团内讧后,陈玉成被封为成天又正掌率,掌握军事,成为天国的最高军事统帅,领导天国后期的革命战争。他颇有战略眼光,把主力放在安徽战场上,而军队则驰骋于皖鄂苏三省,在这一广大地区来调动敌人的兵力。那时对革命最大的威胁是曾国藩、李鸿章的湘淮军和胡林翼的楚军,他们力图占领安徽,以便夺取南京,所以对太平天国来说控制住安徽具有重大的意义。陈玉成对革命的态度是"何处官兵多,我即向何处救应"。在东向摧毁了清军的江南大营和江北大营,西去打垮湖北的敌人后,仍回师安徽,把保卫安庆作为一切军事任务的中心。因为保卫住安庆,不仅可以使天京得到保障,使天京的粮饷供给线畅行无阻,还可以和长江中游广大地区的太平军连成一气,和捻军采取共同行动。他说:"天京屏藩惟恃安庆,安庆之得失,关系我之存亡。"在敌人以全力围攻安庆,动员陆军两万和水师炮艇数百艘包围安庆后,他"迭次来援",以坚强的意志鼓舞战士去抗击敌人,使革命军增长了无限的信心。他对太平天国的事业非常忠心。对于敌人和叛徒则切齿痛恨,当他由湖北回到安徽,知道李昭寿反复无常,其军队又多嗜罂粟,他曾主张立即把他杀掉,使其无法破坏革命。

但是李秀成呢?是在农民革命风暴中被卷入运动中的,在被提升为后军主将后,就狂妄自大起来,处处以个人利益为重,不满天王给他的地位,不顾大局,不顾革命的根本利益。如前所述,当时大敌是上游的湘淮军,但他却不听调动,把军队带到江浙去,分散了太平军的兵力,使太平军无法集中优势兵力歼灭敌人。湘淮军遂乘机围攻陈玉成的孤军,先后占领宿松、潜山、太湖等地,对安庆采取包围形势,安徽战场情况越来越坏。陈玉成会奏请调他增援,他竟置之不理,见危不救,却到湖北去招兵买马。及至太平军占有了九年的安庆陷落后,敌人又占巢县、含山、和州,把矛头指向金陵。这时仍然有可能挽救危局,因为皖北的革命形势仍然很好,捻军势力还在发展,据有皖北数县的团练苗沛霖还徘徊于太平军和清军之间,观看风向,在人民中有很高威信的陈玉成也退到皖北,只要增强兵力,就可以在这里牵住敌人的兵力。就敌人方面看来,立即发动另外一次进攻也有一定困难,如他们自己所说:"现在安庆、池州均已克服,南北两岸,正需进兵之际而各营欠饷至七八月之久,兵勇负债过多,裹粮无资,竟不能拔队成行。"①但李秀成始终无动于衷,"不以北岸及京都为忧",长江下游的形势从此不可收拾。清朝统治者很得意他们的胜利,同治说:"自咸丰十一年八月间克服安庆省城后,官军乘势直逼江宁",从此革命势力"渐形穷蹙"。②掌握政事的干王在自述中也谈到安庆失守的严重性,他说:"我军最大的损失,乃在安庆落在清军之手。此城实为天京之锁钥而保障其安全者,一落在妖手,即可为攻我之基础。安庆一失,沿途至天京之城相继陷落不可复守矣。"李秀成一闹分裂,二不救危,对局势的恶化负有直接的责任,对天国的事业是犯了不可饶恕的罪过的。他对革命持了这种使人难以容忍的态度。但对于叛徒李昭寿,他却深情厚待,关怀之至,如他自己所讲的:"李昭寿在我部下,我无不重情深待","自李昭寿在我部下扰乱民间,与守将闹事,我并未责其半言,后其献滁州投大清,我亦未责,将其在京所配之妻瞒我天王而偷送付"。好一副慈爱的心肠。可惜这是对敌人的,而不是对革命的。李秀成已丧失了革命者应有的立场,他的这种行动,实际上在怂恿更多的无耻之徒去叛变。

更严重的是,当革命需要个人付出生命时,李秀成和陈玉成完全表现了两种不同的态度。如何对待死,这是考验一个革命者革命与否的根本标志。毛泽东同志在《为人民服务》一文中说:"人总是要死的,但死的意义有不同。中国古时候有个文学家叫做司马迁的说过:'人固有一死,或重于泰山,或轻于鸿毛。'为人民利益而死,就比泰山还重;替法西斯卖力,替剥削人民和压迫人民的人去死,就比鸿毛还轻。"(引自《毛泽东选集》)陈玉成是为革命而死,死得光荣。而李秀成则想替清朝统治者卖力,投降而死,死得可耻。

陈玉成是怎样对待生死问题的呢?

陈玉成在安庆外围的集贤关和远较自己优势的敌人进行殊死搏斗后,伤亡重大,及安庆失守,就撤退到庐州。敌人又以重兵围庐州,庐州沦陷,在极端困难的情况下,据有寿州的团练苗沛霖请陈玉成前去,说寿州粮广兵众。陈玉成相信了苗沛霖这个匪徒的话,而不认识他是个两面派,一面受天国的封爵,一面又受清朝钦差大臣胜保的招抚,就到了寿州,结果被捕,始知中计。这时

---

① 《大清穆宗毅皇帝实录》卷四。
② 《大清穆宗毅皇帝实录》卷一百七。

他表现了一个革命者应有的气节，怒斥苗沛霖的无赖，他向苗沛霖的侄子说：
"尔叔真是无赖小人，墙头一棵草，风吹二面倒；龙胜帮龙，虎胜帮虎。将来连
一贼名也落不着。本总裁只可杀，不可辱。势已至此，看你如何发落。"及苗沛
霖把他送到他的对手胜保军营中，他的态度更是从容镇静，对敌人表示了极
大的憎恨、愤慨和鄙视，不畏惧，不屈服。胜保在他面前是那样的可耻，那样的
渺小。历史这样记载了这位英雄的伟大气概：

> 玉成既为苗沛霖所赚，解至胜保营，玉成入，胜保高坐曰："成天豫何
> 不跪也。"玉成曰："吾英王，非成天豫。奚跪为？尔本吾败将，何向吾作
> 态？"胜保曰："然则曷为我擒？"玉成曰："吾自投网罗，岂尔之力。吾今日
> 死，苗贼明日亡耳，尔犹记合肥官厅，尔骑兵四万与吾战后，有一存否
> 乎？"胜保默然，予酒食，劝之降。玉成曰："丈夫死则死耳，何饶舌也。"
> (《太平天国轶闻》卷一)

看！这种坚贞不屈视死如归的革命精神是多么感动人。他给人一种前进
的力量，鼓舞人们不断前进，成为人们永远学习的榜样。

陈玉成死后，李秀成掌握了全面的军务，但并没有继承陈玉成的革命精
神和战略思想，仍然留恋于江浙。这样，"英王一去，军势军威同时堕落，全部
瓦解"。洪仁玕曾尖锐批评李秀成"不以北岸及京都为忧"，但也没有起什么
作用。

1864年天京陷落。天京的军民为了保卫首都曾付出了巨大的代价。但李
秀成被敌人捉住后，为了活命，竟称自己是"罪将"，对天国的革命事业极尽其
诽谤之能事，咒骂太平天国运动是"违反天命""逆天行事""不良不孝不义"
等。而对曾国藩等刽子手却倍加赞扬歌颂，并提出了什么"招降十要""天朝十
误"，真是无耻到了极点。曾国藩要审问他，要杀他，他却说：

> 昨夜承老中堂调至驾前讯问，承恩惠示，真报无由，罪将一身屈错，
> 未逢明良，今见老中堂恩广，罪将定要先行靖一方酬报。昨夜深惠厚情，
> 死而足愿，欢乐归阴。(《李秀成自述》)

曾国藩军营机要幕僚赵烈文的日记也记载了李秀成背叛的可耻状态：

七月初六日……伪忠酋李秀成伏法，渠写亲供五六万言……中堂甚怜惜之，昨日亲问一次，有乞恩之意，中堂答以听旨。连日正踟躇此事，俟定见后再相复。今日遣李眉生告以国法难逭，不能开脱。李□□□无戚容□□□曰："中堂厚德，铭刻不忘，今世已误，来生图报。"

这种贪生怕死，在敌人面前摇尾乞怜的丑态，哪还有一点革命的气节。连敌人也鄙视他，曾国荃说他"阱虎乞怜，曾狗鼠之不若，殊可嗤也"。同治皇帝看到自述后说："曾国藩咨送李秀成供词一本，昨因议政王军机大臣呈进，均已览悉，末段所载该逆宛转求生，乞贷一命。"[①]"宛转求生""乞贷一命"，这就是叛徒李秀成的嘴脸。

为什么一个曾经和敌人作战的"将军"在敌人的面前竟丑恶到这样？

是时代的局限性吗？不是，时代局限性是指人们对客观事物的认识和实践不能超过当时的历史条件。毛泽东同志在《实践论》中说："不能在封建社会就预先认识和实践资本主义社会的规律，因为资本主义还未出现，还无这种实践。马克思主义只能是资本主义社会的产物。马克思不能在自由资本主义时代就预先具体地认识帝国主义时代的某些特异的规律，因为帝国主义这个资本主义最后阶段还未到来，还无这种实践，只有列宁和斯大林才能担当此项任务。"（见《毛泽东选集》）这里毛泽东同志已把时代的局限性给我们讲得清清楚楚。就太平天国时期来讲，譬如说，不可能懂得马克思主义，因为当时中国工人阶级还没有产生，马克思主义还没有传入，这是时代的局限性。至于出卖革命，这是革命的气节问题，道德问题，政治品质问题，与时代局限性有什么关系？

是阶级的局限性吗？不是。阶级局限性和时代局限性是统一的、联系在一起的。阶级局限性是指在特定的生产方式下，这个阶级所具有的不可避免的时代的缺点，譬如在当时太平天国的英雄们没有远大的革命理想，不可能指出中国社会历史的规律和革命的规律，就是阶级局限性所致。叛变革命与阶级局限性又有什么关系呢？

如果说和时代与阶级的局限性有关，那么，为什么同一时代，同样出身中

---

① 《大清穆宗毅皇帝实录》卷一百十。

却产生了像陈玉成那样的英雄人物,而且这种英雄人物是成千上万的。举例来说,在1858年(咸丰七年)4月九江被湘军李续滨部攻陷,守将林启荣全军1.7万余人战死,没有一个人投降。1861年安庆被敌人攻陷时,守将叶芸来以下2万余人,满怀希望,勇气百倍,毫不动摇,最后全部壮烈牺牲。

那么究竟是什么原因导致了李秀成的叛变?答案只能是他的革命意志不够坚定,经不起严酷的考验。一个革命者不但要经得起胜利的考验,更重要的是要经得起挫折和失败的考验,特别是关系到个人生命的考验。李秀成在被捕以前,敌我界限不清,生活腐化,贪图享受,革命意志已经衰退。到天京沦陷他被俘以后,认为太平天国"天数已尽""主死国亡",产生了"在秦为秦,在楚为楚"的卑鄙思想,就屈服了,叛变了。

但是,事与愿违,他虽然表示真诚地忏悔过去,决心效忠清朝皇室,清朝统治者还是把他杀了。在清朝统治者看来,杀了比不杀好,因为他作为叛徒所起的作用已够了,留下来不会再起什么作用。

能不能说他"乞降未成,招降未就"?不能。因为事实是,就他自己来讲,他已完成了他的乞降活动,只是清朝没有把他的命保住罢了。而这正是所有叛徒的下场。叛徒总是企图以出卖革命、出卖人民、出卖阶级来换取自己的苟生,但敌人还是要杀掉他。至于招降未就,那不是他不想干这一肮脏勾当,而是第一,他已被杀掉;第二,即使他没有被杀,受着十四年革命教育的太平军也不会跟着他走。他叛变了,革命不是还在继续发展着吗?在江西、湖北等地,革命势力不是仍然控制着许多城市和广大的乡村吗?清朝皇室不是还在胆战心惊吗?只要看一看同治皇帝这时的左一道命令和右一道部署,就知道同治并不认为太平天国"天数已尽",相反的却认为太平军和捻军仍然是威胁清朝统治的巨大力量,所以一再告诉其部下,要提防,不要大意。说什么"江宁克服"而"楚皖之交"革命气焰仍然很盛,太平军和捻军"麇集于麻黄之交,奔窜靡定,曾国藩赴江宁后,安庆地处上游,控制皖南皖北,不可无大员镇抚"①等。这种情况,说明革命不会因个别人的叛变就停顿下来。

能不能说他的叛变对太平天国没有什么损失呢?不能。他的罪行造成了严重的后果。他灭自己的威风,长敌人的气焰,向敌人提供战略情报,提供扑灭革命的策略,对革命的危害是难以估计的。同治皇帝是非常感谢李秀成的。

---

① 《大清穆宗毅皇帝实录》卷一百七。

同治皇帝很想知道幼天王的去向,以便捕杀,使其不能再起号召作用,和清室对抗。李秀成帮了他的忙,《实录》对此记载说:"昨据曾国藩奏,洪福瑱积薪自焚,茫无实证,似已逃出伪宫,李秀成供曾经挟之出城,后始分散,其为逃出,已无疑义。湖熟防军所报斩杀净尽之说全不可靠,着曾国藩查明,此外究有逸出若干。"同治皇帝企图一举扑灭广德的太平军,李秀成又帮了忙。《实录》说:"昨据曾国藩奏述李秀成供内,有广德不攻自遁之语,可见广德现在并非有贼,着曾国藩多拨精锐,派得力将弁统带,赴广德攻剿。如贼已遁去,亦即力遏要冲,以免湖逆出窜皖南,为江西后路之患。左宗棠、李鸿章均应设法兼顾,严密兜围,毋令旁窜。"同治皇帝很想找到被太平军打死的张国梁的尸首下落,予以安葬,以便使其官兵为其卖命。李秀成又一次帮了忙。《实录》说:"李秀成供词内称张国梁遗骸系伊用棺木收埋在丹阳宝塔根下等语,着曾国藩传曾国荃派员寻觅,即饬该故员家属认领改葬,以示追念。"而且就当时形势来讲,太平天国的革命事业尚未最终失败,各地区的太平军仍然在抗击清军,李秀成不仅没有激励士气,鼓舞革命誓死和敌人斗争,却相反地竖起了降旗。有他的投降路线实行于前,也就有叛徒执行投降路线于后。听王陈炳文不是也带了六万部众、七千洋枪和很多洋炮投降了吗?李秀成给革命所带的损害是难以估计的,说对太平天国没有什么损失是不符合实际的。

李秀成出卖了自己的灵魂,把自己置于被人民审判的地位。这样的一个人被人民指为叛徒,被人们鄙薄和唾骂是理所当然的。

有两种文化传统在教育着我们,一种是革命的,一种是反动的。陈玉成和太平天国的其他英雄们是前者的代表,李秀成则属于后者。前者真正代表了中国人民的思想,是中国人民的英雄。他们引导了中国历史的前进,鼓吹了人民的觉醒。从他们的身上我们看到了革命者应有的立场,看到了一个热爱自己民族和国家的人在当时所应当做的最崇高、最美好的事情。他们在为革命战斗的时刻,擎着自己那个时代的旗帜前进,这就传播了光辉的思想。他们教育人们永不变节,永不妥协,是中华儿女自信心、自尊心的最伟大的体现者。因而最引起人们的景仰,为万世子孙所怀念、所歌颂。后者则是历史的渣滓,是为了反对社会的进步与解放而死,应该被扔到垃圾堆里去。

原载《南开大学学报》(哲学社会科学版),1964 年第 3 期

老沙皇和李鸿章 *

　　帝国主义、殖民主义为了对外侵略扩张的需要,总是要在别的国家物色和收买他们的代理人;而被侵略国家的反动统治阶级也总会出现投降派,充当帝国主义、殖民主义的走狗。19世纪末老沙皇和李鸿章之间的关系,就清楚地说明了这一点。今天重温这段历史,对于进一步认识当代新沙皇——苏修社会帝国主义的反动性、欺骗性,对于识别和痛击投降派,是很有现实意义的。

　　在近代世界史上,军事封建主义的沙皇俄国是一个反动堡垒,它的国策就是对外侵略扩张,谋求世界霸权。据统计,在沙皇统治的三百年中,它以每天平均大约一百五十平方公里的速度向外扩张,自侵入西伯利亚之后,它就把侵略矛头指向了中国的东北和西北地区。仅在第二次鸦片战争期间,它就乘机"从中国夺取了一块大小等于法德两国面积的领土和一条同多瑙河一样长的河流"。但这并没有满足沙皇的贪欲,它的侵略魔爪越来越深入地伸进了中国。

　　为了侵略的需要,沙俄在以武力相恫吓的同时,处心积虑地从中国清政府内部寻找它的代理人。1895年11月27日沙俄财政大臣维特公开向沙皇献策说:"想在中国得到租界权,必得先贿买天子的亲信。"终于,沙俄看中了一个人,要把他牢牢抓在自己手里。这个人就是李鸿章。

　　李鸿章是什么人?是中国近代史上一名卖国专家。他曾跟从曾国藩"讲求义理经世之学",是儒家的忠实信徒。他靠了勾结资本主义侵略者,残酷镇压太平天国和捻军的农民革命起家,为中外反动派所器重,办起了"洋务",当上了清政府直隶总督和通商大臣,并奉命在"总理各国事务衙门(外交部)行走"。对内镇压人民,对外投降卖国,是历代一切投降派的共同本质,也是李鸿

---

　　* 编者注:本文写作于1976年,文中提及"苏修社会帝国主义""新沙皇"等带有时代性词语,都予以保留,反映当时的社会思想历史原貌,但这些词语、观点值得进一步研究、探讨。

章的特长。他忠实地执行以慈禧为头子的"宁赠友邦,勿与家奴"的卖国路线,成为各帝国主义国家侵略中国的共同的代理人。在沙俄的威胁利诱下,从甲午中日战争到义和团运动期间,他特别卖劲地为沙皇效劳,成为沙俄的一条驯顺的走狗。

打着"和平""友谊"的幌子,唆使其他民族和国家打仗,以便坐收渔利,达到自己侵略扩张的目的,是沙俄和今日苏修新沙皇惯耍的把戏之一。1895年沙皇就插手了日本发动的侵华战争。恩格斯曾经指出:"中日战争是把日本作为工具的俄国政府挑拨起来的。"(《致劳拉·拉法格》)但战争结果,在中日签订的《马关条约》中,日本竟迫使清政府把辽东半岛割让给它。这触犯了沙俄的利益,因为它早已把中国的东北划作自己的势力范围。于是,沙俄一方面向日本施加压力,一方面扮出一副伪善的面孔,拉拢清政府。沙俄驻华公使公开向李鸿章表示要做中国的保护人,说什么接受沙俄的"保护"就可以阻止日本的侵略。结果由沙俄带头搞了一出"三国干涉还辽"的丑剧,让清政府增加巨额赔款赎回辽东半岛,达到了沙俄阴谋排斥日本、独占东北的目的。人为刀俎,我为鱼肉。清政府丧权辱国之余,李鸿章之流竟然对沙俄感恩戴德,甘心置于沙皇的"保护伞"之下。

这时,沙俄的西伯利亚铁路已修至远东,接近中国东北边境。为了便于南下,深入中国腹地,沙皇急于使这条铁路穿越中国境内,修到海参崴。沙俄财政大臣维特表明他们的野心说,有了这条铁路,就"使俄国能在任何时间内在最短的路上把自己的军事力量运到海参崴及集中于满洲、黄海沿岸及离中国首都的近距离处"。在这个卑鄙目的的驱使下,1896年5月沙俄利用沙皇尼古拉二世加冕的机会,把李鸿章弄到俄国去,同这个卖国贼进行了一宗肮脏的交易。

沙皇尼古拉二世加冕,清政府本来已决定派专使王之春前往祝贺。这个王之春,在前一年亚历山大三世逝世、尼古拉二世即位时,曾作为专使去过俄国,但是这一次不行了。沙俄驻华大使公然向清政府提出,王之春"人微言轻","位望未隆",指名点姓地要"威望重臣"李鸿章前去,并且特意为李鸿章找了一个俄国人做顾问。腐败无能的清政府只得乖乖地答应了。

李鸿章在俄国待了一个多月,沙皇尼古拉二世在彼得堡和莫斯科三次秘密接见了他。沙皇及其大臣向李鸿章大施笼络安抚之术。他们甜言蜜语,把侵略说成友谊,什么"俄国地广人稀,断不侵占人家尺寸土地"啦,什么"中俄交谊近时十分亲密,西伯利亚大铁道通过中国境,实为俄国援助中国调兵便利起见"啦,等等。同时,又告诉李鸿章,事成之后,以 300 万卢布给他做酬金。利欲熏心、卖国有术的李鸿章,自然高高兴兴地上了钩。于是,不惜开门揖盗,代表清政府和沙俄订立了《中俄密约》,允许西伯利亚铁道由赤塔通过中国境内。

就这样,沙俄通过走狗李鸿章,达到了侵略的目的。他们随即把一千五百多俄里的铁路插入中国,铁路所过地带,视同没收。他们得意忘形地叫嚣,沙俄"在此没收地带之上,是有主人资格,土地亦复属于我们"。侵略野心、狰狞面目,赤裸裸地暴露于世。

一次交易顺手,第二宗交易接踵而来。1898 年,沙俄又通过李鸿章等人,攫取了中国的旅顺和大连。

为了侵略扩张的需要,长期以来,沙皇就梦寐以求地要在远东夺取理想的出海港口。在强行占领中国黑龙江以北乌苏里江以东的广大土地后,海参崴成了沙俄的太平洋海军根据地。无奈海参崴不仅水浅,每年还有四个月的结冰期,满足不了要求。怎么办? 办法就是再向中国伸手。沙皇的一个大臣直言不讳地说:"俄国在太平洋方面,颇需占有一个港口,而该处两个海港(旅顺和大连)照其军事形势而论,确是极为重要故也。"

1898 年初,沙皇公然下令说:"朕已决定占领旅顺大连,并已派遣我们的舰队、陆战队前往该处。"随即一面肆无忌惮地把军舰停泊在中国海面上,用武力相威胁,一面又故技重演,去暗中收买李鸿章。

根据彼得堡的指示,沙俄驻华大使巴夫洛夫和七等文官璞科第在北京加紧进行秘密活动。从 1 月到 3 月,他们多次在夜间把李鸿章和另一个投降派张荫桓拉到沙俄使馆密谈,对他俩又是威胁,又是利诱,说什么"假使旅顺口及大连湾问题在我们指定期间办妥,并不需要我方的非常措施时",即各以五十万卢布相酬。

贿赂又起了作用。1898 年 3 月 27 日,李鸿章和巴夫洛夫签订了《中俄旅大租地条约》,沙俄未损一兵一卒,就攫取了包括旅顺、大连在内的中国辽东半岛的南端,还取得了从哈尔滨到旅大间建筑铁路的权利。沙皇喜出望外,连声呼喊:"真是太好,好得出人意料。"李鸿章呢,他在收到五十万卢布后,也是心花怒放,频频表示"甚为满意"。事实正像毛主席所指出的,对于包括李鸿章在内的一切民族投降派来说,"在他们面前没有什么当不当亡国奴的问题,他们已经撤去了民族的界限,他们的利益同帝国主义的利益是不可分离的"。

侵略成性的沙俄,胃口总也填不满,它得寸进尺,竟然又炮制出一种"理论",说什么"长城以北不是中国的领土",妄图把沙俄的疆界推至长城一线。在沙俄带头下,帝国主义各国日益加紧了对中国的侵略和掠夺。但是,中国人民从来不是好欺侮的,在任何强大的敌人面前,中国人民都不会屈服。面对着帝国主义瓜分中国的严重危机,1900年中国人民冲破清政府的压制和阻挠,掀起了震撼世界的义和团反帝爱国运动,给了帝国主义和他们的走狗清政府以沉重的打击。

这时,沙俄进一步暴露了它的豺狼面目。它不仅带头策划和参加八国侵略联军,进犯北京等地,而且单独出兵东北,强占了我国东北的各主要城市。在残酷的镇压、屠杀义和团和中国人民的过程中,沙俄为了向中国掠取更多的侵略权益,再次紧紧地抓住了它的老走狗李鸿章。

在以沙俄为首的帝国主义的胁迫下,1900年8月,清政府任命当时任两广总督的李鸿章为议和全权大臣,令其北上与侵略者进行谈判。为了抓住李鸿章,沙俄在天津近海就把他接到俄国军舰上,严密"保护"起来。李鸿章在天津的住所,也由沙俄派兵看管,门禁森严,未持有出入证者一律不得进入。经过一番密谋,李鸿章遂以拉拢俄国迫使其他侵略国让步为名,唯沙俄之命是听,俯首帖耳地为其效劳。11月,沙俄驻华大使格尔思提出要在天津设立俄国租界,作为侵略华北的据点,李鸿章立即上奏慈禧,说什么"各国在天津均有租界,俄商独无,论理本觉偏枯,今既来就范,以礼乞请,自应允许,使彼心向我益坚"。结果,在"租借"的名义下,使沙俄轻而易举地吞占了天津河东地区近六千亩土地。

国际帝国主义之间总是互相勾结又互相争夺。开始,沙俄背着其他帝国主义国家,通过李鸿章同清政府单独谈判关于中国东三省的问题。后来为避免其他帝国主义国家的干涉,又提出把缔约谈判移到彼得堡去举行,李鸿章奉命唯谨,答称"自宜在俄京商订为妥"。清政府当即任命驻俄大使杨儒为代表在彼得堡谈判,沙俄蛮横地提出了肢解中国的"十二条款",要把"东三省、蒙古、新疆等处"据为己有,"不得让予他国"。当沙俄驻华大使格尔思向李鸿章传达了沙皇谕旨,声称十二条款"不能更改一字"后,李鸿章又马上上奏慈禧,说什么"东三省系俄兵独力而战,铁路矿产似应为其专利……"主子与走狗之间,一唱一和,狼狈为奸。慈禧让李鸿章"全权定计",李鸿章就电令杨儒

"即酌量画押,勿误"！只是由于害怕激起全国人民的愤怒反抗,杨儒拒绝签字,沙皇这一大规模掠夺中国领土的野心才没有得逞。

但是,由于李鸿章等人的偏袒,在八国联合迫使清政府签订的《辛丑条约》中,沙俄捞到最大的好处。仅以赔款为例,它即独得白银1.3亿多万两,占赔款总额4.5亿两的29%,在各侵略国中居第一位。沙俄强盗塞满了腰包,它的外交大臣得意狂呼:"这是历史上少有的够本的战争。"

毛主席在总结中国近代史时指出:"帝国主义和封建主义相结合,把中国变为殖民地半殖民地的过程, 也就是中国人民反抗帝国主义及其走狗的过程。"沙俄是疯狂侵略和掠夺中国的帝国主义强盗之一,它非常迷信武力和卢布,好像这两个东西是万能的,有了它就可以随心所欲地宰割一个国家和民族。但历史是无情的。沙俄以及其他帝国主义的侵略和李鸿章之流的卖国行径,激起了中国人民越来越强烈和广泛的反抗。就在李鸿章签订《辛丑条约》后的两个月, 这个大卖国贼就在全国人民的唾骂声中,"忧郁焦急, 肝疾增剧",丧了狗命。义和团运动后十一年,辛亥革命爆发,反动腐朽的清王朝被中国人民推翻;再过六年,老沙皇也被伟大领袖列宁领导的俄国无产阶级埋葬了。事实正像毛主席所说的:"俄国皇帝是世界上最凶恶的一个统治者,当无产阶级和农民的革命起来的时候,那个皇帝还有没有呢? 没有了。"

然而,老沙皇却还后继有人。今天窃夺了苏联党政大权的苏修新沙皇们,他们完全继承了老沙皇的衣钵,变本加厉地追求世界霸权,对外进行侵略扩张。他们好话说尽,坏事做绝,扩军黩武,公开进行武力威胁。他们在亚非拉许多国家搜寻贿买代理人,大搞阴谋颠覆活动。苏修社会帝国主义已成为全世界人民的最凶恶最危险的敌人。今后在别的地方,也还不可避免地会出现一些像林彪那样的把苏修作为"保护伞",屈膝投降的卖国贼。这是世界范围内阶级斗争、民族斗争的规律所决定的。但是,同走一条路的人必然要走到同一个尽头。完全可以肯定,今天的新沙皇和他们的代理人,他们的下场也绝不会比老沙皇和李鸿章之流更美妙一点。

原载《天津师院学报》,1976年第2期

张謇与河套文化

　　张謇是清末民初我国现代化的思想家和实践家。他站在世界历史发展的高度来推动中国现代化,将实业救国和教育救国融为一体,创造了张謇模式,被誉为中国现代化的开山鼻祖。张謇及其事迹已成为我国丰富的文化遗产,其伟绩一直为国人所传诵。据不完全统计,张謇的传记已有 31 种,其中 21 世纪出版的占多数。记得 1983—1984 年,我作为富布莱特学者赴蒙他拿讲学。因讲中国现代民族资本主义的发展,必然要讲张謇,就搜集资料,当时只看到李时岳于 1962 年撰写的《张謇和立宪派》,而现在则成为一门显学,众多学者都将眼光集中于张謇的研究上。

　　现在《张謇研究》为学者开辟了新阵地,更多的学者从不同角度对张謇的思想及其事业,进行了解读式阐述。一代伟人的思想是常青的,影响是深远的。如果我们将他的人生选择和所处的时代紧密联系起来,就更能领悟他的非凡的贡献。

　　清朝末年,我国忧患丛生,积贫积弱,被西方称为"东亚病夫"。众多仁人志士都走出国门,寻找救国的良方,以改变中国的命运。张謇到了日本,考察日本社会的方方面面,颇有收获,决心借助日本的经验,促进中国的历史进程。

　　张謇的有形的、可以看见的伟业,集中展现于海门和南通。因为他有状元身份,又是实业家,北洋政府熊希龄组织"名流内阁"(1913 年 9 月—1914 年 2 月),张謇众望所归,担任农商总长。名流内阁倒台,他任水利局总裁。他在北京工作时,制定了一些法令条例和规划,这是无形的,见之于文件记录,实施多少,难以判断。因为当时军阀林立,各自为政,战乱不已。北洋政府官僚们又争权夺利,不能正己平心,淳朴、刚直的张謇无法大展宏图,只好将自己的理想寄希望于他的家乡,海门因此更显出光芒。

　　值得一提的是张謇对中国西北地区发展的关怀,特别是河套文化。

　　根据《引黄垦殖的开拓者王同春》(内蒙古出版社,2006 年版)一书记载,

1914年地理学家张相文计划考察西北地理人文,希望得到张謇支持,张謇立即回应:"包括新疆、青海、甘肃、宁夏、绥远的西北面积非常辽阔,人口只有三千五百万,每平方公里人口三人,矿产蕴藏甚丰。因前人对这片广阔的疆土了解甚少,调查工作刻不容缓。远处新疆,近处绥远,土地宽阔,清光绪十六年曾派贻谷到河套放垦,据他们所呈报,河套经百姓垦殖数十年,农田水利已有基础,你有志做西北调查,先到近的绥远河套去查看。"

从这里可以看到张謇对西北开发的重视。由于张相文的推荐和引见,张謇很器重河套的开拓者、平民专家王同春。王同春得到礼遇被邀进京,商谈开发河套及成立西通垦牧公司事宜,参加研究导淮工程。

这部书是王同春的晚辈王继祖等人撰写的。王继祖是南开大学经济学教授,我们同住在一个楼内,经常聊天,谈到他的家世,很感激张謇的知遇之恩,说他的先辈曾讲:"张謇是他几十年所遇官员中唯一真正爱民的高级长官。"

王同春到京后,根据张謇安排,开展导淮治淮工作,经过一年多时间考察淮河流域各县山川地形,向张謇提出两项建议:一、导淮入海;二、招募直鲁豫灾民进行水利工程,理由是这些农工能吃苦耐劳,有益于解决这几省灾民的生活问题。

张謇不仅采纳了王同春的意见,还和张相文、王同春共同投资创办西通垦牧公司,张相文、张謇各出银两千两,王同春出五原乌兰脑包地千顷。张相文派人具体经营公司一切业务及农务垦殖工作,王同春指导帮助。

历史的发展是有连续性的。今日我国的现代化经历了很长一段路程,正是在前人开创的基础上发展起来的。今日之现代化,张謇的功绩是永存的。

原载《张謇研究》,2011 年第 4 期

梁启超读书于日本的启示

梁启超是中国近代史上一位杰出的学者,他的思想和著作在他生前身后都产生了巨大的影响,成为我国民族文化的重要组成部分。20世纪二三十年代,我国学界就盛赞这位伟人,丁文江编的《梁启超年谱》,把握、体现了他的政治思想和学术思想。1936年罗芳洲在其编辑的《梁任公文存》序中讲:"在最近三四十年中,求其学问淹博,能够贯通新旧中西,在思想界占着重要的位置,而文章又极其动人,无论文言白话,均能取得广大群众的喜悦心理,第一个当属梁启超。"[1]胡适在其《四十自述》的自序中,谈到梁启超时讲道:"谁也不料那样一位生龙活虎一般的中年作家只活了五十五岁!虽然他的信札和诗文留下了绝多的传记材料,但谁能有他那样'笔锋常带情感'的健笔来写他那样五十五年最关重要又最有趣味的生活呢!中国近代历史与中国现代文学都因此受了一桩无法补救的绝大损失了。"[2]

这些评价都是从文化方面讲的,是很公允的。梁启超从过政,也是一位政论家,更重要的是致力于文化事业,用他自己的话说:"我的学问兴味、政治兴味都甚浓,两样比较,学问兴味更为浓些。我常常梦想能够在稍为清明点子的政治之下,容我专作学者生涯。"[3]他是他生长的那个时代的先知者和先驱者,即使他的一些主张是错误的、不合时宜的,如开明专制论、国体不变论,但这和他对中国文化的贡献比,实属次要地位。他从学术领域探索中国积弱原因,使国人认识到中国在各个方面都落后了,用新思想唤醒人民淬砺奋发,以适应世界进步潮流,使中国在激烈的国际竞争中永久生存,在这一方面,他的思想则具有不朽的生命力。

梁启超作为一名学者和主张改革的思想家,其地位和影响在19世纪80

---

① 梁启超著、罗芳洲选注:《梁任公文存》,文力出版社,1936年,第1页。
② 胡适:《〈四十自述〉自序》,《胡适文存》四集,黄山书社,1996年,第449页
③ 1921年12月18日在北京高等师范学校平民教育社讲演,《晨报》,1921年12月24日至31日。

年代创办《时务报》时崭露头角,这从陈宝箴、熊希龄、谭嗣同等积极促其到湘担任时务学堂中文总教习就可以看出,如陈宝箴在奏折中讲:"当于本年秋冬之间,与绅士筹商,在省设立时务学堂,讲授经史掌故、法律、格致、测算等实学。额设学生120人,分次考选。而延聘学兼中西、品端卓识之举人梁启超,候选州判李维格,为中学、西学总教习。"①梁、李到后,湖南维新运动蓬勃发展起来,梁和李维格共事,对梁了解西方有很大帮助,因为李通晓英、法文字,并多次出国。《时务报》上的西文翻译,多出自李之手笔。梁启超称这时是"学问饥荒"时期,他和康有为、谭嗣同想造成一种不中不西、即中即西的新学派,而为时代所不容。

应该特别指出的是,梁启超的思想从未停留在一点上。一个人认识自己是极为重要的,他评价康有为到一定阶段就停滞不前了,而他自己终生有一种强烈的进取心,与时俱进,在不断求索中。他有几句话值得人们深思:"有为常言:'吾学三十岁已成,此后不复有进,亦不必求进。'启超不然,常自觉其学未成,且忧其不成,数十年日在旁皇求索中。"②

随着读书之广延,知识和见闻的增加,他勇猛地前进,但由于1898年戊戌变法失败,9月他流亡日本,直到1912年始回国。这十四年间,可以说是他思想发展的鼎盛时期。他不仅拼命读书,睁眼看世界,亲历日本的现实,还到美国、澳洲一游,阅历和视野大大开阔了。他在《三十自述》中讲,"居日本东京者一年,稍能读东文,思想为一变"③。到日本的第一年,思想就发生了变化,这是无疑的。他在另一处具体讲到之所以变化之原因:"仆初抵日本,所与游者,多旧学,多安井息轩之门,明治十二三年时,民权之所说极盛,初闻颇惊怪,既而取卢梭、孟德斯鸠之说读之,心志为之一变。"④

梁启超原本是一位知识丰富的人,青少年时期即勤奋学习,又师从康有为,国学基础雄厚。到了日本,他发现自己知识有缺陷,对西方学术思想知之甚少。这源于清政府封建专制,不给人民言论出版自由,封锁了国人的耳目。而日本明治维新以后,善于输入西方文明,西方著名思想家的著述都被翻译

① 《光绪朝东华续录》,第一百四十三卷。
② 梁启超:《前清一代中国思想界之蜕变》,1921年1月,《改造》第三卷第5号,第15页;《饮冰室合集》,《饮冰室文集》(三十七),中华书局,1989年,第59页。
③ 梁启超著、罗芳洲选注:《梁任公文存》,文力出版社,1936年,第56页。
④ 丁文江、赵丰田编:《梁启超年谱长编》,上海人民出版社,1983年,第290页。

出来。他如鱼在水,可自由阅读,不受任何限制。他接触到的,都是很新鲜的,这更刺激了他读书的愿望。如果说戊戌变法前,他对西方文明的了解是片断的,那么这时,对西方的了解就比较系统和完整。西方学术思想和社会现实触动了他,开启了他前进的路程。历史上因祸得福的人不少。假如他当年不流亡日本,可以肯定地讲,就不会有后来巨大的成就,不可能在中国文化发展史上竖立起辉煌的丰碑。

梁启超学问欲极炽,其所嗜之种类亦繁杂。他没有把目光局限于一个方面,西方的政治、经济、哲学、历史、文艺,无不在他阅读之中。凡是推动西方历史前进的哲人的书,他都阅读。就西学而论,他读了卢梭、孟德斯鸠、霍布士、斯宾诺莎、亚里斯多德、康德、达尔文、赫胥黎等人的著述,这些思想家和学者是近代欧洲哲学和社会科学的创造者,其思想代表着欧美的文明,欧洲引以为骄傲,因而像磁石一样,吸引着梁启超尽情地阅读。

读书是他最大的乐趣。他因读书"畴昔所未见之籍,纷触于目,畴昔所未穷之理,腾跃于脑,如幽室见日,枯腹得酒,沾沾自喜"①。梁启超读书善于做札记,每读一书,都写出简短的评介和心得。和一般读书人不同,梁启超将自己的见解,通过自己办的刊物《清议报》《新民丛报》和《小说报》广而告之,就是说将新的思想灌输到人民的心中,使国人知道世界已进步到什么程度,中国应朝着什么方向努力。用他自己的话说:"国人竞喜读之,清廷虽严禁,不能遏,每一册出,内地翻刻本辄十数:二十年来学术之思想,颇蒙其影响。"②

他读进什么,悟出什么,接受了什么?这可从他的论述中找到答案。《论学术之势力左右世界》一文就充分反映了他的世界观,展示了他的精神渴望和进步史观。他对人权、民主自由、进化论诸学说,推崇备至。他颇倾爱西方的一些宝贵格言,如英文中讲的"知识就是力量",深深印入他的脑海中。他采取拿来主义,尽量输入西方学说,自喻"新思想界之陈涉"。这里我们引述他对几位哲人的评介,从评介中反映了他个人的思想。

关于孟德斯鸠,他说:"及孟德斯鸠出,始分别三种政体,论其得失,使人知所趋向又发明立法、行政、司法三权鼎立之说,后此各国,靡然从之,政界一

① 梁启超:《饮冰室文集》(四),中华书局,1989 年,第 80 页。
② 梁启超:《前清一代中国思想界之蜕变》,1921 年 1 月《改造》第三卷第 5 号,第 15 页;《饮冰室合集》,《饮冰室文集》(三十七),中华书局,1989 年版,第 59 页。

新,渐进以迄今日。又极论听讼之制,谓当废拷讯,设陪审,欧美法庭,遂为一变。又谓贩卖奴隶之业,大悖人道,攻之不遗余力,实为后世美、英、俄诸国放奴善政之嚆矢。其他所发之论,为法兰西及欧洲诸国所采用,遂进文明者,不一而足。孟德斯鸠实政法学之天使也。"

关于卢梭,他讲:"自此说(指民约论)一行,欧洲学界如旱地起一霹雳,如暗界放一光明,风驰云卷,仅十余年,遂有法国大革命之事。自兹以往,欧洲列国之革命,纷纷继起,卒成今日之民权世界,《民约论》者法国大革命之原动力也,法国大革命,十九世纪全世界之原动力也。"

关于达尔文,他说:"达尔文者,实举十九世纪以后之思想,彻底而一新之者。是故凡人类知识所能见之现象,无一不可以进化之大理贯通之。"①

从上述引文中,不难看出梁启超是怎样吸收了西方文明。他之所以有如此的论述,目的在于使国人接受这些真理,以此规范自己的道德。

梁启超把西方文化和中国的距离拉近了,可以这样说,他是宣传西方文化的使者。荷兰哲学家斯宾诺莎就是20世纪初梁启超在日本出版的《西儒学案》中第一次介绍到中国的。

关于吸收西方文明问题,梁启超有一精辟的论述:"欲强吾国,则不可不博考各国民族所以自立之道,汇择其长者,以补我之所未及。"②他从中国历史上论证吸收外来文化的好处,认为应把外来文化拿来,融会贯通,造成一种新文化。他说:"我中华当战国之时,南北两文明初相接触,而古代之学术思想达于全盛,及隋唐间与印度文明相接触,而中世之学术大放光明。今则全球若比邻矣;盖大地今日只有两文明,一泰西文明,欧美是也;二泰东文明,中华是也。二十世纪则两文明结婚之时代也。"③文化融合是历史发展的趋势,这就是他的结论。

对梁启超所讲的融合,应该全面地理解。他并不是一味倾倒于西方文明和文化,他告诫人们吸收外来文化时,不要陷于错误,引导错误,这一观点在《释新民之义》中,讲得很明白:"故吾所谓新民者,必非如心醉西风者流,蔑弃

---

① 梁启超:《论学术势力之左右世界》,《饮冰室合集》(一),中华书局,1989年,第110页。
② 梁启超:《释新民之义》,《梁启超选集》,上海人民出版社,1984年,第212页。
③ 梁启超:《前清一代中国思想界之蜕变》,1921年1月《改造》第三卷第5号,第15页;《饮冰室合集》,《饮冰室文集》(三十七),中华书局,1989年,第59页。

吾数千年之道德、学术、风俗，以求伍于他人；亦非如墨守故纸者流，谓仅抱此数千年之道德、学术、风俗，遂足以立于大地也。"后来在《论学术之势力左右世界》中更语重心长地说："我辈虽当一面尽量吸收外来之新文化，一面仍万不可妄自菲薄，蔑弃其遗产。"针对当时已出现了两种不良倾向，梁启超指出了应遵循的道路。这是开放式的，又要正确对待中国的传统文化，就是说把时代性和民族性结合起来。这是他对现实的关怀所引发的思考

吸收外来文化，应有坚定的理智，不能随风倒，去迎合西方的一切，事事对西方膜拜，这是他基本的观点。19世纪末，西方殖民主义者，打着民族主义的旗号，"各国均用此主义"横行世界，肢解中国，划分势力范围。他目睹现实和对现实的敏感，命殖民主义为民族帝国主义。认为中国之所以受欺凌，患不在外而在内，他以普通常识发问："欧美诸国何以不施诸日本，亦曰有隙无隙之分而已。"要挽救中国的危机，只有以民族主义为武器。他反复阐述中国人应有自己的民族意识，如果没有民族主义意识，那中国的前途是不堪设想的。而当时清政府腐败愚昧，尚不知国家已处于危难之中。人民因几千年来都受着家族的统治，只知有朝廷，不知有国家，没有国民意识，因之他大声疾呼，应树立起中国人的民族意识和国民意识，希冀中国人从个人的小圈子走出来。

梁启超从读书中不断得到启示，联想的很多。他从历史的发展中，触及中国的弱点和痛痒处，寻找中国前进的方向，譬如读了西洋史，写了一大段文字，让人们知道中外社会的相反性，知道自己处于什么状态，知道中外存在着巨大的距离，"我们读西洋史，真是越读越有趣，处处峰回路转，时时柳暗花明，只看见他们国家里头的细胞，好像'无事忙'一般，在那里运动个不休。除宗教学术文艺上种种运动不计外，专就政治上说，那关于全部的，例如人权宣言运动，殖民地独立运动，民族建国运动，什么普通选举运动，社会主义运动……等等。那关于局部的，例如放奴运动、妇女参政权运动、禁酒运动……等等，看他们闹得真起劲，真运动得兴高采烈，淋漓尽致。拿中国人眼光看来，真是莫名其妙，只好说是'啰唣''捣乱'！'多管闲事'干吗？"[①]读书有两种状态，一是死读书，陷于其中不能自拔，成为书呆子。一是活读书，独立思考，有继承，有扬弃。梁启超边读书边思考，用比较方法，阐述自己的思想，其文章出入于古今中外，意味无穷。读书使他丰富了他的排满共和论，也使他笔

---

① 梁启超：《外交欤？内政欤？》，《晨报》，1921年12月24日。

力超群,论证严谨,如《十种德行相反相成义》文中讲独立与合群、自由与制裁、自信与虚心、利己与爱他、破坏与成立,蕴含着丰富的思想和知识。他以小言论的形式所发表的见解,比长篇大论的威力要大得多,不仅引发了人们的思索,还荡涤了人民思想中的陈腐观念,这就是活读书的结果。

梁启超读书凸显了他的品德,有明确的目的,他把读书和救国密切结合起来。他给他的妻子的信中讲:"我辈读日本书之益处多,他日中国万不能不变法,今日正当多读些书,以待用也。"①这种状态是他那个时代许多爱国志士的共同理念。他驾驭书的本领也是超群的,是他人企羡莫及的。他写出那么多思想内容丰富的文章,是他人难以达到的。读书不能限于自得其乐,更不能视为炫耀于人的资本,梁启超应是人们的榜样。

在日本的 14 年苦读,的的确确,铸造了梁启超。他不仅得到了智慧和才能,还懂得了科学和科学方法。他在自己的晚年一是强调思想解放,应形成自由批评风气,不能拿一个人的思想做金科玉律。他尖锐指出,"我中国千余年来,学术所以衰落,进步所以停顿",因受到古代和近时思想的束缚,缺乏独立自由研究的缘故。一是强调科学精神,甚至讲:"中国人如不懂得科学的真正含义,中国人在世界上便永远没有学问的独立,中国人不久必然成为现代被淘汰的国民。"②

人都在读书,希望成为有学问的人。而学问的价值究竟何在,梁启超深有体会地讲:"学问的价值,在善疑,在求真,在创获;所谓研究精神者,归著于此点不问其所疑所求所创造者在何部分,亦不问其所得之巨细;要之经一番研究,即有一番贡献,必如是始能谓之增加遗产;对于本国之遗产当有然,对于全世界人类之遗产亦当有然。"③他告诉人们有了知识,要懂得研究和如何去研究,应选好主题,竭尽全力去探索。研究是最严肃的事业,任何学问探索下去,都有一个深邃的境界。

梁启超的使命感很强,当他把自己的精力转向中国文化遗产的发掘和整理上时,人们可以由此看出他的苦心所在。如 20 世纪初他撰写的《前清一代中国思想界之蜕变》及《清代学术概论》,将中国的学术发展放在世界学术发

---

① 见梁启超:《与惠仙书》,光绪二十五年二月二十日,《梁启超年谱长编》。
② 梁启超著、罗芳洲选注:《梁任公文存》,文力出版社,1936 年,第 188 页。
③ 梁启超:《前清一代中国思想界之蜕变》,《改造》第三卷第 5 号,1921 年 1 月,第 15 页;《饮冰室合集》,《饮冰室文集》(三十七),中华书局,1989 年,第 59 页。

展的天平上去衡量,倾谈自己的思想,其中虽尚有不尽如人意处,而其见解则高人一筹。

文化的发展,根基于教育。他对当时的学校教育极为不满,说:"今日之学校犹商店也,学生负贩者耳,教授掌柜者耳。贩者求某种货物,掌柜者即擎来某种货物与之,辗转负贩,于学术文化无补也。辄手创文化学院于天津,欲实现其理想之学术,卒因经济关系,中止进行。"①这一抱负未能实现,但可以看出他志趣的远大。

梁启超在中国文化发展史上贡献颇多,是中国近代的一位文化巨人,他留下了丰富的遗产,随着时间的推移,必然更显现出他的光辉。可以设想,再过100年,人们纪念研究这位哲人,必然有更多更深的体会。人都在走自己的路、写自己的历史,梁启超的读书事,留下了深深的足迹。研究它,将对我们大有裨益。

原载《历史档案》,2004年第1期

---

① 锦江:《我所见之梁任公先生》,《申报》,1929年2月15日。

梁启超对近代中国历史的影响

　　梁启超,广东新会人,生于 1873 年,卒于 1929 年,字卓如,号任公,别号沧江,又号饮冰室主人。他是中国近代史上伟大的思想家和作家,著述 1400 多万字,是影响中国历史进程的人物之一。他学问渊博,贯通新旧中西。他的文章极其动人。严复称"任公妙才,下笔不能自休,其自甲午以后,于报章文字,成绩为多,一纸风行海内,观听为之一耸"。梁启超自己讲他的文章"平易畅达,时杂以俚语、韵语及外国语法,纵笔所至不检束,学者竞效之,号新文体;老辈则痛恨,诋为野狐,然其文条理明晰,笔锋常带情感,对于读者,别有一种魔力焉"。胡适比梁启超小 18 岁,对梁启超崇敬之至,他曾讲:"使无梁氏之笔,虽有百十孙中山、黄克强,岂能成功如此之速耶!"(指辛亥革命)那个时代的年青一代知识分子,几乎无一不受梁启超思想和文字的洗礼。毛泽东比梁启超小 20 岁,每当在《新民丛报》上看见梁启超的言论,他就会反复地读。郭沫若也非常推崇梁启超,说梁任公在当时确实不失为一个革命家的代表,"在他那新兴气锐的言论之前,差不多所有的旧思想、旧风气都好像狂风中的败叶,完全失掉了它的精彩"。因为梁启超的丰功伟绩,在他逝世后,天津、上海都举行了公祭。杨杏佛的挽联是:"文开白话先河,自有勋劳垂学史;政似青苗一派,终怜凭藉误英雄。"胡适的挽联是:"文字收功,神州革命;平生自许,中国新民。"但是大儒梁漱溟因门户之见,学派对立,称:"梁启超学术上的成就量胜于质,其参与政治上失败多于成功。"他的老师康有为后来也因政见不和,骂他是"梁贼"。然而这都无损于梁启超的形象和历史地位。

国难危重　主张变法

　　清末,中华民族的危难已经打破了古今历史的一切纪录。甲午中日战争后,接之而来的是帝国主义瓜分中国。鲁迅讲:"新派摇头,旧派也叹气。"此时在广东出现了两种主张变革社会的力量:一是孙中山领导的,主张从下层社会着手;一是康有为、梁启超领导的,主张从上层社会着手。

梁启超在《三十自述》中记述了自己成长的历史,特别讲到拜康有为为师对自己的影响。他说,他自幼好读书,祖父让他读《史记》《纲鉴易知录》。其父慈而严,督课之外,使之劳作,言论举动稍不谨,辄呵斥不少假借,常训之曰:"汝自视乃如常儿乎?"这说明家庭教育对他的影响。他发奋读书,获得了秀才、举人的称号。但他不以此为满足,得知康有为于广东省城长兴里之万木草堂讲学,去听讲,其言论便萦绕于他的脑际。当时康有为的功名只是秀才。举人向秀才学习,遂成为佳话。他说:"草堂颇有藏书,得恣涉猎,学稍进矣。"他讲到自己当时的心情:"余以少年科第,且于时流所推重之训诂词章学颇有所知,辄沾沾自喜。先生乃以大海潮音作狮子吼,取其所挟持之数百年无用旧学,更端驳诘,悉举而摧陷廓清之。"这给他当头一棒,如冷水浇背。他深刻地认识到自己的弱点,从此有了新的希望和方向。他为康有为所器重,参加了康有为联公车三千人上书请变法。康有为设立强学会,梁成为积极分子,阅读了更多翻译西方思想学术的书,梁是康弟子中最有力的人物。

其时,黄遵宪、汪康年、麦孟华、徐勤等在上海创建《时务报》,以梁启超为主笔。每期印二千至四千份,宣传维新变法思想,刊登京城及外省新闻,以及英、日、法报纸、杂志的译文,特别选译有关中国局势的文章,以此吸引读者注意列强瓜分中国的威胁。该刊也刊登康有为、梁启超、麦孟华、汪康年等人呼吁实行变法的文章,介绍君主立宪政体的原则,说明清朝整个国家机构为何实行民主化,如何吸收民族资产阶级、地主的代表人士参加管理。《时务报》所有的文章都是宣传爱国思想,许多文章提出在十年之内恢复已丧失的主权和领土,取消领事裁判权,使中国成为独立的国家。康、梁的目的是君主立宪,其言论则超过了君主立宪的范围。他们在维新运动中,不断丰富自己的思想。

梁启超声名鹊起。康、梁名字并称,起于此时。梁启超思想之所以进一步丰富,除了康有为的影响,还有两个方面的重要原因。一是严复翻译的赫胥黎《天演论》的影响;一是他曾任西方传教士李提摩太的秘书,从而得到西方改革的知识。

维新变法已成为时尚,湖南因谭嗣同、唐才常等人的倡导,得到巡抚陈宝箴父子及署理臬司黄遵宪、学使徐仁铸的同心协力,成立了南学会、时务学堂和《湘学报》。根据《东华续录》记载,时务学堂"延聘学兼中西品端识卓之举人梁启超、候选州判李维格为中学、西学总教习"。他们看书、译书、撰报,激励士民爱国之心,养成许多实用之才。自立军领袖唐才常、林圭等庚子六君子及著名爱国将领蔡锷等都是梁启超的学生。谭嗣同在自己的文章里经常称赞湖南人,说他们不依赖外国人,自己创办现代化学校,组织各种学会、社团、开矿,维新运动生机勃勃。

虎口余生　流亡日本

1898 年,中国近代史上出现了戊戌变法,也称百日维新,从四月到八月百余日,康、梁为之奋斗的事业,总算有了成果。不幸的是慈禧太后发动政变,变法失败,光绪帝被囚,六君子遇难。康有为逃到英国使馆,梁启超逃到日本。

为什么日本会接纳梁启超呢?当时的日本首相伊藤博文正在搞东洋扩张论,而中国内乱正是日本扩张势力的好时机。所以当时的日本驻华公使林权助同意梁启超到使馆,并帮助他离开中国。但因清兵一直紧追不舍,想逃走并不容易。林权助想了一个办法,组织以日人为主的猎人小分队,梁启超夹在其中,并让日本驻天津领事馆的郑永昌(已入日籍)领事予以协助。一行人从北京的正阳门火车站,坐火车到天津。在天津火车站台被发现,梁启超和郑永昌机警地跳到海河上一艘日本帆船,驶向塘沽,转乘日本大岛号军舰。26 日后,日军舰起航东去。

此时梁启超作诗一首,名为《去国行》:"呜呼济艰乏才兮,儒冠容容。佞头不斩兮,侠剑无功。君恩友仇两未报,死于贼手毋乃非英雄。割慈忍泪出国门,掉头不顾吾其东……"在其中讲到恨自己在困难时没有能力,既不能报君恩,也不能报友仇。他自己很想报仇,但是死于贼手非英雄,所以掉头去了日本。

有人讲梁启超在船上当夜就学会了日语,据梁启超自己说不是这样。他说,自己用五个月学会读日本书、念日文。即便这样也是很快的学习速度了。在日本,他的大女儿梁思顺给他做秘书,帮他翻译。

明治维新以后,日本向西方学习。欧美革命思想的书籍和历史名著在日本大为流行,如《法国革命史》《美国独立史》《民约论》《万法精理》等书。梁启超在这里都读到了。许多知识是梁启超在国内没看到的,现在看到了,原来不理解的,现在理解了,所以这段时间对他的影响很大。在日期间,梁启超创办了七八种报纸,最著名的就是《清议报》《新民丛报》和《新小说》。他公开批评清政府,要求废除专制。他还介绍了大量西方变法改革的经验,并第一个把德国学者伯伦知理(J.K. Bluntschli)的国家学说介绍到中国。

这期间,他还曾到美国考察半年,广增见闻。他曾经和孙中山合作,后来两人分道扬镳,因为梁启超认为光绪是位开明的皇帝,主张君主立宪,革命和立宪成为对立的两大力量。

1907 年,梁启超和蒋智由、陈景仁等在东京组织政闻社,并发表一篇宣言,提出四大纲领:一、实行国会制度;二、厘定法律;三、确立地方自治;四、慎重外交,保持对等。这是他们要实现新的国家形态的梦想。这一主张遭到革命党反对,清政府也不允许其存在。政闻社的许多成员后来回到国内各省,坚持宣传他们的主张,为辛亥革命成功做出了贡献。

日本环境为梁启超提供了广阔的视野,思想因此有了巨大的跃进,民权、民主、科学、自由等概念已占据他的脑海。他到日本一年后,就讲到自己的感受:"亚洲大陆有一士,自名任公其姓梁,尽瘁国事不得志,断发胡服走扶桑。扶桑之居读书尚友既一载,耳目神气颇发皇。少年悬孤四方志,未敢久恋蓬莱乡,誓将适彼世界共和政体之祖国,问政求学观其光。"这几句话简洁地描绘出他的心灵史和他的感叹情绪,所见所闻对他的冲击溢于言表。

梁启超将中国和日本作比较,日本明治维新 40 年,驱逐外力完全自强,仅 20 年间政治开明、科学进步、言论自由。而中国是个老大的民族,守旧精神毕竟特别久长,数千年来的封建主义影响实在太深,进行社会变革并非易事。他在《新民丛报》上讲:"夫我既受数千年之积痼,一切事物,无大无小,无上无下,而无不与时势相反,于此而欲易其不适者以底于适,非从根柢处掀翻之,廓清而辞辟之,乌乎可哉!乌乎可哉!此所以 Revolution 之事业(原注:即日人所谓革命,今我所谓变革),为今日救中国独一无二之法门。不由此道而欲以图存,欲以图强,是磨砖作镜,炊沙为饭之类也。"目睹中国之现状,他的忧患意识喷发出来:"今天下之可忧者,莫中国若;天下之可爱者,亦莫中国若。吾愈益忧之,则愈益爱之;愈益爱之,则愈益忧之。"他希望全国人民都听得见他的呐喊,都像他一样,参加到救国之大业中来。

捍卫民国　旗帜鲜明

民国初期,是北洋军阀统治时代,中国社会曲折复杂多变。但辛亥革命成功建立的民国是主体,谁若偏离民国就要受到惩罚。

梁启超在日本流亡 15 年,极其兴奋地回到祖国,希望能在政治活动中实现自己的政治抱负。他先后在袁世凯和段祺瑞政府中担任司法部长和财政部长,但都不到一年就退出来,和军阀无理可讲。军阀任意横行、鱼肉百姓、污辱民国,官场中,顺此风潮者,则优而容之,逆之则锄而去之。他自己也组织学会,组织党派,希望有所作为,但大小军阀混战,淹没了一切。

1915 年 8 月 14 日,袁世凯授意筹安会六君子杨度、孙毓筠、严复、刘师培、胡瑛、李燮和著文鼓吹帝制。梁启超立即意识到这是帝制复辟的序幕。时任袁世凯参政院参政、将军府将军、全国经界局督办蔡锷秘密到津,在中国银行总裁汤觉顿家中会晤梁启超,共同商议发难,梁说:"余之责任在言论,故余必须立刻作文,堂堂正正以反对之,君则军界有大力之人也,宜深自韬晦,勿为所忌,乃可以密图匡复。"他们选择云南为首先发难之地,理由是蔡在辛亥革命前后是云南革命运动的掌舵人,声望高,于军界政界均有好友和拥护者。

梁启超于 8 月 22 日,怀着不忍坐视袁世凯及六君子"鬼蜮出没,除非天夺吾笔,使不能复属文耳"的态度,竟夜写成《异哉所谓国体问题者》的檄文,让汤觉顿和范旭东赴上海和北京在报刊上发表。9 月 1 日,他还堂堂正正将此文呈请袁世凯阅览。袁派内使夏寿田赶赴天津,贿以"二十万元,令勿印行",遭到梁启超的拒绝。又派人威胁道:"君亡命已十余年,此中况味亦既饱尝,何必更自苦!"梁启超则以蔑视愤慨的语气说:"余诚老于亡命之经验家也。余宁乐此,不愿苟活于此浊恶空气中也。"使来者尴尬,无言以对。

梁启超讨袁檄文于 9 月 3 日首先在北京英文《京报》汉文部刊出,随后《国民公报》转载。从 4 日起,上海各大报刊刊登,上海各界抢购传抄,为前所未有,威力震动了全国。

1915 年 11 月 17 日,蔡锷由京到津。19 日,以治病为名,东渡日本,然后经上海(有一说经台湾)、香港、越南,于 12 月 17 日到达昆明,联络旧友,国民党温和派和进步党人士加入进来,于 22 日在昆明召开独立大会。25 日,云南宣告独立,组成滇黔护国军,蔡锷任总司令,兴兵讨袁,全城欢呼,悬灯结彩。1916 年 1 月 1 日,还召开了拥护共和大会,梁启超也摆脱了袁世凯的监视,南下上海,为护国军起草了讨袁檄文和宣言,多次致函蔡锷,在战略战术、组织宣传、对外方针方面,予以指导。他还联络策反黔、贵、粤等省共同反袁。广东省督军龙济光谎称赞成反袁,实为袁之死党,枪杀了前去策反的汤觉顿及其赞成反袁的部下谭学夔、王广龄、岑伯铸,此即"海珠惨案",梁仍期望龙能转变,只身入粤而谈,以乡亲之谊诉说,也陷入险境,幸他人相助,逃出一劫。

粤事复杂十足,而反袁声势席卷全国,东南各省相继响应,袁世凯焦劳羞愤,宣布取消帝制,于6月6日死去。一场丑剧就此结束。

没有想到,袁死后,1917年7月1日又出现张勋复辟,梁启超与汤化龙、林长民、刘崇佑、籍忠寅等研究系同仁在饮冰室开会,商讨反复辟事宜。梁启超起草了讨伐张勋复辟的通电。7月3日《大公报》发表了反对复辟电。张勋的辫子军约1万多人,使梁启超不理解的是,他的老师康有为竟然署名拥护复辟。他秉笔指责康有为。有人对此表示惊讶,梁说:"师弟自师弟,政治主张则不妨各异,吾不能与吾师共为国家罪人也。"梁启超坚持自己的道德观,以真理为重,对捍卫共和政体做出了重大贡献。

旅欧一年　思想巨变

梁启超思想上最大的跃进是1918年12月至1920年到欧洲考察。同行者一共7个人,包括地质学家丁文江、军事理论家蒋百里、政治学家张君劢及杨鼎甫、刘崇杰、徐新六,翻译是丁文江。

在欧洲这一年多时间,梁启超参观了很多地方,其中在英国和法国停留时间最长。他参观了欧洲的国会、银行、商会、教堂、农村、城市,对欧洲社会进行了认真的观察,收获颇丰。在欧洲的所见所闻也引发了他新的思考。那时正是第一次世界大战后,欧洲十分萧条。恰逢天气寒冷,烧的煤比金子还贵,人民生活十分困苦。梁启超感慨,欧洲文明源远流长,又一向以个性解放、自由、法治著称,怎么会发生世界大战这种灾难,怎么会有这样混乱的社会状况。

旅欧期间,梁启超还参加了正在法国举行的解决第一次世界大战后国际问题的巴黎和会。会上,美、英、法等战胜国列强不顾中国利益,将原德国在山东的权益全部交给日本。这让梁启超对西方各国大失所望。

根据见闻,梁启超运用自己的智慧,提出东西文化各有所长,应取长补短,认为"救知识饥荒,在西方找材料;救精神饥荒,在东方找材料"。梁启超对客观事物采取宽容、崭新而开明的态度。在欧洲,他还不失时机地学习法文、英文、拉丁文。

讲学南开　著书立说

从1915年开始，梁启超住进天津意租界（今河北区民族路46号）。他将自己的房子命名为饮冰室。"饮冰"出于《庄子·人世间》："今吾朝受命而夕饮冰，我其内热与？"比喻自己内心对国家、民族的忧虑。梁启超在这住了将近十五年，直至去世。为什么他在天津这么久呢？1912年他从日本回国以后，在北京待了十二天，十九次被请去参加各种应酬活动。他不适应北京的这种政治气候，感到不胜其扰，决定找个安静的地方，避免嘈杂，这样可以有时间来梳理自己的思想。于是他来到天津。

晚年梁启超致力于文化教育事业，长期在南开、清华等院校讲学。这里仅以他在南开的演讲教学为例。1917年梁启超应邀在南开学校演讲。当时周恩来正在南开读书，对梁启超久已敬仰，他前去听讲并做了认真记录。梁启超的演讲让他感到言若金石，入人脑海。1921年9月梁启超在南开大学演讲《大学的责任》，11月讲《市民与银行》，1922年2月在开学仪式上讲《青年元气之培养》，7月在暑期班演讲《教育家的自家田地》。在几次公开讲演以外，他还讲中国文化史，后整理为《中国历史研究法》，成为史学名著。梁启超讲课很有吸引力，听讲者不仅有南开学生，天津市民数百人都来听。梁启超告诉学生们治学要融汇中西："不要怕难，奋兴起来，一面发扬我国祖宗传下来的学业，一面输入欧西文化。"他对南开大学倍加称赞："我们希望大学办得欧美那样好，能发扬中国固有的学术，不能不属望于私立的南开大学了。南开师生有负这种责任的义务。如是南开大学不独为中国未来私立大学之母，亦将为中国全国大学之母。"

梁启超在讲学的同时，还在研究、写作。他的《中国近三百年学术史》《先秦政治思想史》《先秦政治思想》等成为很有历史价值的著作。

即使病重，梁启超仍从医院跑回家，编写《辛稼轩先生年谱》。他的写作一直到生命最后时刻。

少年中国　启发深远

梁启超百科全书式的研究以及他在重大历史关头的表现，就是高扬革命的民族精神,是希望国家富强、走向振兴。这也是他一生从事学术、从事政治最重要的一个动力。比如著名的《少年中国说》。梁启超靠着他富有感染力的文笔,将他对振兴国家的追求写了出来,读完后让人有血脉偾张的感受:"故今日之责任,不在他人,而全在我少年。少年智则国智,少年富则国富,少年强则国强,少年雄于地球,则国雄于地球。""美哉我少年中国,与天不老;壮哉我中国少年,与国无疆!"这是一篇激情飞扬的文章,当时好多有为的年轻人都深受其影响。我们也许可以说,梁启超的影响超过同时代的任何人。

从梁启超的活动、学术著作中,我们能得到很多启发。

第一,他的治学精神是我们永远学习的典范。他求知欲很强,一直追求新鲜的事物,以报人敏锐的眼光发掘研讨,观察自己认为有价值的事物和人物。清末民初的历史都活在他的笔下,在研究过程中,每一步骤都是自己操劳。他以言论起家,也以言论深远扬名于世。他的成功是他刻苦的结果。他曾讲,"责任心"和"趣味"这两件事情是他生活的资粮。做一件事,认为有价值就应该热心地去做、独立思考、批判分析,总会有好的结果,要有使命感,做一个对社会有益的人。做学问,要成功,没有侥幸之事。

第二,治学要有分析批判的精神。梁启超曾讲:"吾爱孔子,吾尤爱真理!吾爱先辈,吾尤爱国家!吾爱故人,吾尤爱自由!"他鼓舞人们要多思考,不能盲从。学术是多样性的,不能以一个人的论断为准则,应发现前人未曾发现的东西。他主张多开展批评和讨论,在辩论中就可以知道正确和错误。在《思想解放》一文中,他有一段很深刻的话,不能"拿一个人的思想作金科玉律,范围一世人心,无论其人为今人为古人,为凡人为圣人,无论他的思想好不好,总之是将别人的创造力抹杀,将社会的进步勒令停止了"。他还以汉武帝独尊儒学,中国学术发展受到束缚为例,论证自己观点的正确性。

第三,要珍惜时间。他说"天下最可宝贵的物件,无过于时间。因为别的物件总可以失而复得,唯有时间,过了一秒,即失去一秒;过了一分,即失去一分;过了一刻,即失去了一刻。失去之后,是永不能恢复的。任凭你有多少权力,也不能堵着它不叫它过去;任凭你有多少金钱,也不能买它转来"。他告诫有志于根本学术的人,要抓住时间,要有远大的抱负,千万不要饱食终日,无所作为。

梁启超是一个时代言论的代表人物,为我国留下了丰富的文化遗产。1922 年,在南京东南大学论讲时说,中国之学术就如矿产,宝藏极富,应用新方法来开掘,新的方法是西方来的,和我国旧文化不同,不是用西方文化来替代中国的旧有文化。是在选出西方文化好的部分,把它们融会贯通起来,补充我们的文化,造成一种新文化。

梁启超在《先秦政治思想史》中讲:"吾侪受外来学术之影响,采彼都治学方法以理吾故物。于是乎昔人绝未注意之资料,映吾眼而忽莹;昔人认为不可理之系统,经吾手而忽整;乃至昔人不甚了解之语句,旋吾脑而忽畅。"但也出现了偏差,"吾侪每喜以欧美现代名物训释古书,甚或以欧美现代思想衡量古人"。他在《忧国与爱国》一文中严肃地告诫学界:"视欧人如蛇蝎者,惟昔为然耳。今则反是,视欧人如神明,崇之拜之,献媚之,乞怜之,若是者,比比皆然。"这是爱国的思想发出的振聋发聩的声音。

梁启超的思想和文笔是超群的,他代表了一个时代,他的著作也是一座矿山。他有丰富的生活经验和对现实的观察、理解。不断研究梁启超,发掘他思想的精华,发扬民族精神,可以丰富我国的思想文化宝库,这是无疑的。

原载《光明日报》,2014 年 4 月 7 日

综 述

孙中山民权主义研究述评

民权主义是孙中山三民主义的核心,其内容极其丰富。自新中国成立以来直到 1980 年前,我国学术界对这一问题的研究不够活跃,李光灿同志 20 世纪 60 年代初发表的《论孙中山民权主义》一文,论述颇系统,为当时所仅有。近年来,随着孙中山研究被社会重视,民权主义方面的论著已涌现出十余篇,提出了新的见解,突破了一些传统的看法,对民权主义学说的理论价值、历史作用及其学说的某些矛盾之处做了较深入的论述,这种大胆的探索,引起了人们极大的兴趣。

十余篇民权主义论文中,有的为全面系统的论述,如张磊的《论孙中山的民权主义》①,有的属于概述,如唐凯麟的《也论孙中山的民权主义》②和孙志亮的《孙中山民权主义初探》③。有的则专门探讨民权主义思想中的一个主要问题或一个侧面,如桑兵的《孙中山革命程序论的演变与评价》④及吴越的《孙中山关于中央与地方关系的思想》⑤。还有的是在论述其他问题时涉及民权主义的,如谢刚的《论中华民国训政时期约法的理论来源》⑥,是在比较蒋介石与胡汉民政治思想时涉及孙中山的民权主义思想体系的。

十几篇论文的观点,一致之处甚多,也有分歧,显示了各自的特色。新涉及的内容主要有孙中山民权主义思想的渊源,五权宪法及建国大纲诸问题,中国革命进入新民主主义革命时期民权主义思想的发展等,下面做一简要述评。

---

① 《历史研究》,1980 年第 1 期。
② 《湖南师院学报》,1981 年第 2 期。
③ 《人文杂志》,1983 年第 5 期。
④ 《中山大学学报》编辑部:《辛亥革命论文集》,1981 年 9 月。
⑤ 《江汉论坛》,1983 年第 11 期。
⑥ 《华东师范大学学报》,1984 年第 6 期。

一、民权主义思想的渊源

一种思想往往能改变世界的面貌,而某些个别人物凭他们创造的成果给他们那个时代打下烙印。孙中山的民权主义学说正是这样,对中国近代历史的发展起过巨大的作用,影响了历史的进程,也深深渗透于中国文化之中。这一学说的出现,是半殖民地半封建社会的反映。研究者根据孙中山的著述,搜寻着这一思想产生的渊源,都认为主要来自两个方面:一是承袭了西方启蒙思想家和资产阶级革命家的人民主权的思想和建国原则,二是继承了中国近代历史上的农民革命传统。所不同的是,有的强调前者,有的强调后者,如张磊说:"西方资产阶级民主主义才是孙中山的民权主义的主要渊源。他倾心于法国十八世纪资产阶级革命的自由、平等、博爱的口号,而把平等的内涵摄入民权主义。他服膺美国民主主义者林肯的'民有、民治、民享'观念,并把'民治'与民权主义等同起来。近代欧美的'代议政治''共和制度',则被视为效法的楷模。"[1]李光灿则认为:"孙中山民权主义的理论和实践,直接继承了近代中国革命特别是太平天国农民革命的战斗传统。"[2]关于儒家思想对孙中山民权思想形成的影响,研究者一致的看法是,儒家的"王道""民贵君轻"对他是有影响的,但不占主导地位。陈锡祺在《建国以来孙中山研究述评》中讲道,封建社会晚期对封建君主专制做过激烈批判的思想家(如黄宗羲)对民权主义形成曾产生过影响。唯此问题,尚无专文论述。

二、有关五权宪法及建国大纲诸问题

五权宪法的基本思想,是孙中山在 1906 年民主革命浪潮高涨的日子里提出的,对其进一步的阐述,则在辛亥革命以后,被明确地规定于政纲是在他的晚年。对这一问题的探讨,近年来已呈现出可喜的新貌。

关于五权宪法是集权制还是分权制,学者们的观点显然不同。传统的看法是,五权宪法是分权制,李光灿的文章认为:"孙中山的五权宪法思想基本

---

① 《历史研究》,1980 年第 1 期。
② 《历史研究》,1962 年第 6 期。

上是资产阶级分权制的一种表现形态。"①张磊的文章认为："'五权宪法'实质上仍是以'三权分立'的欧美宪法作为范本。"②持这种观点的为数不少。谢刚则认为："孙中山的五权宪法学说，多半被理解为三权分立范畴的扩大，是近代史研究的一大误会。五权学说之所以提出，是为了反对西方议会'专制'或'独裁'，从一九〇六年《民报周年纪念会演说》直到晚年《五权宪法》的演讲，孙中山的这种论点是非常明确的。"③"五权与三权的关系，要作'逆定理'或理解，这里完全适用逻辑学上的排中律，对分权主义的否定，就是对集权主义的肯定。因世界上自进入资产阶级革命时代以来，只存在这样两种抽象的政体理论原则。"④谢文是把五权分立作为一种集权学说来对待，他这样表述了自己的见解：集权是主要方面，民主形式是第二位因素，并且以下述事实作为自己的根据，即"孙中山在世时国民党总理有最后决定权，相当国民政府的政权组织叫大元帅大本营，没有'合议制'或集体领导一说"⑤。"五权宪法"中的立法院在"权能分立"体制中，不属"权"或"主权"的系统，而属"能"或"治权"的系统。"《建国大纲》本规定，包括立法院长在内的'各院长皆归总统任免而督率之。'"⑥谢文还讲道，中国国民党第一次全国代表大会通过的党章设有"第四章总理"一章，以孙为总理，而不是设总理一人，总理对中执会决议有最后决定权。

关于五权宪法这一政治制度，孙中山自称是他所创造，足以补救资本主义国家三权分立的流弊，依据五权宪法可以造就一个"驾乎欧美之上"的"世界上最进步的国家"。过去，学者对此多不以为然，认为五权宪法的考试、监察权，不过是对中国封建社会的科举制和御史制流风余韵的改装，真正能补救的唯一正确办法是三权合一于人民的手中，"可是，孙中山却是相反，他竟提出了考试权来改正选拔国家官吏的弊病，结果，由于实行考试权限制了选举和民众参加政权机会，而在民众文化水平低的情况下，也只能便于剥削阶级及其知识分子上台参政了。同时，所谓考试权和监察权的分立，其实和立法权

---

① 《历史研究》，1962 年第 6 期。
② 《历史研究》，1980 年第 1 期。
③ 《华东师范大学学报》，1984 年第 6 期。
④ 《华东师范大学学报》，1984 年第 6 期。
⑤ 《华东师范大学学报》，1984 年第 6 期。
⑥ 《华东师范大学学报》，1984 年第 6 期。

与司法权一样,不能不成为行政权的附属物。显然,这些措施,根本不能够补救资本主义政治制度的流弊"①。近年来,学者所发表的论文多着眼于积极方面。张磊认为,其"积极方面在于它既包含着对于欧美的'三权分立'的宪法的某种批判,也体现了孙中山探求理想宪法的尝试"②。黄汉升、曹孔六更从历史作用上论述了它的历史价值,"它不仅给当年曾猖獗一时的保皇派的'君主立宪''开明专制'的反动说教以迎头痛击,而且在中国历史上破天荒第一次提出了在推翻清朝统治后中国必须建立民主共和国的主张和具体方案,这在当时是件了不起的大事③。邵德门认为五权宪法的"实质是在资产阶级内部,怎样实施民主,实现主权在民,职权在政府"④。

五权宪法目的之一是,采用直接民权即全民政治来实现主权在民。学者对此看法是一致的,分歧在于直接民权之主张起自何时,有人认为是新民主主义时期的产物,有人则认为在旧民主主义时期早已提出。

关于五权宪法的权能分立学说,学者观点各异,褒贬均有。张磊运用两点论的分析方法,从它的积极意义与局限性来评价,认为:"'权能区分论'的积极意义在于它所贯穿的民主主义精神,'主权属于人民'的观念,在这里被提到首要地位"⑤,其不当之处是"未把人民和政府的矛盾理解为资产阶级'民主政治'的狭隘性和虚伪性的必然表现,也没有把克服这种矛盾与变革资产阶级'共和政体'联系起来"⑥。"'权能区分论'也展示出资产阶级革命家对待人民群众的偏见。"⑦邵德门在《论孙中山的民主共和国思想》及孙志亮在《孙中山民权主义思想初探》中对"权能分立"给予了更多的肯定,邵认为:国民掌握政权,政府实施治权,这种权能分立学说,比西方资产阶级分权学说更为进步。孙认为权能分立学说主张"把治权交给有能的人,无能的人不得掌握,掌权者必须有能。单从政府组成的成分来考虑,这无疑是正确的"⑧。

关于地方自治问题,研究者认为它反映了中国的历史特点,是那时中国

---

① 《历史研究》,1962 年第 6 期。

② 《历史研究》,1980 年第 1 期。

③ 《简论孙中山的"五权宪法"思想》,《杭州大学学报》,1981 年第 3 期。

④ 《论孙中山的民主共和国思想》,《东北师大学报》,1982 年第 1 期。

⑤ 《历史研究》,1980 年第 1 期。

⑥ 《历史研究》,1980 年第 1 期。

⑦ 《历史研究》,1980 年第 1 期。

⑧ 《人文杂志》,1983 年第 5 期。

应走的道路。吴越认为"讲'民权'首创自治学说,从根本上厘定政府与人民的关系,官治与民治的关系,在理论上一举扭转了亘古以来只许官治而不许人民自治的倾向,把地方自治的问题提上了革新政治的议事日程"①。郑永福在《孙中山与地方自治》中,认为地方自治"始终是作为封建专制制度的对立物出现的"②。地方自治无疑是一种进步思想,它为现代中国民主政治的建设开辟了先河,在政治史上应给予一定的地位。

关于如何估价革命秩序论问题,也为学者所关注。孙中山从同盟会时期到1924年,多次讲到革命必须经过军政、训政、宪政三个时期,并具体规定了前两个时期的年限,训政时期在于施行约法,建设地方自治,促进民权发达。

对训政理论,历来毁多于誉,特别是蒋介石集团借此实行法西斯统治,拒绝还政于民,论者因此更持否定态度。

毛泽东同志于抗日战争时期说过:孙先生在逝世前的《北上宣言》里,就没有讲三个时期了,那里讲到中国要立即召开国民会议。而后,学者多据此认为晚年的孙中山已放弃了革命程序论。

我所编写的《孙中山年谱》,也引用了毛泽东同志的上述论断。

谢刚与桑兵则持相反意见,他们不是从理论被人窃用带来的恶果去论断,而是从理论提出的历史条件去分析。桑兵说:"孙中山在《北上宣言》中确实未提三个时期,但在阐述其对内政策时,讲到以县为单位的地方自治,这种分县自治正是约法时期的主要内容。"③关于提出召集国民会议问题,桑认为这是作为统一中国第一步的方法,"是针对急剧变化的形势而提出的一条应变措施,它正是为革命程序论的实施创造条件"④。谢刚同志认为提出召开国民会议是策略性的主张,属临时性政治协商性质,"目的在尝试和平统一的可能性,并无取代《建国大纲》的意思"⑤。并引用孙文遗嘱来支持自己的论点:"务须依照余所著《建国方略》《建国大纲》《三民主义》及《第一次全国代表大会宣言》继续努力,以求贯彻。最近主张开国民会议。"⑥这是一。第二,从纯理

---

① 《江汉论坛》,1983年第12期。
② 《中州学刊》,1983年第2期。
③ 《中山大学学报》编辑部:《辛亥革命论文集》。
④ 《中山大学学报》编辑部:《辛亥革命论文集》。
⑤ 《华东师范大学学报》,1984年第6期。
⑥ 《华东师范大学学报》,1984年第6期。

论角度来看,训政时期包含着对反革命实行专政的内容,目的在于避免重兵在握的"军帅"割据称帝,防止封建专制复辟。桑兵同志认为:"只有把革命程序论与民权主义的核心共和国方案相联系,才能真正认识它的意义。"①

训政理论的消极因素是低估了人民群众的力量与智慧。对此,大家认识是一致的。

关于如何理解孙中山提出的"以党治国"问题,学者的认识在逐步深化。孙中山很强调政党在革命进程中的作用,认为"国家必有政党,政治始得进步""本总理向来主张以党治国"。突出政党作用,是近代政治家的思想特性。张磊同志特别论述了孙中山政党思想的可贵。而训政时期以党治国必然抑制人民的政治积极性,有人认为它容易造成政权操纵于少数军人手中,形成与人民对立的军事独裁。谢刚同志将这一问题引向深入,认为"孙中山民权主义的政治思想'独裁'因素,不仅存在于军政、训政两时期,亦包括在'五权宪法'以内"。②

"独裁"或"专制"是和集权主义联系在一起的,这并不是孙中山所首创,而是资产阶级革命过程中的必经阶段。卢梭的《民约论》阐述的政体理论,英国革命中克伦威尔体制和法国革命过程中的雅各宾专政就是先例。谢对这一问题有两点新鲜的分析,其一为"多种国体下的集权主义政体中,又可抽象出两种对抗性的政体来,即剥削阶级的专制集权和反映绝大多数,特别是工农群众利益和要求的民主集权。……封建专制主义和法西斯主义属于前者"③。其二为"资产阶级民主集权制向剥削阶级垄断性政治集权制转化的可能性一直是存在的。孙中山对自己这种理论的转化可能性也早有估计。一九一六年,他曾在上海讲演他的'直接民权'理论与袁世凯的'稳健专制'具有同一性,但也清楚看到它们在国体上的对抗性和实践上转化的可能。'道理与行动全为两事,犹读书入官者之贪秽,不能指孔子教人如是也'"④。

---

① 《中山大学学报》编辑部:《辛亥革命论文集》。

② 《华东师范大学学报》,1984 年第 6 期。

③ 《华东师范大学学报》,1984 年第 6 期。

④ 《华东师范大学学报》,1984 年第 6 期。

三、新民主主义革命时期民权主义思想的发展

十月革命、五四运动,中国共产党的诞生及工农运动的兴起和高涨,给予孙中山思想的发展以巨大的推动力,在他去世前几年,他明确表示要以俄为师,以共产党为友,将联苏、联共、扶助农工纳入他的学说,指出法、美共和国皆旧式的,今日唯俄国为新式的,吾人今日当造成一新式共和国。他庄严地宣布"近世各国所谓民权制度,往往为资产阶级所专有,适成为压迫平民之工具。若国民党之民权主义,则为一般平民所共有,非少数者所得而私也"。据此,学者多认为孙中山的民权主义思想有新旧之分。李光灿同志认为"中国新民主主义革命时期的民权主义,是新民权主义"[1],"具有了远远超越旧民权主义的崭新内容[2]"。张磊同志说,新的历史时期以 1924 年召开的国民党第一次全国代表大会的宣言为标志,使新民权主义达到跃进的完成。"以革命精神阐释过的民权主义,是旧民主主义革命时期民权主义的继承和发展,二者即有相同之处,也存在着不可忽视的差别。"[3]他们着重从国体与政体上来论述这一问题,强调孙中山在旧民主主义时期所追求的是资产阶级共和国的方案。资产阶级共和国是包括资产阶级专政国体和资产阶级议会政体的资产阶级国家政权制度的总称。李光灿同志说孙中山"所努力以求的……民国的国体是资产阶级专政,政体就是资产阶级议会制"[4]孙中山这种思想来自西方,但又具有中国历史的特点。张的看法与此相同。中国历史进入新民主主义时期,孙中山的民权思想也具有新的内容。李列举新的内容是:一、建立真正民国必须彻底进行革命;二、真正民国的性质是"为一般平民所共有,非少数人所得而私";三、抨击资产阶级代议制,主张直接民权;四、人民政治地位的平等和自由。张列举重新阐释了的民权主义内容为:一、"进一步批判暴政";二、"对于资产阶级共和国采取了某种性质的批判态度,把目光转向新生的苏维埃国家";三、"积极制定旨在免除资产阶级'代议政体'的流弊的各种政治方案";

---

[1]《历史研究》,1962 年第 6 期。
[2]《历史研究》,1962 年第 6 期。
[3]《历史研究》,1980 年第 1 期。
[4]《历史研究》,1962 年第 6 期。

四、"似乎朦胧地从社会主义革命中窥见了无产阶级的'社会的'经济的平等的要求"。

　　谢刚关于民权主义所主张的国体问题与上述的观点没有矛盾,但在方法论及对孙中山政体思想的估价上,显然有所不同,谢也讲道"孙中山及其忠实同志最近正在或已完成向新民主主义革命道路的转化",但他认为就国体、政体来讲,两个时期没有本质上的不同。以政体为例,新旧时期孙中山政权思想所树立的对立面,不是无产阶级民主集中制,而是三权分立的统称为代议制的资产阶级自由主义议会政体。谢认为西方资产阶级革命以来的政体有两种,不是一种,即资产阶级民主集权制与分权制来表明自己的观点。在辛亥革命以前,分权制为民主立宪,集权制为民主专制,这两种资产阶级政体是对立的统一物,主张分权制的自由派与孙中山民义派对立的时间跨度,自同盟会时代一直延续到国民党改组时。①

　　显然,对民权主义思想发展的认识是有分歧的,这将启发人们思考,从而推动这一问题的研究,使之不断深化。

　　孙中山早已逝世了,他所处的时代也成了过去,但在他的遗产里,却有着未成为过去而属于未来的东西,研究这份遗产,是学界的一项重要任务,已发表的民权主义方面的论文,有不少中肯的剖析,也还有需要商榷的地方。相信在党的"双百"方针指引下,人们的思想必然驰骋开去,民权主义思想的研究,必将结出丰硕的果实。

　　原载孙中山研究学会编:《回顾与展望:国内外孙中山研究述评》,中华书局,1986 年

---

①《华东师范大学学报》,1984 年第 6 期。

有关 1927—1937 年我国苏维埃革命的几个问题

一、苏维埃革命的性质

在我国革命的民主革命阶段,曾经历了十年的苏维埃革命。苏维埃,是俄国工人阶级 1905 年革命成功时, 创造的一种政治制度, 它的含义是代表会议。中国共产党在第二次国内革命战争时期所建立的红色政权,其组织形式近似于苏维埃政权,故称这一时期为苏维埃革命时期。

就政权的性质而言,我国的苏维埃与苏联的苏维埃是不相同的,在苏联,它是无产阶级专政,在我国则是人民民主专政。为什么这样说呢?因为当时我国革命的目的仍在于继续进行资产阶级民主革命, 其任务仍是反帝反封建,并以土地革命为中心。之所以要采取苏维埃政权的组织形式和进行土地革命,是因为资产阶级叛变革命后,要进行革命只有以土地革命发动千百万群众起来组织苏维埃政权及工农红军,才能推翻国民党反动派的统治。

苏维埃制度,从政治上讲,是最民主的,给劳动人民以空前未有的民主权利,它最能吸引广大工农群众参与到政治生活中去管理自己的政权。从经济上讲,苏维埃政权最坚决地没收了封建地主的土地,把土地无代价地分给贫苦农民,取消了一切苛捐杂税及高利贷剥削,在工人中实行了八小时工作制,增加了工资,消除了流氓乞丐和失业者。苏维埃政权在政权建设、经济建设和战争动员、查田运动乃至扩大红军、生产运动中,都能极广泛地动员千百万劳苦大众,充分发挥群众的积极性。

苏维埃所领导的革命,没有超出民主革命范围,所以称十年苏维埃革命是无产阶级领导下的以土地革命为中心的资产阶级民主革命。因而它能"巩固工农在经济方面的联合,保证无产阶级对于农民的领导,争取国营经济对私人经济的领导,造成将来发展到社会主义的前提"(选自《毛泽东选集》)。民主革命和社会主义革命间并没有一条不可逾越的鸿沟，但毕竟是两种性质，不能混淆，苏维埃革命是资产阶级民主革命。

二、苏维埃革命发展的几个阶段

事物总是发展变化着的，新生的东西在开始时往往不为人们所注意，但它却有无限的生命力，苏维埃革命运动的产生和发展也是如此。1927 年，苏维埃政权建立伊始，只是星星之火，就是党的六次代表大会时，也还只是个雏形。几年之后，这星星之火燃烧到了全国许多地方，已成燎原之势。1930 年，广东的海陆丰、江西西南部与东北部、湖南的平浏、广西的龙州百色、福建的西部、湖南的东南、鄂豫皖边区都建立起苏区。苏维埃革命运动这样不断地向前发展，显示了它不可战胜的力量。到 1931 年各个分散的苏区开始有了联络，这一年的 11 月 7 日在江西瑞金经过全国工农兵代表会议的选举，正式成立苏维埃临时中央政府。苏维埃全国政权的成立，是一件大事。此后，我国就出现了相对峙的性质完全不同的两个中央政权：代表工农人民的苏维埃政权和代表大地主大资产阶级的反革命政权。就是在全世界，这也是一件了不起的大事情，因为在半殖民地半封建的国度中竟产生了第一个苏维埃政府。尽管这个政府距离一个完全的国家形态还很远，但它毕竟是中国人民自己的政权，它是中国革命的方向和灯塔。它在成立的那一天就发表了《告全世界工农劳苦民众宣言》，说明中华苏维埃政府在为中国的民族独立和自由，为人民的政治经济改善而奋斗，并颁布了《宪法》和《劳动法》《土地法》《选举法》《经济政策》《民族政策》《婚姻法》等，确定了苏维埃的财政政策和教育方针。

苏维埃革命是在斗争中成长壮大起来的。帝国主义和国民党反动派曾企图在它产生的那一天就把它扼杀、消灭在它发生的地方，不使它蔓延。但是这种打算失败了，苏维埃在短短的几年间就由游击区发展成为有广大领土和人口的苏维埃区域。这种由小到大的发展经历了几个艰难的阶段："从井冈山到江西第一次反'围剿'前为第一个阶段，这个阶段中游击性和流动性是很大的，红军还在幼年时代，根据地还是游击区。从第一次反'围剿'到第三次反'围剿'为第二个阶段，这个阶段中游击性和流动性就缩小了许多，方面军已经建立，包含几百万人口的根据地已经存在。从第三次反'围剿'后至第五次反'围剿'为第三个阶段,游击性流动性更缩小了。中央政府与革命军事委员会已经建立。长征是第四个阶段。由于错误地否认小游击和小流动,就来了一个大游击和大流动。目前是第五个阶段。由于没有战胜第五次'围剿'和大流动,红军和根据地都大大地缩小了,但又已经在西北立住了脚跟,巩固了并发展了陕甘宁边区根据地。"(选自《毛泽东选集》)在这整个发展过程中,从第三次反"围剿"后,或者说从1931年11月第一次全国苏维埃代表大会起,到1934年2月第二次全国苏维埃大会为苏维埃政权最兴旺的时期。在这以前,它的特征是从游击队向红军转化,游击区也转为苏区。在这个时期以后不久,红军就退出了中央苏区,从一个根据地转移到另外一个根据地。接着在国民党抛弃内战、独裁与不抵抗政策的前提下,中国共产党也宣布放弃两个政权对立的政策,停止没收土地,取消苏维埃。这是因为在日本的侵略下,国内阶级关系已发生了变化,民族矛盾已超过了阶级矛盾。抗日成为全民族的要求。如果在这种情况下,继续苏维埃运动,那就是说仍要推翻国民党政权,必然继续内战,使抗日战争不能实现。所以在1936年西安事变和平解决后,苏维埃形式虽然依旧存在,但不再以夺取政权为目的,而是和国民党就抗日民族统一战线完成谈判。当抗日战争开始后,抗日民族统一战线就代替了苏维埃,这种转变是革命更向前的发展。

三、苏维埃的农业是怎样发展起来的

一般地说,苏区建立的头两年,处于土地分配时期,地权尚没有确定,新的秩序还没有完全走上轨道,农民的生产情绪不免有些波动,所以农业生产往往是下降的,但为时并不长。在党和政府号召发展农业后,农民的生产情绪立即提高,农业迅速地恢复和发展起来。

苏维埃政府是尽一切力量来发展农业的。农业生产在苏维埃经济建设中占着首要地位。因为"它不但需要解决最重要的粮食问题,而且需要解决衣服、砂糖、纸张等项日常用品的原料即棉、麻、蔗、竹等的供给问题"(选自《毛泽东选集》)。

苏维埃政府是怎样发展农业的呢?

苏维埃政府着力建筑堤坝、沟渠,兴修水利,还帮助农民解决种子、肥料与耕牛耕具,在耕牛不敷分配的地方,就设立耕牛站、耕具站,供没有耕牛耕

具的农民使用。苏维埃政府是通过粮食合作社、国家银行,把种子贷给贫雇农。帮助农民研究土地的好坏,告诉农民适宜种什么东西,怎样耕种,帮助农民运输和购买肥料及研究制造肥料的办法。在春耕和秋收时,就动员所有苏区的人民,组成生产队、栽秧队、割谷队,妇女和儿童也都参加了。湘鄂西苏区,除了发种子给一部分群众外,还在县和中心苏区组织农具制造厂,专门制造锄头犁耙来帮助群众,同时还把没收来的牛发给群众,发展群众志愿的犁牛站。在解决耕牛、耕具、种子不足方面,采取了许多措施:如鼓励群众集股买种子,组织粮食合作社;动员灾民去白区带回种子;群众间实行友谊的耕具种子借贷;爱护和保养耕牛,修理农具;组织群众的耕种互助队、代耕队和竞赛队,成立生产委员会计划和领导春耕,等等。赣东北苏区创造了生产模范队和冲锋队,公布生产统计数字,鼓动生产。鄂豫皖苏区于春天举行春耕运动,秋天则举行秋耕秋收运动,开展生产比赛。为了鼓励群众自动种植杂粮,如瓜豆等类,党、团曾发起了粮食运动周,决定每个党团员至少必须种五棵瓜藤(最好是南瓜)或等量的其他杂粮,种了以后必须负责照料直到收获后为止。总之,各苏区均采取了很多适合于自己的具体措施来增加农业生产。土地的增产,是发展农业的一个主要方面,开垦荒地也是增产的一个途径。苏维埃政府为鼓励群众开荒,曾宣布开垦荒地的农民不仅可以免去三年的土地税,还可以得到奖品。这样一来各苏区的荒地大大减少。

由于党和苏维埃政府的领导,由于苏区农民生产热情的提高,苏区农业产量增加了。"一九三三年的农产,在赣南闽西区域,比较一九三二年增加了百分之十五(一成半),而在闽浙赣边区则增加了百分之二十。川陕边区的农业收成良好。"(选自《毛泽东选集》)粮食问题不仅根本解决,而且还有储蓄,每年约有三百万担谷子可以出口。粮食价格降低到两块钱一石,甚至两块钱还不到。这就保障了苏区人民的生活。

四、苏维埃工商业的发展状况

苏维埃区域一直处在战争环境中,处在敌人严密封锁下,对外贸易几乎完全断绝,这种情况使苏维埃工商业的发展极端困难。

毛泽东同志曾说:"因为敌人的严密封锁和我们对小资产阶级的处理失当这两个原因,两区(指红区和白区——引者)几乎完全断绝贸易,食盐、布匹、药材等项日常必需品的缺乏和昂贵,木材、茶、油等农产品不能输出,农民断绝进款,影响及于一般人民。贫农阶级比较尚能忍受此苦痛,中等阶级到忍不住时,就投降豪绅阶级。"(选自《毛泽东选集》)经济压迫最严重的问题是没有盐吃,一般人家经常每天得到一两食盐,甚至无数的贫苦民众四五天尝不到盐味,没有盐吃,缺乏气力,连路都走不动。苏区的物产在某些方面很丰富,却因无销售市场,价格低落,如鄂豫皖苏区所产的竹木茶麻等物,虽经合作社极力设法仍运不出去,困难的确很严重,然而这并不能阻止苏区的建设,也不可能使苏区的工商业就此停止。苏维埃政府纠正了对中小商人和资本家的过左政策(如对城市中等商人的财产没收和一切工厂归工人的口号等)以后,工商业的发展逐渐好转。为了发展工商业,鼓励资本家投资营业,苏维埃政府曾颁布了工商业投资条件。苏维埃政府设法同资本家订立合同,恢复他们的企业,极力鼓励资本家在不增加对工人剥削的条件下,扩大生产,宣布只要他们不投机或不抬高物价,一定保证商业自由,不干涉经常的商品市场关系。当时湘鄂赣省苏维埃保证商人自由贸易的布告中,曾公开指出立三路线对工商业发展的不良影响,"认为对过去的这种错误,应予以严格的纠正,而坚决执行中央所颁布的苏维埃经济政策,保证商业自由,号召商人恢复贸易,以增进苏区商业的兴盛,而解决群众和红军的需要"。鼓励私人资本,这只是工商业发展的一个方面。苏维埃政府还改进了旧有的生产基础,建立了一部分国营工商业,并大力鼓励合作社经济的发展。合作社经济在发展中获得了极重要的地位。苏维埃政府曾把过去自己所办的商店,租给工农群众,使其成为合作社性质,鼓励工农群众自动集股开办各种合作社,将一部分被没收的房屋与商店交给合作社使用。苏区的工商业因此得到恢复,人民日用品还能够继续生产。如江西兴国,消费合作社占有一条二里长的街道,出卖各种货物,以供应人民的需要。

当然,就工业品而言,小手工业产品占主要地位,但也有纺纱工厂、毛织工厂、被服厂和机器作坊等,如宜春的慈化镇就设有纺织工厂。苏维埃的国营企业只限于必要的军事工业、造币厂和印刷厂及大的矿业。这些厂矿,数量虽然不大,但其地位极为重要。如江西的钨矿,每年出产一百万磅,经过商人之手卖给广东陈济棠所垄断的钨矿专卖处。江西瑞金的中央苏维埃印刷厂,有800个工人,许多书籍杂志和全国性的机关报——《红色中华日报》,就是在该厂印刷的。①关于工业,毛泽东同志在《我们的经济政策》报告中,曾具体地告诉了我们当时的发展情景。他说:"两年以来,特别是一九三三年上半年起,因为我们开始注意,因为群众生产合作社的逐渐发展,许多手工业和个别的工业现在是在开始走向恢复。这里重要的是烟、纸、钨、砂、樟脑、农具和肥料(石灰等)。而且自己织布,自己制药和自己制糖,也是目前环境中不可忽视的。在闽浙赣边区方面,有些当地从来就缺乏的工业,例如造纸、织布、制糖等,现在居然发展起来,并且收得了成效。他们为了解决食盐的缺乏,进行了硝盐的制造。"(选自《毛泽东选集》)

在敌人的严密封锁下,苏维埃曾创造了奇迹,进行了各项必要和可能的经济建设,解决了迫切需要的东西。这种建设首先必须为革命战争服务。为了战争的需要,苏维埃的国营企业特别注重于必要的军事工业的发展,而对人民日常的生活必需品也没有忽视。在这方面,手工业的生产具有特别重要的意义。正因为如此,所以党和苏维埃政府极力动员人民并帮助人民发展农工商业。

苏维埃的经济是由国营经济、合作社经济和私人经济共同组成的。在当时,私人经济无疑的是居于优势的,但合作社经济和国营经济联合起来,曾对私人经济进行了斗争,逐渐取得优势和领导地位。国家银行也曾尽力帮助国家企业和合作社的开展与私人资本相竞争。在竞争中,粮食调剂局、对外贸易局及合作社的开展起了很大的作用。

国营企业的比重虽然不大,但很重要。毛泽东同志在抗日战争时期曾说:"我们之注意公营经济建设事业,有其历史的与现时的原因。还在内战时,中共中央曾经为了战争需要而在江西苏区建立了一部分公营工商业。"②走过了这一段路,这对革命是非常有益的,这就为以后的革命建设事业创造了经验。

五、苏维埃的金融贸易

为了发展经济,冲破敌人的封锁,为了商品流通的需要,苏维埃政府曾发

---

① [美]埃德加·斯诺:《西行漫记》,王厂青、吴景松、邵宗江、陈仲逸等译,复社,1938 年,第 301 页。
② 《经济问题与财政问题》,《毛泽东选集》,东北书店,1948 年,第 810 页。

行了各种货币,如银币、铜币、纸币与布币等,并极力开展贸易活动。苏维埃银行以发行的货币,对农民、家庭手工业者、合作社、小商人等实行借贷,并掌握苏区的汇兑。当时各苏区都有银行。如中华苏维埃共和国国家银行,湘鄂赣省工农银行,鄂东工农银行,闽浙赣省苏维埃银行等。农村交易,则通过合作社来进行。

苏区的贸易实行统制政策。由国家直接掌握若干必要的商品流通,如江西的药材、纸张、木料、矿产和瑞金的烟草就是由国家经营,负责向外推销,用以购买苏区所需要的食盐、布匹、五金、交通工具和医药等。内地的贸易除粮食统制外,其他各物均自由交易。为了加强这方面的工作,1933年中央苏区曾设立了对外贸易局和食粮品管理所,在对外贸易异常困难中,1933年获得1200万元以上的收入。这些贸易大部分是由南方敢于冒险的商人经手的,他们越过国民党的封锁线,而得到很高的利润。

六、苏维埃的财政来源

苏维埃政府的财政来源是什么,它怎样维持自己,保证革命的给养与供给,保证苏维埃一切革命费用的支出?

大体说来,在1927年至1931年游击战争期间,岁入完全由没收地主和豪绅的财产得来。没收了他们的财物以后,除以最大部分分给当地工农群众外,政府还可留一部分,1930年,财库已积聚了300万元,第一次反"围剿"的费用,就是靠这笔钱的。没有土豪可打时,红军的给养的确很困难,但群众知道红军为苏维埃而战,自动捐助大量的衣服、食粮和金钱,红军自己也设法解决经费和给养不足问题,如在击破敌人二次"围剿"前,红军的给养特别困难,所以红军战士自动到田中捉鳅鱼、虾子,到竹林中挖笋,到山中拾柴,以节省一点军费支持长久作战,如此竟解决了一个月的给养,取得了第二次反"围剿"的完全胜利。战争取得胜利就可以夺得敌人的辎重和兵站粮库来装备自己。国民党在几次"围剿"中,供给了红军很多物资。从1932年到1934年长征,苏维埃政府实行严格而集中的统制经济,创办了国家矿山与工业,一部分没收的土地收归国有为红军生产,这样,苏维埃得以从国家贸易、从红军土地、从国营工业、从合作社等方面来充实财政。就是说从发展国民经济来增加苏维埃财政收入,这是苏维埃财政政策的重要部分。为了发展经济,并为了充实战争经费,苏维埃还发行了几次公债,计第一次革命战争公债 60 万元,第二次 300 万元,第三次经济建设公债 300 万元,依靠群众力量来解决经费和资金问题。厉行节约来缩减经费和给养也具有很重大的意义。各地民众在节省粮食、节省财物帮助红军运动中都有相当的成绩。特别是在第五次反"围剿"中,苏维埃中央政府为充分积蓄和准备战争经费起见,曾号召苏区工农群众与红色战士实行经济节省运动,对红军每天的供给也做了规定:每个战士每天发米一斤半,食盐三钱,猪肉或茶油四钱,至于柴炭、菜蔬等,每人每天发洋五分或一角。他们对每一种可能的节省都做到了。

但苏维埃财政来源不只如此,毛泽东同志曾说:"苏维埃的财政来源乃是:一、向一切封建剥削者进行没收或征发;二、税收;三、国民经济事业的发展。"①可见税收也是一个重要的组成部分。

税收采取的是统一的累进税。税收的基本原则,是建立在阶级的与革命的原则之上,把重担归于剥削者,对于农民的税收是很微小的,有的则没有。依照江西省农业累进税的规定,每人收获量在麦谷 3 担以上者才开始征收,如 3 担征收 4%,4 担 5%,5 担 6%,依次类推。富农和商业的税则比较重。富农每人从 1 担谷起,就征收 4%,2 担谷 5%,余类推。商业税以营业基金为标准。资本在 100 元以下,群众的合作社及农民直接卖出其剩余生产品的,都实行免税,资本在 101 元到 200 元征收 6%,201 元到 400 元征收 7%。在税收中还有一种收入就是关税。货物输入和输出苏区都要征税。凡不是生活必需品和苏区能生产的东西收入口税就多,苏区需要而且缺乏的东西则不收税。反过来多抽苏区正在急需的东西的出口税,而不抽苏区不必需的东西的税。1935年以后,在西北,除了延西的 10%的盐税每月约达 2 万元外,则没有征任何种税。苏维埃政府的费用大半靠从南方带来和从国营工业——如毛皮、小兽皮、煤、羊毛、油和盐——的盈余来维持。②总之苏维埃的财政完全建筑在阶级的与革命的原则之上。财政的支出,完全根据节省的方针。在江西时,全年的预算才 1000 万元,到陕北后,全年仅 100 万元,这在世界上是绝无仅有的,这样的政府财政完全取决于当时社会的和政治的基础。

---

① 《苏维埃中国》,中国现代史资料编辑委员会翻印,第 276 页。
② [美]宁漠·韦尔斯:《续西行漫记》,胡仲持等译,复社,1939 年,第 208 页。

七、苏维埃的文化教育成就

苏维埃政府把提高人民大众的文化教育当作一项重要的任务。苏区人民的文化水平本来是落后的,又处在长期的战争之中,但在苏维埃政府号召之下,苏区群众文化教育运动迅速开展起来。农村教育普及了,各地苏区遍设列宁小学、民众俱乐部及其他教育机关,每县以百数十计。根据江西福建等省2932个乡的统计,有列宁小学3052所,学生89710人;有补习夜校6462所,学生94517人,有识字组(福建除外)32388个,组员155371人;有俱乐部1656所,在俱乐部工作的有49668人。[①]这个数目还是一般的统计,还不能说明入学与失学的比例,若以兴国为例,计有学龄(八岁以上)的儿童总数为20969人,已入学的约13000人,失学的占8100人(其中女的占半数),入学与失学的比例恰为60%与40%之比。但这些失学的儿童也都加入了儿童团,在儿童团内有许多学习机会,如识字、唱歌、打球比赛等。至于补习学校与识字组,则是为失学青年与成年而设的,在从事生产之外来提高文化水平。俱乐部是用另一种方式来进行文化工作的。[②]为了让工农用较短的时间掌握文化,还开展了字母简字运动。字母即国音字母,简字是将习用的繁体字,改用简笔,如縣、鄉、擊、門,改为县、乡、击、门,便于认识和书写。总之苏区以各种方式来吸引人民加入文化运动,其结果就出现了一种新的局面:从十岁到三十岁间的文盲被扫除了,使抽鸦片、赌博、妇女缠足等现象消灭了,迷信大大减少,一般的都能懂得或能说普通话。文化水平的提高还可以从报纸发行方面表现出来。中央苏区有大小报纸34种,如《红色中华》《青年实话》《斗争》等,每种每期都发行到数万份之多,这些报纸发行出去,经过读报组的方式,每份至少能吸引10个读者。由此可见苏区文化的巨大发展。

因为苏维埃文化建设的中心任务是厉行全部的义务教育、发展广泛的社会教育、努力扫除文盲和培养大批领导斗争的高级干部[③],所以干部教育在苏区也很突出。自从1931年红军中央军事政治学校开办以后,因为红军的日益

---

① 《苏维埃中国》,第283页。
② 平凡编辑:《十年来的中国共产党》,上海南华出版社,1938年,第72页。
③ 《苏维埃中国》,第285页。

扩大,需要的领导干部日多,于是成立中国工农红军大学(又名郝西斯大学,以纪念苏联驻广东领事郝西斯同志),专门培养团长、参谋长、团政委以上干部,还成立了公略步兵学校、彭扬步兵学校、特科学校、通信学校、卫生学校、供给兵站学校、地方武装干部学校、少年先锋队干部学校等。各军区还有教导营,各军团有教导团,各师有教导队的建立,都培养中级干部。一般说来,红军中的连长、政治指导员以上干部,都经过红军学校的训练。班长、排长都经过教导队的训练(见《红军时代》)。

为什么社会教育和干部教育的发展格外发达?这是由人民的文化水平和红军的需要决定的。不可能在没有基础和条件的情况下去发展中等教育或高等教育。教育必须从实际状况出发。教育是上层建筑,它是反映一定的社会经济基础的。苏维埃文化教育的总方针,"在于以共产主义的精神来教育广大的劳苦群众,在于使文化教育为革命战争与阶级斗争服务,在于使教育同劳动联系起来,在于使广大中国民众都成为享受文明幸福的人"[①]。

八、苏区人民的工作和生活

苏维埃政权是工农自己的政权。土地是农民的,工厂作坊是由工人监督或由工人自己管理的。土地与工厂作坊内的生产的发展,同整个苏区内劳苦群众的生活改善,有直接的关系。工农群众知道他们的生产是为了什么,都为苏维埃美好的前景而奋斗。而苏维埃也曾给了劳动人民以空前未有的民主权利。在苏维埃政权下,工农不但有罢工、集会、结社、言论出版的自由,而且苏维埃政府还以开会场所、印刷局等供给工农团体,在物质上保障民众享受这些权利。工人在苏维埃政权下完全有组织自己的自由,苏维埃政府也用种种办法帮助工人建立工会。当时在苏维埃区内成立的工会有手工业工人工会、木船工人工会、雇农工会、苦力工会与店员工会等,总工会有 20 万以上的会员,这些工会都在省工会和全国总工会指导之下。同时因为土地的平均分配、《劳动法》的实行,一般民众的生活都得到了普遍的改善。

在《劳动法》公布以后,8 小时工作制就实行了,工资也增加了,对于失业工人,苏维埃政府还给以劳动介绍与发放失业津贴,专门成立了社会保险与

---

① 《苏维埃中国》,第 285 页。

劳动介绍所来解决此类问题。在江西和福建苏区，工人在国营企业的工资，每月达 40 元，私人企业 25 元。最低工资在汀州为 12.5 元，学徒工资约 10 元。工人如果有病，不但不扣工资，还可以免费到苏维埃国家医院去治疗。女工和男工同工同酬，产假前后，给以休假，工资照发。工人因为劳动条件的改善和生活得到保障，生产热情也就更加高涨，赣东北苏区上饶煤矿工人，实行每天做 8 小时工后，产量反比以前增加。赣东北被服厂的工人在未实行 8 小时工作时，每班8 人，每天只做 4 件单军衣，8 条单军裤，实行 8 小时工作后，同是 8 人能做 6 件军衣，12 条军裤。兵工厂的工人甚至志愿多做半小时或一小时工，下班时不愿下班。群众的生产积极性得到了充分的发挥，生产力大大提高。

农民群众因为分到了土地，解除了一切苛捐杂税的痛苦，生活状况发生了变化，就贫农和中农生活水平而言，比革命前提高了一倍到两倍。如果是红军，则受到更大的优待。粮食衣服首先要拿来满足红军的需要。红军士兵的土地，都由苏维埃政府负责，采取共耕的办法来耕种。红军在服务区内，本人及其家属免纳一切捐税，免纳国家房屋的房租，有优先权购买当地缺少的物品，廉价购买物品，免费寄信，子女免费受教育，等等。

总之，在苏维埃政权下，没有失业，没有饥荒，人人都愉快而紧张地工作着，都在为苏维埃政权的存在和发展而贡献自己的一份力量。

原载《历史教学》,1959 年第 7 期

中国现代史的几个问题

（据录音整理）

把我们编写《中国现代史稿》的情况，向大家做一介绍。

谈五个问题：

一、中国现代史的体系问题；

二、在中国现代史教材中如何正确阐述毛泽东及毛泽东思想问题；

三、对立统一规律在现代史教学中的运用；

四、现代史中的人物处理；

五、史论关系。

一、中国现代史的体系

对于现代史的体系，如果用原则性的话，几句话就说清了；但具体做起来，并不那么容易。过去的现代史，基本上是政治史，或者军事史，距离现代史，还需做很大努力。我们在编写中，注意到使教材带有现代史的色彩，能不能做到还是问题。我们采取改良的办法，在某些地方从现代史的角度进行研究——对某些事情，从现代史的角度进行研究，和从党史角度进行研究是不一样的。我们吉林师大、杭州大学、湖南师院、北京师院、南开大学五院校编写组的一些同志，根据这样的考虑，将民主革命史分为 16 章来写（全书约 80 万字，9 月由黑龙江出版社出版），按传统的分法，如：五四运动；中国共产党的创立；第一次国内革命战争分三章（头一章国共合作的形成，第二章北伐战争，第三章武汉政府。武汉政府单独一章，这和一般教材不一样）；第二次国内革命战争（仍是 1927—1937 年抗战以前，分三章，头一章工农武装割据，第二章抗日反蒋，第三章西安事变）；抗日战争分四章，头一章全民族的抗战，第二章敌后根据地的发展，第三章战胜严峻的局面，最后一章抗战胜利；解放战争也是四章，头一章重庆谈判，第二章全面内战，第三章国民党的总崩溃，最后一章中华人民共和国成立。从现代史角度考虑,一些章和节,与传统的现代史有所不同,如第一次国内革命战争,最后一章,过去叫"陈独秀右倾机会主义路线,导致大革命失败",或叫"紧急时期"等。我们从现代史角度考虑把武汉政府作为一章来写。武汉政府虽然只有半年,从 3 月底建立几个月就反动了。但考虑到这个政府无产阶级的代表(谭平山、苏兆征)又参加了,它是带有新民主主义色彩的专政机构,当时革命和反革命,又是围绕着武汉政府而进行着斗争,所以我们认为把武汉政府作为一章是可以的。

第二次国内革命战争时期,主要把西安事变作为一章。从党史角度讲是抗日民族统一战线形成。我们认为从现代史的角度,可以西安事变做标题。过去常以一二·九运动划分一个新时期,毛泽东同志在《中国共产党在抗日时期的任务》一文中说,从 1935 年 12 月 9 日开始的中国革命新时期到 1937 年 2 月国民党三中全会,有许多重大事变,诸如红军进入西北,共产党的抗日民族统一战线政策的宣传和组织工作, 上海和青岛的反日罢工,两广事变,绥远战争,西安事变等。我们认为基本结束十年内战,使中国阶级关系、敌我友都发生深刻变化的,应是西安事变,用西安事变做标题,可以把这一时期的历史带起来。

抗日时期。抗日战争是我国从鸦片战争以后唯一一次取得胜利的对外战争。抗日后期,有些内容需要考虑,过去教材上不提的,像雅尔塔会议,是否要写?我们认为要写。国际上都认为是分赃会议,它是背着中国人民召开的,抗战最后胜利部分,有些内容在节、目中要加,如美国对日本本土进行原子弹轰炸等,得写,因为在这之后才是苏联出兵。当然,重要的是写中国人民的抗日斗争。过去不讲美国,是不合适的——这倒不是从目前的中美友好考虑,而是历史事实。当时是世界反法西斯统一战线,不然为什么在抗日战争后出现了美国占领日本呢?应尊重历史事实。

解放战争时期的第三章,过去是从三大战役的角度写的,这当然是对的,从现代史角度是否可标国民党的总崩溃这个题目?至于中华人民共和国的成立这一章,应从七届二中全会开始来写。

章的处理,大体上是这样,节的处理就不说了。我们这样处理,也不是没有争论,如第一次国内革命战争,有的同志主张从"三大"开始,不一定从 1924 年开始;我们想这是教材,还是稳妥一些较好。

二、在中国现代史教材中如何正确阐述毛泽东和毛泽东思想问题

小平同志指出，如果没有毛主席，我们现在还可能在黑暗中摸索、苦斗。一定要肯定毛主席的功绩，这一点不能动摇。没有中国共产党，就没有新中国，这里面，毛泽东做了很大的贡献，起了很大作用，这一点我们应毫不含糊。现在的问题是在新中国成立以后编写的教材，只宣传一个人、归功一个人，出了问题也推归于一个人，这是很大的教训。在教材和研究工作中，很多问题都说是"毛主席首创"，都是"毛主席第一个提出"，不尊重历史唯物论，违反客观事实，因而造成一些问题。解决这些问题的办法，首先是正确地阐述阶级、政党、群众和领袖的关系。过去这个问题处理得不好，领袖超越于党、超越于群众、超越于阶级，我们整天宣传唯物主义，却违反了唯物主义的基本原则，所以就出了问题。其次，我们要尊重历史事实，要对中国现代思想史进行很好的研究，如果把每一个时期的思想史研究得比较透一点，就不会出现"主席首创""第一个提出"的问题。比如大革命时期中国思想界非常活跃，它比"五四"时期更深刻，"五四"时期所没讨论的问题，在大革命时期都进行了讨论而且付诸实践。阶级斗争，人民群众在历史上的作用，各个阶级在革命中的地位、作用，党的领导，这些问题"五四"时期没有讨论，而在"一战"时期出现了。我们如果翻翻《向导》《中国青年》《中国农民》等很多杂志都可看到，讨论得很热烈，有声有色。对这些问题，我们没有接触过，不了解第一次国内革命战争时期的思想界，因而我们把一些问题，都说成是"主席首创""第一个提出"。如"纸老虎"的论断，蔡和森、恽代英早就讲过，如果我们知道这些情况，我们在阐述毛主席和斯特朗谈话时就会更科学一点。因此，搞现代史要搞深一点，必须研究现代思想史，离开当时的条件，孤立地去考虑一个人的思想，是不行的。乔木同志最近一次讲话指出：研究党史，一定要和现代史结合，以现代史为背景。不然，好多问题搞不清楚，甚至要出现错误。

我们编写组是怎样处理这些问题的呢？在我们的教材里，尽量避免孤立地介绍毛主席著作，介绍马列主义和中国革命实践相结合时，应放到"结合"上去研究。《湖南农民运动考察报告》中红色政权的理论、《新民主主义论》是要介绍的，其他的都没专章去介绍。对主席的一些著作、对主席提出的对方针和路线的一些论断，放在教材里正确地予以阐述。《关于中国社会各阶级的分

析》，我们写的是"共产党人关于中国社会各阶级的分析"，没有写毛主席一个人，因为当时很多人都写过文章，又很正确；"论持久战"也没写"毛主席论持久战"，写的"共产党人关于持久战的思想"。当时很多人都有这个脑袋：中国的抗战是持久的，写有文章，主席只是概括地讲了这个问题。举个例子，《中国社会各阶级的分析》在当时的作用和影响是不能否认的，因为好多刊物都转载过。这篇文章是 1925 年 12 月正式发表在国民革命军第二军司令部的刊物《革命》半月刊上。这年 9 月，正庸写了一篇文章《共产主义者关于民主革命的理论》(《中国青年》，1925 年 9 月 7 日)，其中有一部分标题是"中国社会阶级之分析"，说"大商人买办阶级，因无独立经济地位，而与帝国主义有密切关系，故亦依附于帝国主义而成为反革命派；大地主多属封建阶级，依附、勾结官僚军阀以压抑贫农，亦是反革命的，工业资产阶级为自己利益需要打倒外国资本压迫，应稍有革命倾向，但因力量尚弱，而资金多与外国资本家、军阀买办阶级有关系，故不能有革命的勇气，小资产阶级(小商人、手工业及知识阶级)因受帝国主义及军阀压迫，生活日趋贫乏而动摇不安定，均有革命要求，然势力不厚，且一遇可以有勾结帝国主义军阀买办阶级的机会，便易变成反动派的走狗，所以他们亦不能成为主要力量；工业无产阶级经济地位重要，而易于有坚强的组织和一致的觉悟，且最受中外资本家剥削的苦痛，革命要求最强，故只有他能为民族革命中的主力军与领导者。贫农及雇农虽与小资产阶级有相同性质，因生活极苦，易同情革命，为工人之良好助手……因此，我们可以知道民主革命必须以无产阶级为主体，以学生、农人、小商人与手工业者为辅助者"。他还指出我们的出路，"没有阶级的实力必不能得到革命，不能获得群众，必不能有实力，所以我们目前最大的任务是深入劳苦群众中去宣传组织，以增长我们的阶级实力"。这里工业无产阶级是革命的领导阶级，是非常明确的。如果把当时恽代英、萧楚女、蔡和森的一些文章读一读，我们就可以更好地理解《中国社会各阶级的分析》一文。周总理 1924 年在《赤光》发表了很多文章，对中国革命的动力、对象，都有阐述。这样全面考虑，并不是否认毛主席。毛主席的那篇文章，说得还是很全面、很深刻的。

对毛主席提出的一些路线、方针，我们也要实事求是。过去总是说毛主席一个人，实际上是党、是很多同志共同创造总结出来的，是主席形成了科学概念。如土地革命路线的形成，是二战时期(指"第二次国内革命战争时期")也是民主革命时期的一个很重要的问题，过去讲《井冈山土地法》《兴国土地法》,说 1930 年土地革命路线形成,甚至说井冈山时期土地革命路线就形成了,这是不科学的。在《井冈山土地法》前中央有指示,主席的总结,很多东西是中央的,并不是他一个人的。1929 年的《兴国土地法》,注中说井冈山土地法有错误,也是根据中央指示说的,并不是主席自己改的。1929 年 2 月 6 日,中央有个二十八号通告《农民问题的策略》,其中讲道:没收一切土地不合适,因为在农村是建立反地主阶级的统一战线。没收一切土地,就搞乱了农村的阶级阵线。毛主席是根据"六大"的精神改了。现在的讲义都说 1930 年毛主席土地革命路线形成,我们还没有看到这方面的原始出处。"二七"会议上,毛主席是肯定闽西土地革命中的抽补办法,但 1930 年的南阳会议,对富农问题、流氓问题的决定, 是有错误的。关于土地所有权, 是 1931 年初解决的,到 1933 年的查田运动,又进一步明确了。查田运动中,出现两个文件,是很好的。但查田运动,是有问题的,其发展过程,不那么符合实际,很多东西离开了事实。如瑞金城区在查田时,一开始就按家按亩查,查得中农大起恐慌,瑞金踏迳区插起牌子遍查,查得中农恐慌,躲逃到山上,有的还引起一部分贫农不安。有的同志写文章说查田运动的成绩是毛主席的,错误是别人的,不能这样说!主席是在不断的革命实践中总结经验,反复实践多次才形成了土地革命路线的。有些问题,谈是可以的,但写成文字时,还是要稳妥一点比较好。所以在写的时候,有些问题我们就含蓄一点。一定要站得住,要科学一点。再如军事路线,一定要看成是全党的,绝不是哪一个人的。我们不能把党史和现代革命史写成是一个人的,同时也不能把党史和革命史写成毛、刘、周、朱四个人的。党、阶级、群众、领袖都要写,要科学地加以阐述。

三、对立统一规律在现代史教学中的运用

对立统一的规律在自然界、社会和人的思想中,都是普遍存在的。历史的发展,不完全是经历一种形式(如战争)。我国的民主革命经过两次国内战争、两次统一战线实现的。光强调斗争的一面,就不符合历史事实。毛主席说,又联合又斗争。抗日战争时期就是这样。因此我们不能光讲我们自己。过去好多地方,讲法有片面性。我们要很好运用对立统一规律的学说。如讲黄埔军校,光讲周总理、叶帅、聂荣臻等几个领导人是不恰当的。因为它是国共合作的产物。再如农民运动讲习所,就不能光讲第六期(毛主席创办),应全面了解

农民运动讲习所在当时是怎样创造、发展起来的。武汉农民运动讲习所,说是毛主席主办,也不对。所长是邓演达,过去都不提,只提副所长,这是不全面的。事实是统一战线这种形式推动历史前进,我们只讲一面,不全面,并且好多问题说不清。两次东征,只讲周总理领导,也不全面,蒋介石、何应钦都得讲一下。因为当时是以联军形式出现——滇军、桂军和黄埔军校学生军,总司令是蒋介石。既然是合作,只讲一个方面是说不清的。当时好多共产党人都加入了国民党——党中央决定共产党员以个人身份加入国民党。

抗日战争,是鸦片战争后唯一的一次战胜外国侵略者的战争。抗日战争时期有个统一战线,统一战线中有个蒋介石。抗日战争,是全民族的解放战争。既然是民族战争,就应反映出全民族行动起来。民族压迫,最能动员全民族起来抵抗,要很好地阐述中华民族反帝英勇斗争史,以我们为中心为主没问题,但其他各个阶级、华侨、少数民族、妇女行动,以及国民党抗战也要讲。我们的讲义,在抗战头一年,对国民党充分肯定——这一点,毛主席也讲过。上海抗战,国民党投入兵力达 70 余个师,占其全部军队 1/3 以上,打了 3 个多月,还有台儿庄一仗。片面抗战,不等于不抗战,它只是限制群众的行动,但还是打了。蒋介石集团过去是不抵抗主义,抗战后划分战区,好多军队都开到前线,这是它的变化,因而要讲。有同志提出,这样会不会宣扬国民党?不会。我们讲国民党,是有分析的。如"八一三"抗战,到 10 月初消灭日军两万多到三万,日本几次变换统帅,国民党军队是打得不错的,是比较顽强的。对国民党抗战的一面,要写。1938 年的冀东暴动,当时八路军并未到冀东,在民族压迫下,十多万群众一下子起来了,就得写,不然不能反映民族战争。过去的讲义,八年抗战,看不出有什么战争,打了两次(指平型关战役和百团大战——整理者)还打错了,那怎么写民族战争?要把全民族艰苦抗战写出来,需要我们史学工作者共同努力奋斗。

四、现代史中的人物处理

没有人物的活动,怎么叫人类的历史?

首先,我们在讲义中,一律不写"同志"两个字,因为我们就没说过马克思同志、恩格斯同志。不写同志的称号是可以的,过去往往因为这两个字,全书都报销了,我们只说历史上的事,这是抹杀不了的。写不写"同志"并不影响某个伟大人物或人在历史上的作用。要把他在历史上的地位、作用予以恰当的评价。

其次，不随意用"窃取""混入"字眼。说蒋介石混入革命队伍还可以，一般的不要用。某一个人原来很好，功劳很大，后来出问题了，就说他"混入"革命队伍，这样是不合适的。我们一般不用"窃取"，不能因为某个人后来出了事就说他"窃取"××。如四中全会后的上海临时中央及其后由临时中央召开的五中全会，毛主席认为是合法的，只是选举手续不完备，就不能说是王明窃取的。"红卫兵"的语言，尽量少用或者不用。

人物评价，本来是很难的。就一个人讲，在某个事上可能是对的，在另一个事上可能是错的；前期可能是正确的，后期可能是错误的；有的前者很好，如陈独秀，五四运动时期是很了不起的，影响了整个一代人（毛主席就受了他的影响），后期成了机会主义。我们研究一个人不能根据他说的几句话，还要看实践。有时我们纯从言论上去研究某个人，无隙可击，但从实践上看，问题就太多了。如何准确地阐述这些问题，是需要很好地斟酌的。我们的原则是某项活动，他参加了，领导了，要写他。当然表达起来，还需要动些脑筋。如第一次国内革命战争时东征，假如写蒋介石、周恩来领导，总感到接受不了，我们考虑写成蒋介石担任总司令、周恩来担任政治部主任，比蒋、周领导要好一点。有些人物，一直扮演反面人物，那好办；有的人，一会儿好，一会儿坏，如蔡元培，"五四"时期不错，"四一二"以后跟着蒋介石跑了，1931年"九一八"事变，学生示威，揍他一顿，他以后又反蒋了。这时候好，我们就写他好，另个时候不好，我们就写他不好。因为写的是这个时期的历史，是和事实连在一起的。以后谁变化，是另外一回事，不能因为后来某人的政治地位很高，就把前期错误的当成正确的。如罗章龙，今天他是历史博物馆的顾问，但第二次国内革命战争时他搞分裂，总是不对的。我们不能把当时的历史抹掉。我们也不能因为一个人犯过错误，就永远是那个样子，要从发展中看。杨度，是六君子之一，袁世凯当皇帝，他是大唱赞歌的，后来他成了中国共产党党员了。我们肯定他是共产党党员这一段，那一段历史叫近代史去写。近代史也不应因为他后来成了共产党员了，而不提杨度在袁世凯当皇帝时干的坏事，要是那样，历史就没有是非了：今天这样，明天那样，历史任人打扮是什么样子，就是什么样子，那不是实用主义吗！我们不要受政治气候的影响，要根据历史事实把握住观点来写。

五、史和论的关系

写历史,总得有史观。唯物的,唯心的,马克思主义的,非马克思主义的,等等。新中国成立以后,我们提过"以论代史"的口号。现在看来,这个口号是错误的。现在又有"论从史出"的提法。这个提法是否科学,可以研究。毛主席提出用马列主义的立场、观点、方法,详细地占有材料,从客观存在的实际事物出发,加以科学的分析和综合研究,这种说法是比较全面的。

历史,是人类已经走过来的事。记载史料也有观点,同样一个问题,记载会不一样,如"七七"抗日战争,你翻翻日本的史料,它不说是日本挑起的(除个别进步史学家如井上清以外)。光有史料还不行,要用马克思列宁主义做指导,去进行分析。我们不能从理论出发,要从客观事实出发。如抗日战争,如果从理论出发,硬套说日本当时国内发生经济危机,导致了日本发动对华战争。从理论上讲没错。但不能完全这样讲,苏联现在发生经济危机了吗?没有。但苏联向外扩张得很厉害,所以不能光用经济危机去解释。1937年上半年,日本并没有发生经济危机,其经济危机的出现,是以后的事。因此,我们不能说由于日本的经济危机才发生了七七事变,那样讲不是从事实出发的。一个问题,最好能找到正反两方面的材料进行研究。我们不能一见到一个材料,就如获至宝,就去论,这样常常很危险。如抗日战争,对宋哲元究竟怎么评价?二十九军抗日,是没问题的,但宋哲元在其中占什么地位? 日本搞汉奸政权时,给宋哲元的委任状,他的确撕掉了,但在抗战初期宋哲元究竟扮演的是什么角色,那需要看很多史料,看我们的,还要看日本的,然后你才能下结论宋哲元怎么样。如七七事变爆发时,宋哲元回老家乐陵去了,宋回来以后立即到东交民巷,向日本人道歉,和敌人搞妥协。所以把宋哲元写成什么人物,需要看很多材料。有些问题的材料拿来了,怎么论? 还是问题。不好处理的问题,我们是采用只写过程不加评论的办法进行处理的。

原载中国现代史学会秘书处编:《中国现代史学会第一次学术讨论会论文选编》,1980年

中国现代史

一、现代史研究回顾

中国现代史是一门年轻的学科,它是随着中华人民共和国的成长而成长起来的,像 40 年来新中国经历的曲折道路一样,中国现代史的研究也经历着艰难曲折的路程,"文化大革命"前和"文化大革命"后有着很大区别。中国现代史研究的繁荣时期,是 20 世纪 80 年代出现的。

50 年代初,人们对刚刚逝去的往事还不以为是历史,史学界又受着厚古薄今思想的影响,把目光集中于古代史的研究,认为越古越有研究价值,下限最多研究到辛亥革命时期,研究辛亥革命以后的人就少起来了。1956 年国家教育部集中一批专家学者,制定高等院校教学大纲,中国现代史的教学大纲也展示出来。这个大纲是按照通史的框架拟定的,是作为通史的一部分而独立存在的,以 1919 年五四运动为限,1840 年鸦片战争到 1919 年五四运动为近代史。1919 年到中华人民共和国成立为现代史。所以以五四运动为分水岭,是考虑到 1917 年十月革命开辟了世界历史新纪元,世界历史进入现代史阶段。受十月革命的影响,中国反帝反封建的民族民主革命,从"五四"开始进入新民主主义时期。新民主主义革命是世界无产阶级革命的一部分,和旧民主主义的发展有着方向性的不同。中国现代史这一学科名称,从此确定下来,为人们所接受,被广泛使用。但各高校课程,讲的仍多是中共党史或革命史,以何干之主编的《中国现代革命史》(北京高等教育出版社,1957 年)、胡华主编的《中国革命史讲义》(中国人民大学出版社,1959 年)为教材。1959 年文科教材会议后,由许多院校集体编写,李新等人主编的《中国新民主主义通史》问世,该书仍用革命史名称,但全书的体例、结构和内容都是现代史性质,成为现代史主要教材。

20 世纪五六十年代,研究者对中国现代史的研究,因侧重于中国共产党史、革命史和经济史,研究的领域不够宽广。从出版物可以看到,关于中共党史的书籍有胡乔木的《中国共产党的三十年》(人民出版社,1951 年)、缪楚黄的《中国共产党简要历史》(学习杂志社,1956 年)等十余种。关于革命史方面的有廖盖隆的《新中国是怎样诞生和成长的》(上海人民出版社,1955 年)等十余种。关于军史的书籍有黄涛的《中国人民解放军的三十年》(河北人民出版社,1957 年)等 5 种。论及各个时期的历史专著有丁守和等人的《十月革命对中国革命的影响》(人民出版社,1959 年)、叶蠖生等人的《第一次国内革命战争简史》(上海人民出版社,1957 年)、北大和清华编的《一二·九运动史》(北京出版社,1961 年)、河北军区政治部编的《冀中抗日战争简史》(河北人民出版社,1958 年)、齐武的《一个革命根据地的成长——抗日战争时期和解放战争时期晋冀鲁豫边区概况》(人民出版社,1957 年)等 38 种。

在经济史研究方面,引人注目的几本书是吴承明的《帝国主义在旧中国的投资》(人民出版社,1955 年)、严中平的《中国棉纺织史稿》(科学出版社,1955 年)、杨培新的《旧中国的通货膨胀》(三联书店,1963 年)等。

在对外关系史方面,最有影响的是刘大年的《美国侵华史》(人民出版社,1951 年)。

资料和工具书方面出版的有:编译局研究室编著的《五四时期期刊介绍》(人民出版社,1958 年、1959 年)、翦伯赞和齐思和等人的《中外历史年表》(三联书店,1959 年)、陕甘宁边区参议会文献汇辑》(科学出版社,1958 年)、张静庐编的《中国现代出版史料》(中华书局,1954—1959 年)、陈真等人编的《中国近代工业史资料》(三联书店,1957—1961 年)、彭泽益编的《中国近代手工业史资料》(三联书店,1957 年)等。

据粗略统计,"文革"前出版的现代史方面的专著、资料及工具书约 600 多种,有关文章 4300 余篇。出版物是衡量学科发展状况的主要标志。分析出版趋向,我们不能不承认,"文革"前,中国现代史的许多领域,无人去涉足。

当时研究者对中国现代史问题的争论也很少,不同的看法是有的,但没有形成广泛的辩论。史学界曾讨论史与论的关系、资本主义萌芽、封建土地关系、农民战争的作用、历史人物的评价等问题,现代史似乎都被排除在外。现代史中出现的问题,只是在狭小的范围内进行,如关于五四运动的领导权问题,有的认为是工人阶级领导的,有的认为是由知识分子和青年学生领导的,有的则强调共产主义知识分子的作用。关于五四运动的性质,多数认为是新民主主义革命,也有人认为是新民主主义的开始,但本身还不是新民主主义革命。关于第一次国内革命战争失败的原因,有的认为是陈独秀机会主义路线造成的,有的则认为革命和反革命的力量太悬殊,革命遭受挫败是不可避免的。

中国现代史的研究之所以处于这种状态,有主客观的因素。革命胜利后,研究者出于对革命的热爱,倾注心血,撰写革命书籍和文章,这是必然的,应该加以肯定。但另一方面,"左"的思潮也的确束缚了人们的思想,影响人们观察历史的方式。现代史被认为是最敏感的学科,研究者不敢把研究的课题,伸向更广阔的领域,禁区太多,稍一涉足,便有遭诬陷和不测的可能。因此,学者多绕道行走,思想方法上的简单化、公式化的出现,也造成了研究领域的真空地带。及至林彪、"四人帮"横行时期,实行残酷的文化专制,社会科学的任何发展都中断了,丰富的现代史,只剩下几次路线斗争史。讲路线斗争还得按照既定的框子。即使是讲毛泽东思想或毛泽东著作中阐述过的问题,因为不合他们现实需要,或者因他们的无知和没有听说过,也被认为是毒草,也要遭到批判。当时,连一桩耳闻目睹的事件都不能客观地正确地描述。空前猖獗的文字狱现象在中国历史上达到了无以复加的地步。历史岂能由这些家伙恣意篡改捏造!个别史学者缺乏史德,见风使舵,对同一历史事件,今天这样讲,明天那样讲,历史被糟蹋得不成样子。当时中国,不只是文化贫困,更严重的是混乱不堪。

1978 年 12 月,中国共产党召开十一届三中全会,强调解放思想,实事求是,人们思想获得解放,开始起来打破阻碍进步的一切桎梏和束缚。闸门一开,潮水冲向一切禁区,拨乱反正带来的批判精神也活跃了中国现代史。"文化大革命"及以前"左"倾路线所封闭的研究领域,都先后被突破了。随着改革开放政策的贯彻,研究者的视野开阔了,思想深邃了。独立思考的良好风尚,使研究者剖析社会,推究历史的能力增强,研究的方向伸向现代史领域的各个方面。三十多年来不敢问津的问题,现在也成为研究的热门课题。从近十年来发表的万余篇论文来看,不仅数量多,涉及面也极为广泛,内容包括史学理论、政治史、经济史、军事史、文化史、社会史、中外关系史、民族史、地方史、华侨史、人物传记等。各种专著、资料及工具书也已有 4000 余种,可谓洋洋大观。各种学会纷纷建立,如中国现代史学会、中共党史研究会等全国性的学术团体,各省还成立了分会。其他如全国毛泽东思想研究会、中日关系史研究会等，都是很专门的。学会成为学术交流的纽带，它们主持和召开各种类型的学术讨论会。国际性的学术讨论会也已举办多次，推动了现代史研究的发展。各种类型的研究中心在全国各地建立起来，研究工作开展得颇有生机和活力。中国现代史以丰富而生动的面貌呈现在人们面前，对许许多多的问题，都有了新的看法，过去已有定论的，也拿来重新检验，重新估价；不再局限于人物和事件的研究，或者只研究中国共产党史、资产阶级发展史、工人运动史、农民运动史、土地革命史，现在研究的门类与层次均很多。譬如政党史，凡现代史上出现的党派都有人研究，有的还研究政党关系史及政党思潮史。如经济史研究，涉及农业、工业、手工业、商品贸易、物价、金融货币等各个方面。研究者根据马克思列宁主义的观点和方法，运用新的资料，以现代意识去考察、推求，认识过去的时代；有的从纵的方面去考察，有的从横的方面去剖析，有的是论述，有的是考证。因为角度不同，课题和成果也就丰富多彩了，每月各种报纸杂志都有大量现代史论文，每年各出版社出版多种书籍，难以一一阅读。

对中国现代社会发展进行总体综合研究的书籍已有十余种版本，其中 9 种是以中国现代史名称出版的，最先问世的是魏宏运主编的《中国现代史稿》，1980 年，由黑龙江人民出版社出版，接着，黄元起主编的《中国现代史》于 1982 年由河南人民出版社出版，该书 1988 年修订本由李光一主编，黄元起为名誉主编。北京师范大学现代史教研室主编的《中国现代史》，1983 年由北京师范大学出版社出版。王维礼主编的《中国现代史》，1984 年由辽宁人民出版社出版。胡汶本等主编的《中国现代史简编》，1986 年由山东教育出版社出版。1987 年出版了三种版本，一是陈善学等人主编的《简明中国现代史》(江西人民出版社出版)，一是秦英君主编的《中国现代史简编》(河南大学出版社出版)，一是张杨、张建祥主编的《中国现代史》(陕西师范大学出版社出版)。这些书都是集体编写的，作为教材使用，基本内容大致相同，编写的体例和框架大同小异。作者们抓住了对历史进程起巨大作用的事件和因素，着意描述中国现代史的发展规律，揭示了中国现代史的发展方向为什么是这样，而不是那样，力图概括历史的全貌。根据习惯的分期法，写的大都是 1919 年到 1949 的历史，并按社会主要矛盾的变化，将这一时期分为几个阶段，即 1919—1927 年为新民主主义开端和第一次国内革命战争时期，1927—1937 年为第二次国内革命战争时期，1937—1945 年为抗日战争时期，1946—1949 年为解放战争时期。这些书也有不尽相同之处，秦英君主编的和张杨主编的本子，都以辛亥革命和中华民国的建立为开端。前者以统治阶级中央政权的演变为依据,兼顾社会主要矛盾的变化划分时期,将 1912—1928 年作为一个时期。后者是以 1912 年为开端,到 1927 年止为第一个阶段。陈善学等人主编的书,上限从 1919 年开始,下限到 1982 年,既包括新民主主义革命阶段,也包括社会主义革命阶段。在内容篇幅的安排上,也各有自己的特色。北京师范大学版本,文化思想写得较全面,李光一主编的本子,对北洋军阀皖、直、奉三系政权的变化过程,国民党政权的始末与变化的过程,北洋军阀和国民党的政治经济军事文化思想方面的政策和措施,日、英、美等帝国主义侵略中国及其变化与特点,都有清晰的描述。现代史教材的提高,是建立在专题研究的基础上的。随着各种课题研究的深入,现代史的内容必然更丰富。

值得指出的是,李新、陈铁健主编的《中国新民主主义革命史》第一卷《伟大的开端》(1919—1923 年),1983 年已由中国社会科学出版社出版,是一部以崭新面目出现的历史长编性著作。

中共党史是中国现代史的核心部分,熟悉中共党史有助于理解中国现代史。"文革"后,党史研究取得了长足进步,这表现在:一、研究者将党各个时期的纲领、政策、方针与路线,放在当时历史条件和实际中去考察,阐述得更透彻了;二、科学地探究毛泽东思想体系的形成;三、着眼于党的组织的领导作用;四、关于革命的动力及规律,有了客观论述;五、弄清了更多历史真相,丰富了认识。当前已出版的百余种党史教材,均增加了新内容。中共中央党校党史教研室编的《中国共产党史稿》(人民出版社,1985 年),郑德荣、朱阳主编的《中国共产党历史讲义》(吉林人民出版社,1984 年),内容丰富,资料翔实,为读者所喜爱。党史研究机构和资料征集部门及学术界编辑出版了大量历史文献和专著,《党史通讯》《党史研究》《文献和研究》经常披露重要文件和论文,推动了党史研究的深入发展。但需指出的是,百余种党史教材中,许多版本从质量上还有待提高。

中国革命史是现代史的重要组成部分。这方面的研究成果是很丰富的,论文发表得相当多。就教材来讲,已出版百余种,1986 年是革命史出版的高潮,有的一个省市就有几种版本同时出现。有的是由一所学校编成的,如王宗华主编的《中国革命史》,是武汉大学教师编写的,该书由武汉大学出版社出版。有的是一个大地区许多院校集体合编的,如李世平主编的《中国革命史简编》(四川人民出版社)是西南 4 省 14 所院校写成的。

百余种革命史教材,框架基本相同,有的写得很出色,有的则显得有些粗糙,个别的显然是拼凑起来的。

对旧中国统治阶级的历史,北洋军阀和中华民国史的研究,近年来也取得了可喜的成果。如1984年河北人民出版社出版了来新夏主编的《北洋军阀史稿》,该书是作者对1957年出版的《北洋军阀史略》的进一步丰富。张宪文主编的《中华民国史纲》,于1985年由河南人民出版社出版,是新中国成立以来第一部民国史专著。

研究者对汉奸和敌伪傀儡政权也未忽略,著作有姜念东等人写的《伪满洲国史》(吉林人民出版社,1980年),黄美真、张云写的《汪精卫集团叛国投敌记》(河南人民出版牡,1987年)。

政党史的研究,过去主要是面向中共党史,现在已将目光投向国共关系史、民主党派史、国民党史,探讨各党派产生的历史条件、阶级基础、组织状况、纲领、与共产党的关系、在民主革命时期的地位和作用等课题。林家有等人写的《国共合作史》(重庆出版社,1986年),论述了国共两党合作对国家和民族所起的巨大历史作用和深远影响。王功安、毛磊主编的《国共两党关系史》,1988年由武汉出版社出版。朱建华、宋春主编的《中国近现代政党史》,1984年由黑龙江人民出版社出版,论述了从同盟会成立到1949年中国先后出现的党派政团的兴衰演变,是一部综合性的政党史专著。1986年民进中央编的《中国民主促进会四十年》(上海人民出版社)、民建中央编的《中国民主建国会简史》(中国文史出版社)问世,两部书都包括简史和资料,前者还有大事记。1987年浙江教育出版社出版了邱钱牧的《中国民主党派史》,随后姜平的《中国民主党派史》于同年8月由武汉大学出版社出版。这两部书对民主革命时期的11个党派,即中国国民党革命委员会、中国民主同盟、中国民主建国会、中国民主促进会、中国农工民主党、中国致公党、九三学社、台湾民主自治同盟和新中国成立以后同民革合并的三民主义同志联合会、中国国民党民主促进会,以及新中国成立以后自行宣布解散的中国人民救国会,都做了实事求是的评价,论述了这些党派在反对帝国主义、封建主义和官僚资本主义斗争中的历史作用。

最早潜心研究民主党派史的是彦奇,他主编的中国各民主党派研究丛书,已出版了《中国农工民主党历史研究》(1984年)、《中国民主建国会历史研究》(1985年),均由人民大学出版社出版,内部发行。党派史研究,将会有更丰硕的成果,刘健清、王家典主编的《中国国民党史》,将由江苏古籍出版社出版。各党派及其代表人物的政治思想研究,是现代政治思想史的任务,思潮与党派的消长同革命运动是联系在一起的,每一个时代都有一种主流思潮或多种思潮并存,思潮是时代的脉搏。林茂生、王维礼、王桧林主编的《中国现代政治思想史》,1984年由黑龙江人民出版社出版;李世平的《中国现代政治思想史》,1985年由四川人民出版社出版;陈旭麓主编的《五四以来政派及其思想》,1987年由上海人民出版社出版;王金铻主编的《中国现代资产阶级民主运动史》,1985年由吉林文史出版社出版。这些著作考察了各种政治思想发展,及各种思想相互间的关系与斗争,分析了各种政治思潮对社会产生的不同作用,向我们展示了这一领域的概貌。

中国革命的成功,赖于有了农村革命根据地,走农村包围城市的道路。不了解革命根据地,就不可能了解中国革命为什么能取得胜利。多年来,根据地史的研究,一直是现代史中的主要课题,而其成果,以20世纪80年代为最多。已出版的有:方志纯的《赣东北苏维埃创立的历史》(人民出版社,1979年)、中共吉安地委编的《湘赣革命根据地斗争史》(江西人民出版社,1982年)、林超主编的《川陕革命根据地历史长编》(四川人民出版社,1982年)、孔永松等写的《中央革命根据地史要》(江西人民出版社,1985年)、蒋伯英的《闽西革命根据地》(福建人民出版社,1982年)、谭克绳等的《鄂豫皖苏区历史简编》(湖北人民出版社,1983年)、中共龙岩地委党史资料征集委员会编的《闽西根据地史》(华夏出版社,1987年)、《太行革命根据地史稿》(山西人民出版社,1987年)、《大青山抗日斗争史》(内蒙古人民出版社,1988年)等。

根据地的财经史是根据地史研究中最为可观的,在齐燕铭、许毅、戎子和等人的倡导下,财政部科研所全面地有计划地组织了对各根据地财经史的研究,立下了功劳。已出版的有:赵效民主编的《中国革命根据地经济史》(广东人民出版社,1983年)、唐滔默的《中国革命根据地财政史》(中国财经出版社,1987年)、孔永松、邱松度写的《闽粤赣地区财政经济简史》(厦门大学出版社,1988年)、星光与张杨主编的《抗日战争时期陕甘宁边区政治经济史稿》(西北大学出版社,1988年)、朱绍南等写的《淮北抗日根据地财经史稿》(安徽人民出版社,1985年)、应兆麟主编的《皖江抗日根据地经济史稿》(安徽人民出版社,1985年)、朱建华主编的《东北解放区财政经济史稿》(黑龙江人民出版社,1987年)。

军事史的研究也是近来才开始的。作为一个专门的学科,它处于初创时期。军事科学院历史研究部编写的《中国人民解放军战史》(军事科学院出版社,1987 年),是一部权威性的著作。张廷贵、袁伟编了一部《中国工农红军史略》(中共党史资料出版社,1987 年)。军事科学院主办的《军事学术》和中国人民革命军事博物馆主办的《军事史林》,为学界提供了丰硕的研究成果。

历史事件的研究,一直是史学工作者最感兴趣的。历史上发生的事件,有的持续很长时间,有的则很短暂,但无论其存在的时间长与短,凡对历史进程有影响的,都是历史链条上的一环,环环衔接,构成了历史发展的全过程。不断探索历史事件,就会丰富人们的历史意识。许多历史事件都有了研究专著,如彭明的《五四运动史》(人民出版社,1984 年),张静如等人写的《中国共产党的创立》(河北人民出版社,1981 年),任建树和张铨的《五卅运动史》(上海人民出版社,1985 年),周尚文、贺世友的《上海工人三次武装起义史》(上海人民出版社,1987 年),黄修荣的《第一次国共合作》(上海人民出版社,1986 年),范忠程的《北伐战争史稿》(湖南人民出版社,1987 年),中国革命博物馆编的《第一次国共合作时期的北伐战争》(黑龙江人民出版社,1987 年),刘继曾、毛磊、袁继成写的《武汉国民政府史》(湖北人民出版社,1986 年),易显石、陈崇桥、张德良、李鸿钧写的《九一八事变史》(辽宁人民出版社,1981 年),刘庭华的《九一八事变研究》(国防大学出版社,1986 年),《西安事变简史》(中国文史出版社,1986 年),胡德坤的《七七事变》(解放军出版社,1987 年),胡德坤的《中日战争史》(武汉大学出版社,1988 年),何理的《抗日战争史》(上海人民出版社,1985 年),龚古今、唐培吉主编的《中国抗日战争史稿》(湖北人民出版社,1983 年),吕树本、杨福茂、金曾森合写的《浙东根据地》(浙江人民出版社,1980 年),朱建华的《东北解放战争史》(黑龙江人民出版社,1987 年),孔永松的《中国共产党土地政策演变史》(江西人民出版社,1987 年),杨云若、杨奎松合写的《共产国际和中国革命》(上海人民出版社,1988 年)等。

区域史、地方史、城市史的研究也呈现出繁荣景象。史志的编写工作,20世纪 50 年代武汉、湖南曾进行过,但未能坚持下来。全国有组织有计划的修志是从 1980 年开始的。中央成立了方志指导小组,各省、市、县成立了地方志编纂委员会,共 2000 多个,3 万多人参加这一工作。志书着重在中华人民共和国成立后,新中国成立以前也简要地写了一些。以《武乡县志》(山西人民出版社,1936 年)为例来看,内容包括概述地理、经济、政治、军事、文化、社会、人物、大事记及附录,对抗日战争时期和解放战争时期的历史均有周详的记载。城市史的研究已列入国家"七五"规划,上海、天津、武汉、重庆的城市史编写工作已进行了两年,均以近代史为对象,不包括新中国成立以后的历史。城市史方面的文章所探讨的问题多为沿海城市的近代化、经济与文化的发展、社会变迁及租界史等。区域史的研究也引起史学界的注意,特别是江苏及抗战时期西南地区经济的发展成为热门课题。

具有魅力的更能吸引群众的是回忆录和传记,这种体裁较能生动活泼、细致入微地展现历史的某一个侧面,对考察历史是很有价值的。影响最大的有《彭德怀自述》(人民出版社,1981 年),《聂荣臻回忆录》(上、中、下,解放军出版社,1983—1984 年)、徐向前的《历史的回顾》(上、中、下,解放军出版社,1984—1987 年)、《杨成武回忆录》(解放军出版社,1987 年)、李维汉的《回忆与研究》(中共党史资料出版社,1986 年)、《张治中回忆录》(文史资料出版社,1985 年)、《李宗仁回忆录》(中国人民政治协商会议广西壮族自治区委员会文史资料研究委员会,1980 年)、《顾维钧回忆录》(中华书局,1983 年)等。

传记,有自己写的,如《蔡廷锴自传》(黑龙江人民出版社,1982 年)。更多的是他人写的,如尚明轩的《孙中山传》(北京出版社,1979 年)、李大钊编写组编的《李大钊传》(人民出版社,1979 年)、张静如写的《李大钊》(上海人民出版社,1981 年)、唐纯良的《李立三传》(黑龙江人民出版社,1984 年)、陈铁健写的《瞿秋白传》(上海人民出版社,1986 年)、周天度的《蔡元培传》(人民出版社,1984 年)、蒋洪斌写的《宋庆龄》(江苏人民出版社,1987 年)、吕明灼的《宋庆龄传》(上海人民出版社,1981 年)、陈启文的《宋美龄》(中国文联出版公司,1988 年)、宋平写的《蒋介石生平》(吉林人民出版社,1987 年)。解放军出版社1984 年开始出版解放军将领传,中共党史人物研究会编的《中共党史人物传》已出了 35 集。民国人物,有李新、孙思白等人主编的《民国人物传》,《民国档案》杂志辟专栏介绍民国人物。

现代史资料编辑工作,取得的成绩更大,在出版的现代史书籍中,数量居于首位。许多重大历史事件的资料都已有人着手编辑或已成书出版,这是千秋大业,许多档案研究者做出了巨大贡献。档案杂志的出现是史学界的新气象。除《历史档案》兼发一些现代史资料外,《北京档案史料》、上海《档案与历史》、重庆《档案史料与研究》、《山西革命根据地》等刊物都是专门披露现代史史料的。已出版的专题资料有:中国社会科学院近代史研究所、中国第二历史档案馆编的《五四爱国运动档案资料》(中国社会科学出版社,1980年)、张允侯主编的《留法勤工俭学运动》(上海人民出版社,1980年)、中共中央党史资料征集委员会编的《共产主义小组》(上、下册)(中共党史资料出版社,1987年)、王健英编的《中国共产党组织史资料汇编》(红旗杂志社,1983年)、广东革命历史博物馆编的《黄埔军校史料》(广东人民出版社,1983年)、中央档案馆编的《北伐战争》(中共中央党校出版社,1981年)、中共中央党史资料征集委员会、中央档案馆编的《八七会议》(中共党史资料出版社,1986年)、中国第二历史档案馆与云南省档案馆和陕西省档案馆合编的《西安事变档案史料选编》(档案出版社,1986年)、中国第二历史档案馆与南京市档案馆和"南京大屠杀"史料编辑委员会编的《侵华日军大屠杀档案》(江苏古籍出版社,1987年)、中央档案馆编的《皖南事变》(中共中央党校出版社,1982年)等。

抗日根据地财政经济史资料的发掘和整理尤为突出。财政部科研所组织有关省财政厅、档案馆和高校教师开展了抗日战争时期19个根据地财经史料的编纂,工程巨大。已出版的有:《抗日战争时期陕甘宁边区财政经济史料摘编》(陕西人民出版社,1981年)、《晋察冀边区财政经济史资料选编》(南开大学出版社,1984年)、《晋绥边区财政经济史料选编》(山西人民出版社,1986年)等10种。这套资料涉及内容极为广泛,每种资料大体上有总论、工业、商业、贸易、粮食、合作社、财政、金融货币等项,是很有价值的。

由太行革命根据地史总编委会编辑的《财政经济建设》(山西人民出版社,1987年)是一部反映太行革命根据地财政经济建设的资料书,包括概述和史料两大类。

关于民主党派史的资料,已出版的有:《中国民主同盟历史文献》(文史资料出版社,1983年)、《救国会》(中国社会科学出版社,1981年)、《九三学社》(文史资料出版社,1981年)、《中国致公党》(文史资料出版社,1981年)、《中国各民主党派》(中国文史出版社,1989年)。

关于日本侵华与日伪政权方面的资料有:南开大学中共党史教研室编的《华北事变资料选编》(河南人民出版社,1983年)、复旦大学编的《日本帝国主义对外侵略史料选编》(上海人民出版社,1975年)、北京市档案馆编的《日伪在北京地区的五次强化治安运动》(北京燕山出版社,1987年)。

工具书也以多种形式出版,为读者研究提供了方便。以大事记体裁出版的有：梁寒冰、魏宏运主编的《中国现代史大事记》（黑龙江人民出版社，1984年）、中国人民解放军军事科学院编的《中国人民解放军大事记》（军事科学院出版社，1983年）、肖一平等人编的《中国共产党抗日战争时期大事记》（人民出版社，1988年）、冀东革命史编写组编的《冀东革命史大事记》（河北人民出版社，1988年）。以年表和纪事体裁出版的有：王维礼主编的《中国现代史大事纪事本末》（黑龙江人民出版社，1987年）、中共中央党史研究室编的《中共党史大事年表》（人民出版社，1981年）、袁旭等人编的《第二次中日战争纪事》（档案出版社，1988年）、魏宏运主编的《华北抗日根据地纪事》（天津人民出版社，1986年）、蔡德金和李惠贤编的《汪精卫伪国民政府纪事》（中国社会科学出版社，1982年）。此外，还有以辞典、条目或索引等形式出版的各种工具书，这里就不一一列举了。

二、若干课题的新争论再认识

中国现代史已进入百家争鸣、百花齐放时期。历史档案资料的大量公布，学术会议的广泛召开，丰富了人们的思想。大胆探索，已成为新的学风，有无新意成为评论学术文章最基本的要求。纵观所论述的问题，有的是对旧课题的重新评价，有的是发现了新材料而产生的新认识，有的是新领域的开拓。现将一些引人注目的争论问题分述于下：

关于中国现代史的分期和体系问题

这是近年来研究者一再论述的课题。目前现代史是从1919年五四运动开始，到1949年为止。这种分期法是以新旧资产阶级民主革命为标志来划分的。论者认为，从1840年到1949年中国的社会形态是半殖民地半封建社会，两个革命的任务是一致的，都是近代史的范畴。现代史应从1949年开始。但更多的人认为以五四运动为分期是合适的，因为十月革命和五四运动的爆发，中国共产党的诞生，表明无产阶级开始领导中国人民革命，决定了中国革命的性质和历史方向。有的研究者提出现代史这一时间概念将会随着时间推移而变化。

至于中国现代史的主体问题，有的认为应以社会基本矛盾的主次双方为主体，即以帝国主义侵略和封建势力的统治为一方，以人民革命为另一方，在半殖民地半封建社会，前者是社会矛盾的主要方面，起主导作用，占支配地位,因此在阐述上应占主要内容。不同意以上意见的研究者认为应以人民革命为主,人民革命力量由小到大,矛盾的主次关系也逐渐转变。中国共产党领导下的人民革命,是这一时代历史发展的动力,尽管处于被统治地位,但它是中国现代史的正统骨干,决不能把人民革命放在次要地位。

关于 1924 年国共合作后国民党的性质问题

1924 年国共合作,孙中山重新解释了三民主义,实行联苏、联共、扶助农工的三大政策。国民党已成为工人、农民、小资产阶级和民族资产阶级的革命联盟。这是过去和现在史学界的基本看法。近年有的学者提出,改组后的国民党仍是资产阶级的政党。根据是:孙中山改组国民党,是适应国民革命的需要,其目标仍是建立资产阶级共和国,参加国民党的共产党员必须无条件地承认国民党党纲,国共两党不是平行的联盟,而是共产党员以个人身份加入,组织形式上仍然以国民党为主体。还有的认为改组后的国民党具有新、旧民主主义两重性质,是民族民主革命的联盟。

关于五卅运动的领导权和上海总商会的阶级属性问题

这两个问题都有争论。第一个问题,多数人认为是共产党领导的,也有人认为是共产党和国民党联合领导的。第二个问题,过去认为上海总商会是一个买办阶级的组织,上海马路商界联合会是民族资产阶级的组织。近年研究者对这种看法提出异议。有的认为上海总商会是以虞洽卿为代表的买办大资产阶级把持的,有民族资产阶级参加的组织;有的认为是民族资产阶级上层的团体,在五卅运动中既有妥协性,又有革命性;有的认为是资产阶级团体,受控于买办阶级和民族资产阶级上层分子;有的认为以虞洽卿、陈光甫为代表的江浙资产阶级虽然在后来积极支持了蒋介石的“四一二”政变,但五卅运动时,他们是民族资产阶级,并不是买办阶级。

关于上海工人第三次武装起义的评价问题

一些学者认为上海工人第三次武装起义,是一次地区性的里应外合的起义,不具有全局性的重大影响。过去说是“世界上工人阶级武装起义史上有数的范例之一”,“十月革命后的一页”,评价过高。关于起义胜利后成立的市民政府的性质问题,史学界有两种不同的看法。一种看法是,市民政府具备了新民主主义政权的主要特征,是新民主主义政权的雏形。另一种看法是,市民政府是由共产党人积极推动发起的工人、城市小资产阶级、资产阶级的联合政权。关于起义的领导问题,有的认为是由中共中央和中共上海区委共同组成的特委会发起和领导的,领导人包括周恩来、罗亦农、赵世炎、汪寿华等,周恩来作为军委书记,发挥了关键作用。有的学者则认为陈独秀是中央书记,又是特委会的主持人,从2月23日到3月30日特委会开会31次,陈参加了30次,每次发言都有决定性的作用,第三次武装起义的胜利,是陈独秀为首的特委会正确领导的结果。

关于第一次国内革命战争失败与共产国际的关系

过去探讨第一次国内革命战争的失败原因,将视线集中在陈独秀的身上。近年来研究者将这一课题引向深入,认为陈独秀的错误理论及指导思想与共产国际代表的右倾思想有关,如马林认为中国工人阶级的力量是"微不足道的","农民群众对革命漠不关心,并且尚未出现政治上的重要性"。他还认为当时的国民党比共产党更能接近工农群众。中山舰事件后,鲍罗廷作为国民政府和国民革命军的总顾问,对国民党右派采取容忍政策,不但不向蒋介石公开斗争,还把苏联援助国民军的军火交给蒋介石。"四一二"反革命政变前夕,有人主张把第四军调到南京,以呼应上海的革命力量,但鲍罗廷不同意,他怕引起帝国主义的干涉,说,各军和蒋介石闹翻,蒋会扣留从国外回国的汪精卫。大革命后期,共产国际虽提出要反对国民党右派,但谁是右派却搞不清,并先后把蒋介石、汪精卫当作左派。共产国际提出要开展土地革命,但鲍罗廷认为时机还没有成熟,并主张纠正农民运动中的过激行为,下令解除工人纠察队的武装。共产国际代表的这一系列错误是和陈独秀连在一起的。有的学者认为共产国际对中国革命的指示有正确的,也有错误的。陈独秀的错误与共产国际有关系,也有区别。

关于南京政府建立初期的对外政策

对南京政府建立初期与各国签订友好通商条约和新的关税条约应如何评价,以往专门研究的人不多,已出版的书籍谈到这一问题时多持否定态度。近年来发生了变化。研究者认为国民政府以正常外交手续分别与各国签订友好通商条约和新的关税条约,虽然有其局限性,只是修约,减少了帝国主义在华的一些特权,但这些条约都无条件地承认中国关税自主权,这是近百年来未有的事实,在客观上和一定程度上反映了人民的愿望,有利于生产力的发展和社会的进步,保护了中国的市场,这种改订新约运动是历史上的进步。有的研究者还以南京国民政府设立关务署、把海关作为财政部的一个组成部分,以及到1937年时各口岸的税务司中已有1/3由中国人自己担任来说明国民政府在形式上基本上掌握和控制了海关行政权。以国民政府 1931 年、1933 年两次修改提高税率，说明可以自定关税税率。有的研究者则认为对此不能估计过高，因为这是修约，不是废约。孙中山在遗嘱中嘱咐要废除不平等条约，蒋介石违背了孙中山的遗愿，这不是历史的进步，而是倒退。所谓好处，也只不过是帝国主义采取的怀柔、欺骗伎俩。

关于 1928 年第二次北伐及东北易帜的评价问题

有的研究者认为二次北伐赶走了奉系军阀，随后东北易帜，使全国得到统一，是很大的进步。有的则认为 1928 年的二次北伐，是军阀之间的战争，与国共合作时的北伐性质不一样，没有积极的意义。对统一要辩证地看，不能说凡是统一，就是进步，如中原大战后的统一，就是为了镇压共产党人和红军，这种统一是不能肯定的。对分裂也要做具体分析，不一定凡是分裂都是坏的，如红色政权的武装割据，就是代表进步的。

关于"九一八"后蒋介石与胡汉民之争

1927 年后蒋介石与胡汉民由合作到对立，过去多解释为权力之争。近年学者认为他们之间还有政治思想之差异。"九一八"后胡汉民的民族主义思想比较浓厚，如驳斥抗日亡国论，主张对日作战，反对依赖国联和英美，反对日本的大亚细亚主义，反对南京政府的对日妥协政策，支持抗日运动，这些都是针对蒋介石的。在理论上胡还以均权反对蒋的集权。在组织上，建立新国民党，组织西南联合，创办三民主义月刊，这说明蒋胡之争在国民党派系斗争中具有一种特别的形式。

关于农村包围城市道路的理论形成问题

这是近年来讨论中新展开的课题。论者认为这条道路的形成是全党集体智慧的结晶。广州暴动后中共中央已提出"以农村割据局面包围中心城市"的主张。这时的缺点是还没有摆脱城市中心论的思想。党的文献表明，以瞿秋白为首的党中央，正探索这条道路。有的学者认为 1930 年 1 月毛泽东的《星星之火，可以燎原》标志着农村包围城市道路理论的正式形成，理由是：该文的中心思想是以农村为中心，创建红色区域，实行武装割据，这是促进全国革命高潮到来的最重要因素。有的学者认为农村包围城市道路的形成是一个过程，这一战略思想酝酿于 1929 年，毛泽东代表前委给中央的信(4 月 5 日)已表述了这一思想，到 1930 年《星星之火，可以燎原》发表，工农武装割据思想有了飞跃的发展。有的则认为农村包围城市道路理论形成的标志是《中国革命战争的战略问题》,该文表述了中国革命战争的特殊规律,全面提出了中国革命道路的依据。

关于土地革命路线形成问题

土地所有权的确定是土地革命路线形成的主要标志,这是学界的共同认识。中国共产党在根据地从 1927 年秋到 1930 年间,实行的是土地国有政策。没收一切土地而不是只没收地主土地,土地所有权属政府,而不是属于农民,农民只有使用权,土地不准买卖。地权不固定,有些地区甚至三番五次地分了又分,结果影响了农业生产。有的学者过去曾说 1930 年 6 月南阳会议时已形成了正确的土地革命路线。现在多数学者认为土地归农民所有是 1931 年春确定下来的。理由是:1931 年 2 月 8 日,苏区中央局第九号通告《土地问题与反富农策略》中提出了必须使农民取得土地所有权。2 月 27 日毛泽东给江西苏维埃政府的信《民权革命中的土地私有制度》标志着土地革命路线基本形成。也有人认为土地所有权是解放战争时期才解决的。第二次国内革命战争时期这个问题没有解决。

关于中华苏维埃共和国临时中央政府成立问题

1931 年 11 月,在瑞金成立了中华苏维埃共和国,是否应该成立,有两种对立的意见。一种意见认为当时革命根据地已遍及全国 10 多个省、300 多个县,中央革命根据地已正式形成,成立临时中央政府是合适的,需要一个中央政权来加强对全国红军和革命根据地的领导。一种意见认为当时九一八事变已经发生,中日矛盾上升,阶级关系发生了变化,成立工农民主政权,就把民族资产阶级排除在外,不利于革命的发展,是不合适的。

关于福建事变

1933 年 11 月的福建事变也是具有魅力的研究课题。学者们一致认为国民党十九路军将领蔡廷锴、蒋光鼐和国民党内李济深、陈铭枢等一部分反蒋势力发动这次事变是历史的进步,它不仅动摇了蒋介石国民党反动政府的根基,也激发了全国各阶层爱国人民抗日反蒋运动的高涨。为什么这一事变遭到了失败,学者们的看法是不同的,有的认为事变没有群众基础,福建人民政府内部情况复杂,领导层中意见不一,同床异梦,起事仓促,孤立无援。有的则认为是蒋介石重兵压境,力量对比悬殊。中国共产党因"左"倾路线干扰,无视中间阶级的变化,未给予积极支援,结果福建人民革命政府在历史上仅存在了两个月。

关于长征和遵义会议

这一课题的研究四十年来一直没有间断过。随着资料的发掘和访问的深入,许多关键性问题在"文化大革命"后,都取得了进展。中国革命博物馆和中共中央党史资料委员会做了大量的调查工作,弄清了不少问题。纪念遵义会议五十周年时,中共中央党史研究室编的《党史通讯》第 1 期又公布了过去鲜为人知的文件,大大推动了这一问题的研究。

关于红军长征的原因,有人认为是王明"左"倾路线造成红军实行战略大转移。有的认为中央苏区经济崩溃,第五次反围剿,根据地越来越小,财源和兵源越来越困难,特别是"左"倾政策在土地、劳动、工商和税收等方面强制施行,严重破坏了根据地经济的发展,使红军失去了赖以立足的基础,非寻找立足点不可。

关于黎平会议,学者们给予了很高的评价,认为这次会议是长征路上召开的第一次政治局会议,决定放弃去湘西与红二、六军团会合的计划,采纳了毛泽东的建议,西进贵州,建立了以遵义为中心地区的川黔边根据地。这一战略转变,使党和红军由被动转向主动,挽救了党和红军。

经过考证,遵义会议召开的日期为 1935 年 1 月 15 至 17 日,参加的人数为 20 人。会议通过了四项决议:选毛泽东为常委,指定洛甫起草决议,委托常委审查后,发到支部中去讨论,常委中再进行适当的分工,取消三人团,仍由朱、周为军事指挥者。

关于张国焘以武力解决中央的密电问题,存在着两种看法。一种意见认为张国焘曾发密电给红四方面军陈昌浩,要陈劝说毛泽东、周恩来、张闻天南下,如不听劝告则"以武力解决之"。另一种意见认为从中央政治局《关于张国焘错误的决定》、中共中央《关于开除张国焘党籍的决定》文件中都没有这种记载,武力解决问题还需要进一步探索。

关于红军落脚陕北问题,有的认为 1935 年 5 月中旬红军在哈达铺地区休整时,毛泽东从国民党一张报纸上看到了陕北红军活动的消息,于是决定到陕北会合刘志丹红军。有的认为是通过沙窝会议、俄界会议,到 1935 年 9 月 27 日红军到达通渭县榜罗镇,28 日党中央在此召开了政治局会议,才确定了把红军长征的落脚点放在陕北。

关于如何评价 1935 年南京国民政府的法币政策

近年来一些文章对 1935 年 11 月南京政府实行的法币政策重新评价。多数人认为这一政策统一了中国币制,促进了商品经济的发展,使中国货币脱离世界银价涨落的影响,加速摧毁了旧式的钱庄、票号等金融机构,促进了现代化银行的发展,从中国历史的进程来衡量,是一进步。也有人认为法币统一了全国币制,对市场流通起了一定作用,但应看到这是四大家族对全国人民的一次大掠夺,如币制改革时,其兑换值与实际价值有很大差距。

关于西安事变

对西安事变的研究,集中在以下三个问题:

西安事变是怎样发动起来的?有的认为是中国共产党统一战线的结果。1936年中共已和张学良、杨虎城建立了联系,订立了抗日协定。张、杨接受了停止内战、一致对外的主张,毅然实行兵谏。有的认为西安事变的发动虽然同中共的影响有关,但主要还是张、杨从民族利益和切身利害出发而采取的断然措施。

关于中共由审蒋到放蒋主张的变化,研究者认为这是中共审时度势所做出的决定。中央政治局在西安事变爆发后举行了三天三夜的会议,确定了和平解决西安事变的方针,张闻天、毛泽东、周恩来的意见是一致的。12月16日,中央派周恩来去西安会晤张学良、杨虎城,19日中央向党内发出了由张闻天起草的《中央关于西安事变及我们任务的指示》。20日中共始收到共产国际和平解决西安事变的指示。

关于张学良送蒋介石回南京一事,看法很不一致。有的认为这是蒋介石采取胁迫手段,张学良仓促决定的。有的认为张学良是经过深思熟虑并有所准备的,对到南京可能甚被囚也早有预料或预感,甚至准备以一死来承担西安发难的全部责任,以促成蒋介石联共抗日和全国抗日民族统一战线的形成。

关于抗日战争史的起点问题

近年,有的学者提出抗日战争的起点是1931年的九一八事变,不是1937年7月7日的卢沟桥事变。因为九一八事变是日本帝国主义全面侵华战争的开始,从此中日民族矛盾成为中国社会的主要矛盾。十五年中日战争史是日本中国现代史研究会早已提出的。但不少学者认为还是以七七事变为抗日战争起点为好。理由是从"九一八"到西安事变,南京国民党政府执行的是"安内"而不是攘外政策,中国共产党提出建立抗日联合战线而未被国民党接受,内战未停,两党对峙,全国抗日势力尚未能团结成抗日整体。这时期曾有局部的抗日战争,但未进入全民族的抗日时期。

关于抗日战争中国共两党谁占主导地位

这是近年来引起最大争论的一个问题。许多文章论述了抗日战争是在中国共产党领导的抗日民族统一战线旗帜下，以国共两党合作为基础进行的。有的学者则认为任何政党都不能单独担负起领导责任，只有联合起来，建立最广泛的统一战线，才能完成反侵略的任务。有的学者认为当时共产党、国民党、中间党派谁也领导不了谁，在整个抗日战争时期，始终存在着两种政权，两种军队，两个路线，两个战场，国共两党分别领导各自力量，合作抗日。还有的学者认为领导权的归属有一个过程，初期在国民党手中，表现是各阶级各党派拥护国民党抗战，国民党据有全国政权和200万军队，这种条件是当时任何其他党派不能相比的。后来有了变化，中国民主同盟成立，标志着中间势力离开了蒋介石。国民党对抗日战争的领导权开始转移，到第三次反共高潮被制止，领导权便掌握在中共手中。

关于抗战建国纲领和国民参政会的评价问题

如何评价抗战建国纲领和国民参政会，也是有争论的问题。关于抗战建国纲领，一种意见认为，这是一个国民党被迫接受的纲领，一方面被迫对人民做出某些有限度的形式上的让步，一方面继续坚持一党独裁，表明国民党在片面路线指导下的矛盾状态，是一个具有两面性，许多条文可以有不同理解的纲领。另一种意见认为纲领中许多条文是有利于抗日战争的。尽管它拒绝了中国共产党的许多正确主张，但总的看，这是国民党抗战初期所能制定的一个最进步的纲领；对推动抗战和全国抗战局面的发展，起了积极的作用。

关于国民参政会，一种意见认为是国民党独裁政权下的一种虚伪的欺骗人民的工具。中国共产党不能通过它来贯彻自己的政策，只能把它作为宣传自己的政策，揭露反动派阴谋的讲坛。另一种意见认为国民参政会的建立，是中国共产党，国民党内抗日将领、民主党派共同推动的结果，是抗日民族统一战线的一种更切合实际的形式。尽管它还不是完全意义上的民意机关，不可能完全摆脱国民党一党专制的羁绊，但毕竟为各党派、各阶层人民提供了一个公开发表政见的场所。抗战初期，国民参政会在促进全国抗战，维护国家统一，扩大民主政治的影响，集中民主党派、无党派人士的政治见解，限制妥协投降活动等方面都起到了一定的积极作用。

关于正面战场和敌后战场

近年研究者努力认识抗日战争历史过程的曲折和矛盾，从战争全局着眼,纵观敌我双方的战略部署,探讨正面战场与敌后战场的关系和特点。一致的看法是两个战场是抗日战争统一体中互为依存而又互相独立的两部分,两者在战役上的直接配合虽然不多,但在战略上的相辅相成则是非常明显的。如初期,如无正面战场的作战,敌后战场的开辟必然是很困难的。中期后期如无强大的敌后作战力量,正面战场的坚持必然十分困难。研究国民党战场已深入各个战役,从淞沪抗战到桂柳会战,都有论述。抗日战争进入相持阶段,国民党消极抗日,积极反共,但局部的抗日战役仍获得了胜利,这是近年来史学界的新看法。不少研究者还把目光转向地方实力派的抗日思想和态度,如李宗仁的抗日思想和广西军的抗战业绩,川军的抗战,阎锡山的抗日态度等。对敌后国民党军队的抗日问题也开始了探讨。

关于百团大战的评价

关于百团大战,"文革"前,否定的居多。"文革"后,人们不囿于既有的观点,重新思考这一问题,密切结合当时历史条件,探讨这一战役的得失。基本上有三种看法,第一种意见认为这次战役战果辉煌,沉重打击了日军的侵华气焰,战略设想和战役企图是符合实际的。第二种意见认为百团大战有成绩也有缺点和错误,有的学者认为错误是,只强调集中主力配合正面战场作战,忽视了民族斗争和阶级斗争的结合。有的则认为从全民族战争观点出发,配合正面战场无可厚非。第三种意见认为百团大战的发动完全错了。这种观点是个别的。争论中涉及的问题:百团大战发动前对形势的估计是否正确?有的认为 1940 年日本为实行南进解除后顾之忧,加紧"扫荡",并扬言要进攻西安、重庆,同时加强了诱降活动。为挽救时局危机,决定发动这一战役是正确的。日本后来进攻战略转移,这是很难掌握的。有的则认为当时形势并不像估计得那样严重,用大规模的进攻战拖住国民党顽固派,似无必要。

百团大战是否违反基本是游击战的方针?一种意见认为百团大战采取的是游击战中的运动战,防御战中的运动战,没有超过敌后战略防御的限度。从战役部署和战役过程来看,也没有超出游击战的范畴。在战斗中没有大兵团作战,多则几个团,少则数十人,除少数阵地攻坚战,基本是游击战。另一种意见认为百团大战基本上采取了大规模的运动战和相当规模的阵地攻坚战,攻击敌人守备较强的铁路、公路干线和城镇,并准备长期占领,这些都超过了敌后战场战略防御的限度。

抗日根据地的困难是否与百团大战有关?对此有截然不同的两种意见,

一种意见认为百团大战激起了敌人的报复行动，促使日军实行对解放区打击的方针，进行了"治安强化"运动，造成了根据地 1941—1942 年的困难。一种意见认为根据地遭到困难有多种因素，归罪于百团大战是不符合历史事实的。

关于皖南事变问题

发生在 1941 年的皖南事变，是近年来研究的热门课题。因研究的角度不同，看法迥异，争论得很激烈。

首先争论的一个问题是，皖南事变是否可以避免。多数文章认为新四军无论走还是不走，也无论走哪条路线，蒋介石都是要歼灭它的。

新四军北移路线问题，有各种说法，有的说是项英个人决定的，有的认为是新四军军分会集体决定的，有的认为是项英提出而经过中共中央同意的，有的认为是国民党指定的。

以往讲的项英有向天目山、黄山、四明山前进的系统计划，也被新的研究成果所否定。

项英在皖南事变中的责任问题，也有两种看法：一种是，项英犯了右倾宗派主义的错误，招致了新四军的重大损失，自己也遭到牺牲。一种认为是不能简单地把罪过归于项英，中共中央也有一定责任。

关于重庆时期国民政府经济政策的评价问题

研究者对国民政府迁都重庆后实行的经济政策进行了全面的探讨，既不一概肯定，也不一概否定。总的看法是，1941 年之前工业经济发展较快，1941 年后出现了停滞和衰退，物价上涨，通货膨胀，金融、商业投机业畸形发展，后方受到极大打击。研究者分门别类地探讨了关于沿海城市工厂西迁、关于资源委员会的历史作用、关于 1941 年田赋征实等经济领域中的各种问题，从其政策所产生的客观效果来衡量找出其积极因素和消极因素，使人们对战时国民党经济政策有了清晰的认识。

关于抗日战争时期的官僚资本问题

对这个问题，可以说有三种意见：一种是传统的观点，认为官僚资本是半封建半殖民地中国近代经济史上一种特有的经济形态，它相对于民族资本而言。这种划分是正确的，但它的表现形态还可进一步研究。第二种意见认为，过去对官僚资本主要从政治角度去分析，不免简单化、概念化、公式化。应从实际出发，有多少资本形态，就承认多少资本形态，如孔、宋的私人官僚资本，各地方实力派的官僚资本、国家官僚资本。第三种意见认为，抗日战争时期不存在官僚资本而是国家资本。因为官僚资本是中国最落后最反动的生产关系，而抗日时期国家总任务是抗日救国，政治结构是以国共合作为中心的抗日民族统一战线，这种进步的政治局面，是不可能以反动的生产关系为基础的。

关于 1943 年美英废除不平等条约的评价

如何评价 1943 年美英宣布废除在华的不平等条约，在学术界已引起激烈的争论。有的认为这一条约的废除，意味着我国已是一个独立的国家，不再是一个半殖民地了。多数学者肯定废约是一进步，但不同意上述看法的人，认为中美中英废约并没有改变中国的社会性质。美英废约时，太平洋战争已爆发，上海天津的租界已被日人接管，多数美国人已经离华。条约上规定的美英等国在华特权大部分已经丧失。同时美英废约也是很有限的，并没有真正放弃在华特权。1943 年 5 月 21 日，即中美双方正式批准条约生效的第二天，中美两国政府订立《关于处理在华美军人员刑事案件换文》规定，凡美国海陆军人员如在中国触犯刑事罪款，应由该军事法庭及军事当局单独裁决，这说明美国并没有放弃海外法权。英国则拒绝讨论九龙租界及香港问题，因之对废约估计过高，是不恰当的。

关于抗日战争时期中美、中苏关系的探讨

探讨抗日战争时期的中美、中苏关系，是研究者感兴趣的问题之一。论者指出美国由抗战初期道义上和舆论上的援华发展到抗战后期全局的援华，由全面合作抗日递转到扶蒋反共，是一错综复杂的过程。多数文章认为，抗战时期中美关系有结成盟国反对共同敌人的一面，又有不平等的一面。美国曾积极支持和提高中国的国际地位，但又以牺牲中国与苏联妥协，实现其控制中国和远东的野心。

在探讨中美关系中，史迪威和蒋介石的矛盾是最吸引人的问题。不少文章从战略观点、租借物资的控制和使用、对共产党的态度、指挥权等问题分析两个人的冲突和不和。对史迪威的召回，论者认为这是蒋介石的一个胜利，但其政治影响对蒋介石是不利的，美国统治阶层对蒋介石产生了不良印象，美国舆论也对蒋介石不利。

关于中苏关系，论者认为苏联在抗战初期，积极援助中国，这是应该肯定的。但 1941 年 4 月订立的苏日中立条约，苏日表示互相尊重"满洲国"与蒙古人民共和国的领土完整和不可侵犯性，显然损害了中国的利益，是大国沙文主义的表现。苏美《雅尔塔秘密协定》,牺牲中国利益,更是苏联民族利己主义的产物。对此研究者都采取严峻的批判态度。

关于中国抗日战争在第二次世界大战中的作用和地位

中国抗日战争是世界反法西斯战争的重要组成部分，忽视中国战场,就不能正确描述第二次世界大战的全貌。论者指出,中国抗日战场形成的时间最早,坚持的时间最长,牺牲也最大。特别是太平洋战争爆发后,中国与各盟国并肩作战,显示了自己的力量。中国挫败了日本独霸东亚的侵略计划,使其不能集中力量北进,发动侵苏战争,也不敢贸然南下,与英美正面对抗,延缓了由局部战争向全面战争转变的过程,促进了世界反法西斯统一阵线的形成和扩大,支援了反法西斯盟国"先欧后亚"战略的实施,为盟军在太平洋战场上迅速转入反攻并取得最后胜利创造了条件。这些论述把中日战争放在第二次世界大战的范畴来考察，以阐述中国对人类文明和进步所做出的贡献,是很有历史意义的。

关于和平民主新阶段口号的评价问题

"和平民主新阶段"这一口号,是"文化大革命"中批判最严峻的一个问题。"文革"后研究将其作为学术问题,重新探讨,有两种看法。

第一种看法是,这个口号是正确的,因为抗日战争胜利后,全国人民要求和平,反对内战;争取世界持久和平是主要潮流,各大国都不赞成中国内战;国民党内部有矛盾,马上发动内战有困难,有可能争取一定时期的和平;事实上在这时通过斗争,同国民党谈判,签订了双十协定和停战协定,提高了共产党的威信。

第二种意见认为,上述条件是存在着,但对和平的可能性估计过高,是不合适的。

关于解放战争时期中间党派的历史作用

对于中间党派的政治主张,研究者也打破了过去的固定看法,认为不应把他们的主张概括为建立"资产阶级民主共和国",而应看到他们的主张有许多精辟独到之处,有许多合理的部分。

关于有没有中间路线问题,仍是争论不休的问题。以中间派中势力最大的民盟为例,有的论者认为,这一组织曾幻想在国民党大地主大资产阶级专政和共产党领导的人民民主专政之外,寻找所谓第三条道路,即中间道路,建立资产阶级民主共和国。根据是:一、民盟对国民党的独裁统治不满,有的领导人仍站在与国民党为友,亦与共产党为友的立场;当国民党发动全面内战时,民盟表示要坚守在野的和平的公开的民主政团的立场,主张不从事武力的政治斗争;民盟主张对农民实行渐进的和平的方式进行土改,不同意共产党激烈的土地分配办法等。另一种意见认为,民盟走的是一条与共产党相一致的爱国民主路线,没有什么中间路线。有的研究者主张,应把中间党派中某些个人的主张与中间党派的主张区分开来,这样就可避免以偏概全。

关于平津战役中的几个问题

研究者对三大战役中的平津战役进行了多方面的探讨,认为平津战役创造了歼灭敌人的三种作战方式,即天津方式、北平方式和绥远方式,这对全国解放影响极大。

有的学者从平津战役来分析毛泽东和蒋介石的军事思想,得出结论是毛泽东用兵如神,其军事思想高出蒋介石思想不知多少倍,蒋的军事思想是不高明的,蒋的失败是必然的。

论者一致认为傅作义对北平和平解放是立了巨大功劳的。傅作义为什么走上了和平的道路,有的认为是外部因素造成的,有的从傅作义本身中找原因。论者还就傅作义被列入 1948 年 12 月 25 日公布的战犯名单,展开争论。

三、现代史研究大有可为

如上所述,中国现代史的研究已取得了很大进展,研究者几乎对现代史的所有领域都进行了开垦,有的是在一个领域内已耕耘了好多年,有的刚刚进入某一领域,有集体进军的,也有独立作战的。特别值得提出的是,除了中国社会科学院现代史、民国史室外,全国大学和研究机构根据自己的优势自然形成了许多研究中心和研究的侧重面,如中山大学和广东社会科学院研究孙中山、武汉大学和湖北社会科学院研究大革命史、南京大学和第二历史档案馆研究中华民国史、复旦大学研究汪伪政权、财政部科研所研究根据地财经史、南开大学研究华北抗日根据地、辽宁大学研究张学良,等等。

现代史研究是大有可为的。它不同于古代史、近代史。近些年来有的学者提出古代史、近代史一些传统课题,经过反复无数次的探讨,已有贫瘠之感。而现代史课题似乎一切都是新鲜的。以往"左"的路线影响下所得出的一些结论,今天要加以反思,用全新的观点,重新观察、分析、论证,以 20 世纪 80 年代的眼光去纠正那些不全面的甚至是错误的定论,去肯定那些正确的而过去认为是错误的东西。历史现象扑朔迷离,是要在广泛占有材料的基础上,经过反复推究,花很多时间才能解开疑团,这就使现代史更加活跃,对同一历史事实的分析出现了不同的结论。有的问题可能经过多次讨论,取得一致的看法,有的也许长时间或永远不会统一于一种认识。

研究现代史的优势,一是资料非常丰富,穷终生之力,也难遍览全部资料;一是可以进行社会调查,以补充资料之不足。资料方面已出版和今后将陆续出版的,可促使研究者进行新的探索。许多文集的整理出版,如《李大钊选集》《恽代英文集》《谭平山文集》《杨匏安文集》《周恩来选集》《刘少奇选集》《陈云文选》等,都是现代史研究最有价值的参考书籍。从 1960 年 1 月开始出版的《文史资料选辑》及各省市县出版的文史资料,也是很有史料价值的。报刊留下了现代史极其丰富的素材,"文革"前已影印了《新青年》《每周评论》等 19 种期刊。"文革"后,主要报纸都有了影印本,如《申报》《大公报》《长沙大公报》《民国日报》《晋察冀日报》《新华日报》等,这些给研究者提供了方便。研究不能只根据文字记载,当无文字或文字记载很少时,应调查访问,根据口头传说来写。中国现代史所包括的时代,始终是动乱的战争年代,有对外的民族战争,有国内的阶级战争,还有军阀之间的混战,不少档案毁于炮火,有的则缺乏记载。但许多事实仍在人们记忆之中,许多历史的见证人仍健在,尽可能地把重要的回忆记录下来,是极为重要的。根据资料的不断发掘和视野的扩大,历史总要不断地写下去的。

档案文献资料的记载,是和写作的时代密切联系在一起的,有其倾向性。同一事件记载并不完全相同,研究者在使用时应多加思考。

评价历史人物或事件时,总有偏高和偏低现象,产生这一现象的原因在于视线脱离了历史的实际。应该用历史的眼光,既考虑到国情,又考虑到当时的具体条件去分析问题,尽量使我们的思想符合客观存在。

我们的许多研究工作,还只是纯粹事实的叙述,没有深入历史的本质中去。仅仅抓住了现象,就以为获得了最终的东西,这是前进中最大的障碍。学术研究走的是艰险的路径,应不断地奋斗探索。

提高我们的研究水平,理论的修养是很重要的,不可忽视理论学习。因为历史不是各种事件的堆积,而是关于人类社会的科学,许多历史事件必须给以理论的说明,没有理论,就不会有历史。精读马克思列宁主义和毛泽东著作是现代史研究者不可缺少的课程,人们会从中得到巨大的教益和启发。

研究历史的方法,人们谈论得很多。我认为恩格斯在《卡尔·马克思〈政治经济学批判〉》中所讲的是最基本的,也是最重要的方法:

> 历史常常是跳跃式地和曲折地前进的,如果必须处处跟随着它,那就势必不仅会注意许多无关紧要的材料,而且也会常常打断思想进程;并且,写经济史又不能撇开资产阶级社会的历史,这就会使工作漫无止境,因为一切准备工作都还没有做。因此,逻辑的研究方式是唯一通用的方式。但是,实际上这种方式无非是历史的研究方式,不过摆脱了历史的形式及起扰乱作用的偶然性而已。历史从哪里开始,思想进程也应从哪里开始,而思想进程的进一步发展不过是历史过程在抽象的、理论上前后一贯的形式上的反映;这种反映是经过修正的,然而是按照现实的历史过程本身的规律修正的,这时,每一个要素可以在它完全成熟而具有典范形式的发展点上加以考察。(选自《马克思恩格斯选集》)

现在是伟大变革的时代,现代史研究者肩负着弘扬民族文化的光荣使命,让我们携起手来,为现代史的繁荣做出更大贡献。

原载肖黎主编:《中国历史学四十年 1949—1989》,书目文献出版社,1989 年

中国现代史研究的热点与走势

20世纪80年代末至今,我国大陆的中国现代史研究发生了巨大变化,在史料的利用、研究视角的多元、研究内容的扩展及研究手段的多样性等方面,均有了惊人的发展。新思想的力量冲破了以往刻板的研究框架,显示了史学研究的活力。

以往的研究,主要着重于政治、经济、军事等领域,多是宏观的。思维相对单一,多是以进步与落后、革命与反革命的两分法比照着去研究问题,造成革命史的思维无所不在。近些年,风靡史坛的是社会史、文化史及区域史的研究,多是一些微观的、个案的。由此改变了以往从一个文本到另一个文本,单一地表述知识,转而在更广泛的学术领域中穿行徜徉,并力求寻到新的论断。可以明显看出,不少学人开始尝试着以多元化和现代化的观念探究客观对象,并从前辈的成果中吸取了经验和教训,从西方人文科学研究方法和论述中受到启发,将现代中国的历史发展放在世界现代历史的演进中去考察。这里,笔者拟简述三个问题:一是中国现代史研究领域的扩大;二是中国现代史若干热点争论的例证;三是中国现代史的研究趋向。

一

所有的历史著作都是一定时代的产物。因为历史既不能假设与虚构,历史研究也不能超越时代。中国现代社会历史的发展的特点,是以政治为轴心展开的,因此政治史始终是中国现代史研究的主题之一。中国是共产党执政的社会主义国家,马克思主义和中共历史的研究自然是研究的重点。20世纪80年代,从中央到各省、市、县均相继成立了各级中共党史资料征集委员会(后统一改称为党史研究室),收集党史资料,撰著党史书籍,取得了巨大成绩,具有特殊的价值。大量历史文献的公布、领导人回忆录和年谱的问世,将一些往日被隐蔽的真相都展现出来。研究者从丰富的卷帙中寻找出往事的历史记载,使人们对中国现代历史发展的复杂和曲折有了更深刻的认识。同时,对马克思原著和马克思主义中国化的研究深度也前所未有。关于国共两党合作和对抗的历史,关于中国共产党执政后,中央和地方的关系、多党合作制、中共治国政策的演变、中国社会的转型、中国现代化等问题,都进入历史研究者的视野中。

政治史的研究范围在不断扩大,以往对国民党执政时期的研究涉足较少,这些年来,国民党方面的政治人物、政治思想、政治结构、权力支配、法律政策、意识形态等,均引起了学者的兴趣,大量成果将那时的政治、经济、军事、文化相互联系结合的实况理出了较为清晰的线索,也使我们从多元的视角去全面认识现代中国经历了一个怎样的剧烈历史变革。

自由主义思潮在民国时期也曾风行一时,倡导者是一批有名望的知识分子。他们有强烈的理念和抱负,想把西方的宪政思想和制度移植到中国,但未能成功。现代研究者探讨其思想的内蕴,把寻找其合理的部分作为借鉴,并努力为他们做出合乎理性的历史价值定位。

对于社会史的研究,史学家和人类学家曾做出过重要贡献。20世纪80年代后期,研究者顺应世界学术潮流,出于追求学术之热忱,将兴趣转向这一领域,不再仅仅关注上层社会的研究,下层社会、大众文化也成为史学研究的重要领域。举凡人口、婚姻、家庭、族群、社会结构、灾害、瘟疫、匪患、秘密社会、村落共同体、妇女史等,都在研究视野之列。凡是历史环境和生活范围内所发生的事情,都可进入研究之列,力求复原历史发展的全貌。传统习惯认为,将接连发生的政治事件连贯起来加以叙述就是历史,这种看法是很不全面的。今天,将社会史呈现出来,再与政治史相结合进行研究,历史就会呈现出极其丰富多彩的画面。今日的历史是从昨日走过来的,如果仅仅把许多已发生的事件列成一张表格,那决不能算是一部历史。历史学家的任务,就是要对历史上的各种现象进行全面、彻底的观察,加以判断分析,以求达到认识客体的真相,这样写出的历史,才是真实的、完整的历史。社会史可以反映社会生活的方方面面,对其展开细致考察,就可以发现更本质的东西。这就是社会史领域近年来之所以繁荣的原因。现在中国史学界的一大特点,是学者多从细微处来探讨中国社会的变迁。就我这些年所接触到的博士论文与硕士论文来看,都有这种倾向。

在人类历史发展中,文化与政治、经济、军事等领域紧密相连,它同时还连接着古代文明和现代社会,社会的发展实赖于先进文化的引导和支持。正因为如此,文化史的研究才长盛不衰。以往的研究侧重于中华民族的整体文化和各少数民族的文化,现在研究的特点有二:一是注重大众文化或称民间文化;二是注重区域性文化。这两种文化又是相互交织着的。如市民社会文化、民间宗教文化、历史遗产文化、宗族文化、村落文化及风俗习惯等。

俗话说:"一方水土养一方人",实际上点明了不同区域文化的差异和对群体思维及性格的影响。区域文化的研究范围,有的是以山川地理形势来确定,有的以行政区划来界定。如黄河文化、长江文化、运河文化、湖湘文化、岭南文化、闽台文化、港台文化等属此列。但是,各省区的文化也各有特色。如省域边界地区在民间信仰、语言和风俗习惯方面等均有十分相似处,也形成了一个边界模糊的文化圈,对这样领域的探索,如对根据地毗邻地湘赣边界、闽粤赣边界所写的研究论著,凸显了地区特色。20世纪80年代初,各省、市、县相继成立了史志办公室,开始撰写本辖区的历史与地理。这一工程是由中国社会科学院历史所梁寒冰策划,经国务院批准后开展起来的,其成果数量巨大,包括目前基本出齐的各省、市、县的地方志丛书,对于开展区域文化研究及继承学术传统,具有极大的推动作用。而官方与学者个人研究计划的结合,使得这一领域的研究更是呈现出迅速发展之势。

文化的影响是根深蒂固的,从建筑物、祠堂、庙宇、碑文、民歌及民谣中,田野调查者发掘出大众文化在社会生活中的作用和影响,将文化研究的触角伸向这个层面,历史的知识及影像就会更加丰富生动起来。这里应注意的是,在研究一个具体细微的对象时,不要忘记整体观念,因为社会的存在、文化的事实是一个完整的东西,当你思考某个问题时,也应思考相关的问题,让自己的思想进入"互动"的状态,比如和社会发展与文化传承联系起来,否则孤零零的一件事不能说明什么问题,也没有什么重要研究价值。

抗战时期的文化研究特别兴盛,许多学者都把目光转向这一领域。抗战时期中国社会重点西移内地,形成了几个著名的"文化城",如延安、桂林、重庆和昆明,许多知识分子都加入了为民族生存和复兴而战的努力中。有关抗战时期文化领域研究动态的论述,中国大陆及台湾地区均有专文,此不赘述。

到社会基层中去发现历史,已成为当代史学者的风尚。口述史的盛行即是明证。口述史在中国台湾的"中研院"近代史所早就推开了,大陆是近几年才展开的,出版了很多口述史书籍,如中央文献出版社出版的《八路军老战士口述实录》,山西人民出版社出版的《山西抗战口述史》(三卷本),等等,都是很有价值的。

文化史研究精神领域,社会史关注社会生活领域,两者的研究相结合,使得现代中国的历史研究显得更加丰满、更有活力。

区域史和社会经济史也是当前研究的热点。学者根据自己对一些地区和所能掌握到的资料选择课题,诸如乡村借贷关系、租佃制度、赋税、农民生活、区域经济结构变迁、交通与社会变迁、城市化进程、市民观念变化及民工潮等。社会所具有的丰厚内涵,都是历史学者取之不尽的学术研究宝藏。

由于中国现代史资料浩瀚、涉及内容众多、需要大量外文的参考资料,在理论方法上也要有创新,因此一些重大课题并非个人所能承担。现在的学术研究中有一个很大的特点,就是通力合作、集体研究较多。如中国设有国家哲学社会科学规划组,每年公布研究课题,一些重大项目,这都需要组织团队来完成。作为长年处于这个规划组历史组的成员,笔者深感这个组织在推动学术发展上所起的巨大杠杆作用。譬如,城市史的研究,是根据各地的学术力量和城市特点,选择了上海、天津、武汉与重庆四个城市率先开展,进而带动了诸多城市史的研究,目前已蔚然壮观。

随着时代的变化,学术研究的形态及条件大不一样,而对历史的探索永远都有新的课题。20 世纪 90 年代后,中国学术界在激烈的争论中逐渐认识到了学术规范化对于学术创新的重要意义。可以说,今日的中国现代史研究的确进入了一个"百花齐放"的时代。

二

古今中外,在历史研究中经常会出现对学术问题的争论。有的是源于对资料引用或理解的不同,有的是因时代变迁后审视的角度发生了变化,有的是因为研究方法不同所致,有的是因思维方法乃至史观不同而出现一定分歧,这是极为正常的学术现象。学术和学术史的发展需要争鸣,真理愈辩愈明。

近二十年来,史学界一个最大的争论是围绕着"革命史范式"和"现代化范式"的辩论。前者坚持反帝反封为中国近代历史发展的基调和主题,从革命的视角审视中国近代史上的政治、经济、军事、文化和社会变迁;后者则以现代化理论强调以近代中国从传统向现代的转型及发展为主线。目前,两种范式并存。从历史发展的轨迹看,在中国的沿海和长江流域,百余年来出现了现代化的工业体系、交通体系,城市化进程中则生长出银行业等金融服务体系,产生出资本家和工人等新的社会阶层,政府适应形势出台了大量新的法律和法规等,这些现代化的标志,在中国这个具有悠久历史的古老国度里引发了重大社会变迁。然而一个基本的事实是,中华人民共和国成立以前,外战和内战不断,民不聊生。即以1927—1937年中国国民党执政初期而论,一些学者称这一时期为"十年建设时期",但当时国家财政经费中的80%用于内战,东北三省又被日本占领,成立了伪满洲国,华北也逐渐被蚕食,这样的历史事实完全以现代化为主线是根本讲不通的。抗日战争时期及其后的解放战争时期,战争更是左右中国政局及社会发展的主因,这是中国现代史发展的一大特点。

如何弘扬民族文化,正确对待传统和现代化的关系,似乎成为当前争论的一大问题。有人否定五四运动以来的新文化运动,认为这一运动中断了中国文化的传承,还认为"打倒孔家店"是错误的。现在提出要恢复国学,于是重新读起"四书五经",上海与苏州两地甚至还出现了有读经课程的学校。这种复古现象引起了舆论的质疑。对此,笔者认为,不同时代都有不同的文化需求,也会有新文化因子的融入,文化的新陈代谢是合乎情理的,因此,正确认识新文化运动是至关重要的。有的学者提出学术界把五四新文化运动当作反儒学运动是对历史的误解,认为陈独秀、胡适、鲁迅等人所反对的不是儒学而是礼教,他们所要打倒的也不是儒学,而是对儒学的教条主义和狂热迷信。这种认识有一定道理,但也不尽全面。实际上,新文化运动群体的思想是要国人不要再把孔子当作偶像,钳制自己的思想。孔子是中国传统文化圣人,在中国历史上占有重要地位。但时代不同了,新的社会应以科学和民主为主导思想,所以对儒学采取批判和否定态度。这是近代知识群体面对现代化冲击而无法从传统文化中找出应对之策后的反应,亦是一种历史的态度。现在提议要以儒学治国,显然是不切实际的。

以新的思维重新审视历史上发生过的事情,必然出现新的看法。譬如,以前批判过的"全盘西化"思潮,现在有的学者说,"全盘西化"思潮的实质,是在中国实现从古代文明向现代文明的转型。即使以前笔者认为不会出现疑问的事件,现在看法也不尽相同了。如关于遵义会议是否确立了毛泽东在中国共产党的领导地位问题,目前就存在三种观点:第一种观点认为,遵义会议后一段时间内,中共总书记是张闻天,军事领导人是周恩来,毛泽东并未担任中央主要领导职务,也未起主要领导者的作用,直到1943年中共中央召开政治局会议,毛泽东始任政治局和书记处书记;第二种观点认为,毛泽东虽然没有担任中共最高领导职务,实际上已起主要领导作用;第三种观点认为,虽然毛泽东在组织形式上没有担任最高领导职务,但他倡导的实事求是的思想路线、军事主张以及为红军、八路军制定的一系列战略战术,已被当时的中共领导层所接受,他的威信和影响力大大超过了他所担任的职务。因之可以肯定地说,遵义会议确立了毛泽东在中共全党的领导地位。

综上所述,近二十年来,中国现代史研究者的思想活动十分活跃,在诸种历史问题认识上的分歧较多。历史研究对一种事物常常是几种观点并存,有的新问题是被正确看待的老问题,也有的新看法不被人们广为接受。随着时代变化和资料的新发现,人们的认识也就改变了,过去我们常讲盖棺论定,现在看来不能作为普遍的认识。今日中国的学术思想史是很丰富的,但至少不管有什么样的争论,基本上都是在依史料争辩,是在学术的范围内争论,基本上不存在以政治干预学术的现象,这是一个巨大的社会进步。

三

学术研究是没有国界的。网络时代,信息灵通,海外学术思潮不断涌入中国大陆,中国学人也放眼世界,多元化的观念和多种研究方法已获得广泛认同。人们的历史意识也正在发生着深刻变化。

对历史问题的研究是没有尽头的。比如,老问题常常被提出来审视,新问题也会不断出现。全球化语境下的国际文化交流给中国学人提供了更加广阔的学术研究和探索领域。可以肯定地说,中国现代史的研究在更加自由、宽松的学术氛围中必然更为活泼、更趋深入,也自然会出现争论。

西方的论述和研究方法对中国学术界已产生巨大影响,是不争的事实,西方的不少理论及研究框架已融入中国部分学者的思想中。最大的问题在于,完全照搬西方的模式和框架来考察中国历史,和中国自身历史并不吻合。如将中国现代化的开端和世界史拉平,就是不妥当的。西方出版的一些有关中国研究的书籍,内容、情节常有错误之处,或是个人的臆想或是捕风捉影,混淆了历史的本来面目,不能算是新观点、新看法。撰写历史,应忠于历史事实,这是史学研究需遵循的一个不能背离的基本原则,绝不能为了猎奇而背离事实本身。

近二十年来,中国社会发展变化的速度加快了,人们都在适应这一变化,中国现代史研究者同样如此。与此同时,作为学者群体的一员,必须有一个清醒的认识,即不管对已发生的事情有多少种解释,事情本身是不会改变的。历史学科的任务是挖掘历史本质、深化历史本质,以便达到越来越深层的内在真理。以科学的认识衡量过去,以理性的视野建树现在。

各国各民族的发展都有自己的特点,其精神文明和物质文明在不断发展,有快有慢。现在,比较史学颇盛行,如将中国历史和西方及日本历史的发展相比较,常有顿悟之感,然终不能背离自己国家发展的特点。20世纪80年代初,中国现代史学界曾出现了一个否定中国传统文化的思潮,提出"告别革命论",结果走到历史虚无主义道路上去,遭到国人批判。

当前,外国学者到中国翻阅档案,进行社会调查,或者中外学者合作开展研究,把具有研究价值的事实,作为探索的目标,这一研究思路具有新意。举例来说,南开大学以笔者为代表的中国现代史学者和日本一桥大学以三谷孝为代表的七八名学者,花了七八年时间,调查华北农村社会的变迁史,在日本出版了调查资料,学术界反响极好。今后中外学者的合作研究如能冲破各种局限,中国现代史的研究必将更放光彩。

中国近现代历史的发展复杂而曲折,内容极其丰富,就是在已经涉及的研究领域,也仅仅是开端,要继续走下去,而且许多领域的研究价值甚至还没有真正被认识到。近年来,抗日战争史的研究多次掀起高潮,中日两国学者著书立说,出版了众多经得起时间考验的作品。唯因日本官方的一批学者始终站在侵略者的立场,不能正确对待历史,所以在这方面发表的文章比以往任何时候都多,也更加深刻。这段历史不可能消失。笔者认为,中日两国史家应携起手来,用我们的笔,宣传正义和公正,创造并推进两国的友好关系。睦邻友好是两国人民的根本愿望,我们应为此而呐喊,不能再让兵戎相见的历史悲剧发生。

历史研究者的旨趣,是对所发生的事情进行具体细致的分析,从历史的发展中找出有益的东西。我们身为这一时代之人,对这一时代所发生的事情最为敏感,知道什么是最有价值的,什么应该继承,什么应该批判,什么应该传播到未来。中华民族经历过诸多不幸和灾难,有的是外来的,有的是土生土长的,对外来的研究已有相当的基础,而对国内的悲剧如"大跃进""文化大革命"等的研究只能说是刚刚开始。丰富的客观对象,等待史学工作者去发掘,任重而道远。

我们正在为我们这个时代尽量留下珍贵的历史文化遗产,以丰富人类的文明,使过去、现在和未来更好地连在一起。史学应肩负起自己的使命。

原载《河北学刊》,2007 年第 5 期